현실총서 33

아언각비 · 이담속찬

丁若鏞 저／丁海廉 역주

現 代 實 學 社
2005년

머 리 말

1

1995년 다산서(茶山書) 역주(譯註) 작업을 시작한 때부터 10여 년이 흘렀다. 지난 10여 년 동안 나는 박석무(朴錫武)와 공동으로 또는 혼자만의 힘으로 18권의 '다산서'를 역주·교주(校註)해 간행한 바 있다. 이 작업이 우리 사회 문화 발전에 얼마만큼 보탬이 되었는지는 가늠할 수 없겠으나 혼자 마음으로는 10년 공부를 했다는 뿌듯함을 떨칠 수 없었다. 그리고 한편으론 이제 공부하고 일할 만한 나이도 지나고 몸도 고달프니 좀 편히 지내도 괜찮겠구나 싶으면서도 가만히 앉아 있지 못하는 습성과 소일할 만한 취미거리도 개발해 놓지 못해 또 이 일에 매달리고 말았다.

2

처음엔 『아언각비(雅言覺非)』 한 책만 '문고판'으로 만들까 하다가 문고판을 한 권만 달랑 내는 것도 문제가 있기에 여기에 함께 묶일 만한 것이 없을까 고민했다. 그러다가 『이담속찬(耳談續纂)』을 같이 묶기로 작정하고 이 두 가지 저술의 필사본을 찾기 시작했다. 『아언각비』는 기왕에 한국학중앙연구원 필사본이 있기에 규장각도서에 있는 필사본을 한 가지 더 구해 참고하고, 『이담속찬』은 필사본을 찾지 못하고, 간년 미상의 목판본인 서울대 도서관 고도서에 있는 것을 참고하고, 또 다산의 「백언시(百諺詩)」 필사본(한국학중앙연구원 소장)을 대조해 다산이 풍속과 언어에 기울인 관심과 식견의 변화 발전을 다소나마 엿볼 수 있게 되었다.

3

번역에 있어 『아언각비』는 김종권(金鍾權) 선생이 역주해 일지사(一志社)에서 1976년에 간행한 것이 있어서 크게 참고할 수 있었고, 『이담속찬』

은 이기문(李基文) 선생이 편찬한 개정판 『속담사전(俗談辭典)』(一潮閣, 1980)에 정리 수록되어 이를 많이 참고할 수 있어서 큰 도움이 되었다.

다산 언어학 저술의 하나인 『아언각비』는 '다산학'이 절정에 다다른 때의 저술이라 다산의 호한한 지식이 종횡무진으로 펼쳐지고, 여기에 당대의 대학자인 대산(臺山) 김매순(金邁淳), 석천(石泉) 신작(申綽), 연천(淵泉) 홍석주(洪奭周) 등이 그들의 지식을 제공해 덧붙인 언어 탐구서인 것이다. 모두 200여 항목으로 서술되어 있는데, 여기에서 다룬 어휘는 200여 항목보다 몇곱이나 될 듯싶다. 다산이 당시 세상에서 잘못 쓰이고 있다고 지적한 어휘가 오늘날도 잘못 쓰이는 채로 굳어져 그대로 쓰고 있는 말이 더러 있는데, 언젠가는 바로잡혀야 할 것이다.

『이담속찬』은 다산이 풍속과 언어에 대해 기울인 끊임없는 관심의 결실로, 1801년 여름 장기(長鬐)에 귀양 가 있을 때 할 일 없이 무료히 지내기가 따분해서 성호(星湖) 이익(李瀷)이 수집한 우리 나라 속담 「백언해(百諺解)」를 가지고 「백언시(百諺詩)」를 만들었다. 다산은 그 뒤 강진(康津)으로 유배지가 옮겨지고 귀양살이 18년 만인 1818년 음력 9월에 귀양이 풀려 고향으로 돌아왔다. 고향으로 돌아온 뒤 1819년 『아언각비』 3권을 저술하고, 1820년엔 『이담속찬』 1권을 저술했는데, 이 저술엔 중국 속담 177장과 우리 나라 속담 214장이 실려 있다. 중국 속담 177장 가운데 10여 장은 신작이 수집해 준 것이다. 우리 나라 속담 214장은 장기에서 저술한 「백언시」를 다시 다듬고 또 중형 정약전(丁若銓)이 귀양지 흑산도(黑山島)에서 보내온 우리 나라 속담 60장과 그 동안 더 수집한 50여 장을 보탠 것이다. 이 밖에 「이담속찬 습유(耳談續纂拾遺)」 30장을 덧붙여 놓았는데, 이는 유송전(劉松田)이 수집하고 양재건(梁在謇)이 우리말로 풀이해 신활자본으로 1908년에 간행한 것이다.

다산이 18년 동안의 귀양살이를 끝내고 돌아와서 『목민심서』를 보완하고 『흠흠신서』를 저술하는 사이에 그 언어학 저술의 쌍벽이라 할 이 『아언각비』와 『이담속찬』을 저술한 뜻이 무엇일까를 우리는 깊이 생각해 보아야 할 것이다. 다산은 「백언시」 머리말에서 "나무꾼과 꿀꾼의 말이라도 성인(聖人)은 이를 가려서 쓰고, 여항(閭巷)의 촌스럽고 하찮은 말도 때로는 지극한 도리와 진리를 가탁(假託)하고 있어서 군자(君子)도 감히 소홀히 여기지 않는다."고 속담에 대해 그 가치를 평가하고, 시대가 어지러우면 이에 따라 말도 어지러워지는데, 어지러운 시대를 바로잡으려면 말부터 먼저 바로잡아야 한다는 것이 옛 성인의 뜻이며 또한 바로 다산의 뜻일 것이라 짐작해 본다.

5

한문 독해 능력이 부족한 나는 선학(先學)들의 업적에 기대어 여기에 조금만 더 보태겠다는 뜻으로 관련 자료를 수집 조사하고 이를 대조해 충실한 원전(原典)을 만드는 한편, 이를 좀더 쉽게 번역하고 주석을 달기에 애썼다. 그리고 인명(人名)과 서명(書名)에 대해서는 번거로움을 마다 않고 많은 시간을 들여 이를 조사 해설했는데, 이는 앞으로 공부할 후학의 자료 조사 시간을 아껴 주고 이 아낀 시간을 내용을 좀더 심층적으로 이해하고 연구하는 데 쓰기를 바랐던 것이 나의 충심이다.

여기에 번역 수록한 『아언각비』와 『이담속찬』에는 수많은 역사 인명과 서명 및 어휘가 등장하는데, 인명과 서명은 이를 모두 뽑아 간략히 해설하고 어휘는 찾아보기를 자세히 만들어 다산의 해설로 안내한 것이 이 책에 기울인 나의 정성일 터인데, 식견이 모자라 내가 잘못 번역한 죄를 이 정성이 다소나마 갚아 주리라 스스로를 위로해 본다.

2005년 매실이 익는 철에 정해렴

일러두기

1. 다산 정약용이 18년 동안의 귀양살이를 끝내고 고향집 여유당(與猶堂)으로 돌아온 이듬해인 1819년에 저술한 것이 『아언각비(雅言覺非)』 3권이고, 1820년에 정리한 것이 『이담속찬(耳談續纂)』 1권이다.
2. 다산의 이 두 가지 저술은 다산 언어학 저술의 쌍벽인 셈인데, 이 '총서'에서는 이를 번역 주해했다.
3. 『아언각비』는 필사본이 두 가지가 있는데, 첫째는 '한국학중앙연구원' 소장 필사본으로 여기에는 '여유당전서'에 빠져 있는 김매순(金邁淳)·신작(申綽)·홍석주(洪奭周)가 의견을 덧보탠 것이 권말에 첨부되어 있다. 둘째는 규장각 도서 필사본인데, 여기에는 한중연 소장 필사본 권말에 붙어 있는 세 분의 덧보탠 의견이 빠져 있다. 부록으로 실은 『아언각비』 원문에서는 이 두 가지 필사본과 대조해 교정했다.
4. 『이담속찬』은 필사본을 찾지 못해 목판본(木板本)으로 간행된 서울대 고도서본을 참고했다.
5. 『아언각비』의 번역은 김종권(金鍾權)이 역주한 일지사(一志社, 1976)본을 많이 참고했다.
6. 『이담속찬』의 번역은 이기문(李基文) 편 『속담사전(俗談辭典)』(개정판, 一潮閣, 1980)을 크게 참고했다.
7. 이 두 저술에 나오는 인명(人名)·서명(書名)을 모두 뽑아 간략히 해설하되, 본문을 읽기 편하도록 가나다 순으로 배열해 뒤에 실었다.
8. 『아언각비』 본문에는 없고 목차에만 있던 제목을 일련 번호를 매겨 본문에 넣었다.
9. 두고두고 쉽게 참고할 수 있도록 찾아보기를 상세하게 달아놓았다.
10. 번역자의 역량 부족으로 잘못된 곳이 많을 것이다. 이 점 죄송스럽게 생각한다.

아언각비 · 이담속찬 차례

머리말 ··· 3
일러두기 ··· 6

제 1 편 아언각비(雅言覺非)

아언각비 서문 ··· 15
(1) 장안(長安) · 낙양(洛陽) 17   (2) 경구(京口) 18
(3) 태수(太守) · 사군(使君) 19   (4) 쉬(倅) 20
(5) 방백(方伯) 21   (6) 감무(監務) 21
(7) 독우(督郵) 22   (8) 원외랑(員外郞) 23
(9) 금오(金吾) 24   (10) 제학(提學) 25
(11) 사마(司馬) 26   (12) 국자(國子) 26
(13) 장원(狀元) 27   (14) 발해(發解) 27
(15) 빈공(賓貢) 28   (16) 수역(水驛) 29
(17) 행단(杏壇) 29   (18) 산차(山茶) 31
(19) 백(柏) 32   (20) 회(檜)나무 33
(21) 삼(杉)나무 38   (22) 박달나무(檀) 40
(23) 계수나무(桂) 41   (24) 노죽(蘆竹) 42
(25) 싸리(杻) · 광대싸리(荊) 42 (26) 개오동나무(檟) 44
(27) 여축(藜箣) 45   (28) 두중(杜仲) 46
(29) 해당(海棠) 47   (30) 단풍나무(楓) 48
(31) 느릅나무(楡) 49   (32) 사삼(沙蔘) · 황련(黃連) 50
(33) 후박(厚朴) · 모란(牡丹) 51 (34) 박하(薄荷) · 구맥(瞿麥) 52
(35) 메기장(稷) 53   (36) 호마(胡麻) · 청소(靑蘇) 54
(37) 촉서(蜀黍) 55   (38) 교맥(蕎麥) 56

(39) 수삼(枲) 56
(40) 자초(紫草) 57
(41) 차(茶) 58
(42) 의이(薏苡) 59
(43) 면(麪) 59
(44) 장(醬) 60
(45) 두부(豆腐) 61
(46) 혜(醯) 62
(47) 제(薺) 62
(48) 강·양(薑讓) 63
(49) 해·송(薢松) 64
(50) 신·고(辛苦) 65
(51) 김·금(金金) 66
(52) 한·완(澣浣) 66
(53) 환·환(宦篁) 67
(54) 석력(淅瀝) 67
(55) 쇄(刷)·차(箚) 67
(56) 아(阿) 68
(57) 일급(一級) 68
(58) 일휘(一麾) 69
(59) 천금(千金) 69
(60) 일관(一貫) 69
(61) 1탁(庹) 70
(62) 1파(一把) 70
(63) 삼촌(三寸) 71
(64) 납채(納采) 73
(65) 초례(醮禮) 73
(66) 형수(兄嫂) 74
(67) 고모(姑) 74
(68) 빙군(聘君) 75
(69) 처남(娚) 76
(70) 어보(漁父) 76
(71) 화옹(化翁) 77
(72) 일가(戚) 77
(73) 향(鄉) 78
(74) 마을(洞) 79
(75) 협(峽) 80
(76) 암(巖) 81
(77) 항(巷) 81
(78) 호(湖) 82
(79) 강·하(江河) 83
(80) 한수(漢水) 84
(81) 벼랑(遷) 85
(82) 봉(峯)·빈(濱) 85
(83) 원(原)·옥(屋) 86
(84) 윤(輪)·파(笆) 87
(85) 잔(盞)·고(篙) 87
(86) 선(鐥) 89
(87) 장군(缶) 89
(88) 슬(瑟) 90
(89) 금휘(琴徽) 90
(90) 퉁소(洞簫) 91
(91) 경쇠(磬) 91
(92) 각(角) 92
(93) 변(弁) 93
(94) 삿갓(笠) 94

(95) 상관(喪冠) 96
(96) 철릭(帖裏) 96
(97) 아얌(額掩) 97
(98) 휘양(護項) 97
(99) 토시(套袖) 98
(100) 감투(鬙頭) 98
(101) 면포(棉布) 99
(102) 누비(衲衣) 100
(103) 봉액(逢掖) 101
(104) 탑련(搭連) 101
(105) 대패(推鉋) 101
(106) 솥(鼎) 102
(107) 규(圭)·홀(笏) 102
(108) 고삐(轡) 103
(109) 인(引) 104
(110) 함(銜) 104
(111) 임(任) 105
(112) 유사(遺事) 105
(113) 패자(牌子) 106
(114) 구(句) 107
(115) 고풍(古風) 107
(116) 풍월(風月) 108
(117) 여문(儷文)·협률(叶律) 109
(118) 『시전(詩傳)』『서전(書傳)』 110
(119) 『사기(史記)』『통감(通鑑)』 110
(120) 반절(反切) 110
(121) 도목(都目) 111
(122) 향소(鄕所) 111
(123) 귀향(歸鄕) 112
(124) 기인(其人) 112
(125) 양반(兩班) 113
(126) 생원(生員) 113
(127) 추고(推考) 114
(128) 욕(辱) 115
(129) 태장(笞杖) 115
(130) 기추(箕帚) 116
(131) 대자(帶子) 116
(132) 공연(公然) 116
(133) 태묘(太廟) 118
(134) 시동(尸童) 118
(135) 태복(太僕) 118
(136) 선마(洗馬) 119
(137) 좨주(祭酒) 120
(138) 거란(契丹)·묵돌(冒頓) 121
(139) 범저(范雎) 121
(140) 조조(鼂錯) 122
(141) 용골대(龍骨大)·마부대(馬富大) 122
(142) 불(佛)·보처(補處) 123
(143) 중(僧)·발(足)·누(樓)·침(鍼) 등 123

(144) 발(趾)·들보(棟) 125
(145) 시(媤)·사(査) 125
(146) 녹(簏)·축(軸) 127
(147) 조적(糶糴) 127
(148) 섬(苫) 128
(149) 송순(松笋) 129
(150) 송진(松津) 130
(151) 서통(犀通) 130
(152) 소밥통(牛胃) 132
(153) 밀자(蜜炙) 132
(154) 아도(阿堵) 132
(155) 권척(拳踢) 133
(156) 견(趼) 134
(157) 변기(拚棄) 134
(158) 재숙(齊宿) 134
(159) 합문(閤門) 135
(160) 효자(孝子) 136
(161) 애자(哀子) 137
(162) 작설(綽楔) 137
(163) 정사(精舍) 138
(164) 헌(軒)·청(廳) 139
(165) 사랑(斜廊) 140
(166) 아(衙) 140
(167) 유(牖) 141
(168) 계(禊) 142
(169) 상사(上巳) 143
(170) 파일(破日) 143
(171) 하(霞) 144
(172) 탄기(彈棊) 144
(173) 잔탁(盞托) 145
(174) 탕병(湯餠) 145
(175) 약과(藥果) 146
(176) 분견(粉繭) 147
(177) 인단(印團) 148
(178) 수단(水團) 148
(179) 산자(饊子) 149
(180) 조고(棗糕) 150
(181) 각서(角黍) 151
(182) 전과(煎果) 151
(183) 호구(餬口) 152
(184) 면어(鮸魚) 152
(185) 해즉(海鯽) 153
(186) 노어(鱸) 153
(187) 정(蟶) 156
(188) 연(蜒) 156
(189) 포합(蒲鴿) 157
(190) 수표(水豹) 157
(191) 맥(貊)·예(濊) 158
(192) 화랑(花郞) 159
(193) 수척(水尺) 159
(194) 장획(臧獲) 160
(195) 걸사(乞士) 161
(196) 삼한(三澣) 161
(197) 사(賖) 162
(198) 세(貰) 163
(199) 배교(杯珓) 164

추록 : 아언각비 뒤에 적는다

(1)—① 장안(長安)・낙양(洛陽) 165 (23)—① 계수나무(桂) 165
(35)—① 메기장(稷) 166   일묘(一畝) 167
(121)—① 도목(都目) 167   (142)—① 보처(補處) 168
(26)—① 우추(又楸) 168   (31)—① 느릅나무(楡) 168
(152)—① 소밥통(牛胃) 168 (167)—① 유(牖) 168
(195)—① 걸사(乞士) 169   (1)—② 장안(長安)・낙양(洛陽) 169
(3)—① 태수(太守)・사군(使君) 170 (4)—① 쉬(倅) 170
(5)—① 방백(方伯) 170

제 2 편 이담속찬(耳談續纂)

이담속찬(이담속찬) 서문 ·· 175
1. 중국 속담(中諺) ··· 176
2. 우리 나라 속담(東諺) ··· 206
3. 이담속찬 습유(耳談續纂拾遺) ······························ 239

雅言覺非 原文 ·· 251

인명・서명 해설 301
찾아보기 337

제 1편

아언각비(雅言覺非)

해 제

『아언각비(雅言覺非)』는 다산 정약용이 강진에서의 18년 동안 귀양살이를 끝내고, 1818년 음력 9월에 고향집 여유당(與猶堂)으로 돌아와 아내와 아들·며느리의 봉양을 받으며, 또 손자들이 자라는 모습을 보며, 철마산(鐵馬山)과 열수(洌水)의 빼어난 자연 풍광 속에서 편안한 나날을 보내는 한편, 귀양지에서 각고 연마한 학문을 정리하고 새로운 저술도 착수하였는데, 1819년에 끝낸 것이 이 『아언각비』 3권이다.

이 『아언각비』 한국학중앙연구원(장서각) 소장 필사본 권1 아래에는 '洌水 丁鏞 談'이라 써어 있고 권2와 권3 아래에는 '洌水 丁鏞 著'로 필사되어 있다. 이로 보건대, 처음 저술을 시작할 때는 '저(著)'라고 생각지 않고 '담(談:말하다)'이라고 했다가 말과 어휘의 올바른 뜻을 분별해 기록함이 쌓이다 보니, '명백하게 규정한다'는 저술이란 자각이 강해져 권2·3에는 '저'라고 표시한 듯하다.

아언각비(雅言覺非)란 뜻은 "정확하고 합리적인 말로 이치에 맞지 않는 잘못된 말을 깨닫는다." 정도로 이해할 수 있겠다. 시대가 어지러우면 이에 따라 말도 어지러워지는데, 그 어지러운 시대를 바로잡으려면 우선 말부터 바로잡아야 한다는 것이 옛 성인의 뜻이다. 다산이 『아언각비』를 저술한 뜻이 이에 있을 것이며, 『이담속찬(耳談續纂)』과 더불어 다산 언어학 저술의 쌍벽을 이룬다.

아언각비 서문

 배움이란 무엇인가. 배움이란 것은 깨닫는 것이다. 깨달음이란 무엇인가. 깨달음이란 것은 그 잘못된 점을 깨닫는 것이다. 그 잘못된 점을 깨닫는 것은 어떻게 할 것인가. 정확하고 합리적인 말에서 이를 깨달을 수 있다.
 말을 하면서 쥐를 부를 때 말린 쥐[璞]라고 했다가 오래지 않아 이를 깨닫고서 말하기를 "이것은 쥐이다. 내가 함부로 말한 것이다."라고 하고, 그리고 사슴을 가리켜 말[馬]이라고 했다가 오래지 않아 이를 깨닫고서 말하기를 "이것은 사슴이다. 내가 함부로 말한 것이다."라고 해야만 한다. 잘못을 깨닫고 나서 부끄러워하고 뉘우치고 고쳐야만 이것을 배움이라 이를 것이다.
 자기 몸가짐 닦는 것을 배우는 사람은 "나쁜 일은 아무리 작아도 하지 말라."고 하는데, 글짓는 것을 배우는 사람도 또한 나쁜 일은 아무리 작아도 하지 말아야만 배움에 진전이 있을 것이다. 멀리 궁벽한 곳에 사는 사람은 글을 배운다는 것이 다 남에게서 전해 들음뿐이라 거짓되고 어그러진 점이 많기 때문에 이런 말이 있는 것이다. 그러나 스승이 하나를 들먹이면 제자는 도리어 세 가지를 깨달아야 하고, 한 가지를 들으면 열 가지를 알아야 하는 것이 배우는 사람의 책임이다.
 말을 다하자면 끝이 없으므로 틀린 것을 대강만 말한 것이지, 틀린 말이 이 정도에 그치는 것은 아니다.
 순조 19년(1819) 기묘 겨울에 철마산초(鐵馬山樵)가 썼다.

제1권

　세상의 풍속은 서로 전해지는 사이에 말이 실제의 뜻을 잃어버리고, 그릇되어 이치에 어긋나도 이어받아 그대로 따라 쓰며 그 잘못을 살피지 못한다. 우연히 하나의 그릇된 말을 깨달으니, 드디어 많은 의문을 일으켜서 바른 말과 틀린 말이 그 실제의 뜻과 서로 반대가 되기에, 이런 말을 자료로 삼아서 『아언각비(雅言覺非)』 3권을 짓는다.

(1) 장안(長安)·낙양(洛陽)

　장안(長安)·낙양(洛陽)은 중국 두 서울의 이름인데, 우리 나라 사람들은 이를 가져다 서울의 통용되는 명칭으로 삼아 시문(詩文)이나 편지를 쓸 때에 이 말을 의심하지 않고 써왔다. 대개 옛날 고구려(高句麗)는 처음에 평양(平陽)에 도읍했는데, 거기에는 두 성(城)이 있어 동북쪽에 있는 것을 동황성(東黃城), 서남쪽에 있는 것을 장안성(長安城)이라고 일렀다. 장안(長安)이라고 빌려 일컫게 된 것은 아마도 이로부터 비롯된 듯하다.

　낙양(洛陽)[1]이란 명칭은 더욱 근거할 수 있는 것이 없다. 서울에 이르는 것을 낙양에 이른다(戾洛) 말하고, 서울로 돌아가는 것을 낙양으로 돌아간다(歸洛) 말하고, 낙양의 친한 벗(洛下親朋)이니, 낙양의 학자(洛中學者)니 하는 말은 모두 습관적으로 쓰는 말이며 자세히 살피지 않아 생긴 잘못이다.

　일찍이 일본 사람의 시집(詩集)에서도 또한 이런 훈계를 위반함을 보았다.

역주
1) 낙양(洛陽) : 중국 고대의 서울 이름. 지금 하남성(河南省)의 한 도시. 낙수(洛水)의 북쪽에 있으므로 낙양이라고 일컫게 됨. 주(周)나라 성왕(成王) 때 주공

(周公)이 처음으로 여기에 왕성을 정하고, 동주(東周)는 여기에 도읍했다. 그 뒤에 후한(後漢)·서진(西晉)·후위(後魏)·수(隋)·오대(五代) 여러 나라가 여기에 도읍하였다. 낙읍(洛邑)·낙사(洛師)·낙경(洛京)·서경(西京)이라고 이름한다. 명승고적이 많다.

(2) 경구(京口)

경구(京口)²⁾란 마을의 이름이다. 지금 진릉(晉陵) 단도현(丹徒縣)에 있는데 진(晉)나라·송(宋)나라 시대에 유명한 성(城)이 되었다. 『진서(晉書)』에 이르기를 "의희(義熙) 원년(405)에 유유(劉裕)가 외직으로 나가서 경구(京口)를 지켰다."고 했는데, 곧 이곳인 것이다.

『남사(南史)』에 이르기를 "송나라 무제(武帝)가 미천했던 때 단도(丹徒)의 경구마을(京口里)로 이사가 살면서 일찍이 경구의 죽림사(竹林寺)에서 놀았다."고 한 것도 또한 이 땅이다.

우리 나라에서는 갑자기 경구(京口)라는 말을 경강(京江)의 어귀로 삼아 무릇 번화한 서울에서 온 사람이면 경구(京口)로부터 왔다고 말하니 이는 잘못이다.

양(梁)나라 간문제(簡文帝)의 시에 이르기를

나그네는 다만 길 갈 것을 생각해서,
서로 다투어 경구를 건너간다.
　　客行秖念路, 相爭度京口.

라 했고, 잠삼(岑參)은 강녕자사(江寧刺史)로 부임하는 왕창령(王昌齡)을 송별하는 시에 이르기를

그대가 길을 떠나 경구에 이르를 땐,
바로 복숭아꽃이 한창일 때라오.
　　君行到京口, 正是桃花時.

라고 했다. 그런데 시인들이 자세하지 못해서, 우연히 이런 시구를 보고서는 잘못 인용함이 이와 같은 것이다.
　『노학암필기(老學庵筆記)』에는 이르기를 "경구자성(京口子城) 서남쪽에 만세루(萬歲樓)가 있는데, 경구 사람들은 남당(南唐) 시대 절도사(節度使)들이 이 만세루에 오를 때마다 서쪽으로 금릉(金陵)을 바라보았으리라고 생각했다."고 했다.

　역주
　2) 경구(京口) : 지금 중국 강소성(江蘇省) 단도현(丹徒縣)에 있는 지명. 여기 경현산(京峴山)이 있어 경구(京口)라고 이름했다고 한다. 일설에는 경강(京江)의 어귀를 이르기도 하는데, 오(吳)나라의 손권(孫權)이 이곳으로 진(鎭)을 옮기고, 경성(京城)을 쌓아 경진(京鎭)이라 이름하였다고도 한다.

(3) 태수(太守)·사군(使君)

　태수(太守)랑 사군(使君)은 본디 모두 존칭이다. 태수(太守)란 군수(郡守)이다. 그리고 여러 현(縣)의 영장(令長)은 다 그가 거느리는 바가 되므로, 그 직무가 지금의 감사(監司)와 더불어 아주 서로 멀지 않다.
　사군(使君)이란 임금의 명령을 받들어 시행하는 신하인 것이다.『후한서(後漢書)』의 구순전(寇恂傳)에 이르기를 "사군은 절(節)을 세워 임금의 명령을 받들고 사방으로 나가 일에 임하게 하였다."라고 했고, 또 대동전(臺佟傳)에는 이르기를 "대동(臺佟)이 자사(刺史)에게 이르기를, '명사군(明使君)이 조서를 받들어 폈다'고 했다." 한다. 또『북사(北史)』의 신휘전(申徽傳)에는 이르기를 "신휘는 양주자사(襄州刺史)가 되었을 때 청수정시(淸水亭詩)를 지은 것이 있었는데, 뒷사람이 이르기를 '이 시는 바로 신사군(申使君)이 쓴 필적이다'라고 했다." 한다.
　조조(曹操)는 유비(劉備)를 일컬어 사군(使君)이라고 했는데, 또한 유비가 당시에 예주(豫州)를 거느려 다스리고 있었기 때문일 뿐이다. 아래로 내려와서 당(唐)나라 송(宋)나라에 이르러서는 시인이나 문인이 또한 모두 반드시 한(漢)나라나 위(魏)나라의 옛일을 인용하여 자기 뜻을 펼쳐 서술했는데, 반드시 그 사람을 자사(刺史)·지주(知州)라고 했다. 그러나 뒤에는 곧 사군(使君)이라 일컬었다.

우리 나라 사람들은 이를 그릇되게 인식하여 지금은 양천현령(陽川縣令)이나 마전군수(麻田郡守)를 다 사군(使君)이라 일컫고 있는데, 이 또한 습관이 되어서 자세히 살피지 않아서 생긴 잘못이다. 현령(縣令)의 명칭을 태수(太守)라고 일컫는 것도 또한 잘못이다.(현령은 마땅히 宰라고 일컫는다.)

(4) 쉬(倅)

쉬(倅)란 둘째 자리인 것이다. 군쉬(郡倅)란 지금의 이른바 관찰사영 밑의 판관(判官)이다. 『당서(唐書)』에 "왕악(王鍔)이 강릉소윤(江陵少尹)이 되었는데, 이를 빈쉬(賓倅)라고 일컬었다." 했고, 『송사(宋史)』에 "유예(劉豫)는 제남지부(濟南知府)가 되고, 장간(張柬)은 쉬(倅)가 되었는데, 이는 다 부관(副官)인 것이다."라고 했다. 그러므로 군쉬(郡倅)의 이름을 반자(半刺)라고 말하는데, 이는 그 직책이 자사(刺史)의 반임을 말하는 것이다.

평양서윤(平壤庶尹)·경성판관(鏡城判官)·대구판관(大丘判官)이 자칭 쉬(倅)라고 말하는 것은 옳다. 그런데 목사(牧使)·부사(府使)·군수(郡守)·현령(縣令)으로 한 고을의 수령은 우두머리가 되는데 모두 자칭 쉬(倅)라고 하는 것은 또한 그릇된 일이 아니겠는가. 편지는커녕 비석에도 모두 그렇게 썼으니, 후세에 무엇으로써 밝히리요. 이것은 옛사람들이 일찍이 분명하게 밝혀놓지 못한 때문인 것이다.

고려 시대의 전녹생(田祿生)은 경주판관(慶州判官)이 되었을 때 정치를 청렴결백하게 했는데, 이제현(李齊賢)의 시에 말하기를

전랑은 우리 경주의 쉬가 되었는데
지금까지도 부로들은 청백한 덕망을 그리워한다.

田郞作倅吾鷄林, 父老至今懷淸德.

라 했는데, 이는 잘못 쓴 것이 아니다. 그러나 또한 눈여겨보면 순수할 수(粹) 자와 돌 수(晬) 자는 둘 치(寘) 자 운에 있고, 담금질할 쉬(淬) 자와 버금 쉬(倅) 자는 떼 대(隊) 자 운에 있는데,(取內切―원주) 이를 같은 음으로 읽는 것은 또한 옳지 않다.

(5) 방백(方伯)

방백(方伯)이란 제후(諸侯)의 우두머리인 것이다.『예기(禮記)』왕제(王制)에 이르기를 "1천 리(里)의 밖에는 방백(方伯)을 설치하고, 다섯 나라에는 우두머리가 있고, 열 나라에는 지방의 장관이 있고, 210나라에는 맹주가 있고, 8주(州)에는 8백(伯)이 있어, 그들은 각기 그 하급 관료로써 천자(天子)에 딸린 두 늙은이를 이백(二伯)이라고 말하는데, 이는 문왕(文王)을 서백(西伯)이라 하고, 주공(周公)을 섬동(陝東)의 백이라 하고, 소공(召公)을 섬서(陝西)의 백이라 하는 것과 같은 것이 이것이다."라고 했다.

지금 우리 나라의 팔도 감사(八道監司)는 중국의 안찰(按察)·독무(督撫) 따위에 지나지 않는데도, 엄연히 방백(方伯)이라고 일컬음은 옳지 않다. 동래부사(東萊府使)가 스스로 내백(萊伯)이라고 일컬음은 더욱 옳지 않다.

(6) 감무(監務)

감무(監務)란 여러 가지 업무를 감독하는 관리인 것이다. 당(唐)나라·송(宋)나라 제도에는 차세(茶稅)·염세(鹽稅) 및 철야세(鐵冶稅)를 받는데, 모두 관서 몇 개소(30개소 또는 40개소―원주)를 설치하고, 관서에는 한 사람의 감을 두고 이를 감무(監務)라고 일렀다.

고려 시대의 사람들은 이 제도를 전해 듣되, 그 참된 사실을 잃어버리고 드디어는 여러 고을에 감무 한 사람을 두었다.

조선 시대 초기에도 이에 따랐다. 『신증동국여지승람(新增東國輿地勝覽)』에 모두 이런 글이 나와 있고, 지금 사람은 이를 당연한 사실로 인정하여 드디어 현감(縣監)을 이름하여 감무라고 말하여 사실상 감무를 직위로 삼는데, 가령 염창 감관(鹽倉監官)이나 은점 별장(銀店別將)은 백성을 다스리는 우두머리는 아닌 것이다.

(7) 독우(督郵)

독우(督郵)란 독우(督尤), 잘못을 감독하는 벼슬이다. 우(郵)란 잘못(尤)을 뜻한다. 『예기』 왕제(王制)에 이르기를 "잘못에 대한 형벌은 사실을 법에 따라 처벌한다."라고 했고, 『한서(漢書)』에는 말하기를 "짐의 잘못을 드러낸다." 한 것은 다 이 뜻이다. 한(漢)나라 제도에는 "군수(郡守)나 자사(刺史)는 다 독우(督郵)를 두고 그 딸린 고을의 영장(令長)의 잘못을 감독하고 책망했다." 하였다.

두우(杜佑)의 『통전(通典)』에 이르기를 "독우(督郵)는 그에게 딸린 고을을 맡아 감독하는데 동부·서부·남부·북부·중부에 있는 것을 오부독우(五部督郵)라고 이른다. 유희(劉熙)는 독우(督郵)를 일컫기를 여러 고을의 형벌에 대한 책임, 허물을 고과하여 바로잡아 다스리는 일을 주관한다(살피건대, 殿郵란 관리의 성적을 고과하여 매기는 것이다. 尤는 郵와 통하므로, 尤는 最이다. 유희가 督郵는 郵殿을 관장한다고 한 뜻은 틀렸다.—원주)고 하였다. 그러므로 황패(黃霸)가 영천태수(穎川太守)가 되었을 때, 독우가 허승(許丞)이 직무를 맡겨 거듭 듣게 함은 옳지 않다고 알렸다 하였고, 전연년(田延年)이 하동태수(河東太守)가 되자, 윤옹귀(尹翁歸)의 부서를 분남독우(汾南督郵)로 옮겼는데, 죄과를 열거해 법률에 따라 마땅했으므로,(죄과를 열거해 탄핵함이 모두 법조문에 맞았다.—원주) 수령들은 감히 원망하지 못하였다. 그 직책이 이와 같았던 것이다."라고 했다.

독우(督郵)는 고을을 돌아다녔는데, 그 위세가 바람이 일어나는 것 같았다. 그러므로 현덕(玄德) 유비(劉備)가 안희위(安喜尉)가 되었을 때, 독우가 현(縣)에 이르렀기에 찾아보기를 요구했으나 통하여 주지 않으므로, 유비는 곧바로 들어가서 독우를 결박하고는 곤장 200대를 치고 인끈을 풀어 그 목을 묶고, 말을 버드나무에다 매어놓고는 벼슬을 내버리고 망명했다.

연명(淵明) 도잠(陶潛)이 팽택령(彭澤令)이 되었을 때 독우가 현에 이르렀다. 현리(縣吏)가 아뢰기를 "마땅히 의관을 정제하고 나가서 그를 뵈소서." 하자, 도연명은 탄식하면서 말하기를 "내 다섯 말 쌀을 위하여 허리를 굽히고 정성을 다하여 시골뜨기 소인을 섬길 수는 없다." 하고, 드디어는 도장을 풀어놓고 고을을 떠나버렸다.

대개 독우의 직책은 곧 공과를 다루는 최고의 자리이고, 그리고 관장하는 것은 잘못에 대한 형벌을 처리하는 데 있었다. 그러므로 고을의 수령은 그를 두려워한 것이다.

우리 나라에서는 그릇되게 독우(督郵)를 역전(驛傳)의 일을 맡는 벼슬로 생각하는데, 지금 여러 역(驛)의 찰방(察訪)은 다 이를 일컬어 독우(督郵)라고 말함은 또한 잘못이다.

(8) 원외랑(員外郞)

원외랑(員外郞)이란 정원 이외의 벼슬인 것이다. 한(漢)나라 제도에 백관(百官)의 품계 순서에 원외랑이 있었고, 수(隋)나라 문제(文帝) 개황(開皇) 6년(586)에 상서성(尙書省) 24사(司)에 각각 원외랑 1명을 두어 그 관아의 문서 장부를 맡아보게 하였다. 품계는 종6품(從六品)을 조랑(曹郞)이라고 이르는데, 본디의 정원 이외에 다시 이 원외랑을 두었다.

우리 나라 육조(六曹)의 정랑(正郞)·좌랑(佐郞)은 본디 각기 6명이 곧 정원 안에 있고 정원 이외에는 없었는데, 지금 사람들이 원외랑이라고 이르는 것이 옳겠는가. 육조에는 다 각기 6명이 있었는데, 다만 병조(兵曹)가 8명이었으니 그 2명을 마땅히 원외랑이라고 일컬을 것이다. 그러나 본디 이러한 분별이 없었으니, 또한 원외랑이라고 일컬을 수 없다.

『고려사(高麗史)』백관지(百官志)에 말하기를 "국초에 육조(六曹)에 낭중(郎中)·원외랑(員外郎)을 두었는데, 충렬왕 때 낭중을 고쳐 정랑(正郎)이라 하고, 원외랑은 좌랑(佐郎)이라 하였다. 그 뒤에 관직 제도가 여러 번 변했는데, 공민왕 말엽에 이르러 다시 충렬왕 때의 제도를 쓰게 되었다."라고 했다. 그러므로 잘못된 말을 예전대로 따라 씀이 이와 같다.

(9) 금오(金吾)

금오(金吾)[3]란 순라(巡邏)하는 일을 맡아 보는 벼슬을 말한다. 『한서(漢書)』백관공경표(百官公卿表)에 말하기를 "중위(中尉) 진관(秦官)은 서울을 순찰하는 일을 맡는다고 했는데, 무제(武帝) 태초(太初) 원년(BC 104)에 집금오(執金吾)라고 이름을 고쳤다."라고 했다.(顔師古는 이르기를 "金吾는 새 이름이니, 법을 맡는 이름으로는 상서롭지 않다."고 했다.—원주)

『후한서(後漢書)』백관지(百官志)에 이르기를 "집금오(執金吾)는 1명으로, 궁궐 밖의 경계하는 일을 맡는데, 한 달에 세 번 궁궐의 밖을 둘러 돌아다니게 한다."라고 했다.

호광(胡廣)이 말하기를 "위위(衛尉)가 궁궐 안을 순찰하면 금오(金吾)는 궁궐 밖을 순찰해 서로 안팎이 되어 가지고 간사한 놈을 사로잡고 교활한 놈을 친다."라고 했다.

또 한나라 제도에는 "금오(金吾)는 밤에 다니는 것을 금지하고 오직 정월 보름날만 금오의 금지령을 늦추는 것을 허락한다."고 했다. 그러므로 소미도(蘇味道)의 시(詩)에는 이르기를

　　금오가 밤에 통행을 금지하지 않았으니,
　　옥으로 장식한 물시계야 서로 재촉하지 말라.
　　　　金吾不禁夜, 玉漏莫相催.

라고 했고, 두보(杜甫)의 시에 이르기를

취하여 돌아오느라면 마땅히 야간 통행 금지를 위반하니,
이금오는 두려워할 만하구나.
　　醉歸應犯夜, 可怕李金吾.

라고 했으니, 그 직무를 알 만한 것이다.
　지금 우리 나라 사람은 느닷없이 의금부(義禁府)를 금오(金吾)라고 하는데, 그 유래한 바를 알지 못하겠다. 일찍이 『고려사(高麗史)』를 살펴보니, "금오위(金吾衛)도 또한 비순위(備巡衛)라고 이름하고, 순군옥(巡軍獄)이 있어 간사하고 교활한 사람을 잡아서 가두었다."고 했다. 그런데 그 뒤에 대신이나 조정의 관리가 죄가 있어도 문득 순군옥(巡軍獄)에 가두고 이를 다스렸다. 금오(金吾)는 드디어 왕옥(王獄)의 이름이 되어버렸다.
　조선조에서는 이미 의금부(義禁府)를 설치하여 오로지 옥사(獄事)를 관장하게 했으므로, 순찰에 관한 여러 가지 일은 다시 맡지 않았는데 오히려 금오(金吾)의 이름을 띠고 있는 것은 뜻이 없는 일이다.

역주
3) 금오(金吾) : 조선 때 왕명을 받아 추국하는 일을 관장하는 의금부의 별칭. 의금부를 왕부(王府)라고도 하였다.

(10) 제학(提學)

　제학(提學)이란 학교의 제거(提擧)인 것이다. 송(宋)나라 제도에는 주현(州縣)에 각기 교관(教官)이 있고, 본성(本省)에는 제거(提擧) 1명이 있어 모든 교관을 거느렸는데, 교관은 수령(守令)과 같고, 제거(提擧)는 감사(監司)와 같았다. 그가 학교의 정사를 제조(提調)하였으므로 이를 제학(提學)이라고 일컬었다.(가령 吏曹判書를 吏判이라 일컫는 것과 같다.―원주)
　고려 시대에는 이 일을 전하여 듣고 문학(文學)이 있는 사람을 일러 제학(提學)이라고 했다. 이에 있어서 보문각 제학(寶文閣提學)과 진현관 제학(進賢館提學)을 두었다.

조선에서도 이를 따라서 홍문관 제학(弘文館提學), 예문관 제학(藝文館提學)이라고 했는데, 사실은 학교 정사를 제거(提擧)하는 것이 아니니, 제학(提學)이라고 말하는 것은 옳지 않다.

송(宋)나라·원(元)나라의 천장각(天章閣)이나 규장각(奎章閣)이라든지, 명나라·청(淸)나라의 문연각(文淵閣)이나 무영전(武英殿)에는 다 학사(學士)와 대제(待制)는 있지만 제학(提學)의 이름은 없다.

(11) 사마(司馬)

사마(司馬)는 병조의 으뜸 벼슬인 것이다. 『예기』 왕제(王制)에 말하기를 "시골(鄕)의 수재(秀才)가 사도(司徒)에 오른 것을 선사(選士)라 하고, 사도(司徒)가 태학(太學)에 오른 것을 조사(造士)라 하고, 태학(太學)이 사마(司馬)에 오른 것을 진사(進士)라고 한다."고 했다.

우리 나라 사람은 그 문구를 따되, 다만 사마(司馬)에 오른 것을 진사(進士)라고 한다는 하나의 구절만을 잡아가지고서, 드디어 진사(進士)를 이름하여 사마(司馬)라고 말하고, 진사 시험을 사마시(司馬試)라 말하고, 진사의 방(榜)을 사마방(司馬榜)이라고 말하고, 심한 경우 김진사(金進士)·이진사(李進士)를 일컬어 김사마(金司馬)·이사마(李司馬)라고 말하니 어찌 잘못이 아니겠으리요.

(12) 국자(國子)

국자(國子)란 주자(胄子)인 것이다. 주자란 천하 자제(子弟)의 형인 것이다.(馬融의 말이다.—원주) 천자(天子)와 제후(諸侯)의 원자(元子)나 서자(庶子)라든지, 공경대부(公卿大夫)의 적자(適子)나 쉬자(倅子)를 곧 주자(胄子)라고 한다. 그리고 주(周)나라 사람은 이를 국자(國子)라고 일컬었는데, 이는 서민의 아들이 얻어 가진 것이 아닌데도 섞어 부른 것이다.

중국 고대 우(虞)나라 순(舜)임금 때 제도에는 "태학(太學)이 주자(胄子)를 가르치고(곧 典樂에 있다.—원주) 사도(司徒)가 만민(萬民)을 가르쳤다."라고 했고, 삼대(三代:夏·殷·周)에는 이에 따라서 확실하게 두 길을 구별했고, 한(漢)나라 이후에는 처음으로 태학(太學)을 만백성을 교육시키는 곳으로 만들었으나 오히려 국자(國子)의 이름만은 사칭하고 있어서, 한유(韓愈)도 태학관(太學官)이 되었을 때 스스로 일컫기를 국자선생(國子先生)이라고 했다.

　우리 나라는 이러한 잘못을 따라서 마침내 태학(太學)을 국자학(國子學)이라고 그 잘못을 따라 믿고 의심하지 않았다. 그러나 조선 초기에는 종학(宗學)이 있어서 종실(宗室)의 자제를 가르쳤었는데, 이것이 바야흐로 바로 국자학(國子學)이다.

(13) 장원(狀元)

　장원(狀元)이란 주장(奏狀)의 첫머리에 쓰인 것이다. 과거에 합격한 진사(進士)의 방(榜)을 내붙일 때에는 반드시 주장(奏狀)을 만들어 천자에게 추천했기 때문에 그 첫번째 사람을 장원(狀元)이라고 일컬었다. 향시(鄕試)의 첫머리에 있는 사람은 이를 해원(解元)이라고 일컫지 장원(狀元)이라고는 이름하지 않는다.

　우리 나라에서는 이를 잘못 인식하고 무릇 과거 시험의 방문에 첫머리를 차지하면 보통 장원(狀元)이라 일컫고, 승보 상제(陞補庠製)나 향시 초시(鄕試初試)로부터 아래로 순제 월과(旬製月課)에 이르기까지도 무릇 첫머리를 차지한 사람이면 이를 장원(狀元)이라고 말하는데 이미 잘못된 것이다. 하물며 또 문서 장(狀) 자를 그릇되게 장할 장(壯) 자로 만들어 이를 장원(壯元)이라고 이르고, 시원(詩元)을 시장(詩壯), 부원(賦元)을 부장(賦壯)이라고 이르며, 계산에 뛰어난 사람을 획장(畫壯)이라 이르고, 주차문(奏箚文)이나 비갈문(碑碣文)에도 다 이미 이렇게 간행했으니 어찌 잘못된 것이 아니겠으리요.

(14) 발해(發解)

감시(監試) 초시(初試)에 합격(合格)한 것을 발해(發解)라고 일컫는데, 또한 뜻을 잘못 안 것이다. 해(解)란 발견(發遣)이며 또 윗 관아에 알린다 (聞上)는 뜻이다. 해(解) 글자의 다른 음(音)이 '개'로 해석(解釋)의 해(解) 뜻과는 같지 않다. 그래서 향시(鄕試)에 뽑혀 서울로 나아가게 하는 것을 서울로 개송(解送)한다 일컫고, 죄수(罪囚)를 윗 관아로 옮겨 보내는 것을 무사(撫司)로 개송(解送)한다 일컫고, 임기가 차서 조정으로 돌아가게 된 것을 전부(銓部)로 개송(解送)한다고 일컫는데,(『宋史』職官志에는 말하기를 "외직으로 나갔다가 들어오는 정원은 1명이 4년의 임기를 끝내야 解發赴銓한다."라고 했다.—원주) 그 뜻은 같은 것이다. 『국사보(國史補)』에 이르기를 "외부 (外府)에서 시험을 보지 않고 천거하는 것(貢者)을 발개(拔解)라고 이른다."(뽑아 쓰라고 보내는 것을 말한다.—원주)라고 했다.

당나라 제도에 진사(進士)로 향공(鄕貢)을 경유한 것을 개액(解額)이라고 말한다.(또 『宋史』 選擧志에 이르기를 "山林에 묻혀 있는 선비를 監司나 수령으로 하여금 解送하게 한다."라고 했다.—원주)

지금 사람들은 경시(京試)·향시(鄕試)를 묻지 않고 무릇 초시(初試)에 합격한 것을 다 발해(發解)라고 말하는데 옳겠는가?

(15) 빈공(賓貢)

빈공(賓貢)이란 업신여겨 깔보는 말이다. 고려 시대 인재를 뽑는 선거법(選擧法)은 서울(京都)에선 상공(上貢)이라 이르고, 여러 도에선 향공(鄕貢)이라 이르고, 다른 나라 귀화인의 경우는 빈공(賓貢:向化人—원주)이라고 이르는데, 이는 대개 원(元)나라 제도인 것이다. 그 뒤에 여러 도(道)에서 보는 향시(鄕試)에 다른 도 사람이 함부로 와서 응시하는 것을 꾸짖어 빈공(賓貢)이라고 일컬었는데, 이는 그런 사람은 향시를 보는 본도(本道)에선 다른 나라의 사람과 같이 일렀던 것이다.

지금 사람들은 이러한 명칭을 알지 못하고 잘못 빈공(擯攻)이라 부르고, 이를 문자(文字)로 베껴놓고 당연한 것으로 여기고 있다.

(16) 수역(水驛)

수역(水驛)이란 배(船)를 놓아두는 역(驛)인 것이다. 『대명률(大明律)』에 이르기를 "역선(驛船)을 함부로 탄 사람은 역마(驛馬)를 함부로 탄 사람과 같은 죄로 처벌한다."고 했는데, 이것이 이른바 수역(水驛)인 것이다.

우리 나라 사람들은 잘못 강가에 있는 역정(驛亭)의 마을을 수역(水驛)이라고 여겨서 늘상 평구(平丘)·단월(丹月) 등의 역(驛)을 지날 때마다 문득 수역(水驛)이란 글귀를 읊었는데 이는 잘못이다.

『당서(唐書)』 백관지(百官志)에 이르기를 "가부(駕部)는 전역(傳驛)의 일을 맡아 보는데, 30리마다 역(驛)이 있고, 수역(水驛)에는 배가 있다."고 했고, 『당육전(唐六典)』에는 이르기를 "수역(水驛)은 1297개소이고, 육역(陸驛)은 86개소이다."라고 했다.

이백(李白)의 시에 이르기를

돛을 높이 달아 바람을 빌리니,
수역은 있는 힘을 다해 늦어지지 않는구나.
　揚帆借天風, 水驛苦不緩.

라고 했는데, 이는 역선(驛船)의 경쾌함을 말한 것이다.

(17) 행단(杏壇)

행단(杏壇)이란 말은 본디 『장자(莊子)』에서 나온 말이다. 사마표(司馬彪)가 말하기를 "행단이란 연못 가운데 있는 높은 곳을 말한다." 했고, 고정림(顧亭林)은 말하기를 "장자(莊子)가 말한 것은 다 이것이 비유한 말(寓言)이다. 어보(漁父)도 반드시 그런 사람이 있은 것은 아니고, 행단(杏壇)도 반드시 그런 곳이 있는 것은 아니다. 지금 행단(杏壇)이란 곧 송(宋)나라 건흥(乾興) 연간(1022)에 공도보(孔道輔)가 조묘(祖廟)를 증수(增修)하고 벽돌(甃石)로 단(壇)을 만들고 그 둘레에 살구나무를 심었는데,

여기에서 행단(杏壇)의 이름을 취해 이름한 것이다."(顧亭林의 말은 다만 이것이다.—원주)라고 했다.

우리 나라 사람들은 이를 그릇되게 인식하고는, 곧 공자의 사당 뒤편에 은행나무를 벌려 심어 행단(杏壇)을 상징하게 된 것이다. 은행나무는 한 이름을 압각수(鴨脚樹)라 하고 또 한 이름은 평중목(平仲木)이라고 한다.

좌사(左思)의 「오도부(吳都賦)」 주(註)에 이르기를 "평중목(平仲木)의 열매는 희기가 은빛과 같다."고 한 것이 곧 이것인데, 어찌 이른바 행단(杏壇)에 심는 것이겠는가.

전기(錢起)의 시에 이르기를

꽃 속에 스승을 찾아서 행단에 이르렀다.
    花裏尋師到杏壇.

라고 했고, 장저(張耒)의 시에 이르기를

살구꽃 단 위에서 피리 소리 듣는다.
    杏花壇上聽吹簫.

라고 했고, 이군옥(李群玉)의 시에는 이르기를

서로 행화단 속에서 만날 것을 약속하고 떠났다.
    相約杏花壇裏去.

라고 했고, 강희맹(姜希孟)의 시에도 또한 이르기를

단 위의 살구꽃은 붉고 반이나 떨어졌다.
    壇上杏花紅半落.

라고 했는데, 은행(銀杏)나무에 붉은 꽃이 있겠는가.

(18) 산차(山茶)

 산차(山茶)란 남쪽 지방의 아름다운 나무이다. 『유양잡조(酉陽雜俎)』에서는 "산차(山茶)는 높은 것은 1길이 넘고 꽃이 큰 것은 1치를 초과하고 빛깔은 붉고 12월에 핀다."고 했다. 『본초(本草)』에는 "산차(山茶)는 남쪽 지방에서 산출되는데, 잎은 자못 차(茶)와 같으면서 두껍고 단단하고 모가 나 있다. 썩 추운 겨울에 꽃이 핀다."고 했다.
 소식(蘇軾)의 시에서는

잎은 두껍고 모가 있어 무소뿔처럼 단단하고
꽃 속의 적은 모습은 학의 머리처럼 붉구나.
　　葉厚有稜犀角健, 花深少態鶴頭丹.

라 하고, 또 "붉은 빛이 불꽃같이 눈 속에 피었구나.(爛紅如火雪中開)"라고 했다.
 내가 강진(康津) 다산(茶山)에 있을 때 산차(山茶)를 많이 재배하고 있었다. 비록 꽃의 작은 모양은 참으로 소식(蘇軾)의 말과 같았지만, 잎새는 이미 겨울인데도 푸르고, 꽃도 또한 겨울인데 무성했다. 또 그 열매는 많은 꽃잎이 서로 어울려 대략 빈랑(檳榔)과 같다. 이것을 기름으로 짜서 머리에 바르는데, 끈적거리지 않으므로 부인들은 이를 귀중하게 여기니, 또한 아름다운 초목이다.
 우리 나라 사람들은 소홀히 산차(山茶)를 동백(冬柏)이라고 이름하고, 그 봄에 무성한 것을 춘백(春柏)이라고 이른다. 대둔사(大芚寺)에는 이 나무가 많은데, 이를 이름하여 장춘동(長春洞)이라 한다. 내 일찍이 장춘동시권(長春洞詩卷)을 보았더니, 더러 취백(翠柏)이라 일컫고, 또는 총백(叢柏)이라 일컫고, 끝내 산차(山茶)라는 두 글자는 없었으니 한탄스러울 따름이다.(陳氏花鏡에는 一名 曼陀花라고 했는데 아마도 그릇된 것이다.—원주) 『한청문감(漢淸文鑒)』에는 강동(岡桐)이라고 일렀다.

(19) 백(柏)

백(柏)이란 측백(側柏)나무인 것이다. 즙백(汁柏)나무라고도 한다.『비아(埤雅)』에 이르기를 "측백나무는 몇 가지 종류가 있는데 그 잎이 작게 곁붙어 난 것은 측백(側柏)이라고 말한다."고 했는데,『본초(本草)』에 측엽자(側葉子)라 일컫는 것이 곧 이것이다. 그 씨를 백자인(柏子仁)이라고 말한다. 이는 일상 생활에 쓰고 있어 쉽게 아는 물건이다.

해송(海松)이란 유송(油松)이요, 과송(果松)이요, 오렵송(五鬣松)이다.(또는 五粒松이라고도 부른다.—원주)

우리 나라『신증동국여지승람』산군 토산(山郡土産)에는 모두 해송자(海松子)가 실려 있고, 또한 일상 생활에 쓰고 있어 쉽게 아는 물건이다. 지금 세상에서는 소홀히 잣나무, 곧 과송(果松)을 백(柏)이라 하여, "산군(山郡)에서 잣 곧 과송자(果松子)를 사람에게 보냈다."라고 하기도 하고, 문득 이르기를 "잣(柏子)이 몇 말이다."라고 했다. 어리석고 어린 뜻으로 "잣나무를 주석하여 과송(果松)이라고 말한다."고 했다.(우리말로 전(戔) 자의 꺾이는 소리와 같다.—원주) 이 어찌 잘못된 것이 아니겠으리요.

동방삭전(東方朔傳)에는 이르기를 "백(柏)이란 귀신의 벼슬 이름(廷)이다."라고 했다.

우리 나라의 풍속에도 "잣나무로 귀신을 피한다.(柏辟鬼)"라고 하여 몸에 혼이 불안할까 염려하므로, 드디어는 과송판(果松板)을 백자판(柏子板)이라 하여 관(棺)을 만드는 데 쓰지 않는데, 더욱 크게 어리석은 일이다. 과송(果松) 곧 잣나무는 나뭇결이 가늘고 보드랍고 고와서 곧 관재목(棺材)으로는 상품인데, 이런 거짓된 이름을 뒤집어씌워 실제로 폐지하고 쓰지 않으니 옳겠는가.

(20) 회(檜)나무

회(檜)나무는 지금의 이른바 만송(蔓松)이다.(세상에서 말하는 이른바 老松나무이다.―원주) 나뭇가지가 서로 엉켜 취병(翠屛)과 취개(翠蓋)같이 되는 나무가 이것이다. 지금 세상에서는 삼나무(杉木)를 전나무(檜)라고 생각한다. 시인(詩人)들은 곧은 줄기가 하늘로 뻗어올라간 나무를 볼 때마다 이를 전나무라고 생각하고 읊는데 이는 큰 잘못이다. 이 병폐는 이미 고질이 되어서 한마디 말로는 꺾을 수 없게 되었다. 지금 여러 가지 글을 두루 조사하여 이를 증명하려 한다.

『본초(本草)』에는 이르기를 "전나무(檜)는 그 나무가 우뚝 솟아 곧게 자라고(그 줄기가 많이 곧게 자라 오르고 그 가지는 덩굴과 같다.―원주) 그 껍질은 얇고 그 결은 매끄러우며, 그 꽃은 가늘고 작고, 그 열매는 둥글고 모양은 작은 방울과 같은데, 서리가 내린 뒤에 사방이 터지고, 그 속에는 몇 개 씨가 있고 크기는 보리쌀과 같고, 향기가 좋아할 만하다. 백엽송신(柏葉松身)이란 전나무다.(주자의 『詩傳』에 이르기를 전나무는 잣나무(柏)와 같다고 했다.―원주)"라고 했다.

『노학암필기(老學庵筆記)』에 이르기를 "노송나무(檜)는 두 가지 종류, 곧 해회(海檜)와 토회(土檜)가 있다. 해회(海檜)는 높이 솟아 자라고 단단하고 가는데다 천연적으로 성장하고 또 나무가 깎이고 파여 있다. 구부러져 성장하는 것을 토회(土檜)라고 이름한다. 해회(海檜)는 절종이 되어 보기가 어렵고 무릇 사람들의 가정에 있는 것은 모두 토회(土檜)이다."라고 했다.

『태청기(太淸記)』에 이르기를 "박주(亳州)의 태청궁(太淸宮)에는 8그루의 전나무(八檜)가 있는데, 그 뿌리와 나뭇가지가 왼쪽으로 엉켜 있다."라고 했다.(『楓窓小牘』에 이르기를 "華陽宮의 돌 곁에 두 그루의 노송나무(檜)를 심었는데, 한 그루 높이 솟아 자라는 것은 아침 해가 하늘로 솟아오르는 것 같은 전나무(朝日升天之檜)라 이름하고, 한 그루 눕혀져 부자유스럽게 자라는 것은 땅에 깔린 구름 밑에 엎드려 있는 용과 같은 전나무(臥雲伏龍之檜)라고 하여 다 玉牌에 金

字로 써붙였다."라고 했다.—원주)

서긍(徐兢)의 『선화봉사고려도경(宣和奉使高麗圖經)』에 이르기를 "백의도(白衣島)에 누워서 자라는 노송나무(偃檜)가 있는데 푸르고 윤기가 있어 사랑할 만하다." 했다. 『승수연담(澠水燕談)』에는 이르기를 "박주(亳州) 법상사(法相寺)에는 작은 노송나무(矮檜)가 있는데, 높이가 겨우 몇자이고, 누워 갈라져 서리고 얽혀졌으나 가지와 잎이 매우 무성하다."라고 했다.

『낙양화목기(洛陽花木記)』에 이르기를 "칠월절(七月節)에 모과(木瓜)를 심었는데 연한 줄기를 누르는 노송나무여."라고 했다.

『가씨담록(賈氏談錄)』에 이르기를 "평천장(平泉莊)에 안시회(鴈翅檜)가 있는데, 그 나부껴 춤추는 모양은 기러기의 날개와 같다."라고 했다.

또 『호상승개(湖上勝概)』에 이르기를 "봉황산(鳳凰山)에는 누워 자라는 소나무(偃松)가 있는데 가지가 그 노송나무와 뒤얽혀 자라고 있다."라고 했다.

또 범성대(范成大)의 시서(詩序)에 이르기를 "영우관(靈祐觀)에 실을 늘어뜨린 것과 같은 노송나무(垂絲檜) 세 그루가 있다."라고 했다.

『연번로(演繁露)』에 이르기를 "『이아(爾雅)』『모시(毛詩)』 전(傳)에는 다 이르기를, 전나무(樅木)는 소나무 잎에 잣나무 몸매(松葉柏身) 같고, 전나무(栝木)는 잣나무 잎 소나무 몸매(柏葉松身) 같다."(노송나무(檜)를 전나무(栝)라고 하는 것은 북상투(䯻)를 상투(髻)라고 하는 것과 같다.—원주)라고 했다.

살펴보건대, 잣나무 잎 소나무 몸매는 곧 지금 세상에서 말하는 잎이 실같이 되어 있는 삼(杉)나무인 것이다.

소식(蘇軾)의 시에 이르기를

함께 실처럼 휘늘어진 푸른 삼나무가 어지러이 날리는 것을 사랑할 게지,
누가 옥지초로 홍옥 다듬는 것을 보겠는가.
  共愛絲杉翠絲亂, 誰見玉芝紅玉琢.

라고 했다.

  이 여러 글에 있는 노송나무(檜)에 관한 내용을 살펴보면, 지금 만송(蔓松)이라고 말하는 것임을 살필 수 있다. 그 나무는 층을 겹쳐 바로 올라가는 나무(전나무—원주)와 근사한 것이 있으나 틀림없이 서로 가까운 것인지?

  곽상정(郭祥正)의 시에 이르기를

  회남정자 안에는 푸른 노송나무가 있는데,
  쳐다보면 둥글고 푸른 우산을 만들어 놓은 듯.
    淮南亭中有蒼檜, 仰視團團翠爲蓋.

이라고 했다.

  진도옥(秦韜玉)의 시에 이르기를

  큰 우산처럼 서린 꼴은 푸른 총채 같고,
  더덕더덕 해묵은 껍질은 검은 용의 비늘 펼친 것일세.
    深蓋屈蟠靑麈尾, 老皮張展黑龍鱗.

라고 했다.(노송나무(檜)를 읊은 것이다.—원주)

  피일휴(皮日休)의 쌍왜회(雙矮檜) 시에 이르기를

  빙빙 둘러 땅에 깔린 이 푸른 보배그릇은,
  푸른 실로 짠 가는 바구니라 불 지르지 못하겠네.
    撲地徘徊是翠鈿, 碧絲籠細不成烟.

라고 했다.(전나무는 본래 작은 것이 없다.—원주)

  육구몽(陸龜蒙)의 쌍왜회(雙矮檜) 시에 이르기를

가엾어라 연기에 상한 이 푸른 소라고둥은,
쌍림에 와서 잘못된 예의가 많은 것 같다.
　　可憐烟刺是靑螺, 如到雙林誤禮多.

라고 했다.
　매요신(梅堯臣)의 시에 이르기를

푸른 빛으로 추위를 견디어내니 어찌 쉽게 쇠약하며,
부드러운 줄기가 잘 엉겼으니 무성하고 아름답다.
　　翠色凌寒豈易衰, 柔條堪結更葳蕤.

몸매는 소나무, 잎은 잣나무와 서로서로 비슷하고,
굳세게 뽑았으니 무엇 때문에 스스로 지탱해나가지 못하겠나?
　　松身柏葉能相似, 勁拔緣何不自持.

라고 했다.(푸른 빛(翠)이란 잣나무 울타리를 뜻한다.―원주)
　소식(蘇軾)의 재회(栽檜) 시에 이르기를

처음에 학의 뼈 같은 나무를 세워 놓았는데,
아직 용의 힘줄 같은 줄기가 뻗어 나오지 못하였군.
　　初扶鶴骨立, 未出龍纏筋.

하였다.
　은문규(殷文圭)의 시에 이르기를

드높이 빼어난 모양은 노송나무가 용트림을 하며 사는 것을 고마워하는 것 같다.
　　峭如謝檜虯盤活.

했다.
이건훈(李建勳)의 시에 이르기를

늙은 노송나무 가지가 비끼고 푸른 덩굴로 늘어졌다.
朽檜枝斜綠蔓垂.

라고 하였다.(노송나무(檜)는 蔓松이라고 이름할 만하다.—원주)
육유(陸游)의 시에 이르기를

해회가 구불구불 서리어 괴석을 의지하였다.
海檜屈蟠依怪石.

라고 했다.
정복(丁復)의 시에는 이르기를

푸른 소나무와 붉은 노송나무가 막 자라려고 뿌리와 줄기를 땅에 도사렸다.
蒼松赤檜蟠根株.

고 했다.(전나무는 붉은 것이 없다.—원주)
살펴보건대, 지금 사람들이 더러 말하기를 "시(詩)에 노송나무 노(檜楫), 소나무 배(松舟)라고 일컫는다."고 하는데, 만송(蔓松)으로 어찌 노(楫)를 만들었으리요. 그들은 돛대를 노(楫)라고 했을 것이다. 노(楫)란 짧은 노(短櫂)인 것이다. 나의 집의 뜰 앞에 있는 물건이 바로 노(楫)를 만드는 재료로 알맞다. 또 소식(蘇軾)이 읊은 노송나무 시를 인용하여 말하기를

뿌리가 구천(九泉)에까지 이르렀을 테니 굽은 데가 없겠구나.
根到九泉無曲處.

라고 했는데, 이는 굽게 서리어진 것이 아닌 것이다. 아아! 그들이 말하는 것은 뿌리(根)일 뿐인데, 나무의 뿌리와 줄기는 아닌게아니라 곧다. 그 구부러져 서려 있는(蟠屈) 것은 노송나무의 가지인 것이다.

(21) 삼(杉)나무

삼(杉)나무란 층(層)을 거듭하면서 바르게 자라오르는 나무인 것이다.(젓나무—원주)

우리 나라 사람들은 이를 잘못 이깔(弋櫏)나무(익가나무 곧 이깔나무—원주)로 생각하고, 이어 진삼(眞杉)나무를 일컬어 노송나무라고 하니, 한번 잘못되니 두번 잘못되게 했으나 바로잡을 때가 없었다. 삼목(杉木)은 삼(䒟:또한 음도 삼—원주)나무로 만들고, 일명 사목(沙木:『本草綱目』에 일렀다.—원주)이고, 일명 경목(檠木:『本草』에 일렀다.—원주)이다.

소송(蘇頌)이 이르기를 "지금 남부·중부 지방의 깊은 산골에 이 나무가 많이 있고, 그 모양이 소나무와 같으면서 굳세고 곧고, 잎은 가지에 붙어 나는데 바늘과 같다."(『本草』의 注—원주)고 했다.

곽박(郭璞)이 이르기를, "삼(䒟)나무는 소나무와 비슷한데 강남(江南) 지방에서 나고, 배(船)와 관재(棺材)를 만들 수 있고, 기둥을 만들어 땅에 묻어도 썩지 않으며, 또 사람들의 가정에서 일상 생활에 쓰는 통(桶)을 만들면 널판은 물을 매우 견디어 낸다."(『爾雅』의 주—원주)라고 했다.

구종석(寇宗奭)은 말하기를 "삼나무 줄기는 바르고 곧아서 대체로 소나무가 겨울에 잎이 떨어지지 않는 것과 같은데, 다만 잎이 드물게 가지에 붙어 있는 것이다. 지금도 곳곳에 이 삼나무가 있는데, 약에 넣어 쓰기도 한다. 유삼(油杉)과 향기가 나는 것은 좋은 것이다."라고 했다.

이시진(李時珍)이 말하기를 "삼나무 잎은 단단하고 작은 모가 져 바늘과 같고, 열매를 맺는데 단풍나무 열매와 같다. 강남(江南) 사람들은 경칩을 전후하여 이 나뭇가지를 꺾어 땅에 꽂아 심어 싹을 내어 가지고 왜국(倭國)에 내보내는 것을 왜목(倭木)이라고 했는데, 모두 촉금(蜀黔) 지방 여러 산골(諸峒)에서 생산되는 것이 더욱 좋아 이에 미치지 못했다. 그 나무는 붉은 것, 흰 것 두 가지 종류가 있는데, 붉은 삼나무는 열매에 기름이 많고, 흰 삼나무는 빈 쭉정이로 말라버린다. 삼나무에 얼룩얼룩한 무늬가 꿩깃같이 있는 것은 이를 야계반(野雞斑)이라 하여 관(棺)을 만들며 더욱 귀하다. 그 나무에는 흰개미가 생기지 않고, 이 나무를 태운 재는 화약(火藥)에 불 붙이는 데 가장 좋다."라고 했다.

주자(朱子)는 말하기를 "나무를 가려 관(棺)을 만드는데 유삼(油杉)이 상등이고, 잣나무가 그 다음이고, 토삼(土杉)이 하등이 된다."라고 했다.(王文祿은 말하기를 "유삼은 지금 沙坊板인데, 馬湖·建昌·桃花洞에서 난다. 旋螺丁子는 향기로운 꽃이고, 붉은 열매가 상등이다. 紫經杉이 좋은 것이다." 했다.—원주)

진용정(陳龍正)이 말하기를 "관나무(棺木)는 오직 삼(杉)나무가 가장 좋다. 나무좀(蚛)도 안 먹고 썩지도 않고 또 녹지도 않는 성질을 지닌 사판(沙板)은 곧 천년 묵은 삼나무로 뿌리에 가까운 줄기를 모래흙 속에 쌓아두었던 것이 가장 좋은 것이다."라고 했다.

이 여러 가지 글을 살펴보면, 삼(杉)나무란 세상에서 말하는 이른바 노송나무(檜)인 것이다. 관재로는 삼나무만 같지 못하다. 그런데 유명한 물건을 한번 잘못하여 다만 배를 만드는 재목으로만 알고 있으니 안타까운 일이다.(또 비자나무는 삼나무와 매우 같은데 다만 비자나무 줄기는 두 갈래다.—원주)

비자나무(榧) : 『이아(爾雅)』에 이르기를 "비자나무(榧)는 삼(杉)나무와 같고 재목은 빛나고 문채는 비단 같은데, 옛날에는 문목(文木)이라고 일렀다."라고 했다. 『본초(本草)』에 이르기를 "비자나무(榧)는 깊은 산 속에서 생장하는데 사람들은 야삼(野杉)이라고 불렀다."(또 이르기를 "비자나무(榧)는 삼나무(杉)와 비슷하다." 했다.—원주)고 했다.

백거이(白居易)의 「여산기(廬山記)」에 이르기를 "석간(石磵)에 있는 해묵은 삼나무는 둘레의 크기가 거의 18발(圍)이고, 높이가 몇백 길(幾百丈)인지 알지 못한다."라고 했다.

소철(蘇轍)의 「직절당기(直節堂記)」에 이르기를 "뜰에 여덟 그루의 삼

(杉)나무가 있는데, 길고 짧고 크고 작기가 하나같이 곧아서 마치 먹줄을 친 것 같고, 높이 3심(尋)이 되는 뒤부터 가지와 잎이 붙어 있다."라고 했다.

주자(朱子)는 만삼(萬杉) 시를 스스로 주(注) 달아 이르기를 "와룡산(臥龍山)의 서쪽 10리 절간 앞뒤에 삼나무가 만 그루나 있는데, 베는 것을 금지한다는 뜻이 써 있다."라고 했다.(蘇轍의 시에 이르기를 "1만 그루 靑杉 한 솜씨로 심었다." 했다.―원주)

소식(蘇軾)의 시에 이르기를

어린 삼나무가 가지런히 3천 그루나 모여 있다.
稚杉戢戢三千本.

라고 했다.(朱子의 시에 이르기를 "어린 삼나무가 산기슭을 둘러 천 개의 깃발을 꽂아 놓았다.(稚杉繞麓千旗卷)"라 했고, 중 惠弘의 시에는 "1천 그루의 푸른 삼나무가 함께 합쳐 껴안았구나.(千本蒼杉俱合抱)"라 했다.―원주)

백거이(白居易)의 재삼(栽杉) 시에 이르기를

굳센 잎은 삼연하기가 날카로운 칼이고,
외로운 줄기는 쭉 뻗어나 바른 표적의 깃발인 듯.
勁葉森利劍, 孤莖挺端標.

이라고 했다.(朱子의 시에 이르기를 "좋이 어린 삼나무를 잡고 즉각 심어 놓고는, 서늘한 달을 맞아 아름다운 풍경을 보련다.(好把稚杉緣徑揷, 待迎涼月看淸華.)"라 했다.―원주)

(22) 박달나무(檀)

박달나무(檀)는 두 종류가 있다. 『시경(詩經)』 국풍(國風)에서 일컬은 바 '박달나무를 베어서(伐檀)'라고 말한 나무인 박달나무(檀)란 굳고 질긴 나무로 수레의 바퀏살(車輻)을 만들 만한 것이다. 이 박달나무는 부남(扶南)·천축(天竺) 등지에서 생산되는 전단(栴檀)이나 침단(沈檀) 같은 것과는 다르다. 전단·침단이란 곧 향나무이고, 그 종류로 백단(白檀)·자단(紫檀)이 있는데, 통틀어 전단(栴檀)이라고 말한다.(『本草』에 일렀다.─원주) 그러므로 『유양잡조(酉陽雜俎)』에 이르기를 "한 나무에 다섯 가지 향의 이름이 있는데, 뿌리를 전단(栴檀), 마디를 침향(沈香), 꽃을 계설(鷄舌), 잎을 곽향(藿香), 아교를 훈육(薰陸)이라고 한다." 박달나무(檀)의 향기의 맹렬함이 이와 같다.

우리 나라 사람들은 느닷없이 만송(蔓松)이 겨울에도 푸른 것을 이름하여 자단향(紫檀香)이라고 일컬으며, 제사지낼 때에 이것을 피우고, 환약(丸藥)으로 만들어 쓰니 어찌 잘못된 것이 아니리요. 『신증동국여지승람』에 이르기를 "남쪽 지방의 군현(郡縣)에 안식향(安息香)이 많이 난다."고 했는데, 이 또한 모두 함부로 붙인 이름으로 증거할 수 없는 것이다.

(23) 계수나무(桂)

계수나무(桂)란 남쪽 지방의 나무다. 또한 균계(菌桂)·모계(牡桂)가 있는데, 모두 약(藥)에 들어간다. 중국에서도 또한 오직 강남(江南) 지방에만 이 나무가 있다.

우리 나라에는 계수나무가 없다. 곧 정유길(鄭惟吉)의 시에 이르기를

길이 우거진 계수나무를 생각하는 마음 간절하지만 돌아갈 날이 없고
무릎을 치며 드높이 읊어보니 글자마다 보배롭구나.
　　長懷叢桂無歸日, 擊節高吟字字珍.

라고 했다.

기준(奇遵)의 시에 이르기를

쓸쓸하게 단풍진 계수나무 숲속에서
하룻밤새 얼굴이 쇠약해졌네.
　蕭蕭楓桂林, 一夕容顏衰.

라고 했는데, 이는 다 실제의 사실을 노래한 것이 아니다.
　요즘 사람들의 시초(詩草)에 있는 월계화(月季花)니 사계화(四季花)니 하는 말이 보이고, 또한 더러는 함부로 계수나무 계(桂) 자를 이름붙이기도 한다.

(24) 노죽(蘆竹)

　갈대(蘆)란 갈대(葭)인 것이다. 큰 것을 갈대(葦)라고 말하는데, 비록 매우 큰 것이라도 그 크기는 운당(篔簹)이나 큰 대나무(巨竹) 같은 것은 없다.
　우리 나라 풍속에서는 많이 틀리게 알고 중국에는 특별히 큰 갈대(大蘆)가 있다고 생각한다. 늘상 중국 배(唐船)가 바다에서 파선될 때마다 더러 큰 대장대가 있어 우리 바닷가에 떠 들어오는데 그 크기는 몇 움큼 되는 것이다. 남해 연안 사람들이 더러 이 물건을 얻으면 이름하여 갈대나무(蘆竹)라고 말하며 기이한 물건으로 여기는데, 세상에 갈대나무라는 게 있겠는가. 이는 곧 운당(篔簹)이나 큰 대나무가 바닷물에 그 껍질이 잠겨서 빛깔과 윤기가 손상된 것을 드디어 대나무류가 아님을 의심한 것일 따름이다. 또 나무의 열매가 있는데, 크기가 모과(木瓜) 같고, 쪼개어 표주박(瓢子)을 만들면 매우 좋다. 남방 사람들은 이를 갈대 열매(蘆實)라고 일컫는데, 또한 망녕된 말이다.

(25) 싸리(杻)·광대싸리(荊)

　싸리(杻)란 감탕나무(檍)인 것이다. 광대싸리(荊)는 가시나무(楚)인 것이다.

우리 나라 풍속으로는 광대싸리(荊)를 싸리나무로 여겨 형사(荊笥:옷상자)를 추롱(杻籠:싸리나무로 만든 상자)이라고 하며, 형승(荊繩)을 추승(杻繩)이라고 말하는 것은 잘못이다.

『지봉유설(芝峯類說)』에 이르기를 "종루(鐘樓)는 싸리나무(杻)로 들보를 만들었는데, 대개 싸리나무도 또한 큰 것이 있다."(말은 다만 이것이다.—원주)라고 했는데, 이수광(李睟光)은 대개 광대싸리나무를 싸리나무로 여긴 것이다. 그러나 『시경』 당풍(唐風)에 이르기를 "진펄에 싸리나무가 있다."라고 했고, 육기(陸璣)의 주석에 이르기를 "싸리는 감탕나무다. 그 껍질은 바로 붉고 많이 굽고 조금 곧다. 광대싸리는 그 껍질은 비록 붉으나 그 곧기는 화살 같다."라고 했으니, 어찌 많이 굽고 좀 곧다고 말할 수 있겠는가.

광대싸리(荊)란 모형(牡荊)인 것이다.(李時珍이 이르기를 "옛날 刑杖은 광대싸리(荊)로 만들었으므로 그 글자는 刑자로부터 만들어졌다."고 했다.—원주) 모형(牡荊)은 푸른 것과 붉은 것 두 가지가 있는데, 푸른 것을 광대싸리(荊)라 하고, 붉은 것은 싸리나무(楛)라고 하는데, 그 눈조(嫩條)는 모두 쌀통 따위 그릇을 만들 만하고, 오랫동안 베지 않은 것은 그 나무의 크기가 사발 같고,(『本草綱目』—원주) 큰 것은 서까래와 같다. 나도 양평(楊平)의 고달산(高達山)에서 또한 이 나무를 보았다. 1배나 더 큰 것이 있으니, 어찌 도리를 만들 수 없겠으리요. 지봉(芝峯) 이수광이 가리킨 것은 분명히 이 광대싸리인 것이다.

『서경(書經)』 우공(禹貢)의 주(注)에 이르기를 "싸리나무(楛)는 화살대(矢幹)를 만들기에 알맞다." 했고, 『국어(國語)』 노어(魯語)에 이르기를 "숙신씨(肅愼氏)가 싸리나무 화살을 바쳤다."라고 했다.

지금 우리 나라 함경도는 말갈(靺鞨)에 인접하여 아직도 이 풍속이 있다. 『시경(詩經)』에 이르기를

개암나무와 싸리나무가 많이도 무성했네.
　　榛楛濟濟.

라고 했는데, 육기(陸璣)의 주석에는 이르기를 "싸리나무는 모양이 광대싸리와 같이 붉고, 줄기는 시초(蓍)와 비슷하다."라고 했다. 이러한 여러 가지 글로 보아도 자세히 알겠거니와 광대싸리와 싸리나무는 대개 같은 종류인 것이다.

또 싸리(杻)의 글자 구성을 생각해 보면 기계 이름(械名)으로 쓰일 때면 음(音)이 축(丑)이고, 나무 이름(木名)으로 쓰일 때면 음(音)이 뉴(紐)인데, 지금 세상에서는 읽기를, 기계 이름으로 쓰일 때면 음을 뉴(紐:이른바 柳杻를 갖춘다.—원주)라 하고, 나무 이름으로 쓰일 때면 음을 축(丑:또는 그릇되게 入聲으로 만들었다.—원주)이라 하니, 한번 그릇되자 많은 잘못이 생긴 것이다.

(26) 개오동나무(檟)

개오동나무(檟)란 개오동나무(楸)다. 개오동나무는 또한 가(榎)로도 쓴다. 『본초(本草)』에 이르기를 "잎이 크면서 일찍 떨어지는 것을 개오동나무(楸)라고 이르고(그 글자는 秋자로부터 만들어졌다.—원주) 잎이 작으면서 일찍 무성한 것을 가(榎)라고 이른다.(그 글자는 夏자로부터 만들어졌다.—원주)"라고 했다. 『이아익(爾雅翼)』 곽씨해(郭氏解)에 이르기를 "크면서 나무껍질이 얼멍얼멍한 것을 개오동나무(楸)라 이르고, 작으면서 나무껍질이 얼멍얼멍한 것을 가(榎)라 이른다."고 했다. 그리고 곽씨(郭氏)는 드디어 이르기를 "의(椅)나무, 가래나무(梓), 개오동나무(楸), 개오동나무(檟)는 한 가지 나무이면서 네 가지 이름으로 뭉뚱그려진 것이다."라고 했다.

우리 나라의 수사동(垂絲桐)은 곧 가래나무(梓)이다. 그 나무는 바로 관재(棺材)에 알맞기 때문에 재관(梓棺)이라고 말한다. 『예기(禮記)』에 보면 관을 가츤(檟櫬)이라 이르고, 『좌전(左傳)』(襄公 3년—원주)을 보면 관을 의추(椅楸)라고 했으니, 그 말은 조금 다른 것이다.

그런데 우리 나라 풍속은 느닷없이 곡두(槲斗:떡갈나무)를 가실(檟實:우리말로는 '가나무'—원주)이라 하고, 산핵도(山核桃:호도)를 추자(楸子:우리말로는 '가래나무'—원주)라고 한다. 내가 그 까닭을 살펴보건대, 옛날 풍속으로 도토리나무(橡)를 진목(眞木:참나무)이라 이르고, 떡갈나무(槲)를 가나무(假木)라 하고, 떡갈나무(槲斗)를 상수리나무에 견주는 것은 같아 보이나 실제로는 다른 것이다. '가(假)'와 '가(檟)'의 소리가 서로 가까운 까닭으로 말이 그릇되게 전하여 이에 이른 것이다.

추자(楸子)의 이름은 끝내 증빙할 만한 것이 없다. 능원식목지(陵園植木志)에 의하면, 거기에 이르기를 "개오동나무(檟)란 다 떡갈나무(槲)다." 했고, 단묘제물단자(壇廟祭物單子)를 보면, 거기에는 이르기를 "추자(楸子:가래나무 열매)란 곧 산핵도(山核桃:호도)다."라고 했다.

(27) 여축(藜筁)

바둑판(棊局)을 더러 문추(紋楸)라 일컫고, 또는 문평(紋枰)이라고도 일컫는다. 이는 대개 이 두 가지 나무(楸·枰)를 가지고 바둑판을 만들기 때문이다. 바둑판나무(枰)는 또한 나무 이름이다. 사마상여(司馬相如)의 「상림부(上林賦)」에 이르기를 "빛나는 단풍나무(楓)·바둑판나무(枰)·노나무(櫨)다."라고 했는데, 바둑판나무란 평중(平仲:곧 銀杏나무—원주)인 것이다. 그 재목이 바로 바둑판으로 알맞으므로 바둑판나무라고 한 까닭이다.『양자방언(揚子方言)』에 있는 '투박(投博)'을 바둑판이라고 이른다면, 그 '바둑판(博局)'이라고 한 이름도 또한 오랜 것이다.(『일아(逸雅)』에 이르기를 "枰은 平이다. 이는 널빤지를 가지고 그 바탕을 만드는데, 平正하기 때문이다."라고 했다.—원주) 그러므로 온정균(溫庭筠)의 시에 이르기를

한가롭게 바둑판을 대하고 술 한잔을 기울인다.
　閒對楸枰傾一壺.

라고 했다.

소식(蘇軾)의 시에 이르기를

바둑도 다 끝냈으니 다시 만날 기약 없어.
　　楸枰著盡更無期.

　라고 했는데, 이런 말도 다 그런 바둑판을 뜻하는 것이다.
　명아주(藜)란 붉은 심(紅心)의 잿빛 명아주(蘁)이다. 일명 학정초(鶴頂草)니 연지채(燕脂菜:『本草』에 일렀다.─원주)라고도 한다. 『이아익(爾雅翼)』에 이르기를 "명아주의 줄기(莖)와 잎(葉)은 왕추(王芻)와 같은데, 지팡이를 만들 수 있다. 곧 이른바 여장(藜杖)인 것이다."라고 했다.
　공대(笻)는 공죽(邛竹)인 것이다. 또한 지팡이(杖)를 만들기에 좋다. 『한서(漢書)』 서남이전(西南夷傳)에 있는 장건(張騫)의 말에 "대하(大夏)에서 촉포(蜀布)와 공죽장(笻竹杖)을 보았다."는 말이 있는데, 공대는 곧 이것이다. 광지(廣志)에 이르기를 "공죽(笻竹)은 남광공도현(南廣邛都縣)에서 난다." 했고, 「촉도부(蜀都賦)」 주(注)에는 이르기를 "공죽(笻竹)은 흥고반강현(興古盤江縣)에서 나는데 속은 차고 높은 마디(高節)다."라고 했다.(戴凱之의 『竹譜』에 이르기를 "공죽·磯砢는 범상하지 않아 모양이 人功과 같으니, 어찌 반드시 蜀壤 또한 餘邦에서 나랴." 했다.─원주)
　대저 공대(笻)란 대나무 이름이다. 지금 세상에서는 공대를 지팡이라고 인식하고 있어 그 시를 지을 때 더러 명아주를 공대(笻)라고 일컫고 있으나, 이는 곧 잘못이다.

(28) 두중(杜仲)

　두중(杜仲)이란 향나무(香木)이다. 일명 사중(思仲) 또는 목면(木綿:껍질 속에 은실이 있는데 솜과 같다.─원주)이라고 말한다. 옛날에 두중(杜仲)이라는 사람이 이것을 복용하고 도(道)를 터득하였으므로, 이름하여 두중(杜仲)이라 말하였다 한다.(『本草』에 일렀다.─원주)
　우리 나라 사람들은 잘못 두체 열매(杜棣子:산매자)를 두중(杜仲)으로 여긴다. 또한 그릇되게 두충(杜冲:우리말로는 두을죽 곧 들쭉이라 한다.─원주)이라고 하고, 약포(藥舖) 거간꾼들은 다 두충(杜沖)이라고 부르는데 잘못이다. 두체(杜棣)는 덩굴에서 그 열매가 여는데 오미자(五味子)와 같으며, 이를 먹으면 달콤하면서 시다. 『한청문감(漢淸文鑑)』에서는 이를 두체라고 일렀다.

(29) 해당(海棠)

해당(海棠)은 몇 가지 종류가 있다. 서부해당(西府海棠)·첩경해당(貼梗海棠)·수사해당(垂絲海棠)·모과해당(木瓜海棠)·추해당(秋海棠)·황해당(黃海棠)이라고 한다. 그 나무의 높이는 더러 한두 길이 되고, 창주해당(昌洲海棠)은 그 나무가 두 아름 되는 것도 있다고 한다. 『화보(花譜)』에 이르기를 "서검(徐儉)은 집에 해당(海棠)을 심고 보금자리를 그 위에 맺어 놓고, 손님을 인도하여 나무 위로 올라가서 술을 마셨다."라고 했다.

원호문(元好問)의 시에 이르기를

붉은 그네 줄에 해당 바람 부네.
秋千紅索海棠風.

라고 했으니, 그 나무의 높이와 크기를 알 수 있다.

우리 나라 사람들은 매괴화(玫瑰花)를 해당(海棠)이라 하고, 또 어떤 사람은 이르기를 "금강산(金剛山) 밖의 동해 바닷가에 이 꽃이 있다. 이 꽃은 모래밭에서 나고 붉고 고와서 사랑할 만한데, 이것이 참말로 해당(海棠)이다."라고 하나 또한 잘못인 것이다.

때찔레(玫瑰)는 일명 배회화(裵回花)라고 하는데 곳곳마다 있고, 그 나무에는 많은 가시가 있고 꽃은 장미(薔薇)와 같다.(『陳氏花鏡』에 일렀다.―원주) 꽃빛은 붉고 향기로우며 매끄럽고, 드높은 향기는 말릴수록 더 강렬하다. 이것으로 부채를 만들어서 향주머니에 떨어뜨려놓기도 하고, 또는 백설탕(饆霜)을 만들기도 하고, 오매(烏梅)와 같이 볶아 찧어서 장(醬)에 넣어 매괴장(玫瑰醬)이라고 부르기도 하는데, 우리 나라 사람들은 모두 알지 못하는 것이다.

(30) 단풍나무(楓)

단풍나무(楓)가 단풍나무가 됨은 또한 믿을 수 없다. 『본초(本草)』 및 『화경(花鏡)』 등 여러 책을 살펴보니, 다 이르기를 "2월에 흰꽃(白花)이 피고 오래지 않아 곧 열매가 열리는데, 둥글기가 용안(龍眼)과 같고,(南方草木狀에 이르기를 "단풍나무는 향기 나는 나무이고 열매는 크기가 오리알과 같다."고 했다.―원주) 위에는 가시가 있어서 먹을 수가 없고, 다만 이를 불에 태워 향(香)을 만드는데, 그 기름을 백교향(白膠香)이라고 한다."고 했다.

우리 나라의 단풍나무는 꽃도 없고 열매도 없고, 또한 기름과 아교도 없다. 오직 서리가 내린 뒤에 잎이 붉은 것이 여러 글에 실려 말과 부합될 따름이다. 여러 책에는 또 그 나무의 가장 높고 큰 것은 기둥이나 들보를 만들 수 있다고 했다. 그러나 우리 나라의 단풍나무는 높이가 한두 길에 지나지 않는다. 북한산성(北漢山城)의 단풍나무는 가장 아름다우나 나무가 모두 낮고 작다. 내가 강진(康津)에 귀양 가서 있을 때 월출산(月出山) 아래 백운동(白雲洞)의 이씨 산장(李氏山莊)[4]에 단풍나무 몇 그루가 있었는데, 높이와 크기가 구름에 닿아 기둥이나 들보로 알맞을 만하였다. 주인에게 물어보았더니 또한 꽃이 피고 열매를 맺는 것을 보지 못했다고 하니, 이상하다고 할 만하다.

역주

4) 이씨 산장(李氏山莊) : 처사 이덕휘(李德輝)의 산장. 다산 정약용은 강진 다산 초당에서 귀양 살던 1812년 9월 12일 월출산에 오르고 나서 월출산 남쪽 백운동에 살고 있던 처사 이덕휘(李德輝)의 집에서 묵었다. 이 때 백운동 12경을 두고 시를 읊었는데, 초의선사(草衣禪師)도 따라가서 3편의 시를 짓고 또 백운도(白雲圖)를 그렸다. 다산이 이 때 지은 시는 『여유당전서』에는 수록되지 않았는데, 『다산시정선』(박석무・정해렴 편역주)에 수집해 실었다.(하권 636~

642면)

(31) 느릅나무(楡)

느릅나무(楡)는 몇 가지 종류가 있다. 첫째는 자유(刺楡)인데, 『이아(爾雅)』에 이를 느릅나무(樞)라고 말하였고, 『시경』 당풍(唐風)에도 "산에 느릅나무(樞)가 있다."고 한 것이 이것이다.(『花譜』에 이르기를 "刺楡는 산뽕나무(柘)와 같은데 가시가 있다."고 했다.―원주) 둘째는 고유(姑楡)인데, 『이아』에는 "고(姑)는 그 열매가 없다."고 하니, 곧 무이(蕪荑)를 말하는 것인가.(郭씨는 이르기를 "이는 산속에서 나는데 잎은 둥글고 두껍다."고 했다.―원주) 셋째는 백유(白楡)인데, 『이아』에는 이를 백분(白枌)이라 일렀고, 『시경』 진풍(陳風)에는 "동문의 느릅나무(東門之枌)"라고 일컬었는데 곧 이것이다.(곽씨는 이르기를 "느릅나무(楡)는 먼저 잎이 나고 이어 꼬투리가 붙는데 껍질 빛은 희다."고 했다.―원주) 『제민요술(齊民要術)』에는 또 협유(莢楡)·자유(刺楡)와 보통 느릅나무로 나누어 세 가지 종류로 삼았고, 광지(廣志)에는 "고유(姑楡)에는 꼬투리(莢)가 있고, 낭유(郎楡)에는 꼬투리가 없다." 했고, 『본초집해(本草集解)』에는 이르기를 "대유(大楡)는 2월에 꼬투리가 생기고, 낭유(榔楡)는 8월에 꼬투리가 생긴다."고 했다.(『花鏡』에는 이르기를 "잎은 모두 서로 비슷하지만 껍질과 나뭇결은 다르다."고 했다.―원주)

우리 나라의 풍속은 백유(白楡:우리말로는 느릅나무―원주)는 들에 저절로 나서 생장하고, 자유(刺楡:우리말로는 느티나무―원주)는 가정에서 심는데, 더러 이 나무를 귀목(龜木)이라고도 이르며, 4월 8일(음력)에 그 잎을 따서 떡을 만들어도 또한 느릅나무잎인 줄을 알지 못한다.(느티나무 널을 또한 더러 龜木이라고 이른다.―원주)

중국 사람들은 느릅나무(楡)를 사용하는 것이 절실하고 많아서 국(羹)도 만들고, 술도 만들고, 장(醬)도 만들고, 국수(麵)도 만들고, 가루(粉)도 만들고, 향도 만들고, 풀(糊)도 만들고, 아교(기왓돌(瓦石)에 이 아교를 바르면 아주 든든하다.―원주)를 만든다.

우리 나라 사람들은 느릅나무(楡)가 어떠한 나무인지를 알지 못했다. 비록 여러 글을 보더라도 시험할 줄을 알지 못했으니 이용후생(利用厚生)을 바랄 수 없다.

(32) 사삼(沙參)・황련(黃連)

산채(山菜)를 사삼(沙參:더덕)으로 여기고, 잡초(雜草)를 황련(黃連)으로 여기는 것이 괜찮을까. 산채(山菜)를 우리말로 더덕(多德:多의 음은 '더'—원주)을 말하는데, 덩굴로 자라고 뿌리는 먹을 수 있다.『본초(本草)』에 실린 바 산삼(山參)이란 아마도 곧 이것인 듯하다.

동월(董越)의 「조선부(朝鮮賦)」에 이르기를 "송기로 만든 떡과 산삼(山蔘)으로 만든 떡(糕)이다."라 하고, 스스로 주(註)하기를, "산삼(山蔘)은 약(藥)에 들어가는 것이 아니고, 그 길이가 손가락 크기이고 모양은 무우(蘿葍)와 같은데, 여진 사람(遼人)들은 이를 산무우(山蘿葍)라고 일컫는다. 이것은 살결이 대단히 거친데 쌀가루에 섞어 기름에 지져서 둥그런 떡을 만들어 세상에서는 산증더덕(山蒸多德)이라고 일컫는다." 했다.(星湖 李瀷이 일렀다.—원주)

사삼(沙參)은 모양이 옥젓가락(玉筋) 같고, 살결이 인삼(人參) 같으나 가늘고 긴 것이 조금 다르다. 인삼(人參) 대신으로 사삼(沙參)을 쓴다. 이미 말했듯이 구차하게 사삼(沙參) 대신 더덕(多德)을 쓴다고 했으니 또한 맹랑하지 않은가.

나는 옛날에 사삼(沙參)을 북경 시장에서 사서 이를 세상에서 이르는 바 사삼(沙參)이란 것과 비교해 보았더니, 과연 쥐를 말려 옥덩어리라고 하는 것처럼 다른 것이다.

세상에서 이른바 향황련(鄕黃連)은 어떤 풀(草)인지를 알지 못하겠다. 이를 썰어 보아도 누른 빛깔도 없고 씹어 보아도 쓴 맛도 없는데, 뿌리의 수염이 곧 잔뿌리인 것은 곧 다른 물건이다. 왜황련(倭黃連)으로 밖에 누런 물을 들인 것은 또한 거짓이 있는 듯하다.

(33) 후박(厚朴) · 모란(牡丹)

　잡수(雜樹)를 후박(厚朴)으로 여기고, 만초(蔓草)를 모란(牧丹)으로 여기는 것이 옳겠는가? 허준(許浚)이 지은 『동의보감(東醫寶鑑)』 탕액본초(湯液本草)에도 후박(厚朴)에 당나라 당(唐)자를 표시해 놓았으니, 이 때에도 오히려 중국에서 사왔던 것이다. 요즘 제주비장(濟州裨將)으로서 의약(醫藥)을 좀 아는 사람이 있었는데, 겨울에 푸른 잡수(雜樹:어떤 나무인지 알지 못하겠다.—원주)를 보고 함부로 후박(厚朴)이라고 지목하고는, 드디어 중국에서 사들여오는 것을 그만두었다.(康津·海南에도 또한 이런 나무가 있는데 가지와 잎은 山茶나무와 같다.—원주)

　나는 옛날에 후박을 북경 시장에서 사왔는데, 그 맛이 좀 맵고 혹독하였고, 속을 통하여 기운이 내렸다. 그런데 제주(濟州)에서 온 것은 맛을 분간하지 못하겠고, 씹어보니 거품이 있는데 쇠침(牛涎)과 같았다.(1817년 겨울에 북경 사람이 厚朴을 우리 나라 상인에게 구하였다. 우리 나라 상인이 돈 1천 냥을 주고 후박을 사가지고 북경에 갔는데, 주인이 돌아보고 크게 기뻐하며 갑자기 포장을 열고 점검하여 살펴보다가 놀라며 말하기를 "이것은 후박이 아니다." 하므로 장사는 낭패했다. 그는 드디어 전부 그대로 싸가지고 돌아왔다. 더욱 징험하여 보니 내가 본 것이 잘못이 아니었다.—원주)

　내가 옛날 곡산부사(谷山府使)로 있을 때 연못과 정자를 만들고 꽃나무를 벌려 심었는데, 약노(藥奴)를 불러서 모란(牧丹)을 심게 했더니, 약노가 말하기를

　"꽃모란(花牧丹)을 심으려 하십니까 아니면 약모란(藥牧丹)을 심으려 하십니까?"

하므로 나는 말하기를

　"어떤 점이 다른가?"

하니, 약노는 대답하기를

　"꽃모란(花牧丹)은 나무 높이가 1자쯤 되고, 봄에 싹이 나서 3월에 붉은 꽃이 피는데, 크기가 작약(芍藥) 같은 것이고, 약모란(藥牧丹)은 덩굴이 뻗으며 자라는 작은 풀로서 가을에 이르러 노란꽃이 피는데 잘기가

냉이꽃(薺花)과 같은 것이 곧 이것입니다. 꽃모란은 뿌리는 아주 야위고 둥글고 두껍고 뼈가 들어 있고, 약모란은 더욱 살지고 두껍고 깨끗하고 흽니다. 그러므로 서울에서 소용되는 것은 다 황해도 지방에서 나는 약모란(藥牧丹)입니다."

했다. 나는 그 한 포기를 가져다가 보니 참으로 그러했다. 그 뒤에 우연히 송곡(松谷) 이서우(李瑞雨)의 시를 보았는데, 그 시에 이르기를 "나는 내국(內局)에서 우연히 모란 껍질이란 참말이 아니라고 말했더니, 좌석에 있던 사람들이 믿지 않으므로, 희롱삼아 긴 율시(長律)를 지었다."

    신농씨(神農氏)의 본초학도 낡았는지 의심스런 점이 많고,
    약물에 어리석은 백성이라 또 한번 속았구만.
    잡보리를 오히려 큰 검은콩으로 잘못 아니,
    꽃을 떠나서 어찌 모란 껍질 알리요.
    팔은 아홉 번 골절을 경험해도 의원은 도리어 잘못하고,
    입은 세 번 다물어 봐야만 맛을 스스로 알겠구나.
    우습구나 세상 사람의 이름은 다 거짓이지,
    거짓 이름을 나에게 이름지어 주니 내가 누구란 말인가.
      神農本草舊多疑, 藥物山萌又見欺.
      混麥猶迷雄黑豆, 離花那識牧丹皮.
      肱經九折醫還錯, 口到三緘味自知.
      却笑世間名盡假, 假名名我我爲誰.

라고 했다. 아아! 이런 것은 먼저 사람들이 이미 알고 있었던 것이다.

(34) 박하(薄荷) · 구맥(瞿麥)

승하(僧荷)를 박하(薄荷)로 여기고, 연맥(燕麥)을 구맥(瞿麥)으로 여기는 것이 옳을까.

박하를 우리말로 승하(僧荷)라고 말한다. 그리고 당(唐)·향(鄕) 두 종류가 있는데 이른바 향승하(鄕僧荷)는 전혀 아름다운 향기가 없고,(서울 점포에서 쓰는 것은 다 이것이다.―원주) 오직 이른바 당승하(唐僧荷:중국에서 사들여 오는 것이 아닌 토산물인데 이름하여 중국 것이라고 한다.―원주)는 파리소병박하유(玻璃小甁薄荷油)와 향기와 맛이 서로 비슷하다.

연맥(燕麥)은 일명 작맥(雀麥) 또는 영당맥(鈴鐺麥)이라고 한다.(우리말로는 귀리―원주)

우리 나라 사람들은 시를 지을 때 많이 구맥(瞿麥)으로 여기는데 이는 잘못이다. 구맥(瞿麥)이란 패랭이꽃(石竹)의 줄기이다.(우리 나라 이두문에는 영당맥을 귀보리라고 일렀다.―원주)

(35) 메기장(稷)

메기장(稷)이란 조(粟)인 것이다.(우리말로 조(粟)를 조(穄)라고 한다.―원주) 『이아(爾雅)』의 자직(粢稷)의 주(注)에 말하기를 "강동(江東) 사람은 속(粟)을 자(粢)라고 불렀다."라고 했다.

『이아소(爾雅疏)』에 이르기를 "자(粢)니, 직(稷)이니, 속(粟)이니 했는데 바로 이것은 한 가지 물건이다." 했다.(『예기』曲禮에는 稷을 明粢라고 말했다. ―원주)

『설문(說文)』의 서전(徐箋)에 이르기를 "직(稷)은 곧 제(穄)로 일명 자(粢)라고 한다. 초(楚)나라에서는 이를 직(稷)이라 이르고 관중(關中)에서는 이를 미(䵚)라고 이르며, 그 쌀은 황미(黃米)라고 한다. 옛날 수전(水田)이 아직 왕성하지 않을 때에 백성들은 많이 메기장(稷)을 먹으며 이를 항상 먹는 식량으로 삼았다.(지금도 북쪽 지방에서는 여전히 그렇게들 생활을 하고 있다.―원주) 그러므로 성인(聖人)은 메기장을 귀중하게 여겼다."라고 했다. 그리고 『본초(本草)』의 곡식 차례에는 메기장쌀(稷米)을 하품(下品)에 놓고, 특별히 좁쌀(粟米)을 중품으로 놓고, 또 두 가지 곡물은 같다고 했다.(『이아소』―원주) 그러므로 속된 선비들은 이를 의심하지 않았다.

우리 나라에는 잘못 전하여짐이 더욱 심하여 패(稗)를 메기장(稷)으로 여겼고, 이것이 굳어져서 부술 수가 없다. 대저 패(稗)는 돌피(梯稗)인데, 그 모양은 벼(米)와 비슷하면서도 달라서 오곡(五穀:곧 쌀·보리·조·콩·기장—원주)의 반열에 들어 있지 않다.(우리말로 이를 피(柀)라고 부르는데, 피(柀)가 패(稗)로 소리가 옮겨진 것이다.—원주)

돌피(稗)는 논에서 자라는 돌피(水稗)와 밭에서 자라는 돌피(旱稗)의 두 가지가 있는데, 논에서 자라는 돌피는 줄기와 잎이 벼(稻)와 매우 비슷한데 오직 마디(節) 사이에 털이 없어 김매는 자가 분별하기 어렵다. 밭에서 자라는 돌피(旱稗)는 줄기와 잎이 메기장(稷)과 비슷한데 그보다 더욱 풍성하게 자라고, 그 짚(稈)은 말을 먹이기에 적당하고, 그 열매(實)는 삼씨(蕡) 같으면서도 약간 검다.

우리 나라에서는 메기장(稷)을 밭에 심고 드디어 곡식 종류로 삼았다. 그러나 메기장(稷)이란 오곡(五穀)의 장(長)인데 돌피(稗)를 메기장(稷)이라고 여기니 어찌 어그러짐이 아니겠으리요. 크고 작은 제사 때 보궤(簠簋)의 채움을 마침내 기장이나 돌피로써 하거나 기장이나 메기장을 채우는 것은 크게 옳지 않은 것이다.

(36) 호마(胡麻)·청소(靑蘇)

호마(胡麻:깨)란 검은깨(苣勝)다. 우리 나라 사람은 이를 이름하여 참깨(眞荏)라 한다.(그 기름을 참기름이라고 말한다.—원주) 백소(白蘇)란 제령(薺薴)이다. 우리 나라 사람은 이를 이름하여 들깨라 하는데,(그 기름을 들기름(法油)이라고 말한다.—원주) 무슨 까닭인지 모르겠다. 『이아(爾雅)』를 살펴보면, 차조기를 계임(桂荏)이라고 말하고, 『양자방언』에 이르기를 관(關)의 동서(東西)에서 더러 차조기(蘇)라고 이르고, 또는 들깨라고 이른다.『본초(本草)』에 이르기를 "들깨씨(荏子)는 기름을 짤 수 있다."(桂荏이란 赤蘇 곧 紫蘇이다.—원주) 했다.

우리 나라 사람은 본디 들깨(白蘇)를 눌러 그 기름을 짜가지고 드디어는 이름하여 들깨(荏)라고 하였다.(들기름(白蘇油)이 먼저 나왔다.—원주) 그 뒤에 참깨(胡麻)를 얻었는데 그 기름이 더욱 맛이 좋았다. 이에 기뻐하며 '이것이 참깨다.'라고 말했다. 이것이 참깨(眞荏)라고 이름하게 된 까닭이다. 그러나 들깨(白蘇)는 본디 계임(桂荏)이 아니고, 참깨(胡麻)는 더욱이 깨 따위가 아니다. 세상에서는 깨라는 이름을 만들어 놓아서 고쳐 바로잡을 수 없는 것은 다 이 따위인 것이다.

지금 호마(胡麻)를 살펴보면, 일명 유마(油麻), 일명 지마(脂麻), 일명 지마(芝麻)인데, 모난 줄기에 짧은 잎이고 그 씨는 검고 흰 것 두 가지 종류가 있고, 그 기름은 다 대단히 향기롭고 맛이 아주 좋은 것이다.

백소(白蘇)는 일명 청소(靑蘇), 일명 취소(臭蔬), 일명 야소(野蘇:우리말로는 들깨—원주)라고 하는데, 그 기름의 맛은 좀 부족하지만 식품으로 충당하는 것이다. 이 기름을 종이(紙)에 끈끈하게 발라서 결어놓으면 굳고 매끄럽고 질기고 오래 견디고, 이 기름을 등잔에 담아서 불을 붙여놓으면 연기와 그을음이 코를 막는다. 해주(海州)의 사람들은 이 연기의 그을음(煤)을 가지고 먹(墨)을 만들었는데, 또한 좋은 품질은 아니었다.

(37) 촉서(蜀黍)

촉서(蜀黍)란 고량(高粱)인 것이다.(그 볏짚은 높이가 1길(丈) 남짓하다.—원주) 일명 노제(蘆穄:『爾雅疏』—원주), 일명 노속(蘆粟), 일명 적량(荻粱:그 볏짚은 높이가 갈대와 같은 것이 있다.—원주), 일명 목직(木稷:高棉을 木棉이라 일컫는 것과 같다.—원주)이며, 그 차진 것(黏)을 촉출(蜀秫)이라 한다.

우리 나라에서는 느닷없이 이 사물 이름을 당(唐)이라 말하고, 그 쌀을 당미(唐米:또는 糖米—원주)라고 말하는데, 무슨 까닭인지 모르겠다.(우리말로는 '수수'라고 말한다.—원주) 『시경』 용풍(鄘風) 채당(采唐)의 주(註)에 "당몽여라(唐蒙女蘿)"라고 말했으니 어찌 촉서(蜀黍)를 이르는 것이랴. 촉서(蜀黍)는 대개 본디 요양(遼陽)·심양(瀋陽) 지방에 잘 되는 곡식이다. 『산해경(山海經)』에 이르기를 "부여(不與:扶餘)의 나라 백성들의 서식(黍食)이요,

숙신(肅愼)의 나라 백성들의 서식(黍食)이라."고 했다.

부여(不與)란 부여(扶餘)이고, 숙신(肅愼)이란 지금 오라영고탑(烏刺寧古塔) 지방이다. 이 지방 사람들이 항상 먹는 식량은 촉서(蜀黍)가 많다. 이른바 서식(黍食)이란 곧 촉서(蜀黍)를 말하는 것이다.

(38) 교맥(蕎麥)

교맥(蕎麥)이란 오맥(烏麥)이다. 일명 교맥(荍麥), 일명 화교(花蕎), 일명 첨교(甜蕎)라고 한다. 『본초(本草)』에는 교맥(蕎麥)이라고 일컬었는데, 줄기(莖)가 약하면서도 무성히 쉽게 자라고 쉽게 거둘 수 있으며, 갈아서 만든 국수는 밀가루 국수(麥)와 같다.(白居易의 시에 이르기를 "메밀꽃이 하얗게 깔렸다.(蕎麥鋪花白)"고 했다.—원주)

우리 나라에서는 이것을 이름하여 메밀(木麥)이라 하는데,(우리말로 '모밀'이라 한다.—원주) 공사(公私)간의 문서에는 이미 수정되어 있지 않다.

(39) 수삼(枲)

수삼(枲)을 모시(紵)로 여기는 것도 또한 그릇되게 전해진 말이다. 시(枲)는 모마(牡麻:수삼)인 것이다. 상례 상복(喪禮喪服)의 주석에 이르기를 "아들이 있으면 저마(苴麻)라고 말하는데, 이는 참최복(斬衰服)의 삼(麻)이고, 아들이 없으면 모마(牡麻)라고 말하는데, 이는 재최복(齊衰服)이라는 삼(麻)이다."라고 했다. 『이아익(爾雅翼)』에는 이르기를 "열매(實)가 있는 것을 저(苴)라 하고, 열매가 없는 것을 시(枲)라 한다."고 했다.(丁度의 『集韻』에는 "씨가 없으면 苴라 말하고, 씨가 있으면 枲라고 말한다."고 했는데, 그 뜻은 잘못된 것이다.—원주)

『주례(周禮)』 전시(典枲)의 주석에 말하기를 "모마(牡麻)는 시마(枲麻)이다."라고 했다. 『이아(爾雅)』에 이르기를 '부마모(莩麻母)'라고 하고, 곽씨(郭氏)의 주(註)에 이르기를 "저마성자(苴麻盛子)란 마모(麻母)는 씨(子)가 있고, 모마(牡麻)는 씨(子)가 없다.(살펴보건대, 苴麻는 곧 麻母이다. 곽씨의 註

에 이를 나누어서 세 가지 등급으로 만든 것은 아마도 잘못인 듯하다.—원주) 씨(子)가 없는 것은 그 빛깔이 노랗고 부드러운데 이것이 이른바 수삼(枲)이다."라고 했다.

모시(紵)란 경속(檾屬)이다.(『說文』에는 이르기를 "가는 것(細)을 絟이라 하고 굵은 것(粗)을 紵라고 한다."라고 했다.—원주) 『주례(周禮)』 전시(典枲)의 주(註)에는 "희(白)면서 가늘다(細)"고 했고, 소(疏)에는 저(紵:옛날의 이른바 白紵—원주)라고 하였으니, 이 어찌 수삼(牡麻)이겠는가? 우리말로는 이를 '모시(毛施)'라 한다.(소리가 '모시(牡枲)'와 가깝다.—원주) 그러므로 원(元)나라 세조(世祖)가 탐라(耽羅:濟州)를 내속(內屬)시킨 다음, 해마다 모시베(毛施布) 100필(疋)을 바치게 했다.(『元史』에 보인다.—원주)

(40) 자초(紫草)

자초(紫草)란 자초(茈草)이다. 일명 자려(茈䓞), 일명 자오(紫芺), 일명 자단(紫丹), 일명 지혈(地血:또는 鴉啣草—원주)이라고 하여 비단을 물들인다. 이 자적(紫的)이라고 이르는 것은 중국말이다.

우리 나라는 이 말이 잘못 전해져서 드디어 자적(紫的)을 불러 자지(紫芝)라 하고(的은 본디 입성인데 중국음으로 읽으면 芝와 같다.—원주) 변화하여 지초(芝草)라고 부르니 어찌 잘못이 아니겠으리요.

지초(芝)에는 두 가지 종류가 있는데, 첫째는 초지(草芝), 둘째는 목지(木芝)이다. 초지(草芝)란 난혜(蘭蕙) 따위로서 뿌리가 있고 잎(葉)이 있고, 꽃(花)이 피고, 열매(實)를 맺는데, 1년에 세 번 무성해지는 것이다.『포박자(抱朴子)』에는 "초지는 혼자 흔들려 바람이 없어도 스스로 움직인다."했다.『본초(本草)』에는 "백부지(白苻芝)는 대설(大雪)에 꽃이 피고, 끝겨울(季冬)에 열매가 붉어진다."고 했다. 초지(草芝)는 9곡3엽(九曲三葉)으로 잎에는 모두 열매가 있는데, 무릇 이와 같은 것은 다 초지(草芝)이다.

목지(木芝)란 이균(栭菌) 따위로서『예기』내칙(內則)에서 이른바 지이(芝栭)가 곧 이것이다. 청지(靑芝)・적지(赤芝)・황지(黃芝)・백지(白芝)・

흑지(黑芝)·육지(肉芝)가 있다.(붉은 것은 산호와 같고, 흰 것은 截肪과 같다.—원주) 위희지(威喜芝:松脂가 된 것—원주), 용봉지(龍鳳芝:식물의 모양이 여러 가지로 달라 다 기술할 수가 없다.—원주)는 그 형상(形狀)이 이상하여 과탄(夸誕)이라고 일컫는다. 무릇 이와 같은 것이 다 목지(木芝)인 것이다.(朱子의 시에는 地菌을 玉芝라고 했다.—원주) 이는 자초(此草)와 어찌 상관 있으랴.

(41) 차(茶)

차(茶)란 겨울에도 푸른 나무이다. 육우(陸羽)의 『다경(茶經)』에는 첫째로 차(茶), 둘째로 가(檟), 셋째로 설(蔎), 넷째로 명(茗), 다섯째로 천(荈)이라 했는데, 본디 이것은 초목(草木)의 이름이며 음료의 이름이 아니다. (『周禮』에는 六飮 六淸이 있다.—원주)

우리 나라 사람들은 차(茶)자를 탕약·환약·고약, 마시는 약과 같은 모든 약물 가운데서 한 가지만 달이는(煮) 것은 다 차(茶)라고 부른다. 생강차(薑茶)·귤피차(橘皮茶)·모과차(木瓜茶)·상지차(桑枝茶)·송절차(松節茶)·오과차(五果茶)라고 하여 관습적으로 항상 쓰는 말이 되었는데 잘못이다. 중국에는 이런 법이 없는 듯하다. 이동(李洞)의 시에

나무가 우거진 골짝으로 은자(隱者) 부르기를 기약하고
시를 읊으며 백차(柏茶)를 달인다.
　　樹谷期招隱, 吟詩煮柏茶.

라고 했고, 송나라 시에는

한잔 창포차(菖蒲茶)요
몇개의 사탕 떡이다.
　　一盞菖蒲茶, 數箇沙糖粽.

라고 했고, 육유(陸游)의 시에는

차가운 샘물을 스스로 창포물로 바꾸고
불을 피우고 한가로이 감람차를 달인다.
寒泉自換菖蒲水, 活火閑煮橄欖茶.

라고 했다. 이는 다 차냄비(茶鐺) 속에 측백잎·창포잎·감람잎 등을 섞어 끓이기 때문에 차(茶)를 이와 같이 이름한 것이지, 한가지 특별한 것만 달여서 차라는 이름을 함부로 붙인 것이 아니다.(동파 소식이 大冶長老에게 부치는 乞桃花茶栽詩가 있는데, 이 또한 차나무의 딴 이름이지 桃花를 함부로 이름하여 茶라고 한 것이 아니다.—원주)

(42) 의이(薏苡)

의이(薏苡)란 초주(草珠:우리말로 율무라고 이른다.—원주) 일명 의주(薏珠), 일명 간주(簳珠), 일명 해려(解蠡), 일명 기실(芑實), 일명 감미(䊼米:雷氏는 糯米라고 지었다.—원주), 일명 옥담(屋菼:모종(苗)의 이름.—원주), 일명 회회미(回回米)라고 하는데, 그 성질이 몹시 끈끈하여 이것을 부수어 가루를 만들면, 미음(糜飮)을 만들 수 있다.

우리 나라 사람들은 느닷없이 의이(薏苡)를 미음(糜飮)의 이름으로 만들어 무릇 가루로서 마실 만한 것은 다 의이(薏苡)라고 일컫는다. 이에 있어서 촉서의이(蜀黍薏苡:수수가루), 갈분의이(葛粉薏苡:칡가루), 녹말의이(菉末薏苡:녹말가루), 교맥의이(蕎麥薏苡:메밀가루)를 습관적으로 항상 쓰는 말로 하니 잘못되었다고 하지 않겠는가.

(43) 면(麪)

면(麪:밀가루)은 밀가루(麥末)이다. 속석(束晳)의 「면부(麪賦)」에 이르기를 "중라의 밀가루는 먼지가 눈처럼 희게 날린다.(重羅之麪, 塵飛雪白.)"

라고 했는데, 이는 밀가루(麥屑)를 말하는 것이다.

우리 나라 사람들은 밀가루(麥屑)를 진가루(眞末)라 한다.(우리말로 '진가루'라고 한다.—원주) 그리고 면(麪)이면 이를 음식의 이름으로 생각하는데, (우리말로 '국수'라고 한다.—원주) 이는 잘못이다. 그런데 중국에서도 또한 그러하여 그 칼로 썬 것(刀切者)을 이름하여 절면(切麪)이라 말하고, 그 누른 것(搾壓者)을 이름하여 납조면(搭條麪)이라고 말하고, 그 마른 것을 괘면(掛麪)이라 한다. 또한 반드시 밀가루(麥末)로만 국수(麪)를 만들지는 않으며, 두면(豆麪)도 있고,(『山家淸供』—원주) 교면(譑麪:陸游의 시에 이르기를 "주막에서 교면을 판다."고 했다.—원주)도 있고, 녹두면(菉豆麪:『예기』 月令 廣義에 보인다.—원주), 호마면(胡麻麪:『物類相感志』—원주), 갈면(葛麪:王建의 시에 "맑은 샘물에 葛麪을 말았다."고 일렀다.—원주), 능면(菱麪:『예기』 月令 廣義에 보인다.—원주), 사면(莎麪:莎木의 가루인데 南番外國에서 난다.—원주), 유면(楡麪:느릅나무의 흰 껍질을 벗겨서 이를 만든다.—원주), 괴엽면(槐葉麪:陸游의 시에 "狐泉槐葉麪을 셀 수 없다."고 했다.—원주), 내복면(萊菔麪:萊菔에서 국수의 독을 없앤 것.—원주), 훤초면(萱草麪:汴中에서는 납일에 먹는다.—원주), 백합면(百合麪:『山家淸供』에 보인다.—원주), 동피면(桐皮麪:東京의 풍속으로 먹는 음식.—원주), 봉자면(蓬子麪:『唐書』에 "관동 지방에서 큰 가뭄이 들어 백성들이 굶주릴 때면 이것을 먹는다."고 했다.—원주), 광랑면(桃榔麪:西蜀 사람들이 껍질을 벗겨서 가루를 취한다.—원주) 등이 있는데, 아득히 멀고 오래되었다.

(44) 장(醬)

장(醬)은 젓갈(醢:우리말로 醢를 '젓'이라고 말한다.—원주)이다. 장(醬)은 여러 가지 품질이 있는데 시장(豉醬)이 그 하나이다. 개장(芥醬)·난장(卵醬)은 『예기(禮記)』에 보이고, 잡골(雜骨)의 장(醬)은 『예소(禮疏)』에 보인다. (醢人糜鸞의 疏에 이르기를 "뼈가 있는 것은 '鸞'라고 말하고, 뼈가 없는 것은 '醢'라고 말한다."고 했다.—원주) 한사(漢史)에 구장(蒟醬:『史記』의 西南夷—원주)이 있고, 당외사(唐外史)에는 녹미장(鹿尾醬:安祿山의 사적에 보인다.—원주)이 있다고 했다. 소식(蘇軾)의 시에는 홍라장(紅螺醬)이 있고, 『유양잡조(酉陽雜俎)』에는 후자장(鱟子醬)이 있고, 토사지(土司志)에는 의자장(螠子醬)이 있다고 했다. 그 밖에 어장(魚醬)·하장(鰕醬)·연장(蜒醬)·유협장(楡莢醬)·작약장(芍藥醬) 등과 같은 이름이 여러 책에 많이 나온다.

젓갈(醢)과 장(醬)은 처음에는 구별이 있는 것이 아니었다. 왕충(王充) 『논형(論衡)』에 이르러 비로소 두장(豆醬)이라는 말이 나온다.(譚子는 菽醬이라고 일컬었다.—원주) 그리고 배염유숙(配鹽幽菽)의 풀이가 허신(許愼)의 『설문(說文)』에 나온다. 『제민요술(齊民要術)』에는 시장(豉醬)을 대장(大醬)이라고 말하였다.

우리 나라 사람들은 이 장(醬)이라는 글자를 잡아가지고 시장(豉醬)을 전칭(專稱)으로 삼아 이를 새겨 젓갈(醢)이라고 하면 도리어 많이 믿지 않으나, 이는 잘못이다. 옛날 사람들은 이르기를 "맥면(麥麪)·미두(米豆)는 다 누룩을 덮어서 소금을 가하여 말려가지고 장(醬)을 만드는 것이다." 했다.(『齊民要術』에는 麥醬을 만드는 방법이 있는데, 小麥 1石을 물에 적시어 하룻밤을 지낸 다음, 이를 쪄서 식혀 누룩(黃衣)이 생기게 한 다음 물 1석 6두, 소금 3되를 섞어 삶아서 鹵澄을 만들어 8말을 취하여 가마 속에 넣고, 불을 때고 밀을 쪄서 여기에 넣어 휘저어서 잘 섞어 고루 퍼지게 하고, 감싸서 햇볕에 열흘쯤 놓으면 먹을 만하게 된다.—원주) 그런데 우리는 다만 콩장(菽醬)만이 있는 줄 알고 있으니, 또한 소홀한 것이다.(豉麴을 燻造라 하는 것도 또한 속된 말이다.—원주)

(45) 두부(豆腐)

두부(豆腐)란 숙유(菽乳)이다. 두부의 이름은 원래 자아순(自雅馴)인데, 우리 나라 사람들은 우리말이라고 생각하여 따로 이름하여 '포(泡)'라고 했다. 여러 능원(陵園)에는 각각 딸린 승원(僧院)이 있어 두부를 바치는데, 이를 이름하여 조포사(造泡寺)라고 한다. 두부의 꼬챙이(串)를 닭곰탕(鷄臛)에 삶아서 친구들이 모여 먹는 것을 이름하여 연포회(軟泡會)라 말하고, 녹두(菉豆)의 유(乳)를 이름하여 황포(黃泡)라고 말하고, 더러 청포(靑泡)라고도 일컫는데, 공사 문서에 이렇게 쓰며 의심하지 않는 것은 잘못이다.

소식(蘇軾)의 시에 "콩을 삶아서 젖을 만들고, 기름은 타락죽을 만든다.(煑豆爲乳脂爲酥)"고 하고, 주(註)에 '두부(豆腐)'라고 일렀다. 또한 어떤 의서(醫書)에 이르기를 "사람이 두부를 먹고 중독(中毒)되면 고쳐도 잘 낫지 않는다. 두부를 만드는 사람의 말이, 무우를 끓는 물에 넣으면 두부가 되지 않는다고 한다. 그래서 무우를 끓는 물에 넣어 삶아서 약으로 먹으면 낫는다."라고 하였다.(李廷飛 延壽書에 있다.—원주) 또 『소식보(蔬食譜)』에 이르기를 "두부(豆腐)를 잘게 썰어서 깨끗하게 지져서 다섯 가지 맛을 무친다."라고 했는데, 두부라는 말이 어찌 우리말이겠는가?

포(泡)란 물의 물거품이라 음식의 이름으로 만들 수가 없다. 『사물기원(事物紀原)』에 이르기를 "두부(豆腐)는 본래 회남왕(淮南王) 유안(劉安)이 만든 것인데, 명(明)나라 손작(孫作)이 이를 숙유(菽乳)로 고쳐 불렀다."라고 했는데, 두부(豆腐)라고 이르는 이름은 올바르지 않다.(『虞初新志』에 이르기를 "한 도사가 菽乳를 즐겨 먹었다."라고 했다.—원주)

(46) 혜(醯)

혜(醯)란 초장(酢漿)이다. 또 해(醢)의 즙(汁)이 많은 것을 혜(醯)라고 이르는데, 혜(醯)란 즙(瀋)이다.(우리말로 '젓국'(젓갈)이다.—원주) 어린 아이들의 공부에서는 혜(醯)·해(醢)를 가리지 못했다. 그러므로 포해(脯醢)를 읽기를 '포혜'라고 읽었다.

(47) 제(齏)

제(齏)란 대(韲)이다. 대(韲)는 저(菹)이다. 또 제(齏)란 회조(膾胙)이다. 『주례(周禮)』 해인(醢人)의 주(註)에 이르기를 "무릇 혜장(醯醬)은 가늘게 썰어 버무린 것을 제(齏)라고 하는데, 그 하나는 매운 것을 찧어 매운 물건으로 만든 생강·마늘 따위를 말한다. 그러므로 제구(齏臼)를 수신(受辛)이라 한다.(『三國志』의 주에 "介象은 이미 鯔魚를 얻고, 孫權은 또 촉나라 생강을 구하여 齏를 만들었다."고 했다.—원주) 또 이 제(齏)는 제(韲)·제(齏)·제(齏)·제(韲)·제(韲)·제(韲) 등은 그 음이 다 제(躋:牋西切—원주)이다."라고 했다.

대저 제(齏)란 생강·마늘을 가늘게 썬 것이다.(우리말로는 양념이라 한다.—원주) 그러므로 양념가루는 같이 일컬을 수 있다.(가늘게 썬 것을 韲라 하고, 가늘게 간 것을 粉이라 한다.—원주) 그 뒤에 변하여 엄저(淹菹)라는 이름이 되었다. 그러므로 『초사(楚辭)』에 이르기를 "뜨거운 국을 식히려 양념을 치고 분다."라고 했다.(음식의 식은 것은 沈菜 같은 것이 없다.—원주)

한유(韓愈)의 「송궁문(送窮文)」에 "태학(太學) 4년 동안에 아침에는 양념, 저녁에는 소금이었다."라는 말은 다 엄저를 말한 것이다.

우리 나라에서는 이를 잘못 인식하여 제(齏)를 해(齏)로 만들고, 또 변하여 해(薤)로 만들었다. 이에 있어서 제분(齏粉)을 해분(薤粉)이라 말하고(疏箚에 이를 많이 쓴다.—원주), 제염(齏鹽)을 해염(薤鹽)이라 말하고(科文에 많이 이를 쓴다.—원주) 취제(吹齏)를 취해(吹薤)라 말하니, 어찌 잘못된 것이 아니리요. 해(薤)는 구(韭)에 딸린 훈채(葷菜)이다. 이를 일명 홍회(鴻薈), 일명 채지(菜芝)라고 하고, 또 야해(野薤)·천해(天薤)가 있는데, 이는 보리밭(麥原) 속에 난다.(잎은 부추와 같으면서 작다.—원주) 글씨 쓰는 법에는 도해체(倒薤體)가 있고, 악부(樂府)에는 해로가(薤露歌)가 있다.

(48) 강·양(薑讓)

① 같은 말이면서 뜻이 다른 글자.

사양 강(薑)·사양 양(讓) : 모두 'ᄉᆞ양'이라 이른다.—원주

부채 구(韭)·부채 선(扇) : 모두 '부ᄎᆡ'라 이른다.—원주

나물 채(菜)·남을 여(餘) : 모두 '남을'이라 이른다.—원주

가지 가(茄)·가지 지(枝) : 모두 '가지'라 이른다.—원주

매울 랄(辣)·매울 렬(烈) : '매을 烈'
짤 함(鹹)·짤 직(織) : '쭐'
달 감(甘)·달 월(月) : '달'
꿀 밀(蜜)·꿇을 궤(跪) : '꿀'
칼 가(枷)·칼 검(劍) : '칼'
바람 풍(風)·바람 벽(壁) : '바람 壁'
다리 교(橋)·다리 각(脚) : '다리 橋'
배 선(船)·배 복(腹) : '비'
못 지(池)·못 정(釘) : '못'
밭 전(田)·밥 반(飯) : '뫼'
이 치(齒)·이 슬(虱) : '니'
눈 안(眼)·눈 설(雪) : '눈'
벌 봉(蜂)·벌일 라(羅) : '벌'
고래 경(鯨)·온돌 항(炕) : '고리 鯨'
침 연(涎)·춤 무(舞) : '춤'
술 주(酒)·술 시(匙) : '술'
마루 헌(軒)·마루 종(宗) : '마로 宗'
떼 대(隊)·떼 벌(筏) : '쩨'

무릇 이와 같은 따위는 어린 아이들로서는 지각이 없으니 어떻게 분별 하리요.

모아서 이를 같이 분류하면 서로 빛을 내게 되고, 흩어서 이를 섞어 놓으면 서로 현혹하게 된다. 나는 말하기를 "주흥사(周興嗣)가 지었다고 하는 『천자문(千字文)』은 서거정(徐居正)이 편찬한 『유합(類合)』만 같지 못하다."고 하겠다.

(49) 해·송(蠏松)

② 뜻이 다르면서 같은 말의 글자.

솔(鬆 솔 해, 松 솔 송, 帿 솔 후, 刷 솔 쇄)
북(鐘 쇠북 종, 鼓 북 고, 梭 북 사, 北 북녘 북)
날(飛 날 비, 生 날 생, 刃 날 인, 日 날 일)
찰(盈 찰 영, 寒 찰 한, 蹴 찰 축, 佩 찰 패)
말(馬 말 마, 斗 말 두, 莫 말 막, 椓 말 탁)
할아비(翁 할아비 옹, 叟 할아비 수, 祖 할아비 조, 鷺 해오라비 로)
쓸(掃 쓸 소, 苦 쓸 고, 寫 쓸 사, 用 쓸 용)
탈(焦 탈 초, 和 탈 화, 乘 탈 승, 彈 탈 탄)
빗(債 빚 채, 梳 빗 소, 光 빛 광, 橫 비낄 횡)
낮(午 낮 오, 晝 낮 주, 鎌 낫 겸, 面 낯 면)
맛(兄 맏 형, 孟 맏 맹, 味 맛 미, 蜓 긴맛 정)
살(矢 살 시, 居 살 거, 膚 살 부, 買 살 매)
팔(浚 팔 준, 掘 팔 굴, 臂 팔 비, 賣 팔 매)
또 어찌 다만 두 글자로만 혼동하리요.

(50) 신·고(辛苦)

③ 같은 뜻으로 쓰는 다른 글자(同義異字)

쓸(辛 쓸 신, 苦 쓸 고)
고기(魚 고기 어, 肉 고기 육)
눈물(涕 눈물 제, 淚 눈물 루 : '涕'는 콧물(鼻液)이고 눈물이 아니다.)
드딜(遂 드딜 수, 踏 드딜 답)
날개(翔 날개 상, 翼 날개 익)
도야지(豕 도야지 시, 豚 도야지 돈 : '豕'는 또한 '돗아지'라 이른다. 그리고 '아지'란 짐승 새끼의 명칭인데 '豕'가 어찌 새끼겠는가.)
꽂을(拱 꽂을 공, 挿 꽂을 삽)
받을(捧 받을 봉, 受 받을 수 : 관아에서 거느려 받는 것을 捧上이라 일컬음은 이미 법전이나 문집에 실리고 또한 간행되었다.)

문(門)을 주석하기를 '오래'(久) 문(門)이라 하고, 용(龍)을 주석하기를 '미리'(豫) 용(龍)이라 했으니, 이와 같은 따위는 온통 사슴을 가리켜 말이라 하고, 쥐를 가지고 옥덩이라 부르는 것에 그치지 않으리요.

(51) 김·금(金金)

④ 같은 글자가 음이 다른 경우(同字異音)

김(金) : 성씨일 경우는 '김'으로 부른다.
금(金) : 황금일 경우는 '금'으로 부른다.
장(狀) : 문서일 경우는 '장'으로 부른다.
상(狀) : 어떤 모양을 나타낼 경우는 '상'으로 부른다.
신(辰) : 양신(良辰)일 경우는 '신'으로 부른다.
진(辰) : 무진(戊辰)·경진(庚辰)일 경우는 '申'음을 피해 '진'으로 부른다.
추(丑) : 공손추(公孫丑)일 경우는 '추'로 부른다.
축(丑) : 자축(子丑) 등 간지로 쓸 경우는 '축'으로 부른다.
즉(則) : 조사로 쓸 경우는 '즉'으로 부른다.
칙(則) : 법칙(法則)일 경우는 '칙'으로 부른다.(옛날 음은 '측'이다.)
하(下) : 상하(上下)로 쓸 경우는 '하'로 부른다.
햐(下) : 다만 글을 아래로 읽어 내려가거나 글씨를 쓸 때는 '햐'라고 부른다.

(52) 한·완(澣浣)

⑤ 같은 뜻으로 쓰면서 음이 다른 글자(同義異音)

한(澣) : 빨래할 한, 완(浣) : 옷 빨 완. 앞의 글자를 '한' 뒤의 글자를 '완'이라 했는데 모두 잘못이다. 둘 다 본음은 '환'이다.
태(迨) : 미칠 태, 체(逮) : 미칠 체. 본래는 같은 글자였다.
돈(遯) : 숨을 돈, 둔(遁) : 숨을 둔. 본래 음은 둘 다 둔이다.

채(寨) : 성채 구축할 채, 채(砦) : 울짱 채. 앞의 글자는 '치' 뒤의 글자는 'ㅈ'라고 나와 있다.

뇌(惱) : 한할 뇌, 노(憹) : 한할 노. 앞의 글자는 노, 뒤의 글자는 농이다.

이와 같은 따위는 다 셀 수 없다. 전적으로 무질서하여 고칠 생각조차 못하겠다.

(53) 환·환(宦窐)

⑥ 다른 글자로 잘못 쓰는 것(異字)

환(宦)·환(窐)은 뜻을 구별해서 쓴다.('仕宦'은 이 글자를 사용하고 '閽窐'은 '穴'자를 더한다.)

화(畫·畵)는 뜻을 구별해서 쓴다.(아래 글자는 잘못 쓰는 글자이다.)

저(著)·착(着)은 뜻을 구별해서 쓴다.(著述은 본 글자를 쓴다. 着實은 俗字를 쓴다.)

간(閒)·간(間)은 뜻을 구별해서 쓴다.(아래 글자는 잘못 쓰는 글자이다.)

무릇 한 글자가 두 가지 뜻이 있는 것은 어찌 이에 그치리요. 모두 그 점(點)이나 획(畫)을 더하고, 그 삐침과 파임을 변경하려 하고 스스로 표하여 구별함이 옳겠는가.

(54) 석력(淅瀝)

⑦ 잘못 쓰는 단어

석력(淅瀝)은 잘못 절력(浙瀝)으로 지어 쓰고, 모호(模糊)를 잘못 모호(糢糊)로 지어 쓰고, 난만(爛漫)을 잘못 난만(爛熳)으로 지어 쓰고, 초체(迢遞)를 잘못 초체(迢遰)로 지어 쓴다. 이와 같은 따위는 또 이루 셀 수도 없다.

(55) 쇄(刷)·차(箚)

⑧ 음운(音韻)이 달리 쓰임

쇨(刷) 자는 입성(入聲)이다.(數滑切'쇨', 우리말로 '筒'을 '솔'이라 이르는데, 이것은 쇨의 음이다.)

잡(箚) 자는 입성이다.(杳揷切'잡')

이 두 글자는 모두 종성을 없애고 별음으로 부른다.(刷은 '쇄'로 만들고, 箚은 '츠'로 만들었다.)

벽(逼) 자는 본음이 벽(䛠)인데, 이를 '핍'과 같이 읽는다.(䛠은 음이 '벽'이다.)

탈(頉) 자는 본음이 이(頤)인데, 이를 '탈'(脫)과 같이 읽는다.(起孼은 生頉이라 하고 託故는 稱頉이라 한다.)

점(岾) 자는 영(嶺) 자로 만들어 쓴다.(金剛山에 楡岾寺(유점사)가 있는데 字典에는 '岾' 자가 없다.)

람(囕) 자로 질(咥) 자를 대신한다.(범이 사람을 깨무는 것을 '람'이라 이른다. 자전에는 '囕' 자가 없다.)

모두 세속 풍습을 고치기 어려운 것이다.

(56) 아(阿)

아(阿) 자는 많은 뜻이 있으나 평성(平聲)이 아닌 것이 없다. 다만 아나(阿儺)의 '아(阿)'만 상성(上聲:婀娜와 음이 같다.—원주)이 된다. 또 음은 '옥'(屋)이라고 하는데 아수(阿誰)・아모(阿母)・아야(阿爺)・아양(阿孃)・아매(阿妹)・아교(阿嬌)・아만(阿瞞)・아몽(阿蒙)・아융(阿戎)・아함(阿咸) 등은 다 음이 '옥'(屋)이다.(李睟光은 이 음을 '알'(遏)이라고 하는 것이 마땅하다고 했으나 이는 잘못이다.—원주) 또 음(音)을 '알'(遏)이라고 하는데, 이 음은 다만 불경의 아난(阿難)의 '아'(阿)만을 '알음'(遏音)으로 읽는다.

(57) 일급(一級)

일급(一級)은 일등(一等)인 것이다. 진(秦)나라의 법률에 "적(賊) 한 머리(一首)를 베었으므로 벼슬 1급(一級)을 주었다."고 했다. 그러므로 1머리(一首)를 1급(一級)이라고 말한다.

이에 우리 나라 말은 무릇 엮은 물건(編物)이 10에 이르면 이를 한 두름(一級)이라고 일컫는다.(우리말로 '드름'(級)이라고 말한다.—원주) 해애(海艾) 1두름(一級)이니, 건어(乾魚) 1두름(一級)이라고 한다.(고기는 더러 20마리를 1두름이라고 한다.—원주)

(58) 일휘(一麾)

(이 말은 목차에만 씌어 있고 본문에는 기술되지 않았다.—역자)

(59) 천금(千金)

천금(千金)이란 황금(黃金) 1천 근(斤)이다. 진(秦)나라는 1일(鎰)을 1금(金)이라 하고,(24냥쭝이다.—원주) 한(漢)나라는 1근(斤)으로써 1금(金)이라 했다.(16냥쭝이다.—원주) 그러므로 "노대(露臺) 100금(金)은 중산층 10집의 재산에 해당한다."고 했다.

우리 나라 말은 동전(銅錢) 1천 냥(兩)을 천금(千金)이라 말하고, 1만 냥(兩)을 만금(萬金)이라고 한다. 그렇다면 돈(錢) 10냥(兩)이 어찌 한 집의 재산이 될 수 있겠는가.

(60) 일관(一貫)

1관(貫)이란 그 돈(錢)이 1천 문(文)인 것이다. 『대명률(大明律)』에 "돈(錢)을 훔친 사람은 1관(貫)과 2관(貫)에 따라 그 벌(罰)이 차이가 있다."고 했는데, 이는 다 1천 전(錢)을 1관(貫)으로 삼았다.(우리 나라는 10냥을 貫이라고 했다.—원주)

1민(緡)도 또한 그러하다.(緡이란 돈 꿰미인 것이다.—원주)

우리 나라에서는 100전(錢) 1꿰미(串)를 1냥(兩)이라고 말하는데, 곧 1

냥(兩)을 빌려 1관(貫)이라고 이름한다. 또한 1민(緡)이라고 이름하는데, 이는 상오(商於)의 땅 600리에서 딴 말이다.

중국에서는 또 돈(錢) 16닢을 이름하여 1백(陌)이라고 한다.

(61) 1탁(一庹)

1탁(庹)이란 두 팔을 벌려 뻗은 길이인 것이다.(庹자의 음은 '탁'인데, 우리 말로는 '볼'이라고 한다.—원주)

1책(搩)이란 두 손가락을 벌려 뻗은 길이인 것이다.(搩자의 음은 '책(磔)'인데 우리말로는 '뼘'이라고 말한다.—원주) 일찍이 역서(譯書)를 보았는데, 거기에는 "왼쪽 끝에서 오른쪽 끝까지 길이를 1발(庹)이라 말하고, 그 반(半)을 끊은 길이를 반 발(半庹)이라고 이른다."고 했다.(사람들의 발이 각각 같지 않으므로, 尺寸으로 말하지 않는다.—원주)

집게손가락 1책(搩)을 1호구(虎口)라고 말하고(엄지손가락과 집게손가락을 뻗은 길이를 말한다.—원주) 가운뎃손가락 1책(搩)을 1찰(扎:우리가 말하는 바 장뼘—원주)이라고 말한다.

우리 나라 말로는 1발(庹)을 1발(把:把는 '볼'(발)—원주)이라고 이른다. 그 한 뼘은 기록되어 있는 것이 없다.

(62) 1파(一把)

1파(把)란 1악(握)인 것이다. 공(拱)이란 포(抱:아름 포)이니, 한 손으로 둥근 것을 재어 그 1줌이 되는 것을 1파(把)라 말하고, 두 손으로 둥근 것을 재어 그 1아름(抱)이 되는 것을 1공(拱)이라고 말한다. 맹자(孟子)의 이른바 공파(拱把)의 동재(桐梓)도 역시 둥근 것이라는 뜻일 것이다.(『說文』의 徐鍇의 『說文繫傳』에 이르기를 "'拱'이란 두 손의 큰 손가락을 서로 마주 버티는 것이다."라고 했다.—원주)

그런데 우리 나라 말은 1탁(庹)을 1파(一把)라고 한다. 일찍이 『균역사목(均役事目)』에서 그 배(船)의 길고 짧은 것을 잰 기록을 보았는데, 다 1

파(把), 2파(把)라고 말하고, 이를 1장(丈), 2장(丈)과 같이 읽었는데, 뒷사람들이 어찌 이를 증명하리요.

(63) 삼촌(三寸)

 삼촌(三寸)은 그 숙부(叔父)를 일컫는 것인데, 또한 비루한 풍습으로 마땅히 고쳐야 할 것이다. 우리 나라 말로 백부(伯父)·숙부(叔父)를 삼촌(三寸)이라 하고, 백부·숙부의 아들을 사촌(四寸)이라 하고, 종조조부(從祖祖父)를 사촌대부(四寸大父)라 하고, 그 아들을 오촌숙부(五寸叔父)라 하고, 이를 지나 다 이와 같은 예로 계산하여 나아가서 팔촌형제(八寸兄弟), 구촌숙부(九寸叔父)에 이르는데, 이를 촌수 안(寸內)의 친족이라고 말한다. 그 법은 대개 아버지와 아들이 서로 이어지는 것을 1촌(一寸)이라 한다.(백부·숙부를 3촌이라 하는 것은 나는 아버지와 1촌이고, 아버지는 할아버지와 또 1촌이고, 할아버지는 그 여러 아들과 또 1촌이니 모두 3촌이다. 4촌, 5촌도 다 이와 같은 예다.―원주) 비록 친족 형제는 8촌(寸)이라고 말하더라도 반드시 자기 몸을 중심으로 하여 그 위로 거슬러 올라가서 고조할아버지에 이르기까지를 계산하면 4촌(四寸)이 되고,(자기는 아버지와 1촌이고, 아버지는 할아버지와 1촌이고, 증조할아버지가 1촌, 고조할아버지가 1촌이다.―원주) 또 고조할아버지로부터 순차로 따라 내려오면서 계산하면 4촌(四寸)이 되는데, 이를 8촌(八寸)이라고 말한다. 고려 시대부터 이미 이와 같았기 때문에 이색(李穡)의 『목은집(牧隱集)』에 이르기를 "외구(外舅) 화원군(花原君)의 내외손(內外孫)은 무릇 경조(慶弔)와 영전(迎餞) 때 서로 모였는데 이를 사촌회(四寸會)라고 말했다."(李德懋가 지은 『盎葉記』에서 이 글을 인용했다.―원주)고 했다.

 『고려사(高麗史)』 충선왕세가(忠宣王世家)의 원(元)나라 조유(詔諭)에 외사촌(外四寸)이라는 말이 있다. 『경국대전(經國大典)』의 복제(服制)를 규정한 글에도 다 삼촌(三寸)·사촌(四寸)으로써 그 가깝고 먼 것을 구별하였다. 지금도 깎아버릴 수 없는 글이 되었지만 자제(子弟)가 그 부형(父

兄)을 일컬어 삼촌·사촌이라고 말하는 것은 공경하는 예절을 크게 그르치는 것이니, 그대로 따를 수 없는 것이다.

■ 제2권

(64) 납채(納采)

납채(納采)란 선비의 혼례 절차인 육례(六禮:納采·問名·納吉·納徵·請期·親迎―역자)의 첫째 예절인 것이다. 그 납채하는 예절은 문명(問名)·납길(納吉)·납징(納徵)·청기(請期) 등에 앞서 행하는 예절이다. 채(采)란 채택(采擇)한다는 뜻이다.

지금은 현훈치서(玄纁致書:폐백 내용을 적어 보내는 글―역자)를 이름하여 납채(納采)라고 하는데, 이는 옛날의 납징(納徵:제4례―원주)으로 세상에 전해진 것에 잘못이 있는 것이다. 심한 것은 채(采) 자를 채(綵) 자로 만들고, 현훈(玄纁)을 납채(納綵)로 만들어 쓰고 있으니, 어찌 예절에 맞는 것이리요.

(65) 초례(醮禮)

초례(醮禮)란 아버지가 술을 그 아들에게 마시게 하는 의식이다. 혼례(昏禮)에서 신랑이 바야흐로 신부집으로 떠나려 하면 그 아버지는 그에게 술을 권하여 마시게 하며, 이 때 타이르는 말(辭)에 "가서 신부를 잘 맞이하라. 너는 우리 집안의 대를 이으라. 너는 신부를 힘써 잘 거느리라. 그래야 신부가 선비(先妣)의 후사를 공경할 것이다. 너는 떳떳하게 혼례를 행하여라." 한다고 했다. 이를 초례라고 이르는 것이다. 지금 사람들은 이를 잘못 알고서 부부가 같이 전안하고 나서 술을 주고받는 의례를 초례(醮禮)라고 말하는데, 이는 큰 잘못인 것이다.

관례(冠禮)에도 또한 초례를 행하는 의례가 있다. 이 의례는 인도하는 사람(賓)이 술을 어른 되는 사람(冠者)에게 권하여 마시게 하는 것이다. 이 때 첫번으로 초례(醮)를 할 때 초례(醮)를 인도하는 사람이 의례에 있는 말을 전하여 말하기를 "맛좋은 술이 이미 깨끗하므로 가례를 맞아서 때맞춰 권합니다.(旨酒旣淸, 嘉薦亶時)"(모두 6구—원주) 하고, 두번째로 초례를 하고, 이어 세번째로 초례를 하는데, 그때 그때 의례에 있는 말(醮辭)이 각기 다르다.(각각 6구—원주) 이것으로 보아 부부가 함께 술을 주고받는 의례가 어찌 초례(醮禮)이겠는가.

나는 일찍이 중국의 글을 보았는데, 두번째로 아내를 맞는 일(再娶)을 재초(再醮)라고 일렀다. 그렇다면 곧 잘못 전해진 근원이 이로부터 있는 것이다.

『설문(說文)』에는 초례를 관혼의 제례(冠昏之祭)라고 했다. 그런데 예경(禮經)을 조사해 보니 이는 제사 지내는 의례(祭禮)가 아니다. 관의소(冠儀疏)를 살펴보니 이르기를 "권하는 술을 조금 받아 마시고, 그 보답으로 술을 권하지 않는 것을 초례라고 말한다."라고 했는데, 이것이 곧 바른 뜻이다.

(66) 형수(兄嫂)

형수(兄嫂)란 형의 아내인 것이다. 우리 나라의 풍속으로는 아우의 아내도 또한 제수(弟嫂)라고 말하고 있다.

아주버니(叔)란 남편의 아우인 것이다. 우리 나라의 풍속은 남편의 형도 또한 아주버니(叔氏:이를 부르기를 '아자바니(阿自般伊)'라고 한다.—원주)라고 말한다.

아래 누이(妹)란 여동생이다. 우리 나라 풍속에 윗누이의 남편(姉夫)을 또한 매부(妹夫)라 말하는 것은 다 잘못이다.

아우의 아내를 제수(娣)라 말하고, 형의 아내를 형수(姒)라고 말한다. 제수(娣)·형수(姒)는 또한 축리(妯娌:동서), 곧 형제의 아내들이 서로 부르는 칭호인데, 이 형수(嫂)·아주버니(叔)는 마땅한 말이 아니다.

(67) 고모(姑)

고모(姑)란 아버지의 자매(姉妹)인 것이다. 우리 나라 풍속으로 이를 고모(姑母)라고 말하는데, 이는 큰 잘못이다. 성이 다른 다음에야 바야흐로 어머니라는 이름이 있는 것이지, 천하에 같은 성(同姓)의 어머니(母)는 없는 것이다.

나를 고모라고 말하는 사람은 나에게 조카가 되는 사람을 말한다. 지금 형제의 아들을 일컬어 조카라고 하는데 아무래도 예절이 아니다. 이는 중국으로부터 잘못 전해짐이 이미 오래되었으므로 갑자기 고칠 수가 없다. (姪자를 잘못 侄자로 만들어 쓰고 있는데, 이는 더욱 어긋난다. 侄이란 어리석다는 뜻이다.—원주)

(68) 빙군(聘君)

빙군(聘君)이란 징사(徵士)인 것이다. 그 까닭은 조정(朝廷)에서 선비를 초빙할 때는 옥백(玉帛)을 보내어 불렀기 때문이다. 그러므로 선비를 부르는 것을 빙군(聘君)이라고 말한다. 『남사(南史)』에 이르기를 "도계직(陶季直)은 영화와 이익에 담박하였으므로 나라에서 불러도 일어나지 않았다. 그래서 도빙군(陶聘君)이라고 불렀다."라고 했다. 이처럼 빙군(聘君)이란 징군(徵君) 곧 '초빙된 선비'라는 뜻에서 연유된 말이다.

주자(朱子)는 영인(令人) 유씨(劉氏)에게 장가들었는데, 유씨의 아버지도 또한 본디 징사(徵士)였다. 그러므로 주자는 그를 일컬어 유빙군(劉聘君)이라고 했다.

우리 나라 사람들은 이를 잘못 인식하고 드디어 아내의 아버지를 빙군(聘君)이라 하고, 또 변하여 빙부(聘父)라 하고, 아내의 어머니를 빙모(聘母)라고 하게 되었다. 여러 사람을 거치는 사이에 잘못되어 한결로 이에 이르렀다.

지금 사람들이 더러 그 뜻을 물으면 이를 해석하는 사람이 말하기를 "신랑(壻)이 아내를 맞을 때 폐백(玄纁)을 보내고 신부에게 장가든다(聘之). 그러므로 『예기(禮記)』에 말하기를 '장가 들면(聘) 아내가 되고, 야합

하면(奔) 첩이 된다.'고 했다. 이미 아내의 아버지를 말하였으니, 이 어찌 빙부(聘父)가 아니겠는가?" 했다.

이 또한 말을 돌려대어 만들어낸 말이다.

아내의 아버지를 장인(丈人), 어머니를 장모(丈母)니 하는 말도 또한 속된 칭호이므로, 마땅히 『이아(爾雅)』에 기록한 호칭을 따라서 외구(外舅)·외고(外姑)라고 할 것이다.

(69) 처남(娚)

남(娚)이란 말소리라는 뜻으로, 본디 말소리 남(喃) 자와 통하는 말인데, 다만 속석(束晳)의 부(賦)에 이 남(娚) 자가 있다.(귀에 대고 소곤거리는 작은 소리(呫訥細語)이다. 또한 재잘거린다(呫諵)에서 만들어진 말이다.―원주)

우리 나라 풍속으로는 아내의 형제를 처남(妻娚)이라고 이른다. 이뿐만 아니라 사람이 한 아들, 한 딸만 두었으면 문득 남매(娚妹)를 낳았다고 말한다.(『고려사』 選擧志에 이르기를 "文武官은 한 아들만 蔭官으로 허락하고, 직계의 아들이 없으면 姪娚女婿를 허락한다."고 했다.―원주)

대체로 여자(女子), 부인(婦人)이 그 형제를 일러 남(娚:우리말로 오라버니·오라비―원주)이라고 하는데 이는 근거가 없는 말이다.

혼인한 집 자손을 형제(兄弟)라 하는 말은 예경(禮經)에 나타나 있는데, 처당(妻黨:아내의 일가)을 혼형제(婚兄弟)라 말하고, 서당(婿黨:사위의 일가)을 인형제(姻兄弟)라 말하는 것은 글이 없는 것이 아니다.(王愼旂의 『連文釋義』에 이르기를 "아내의 아버지를 婚이라고 말하고, 사위의 아버지를 姻이라고 한다." 했다.―원주)

(70) 어보(漁父)

보(父)는 보(甫)와 통하는 말로 남자의 미칭(美稱)인 것이다. 소보(巢父)·중보(仲父:管夷吾―원주)·아보(亞父:范增―원주)·주보(主父:主父偃―원주)는 다 마땅히 이를 보(甫)라고 읽을 것이다. 전보(田父)·어보(漁父)·창보

(偺父)·초보(樵父)의 따위도 또한 그렇지 않은 것이 없다. 그런데 저금은 다 이를 아버지·어머니의 아버지 부(父)자와 같이 읽는데 이는 잘못이다.

(71) 화옹(化翁)

화공(化工)이란 하느님의 창조의 공교로움인 것이다. 우리 나라 사람은 느닷없이 화공(化工)을 화옹(化翁)으로 만들어 불러서 편지를 쓰거나 시를 지을 때에 이 말을 쓰면서 의심하지 않는다. 일찍이 북경으로 가는 사신이 시를 지을 때 화옹(化翁)이라는 글자를 쓰니, 그 나라 사람이 묻기를 "화옹(化翁)이란 이 무엇인가?"라고 했다고 한다.

(72) 일가(戚)

일가(戚)란 친척(親)인 것이다. 같은 성(姓)의 친척을 내척(內戚)이라 하고, 다른 성(異姓)의 친척을 외척(外戚)이라고 말한다.

우리 나라 풍속에 서로 전해오기를 같은 성을 친족(親族)이라고 하고, 다른 성(異姓)을 친척(親戚)이라고 하는데, 근거할 것이 없는 말이다.(『맹자』에 이르기를 "멀리 하게 함이 친척(戚)을 넘게 하고, 친척(戚)을 멀리함이 친족(親)을 멀리하는 것과 같다."고 했다.—원주) 『여씨춘추(呂氏春秋)』에 이르기를 "아버지·어머니·형·아우·아내·자식을 육척(六戚)이라 한다." 하였다.(『孔叢子』에 이르기를 "親戚이 이미 죽었으므로 비록 효도를 하려 하더라도 누구에게 효도를 하랴?" 하였는데, 친척이란 아버지·어머니를 말하는 것이다.—원주) 『급총주서(汲冢周書)』에는 이르기를 "내성(內姓)·외혼(外昏)·우붕(友朋)·동리(同里)를 사척(四戚)이라고 이른다."고 했으니, 그 뜻을 알 수 있다. 『좌전(左傳)』에 이르기를 "주공(周公)은 이숙(二叔:管叔·蔡叔)이 다 친척(親戚)을 봉건(封建)하지 않는 것을 불쌍하게 여겼다."고 했다.(魯·衛와 毛·聃은 다 같은 성이다.—원주) 노세가(魯世家)에 이르기를 "치우치게 동성(同姓)의 친척(親戚)을 봉한 것은 주공(周公)을 소호(少昊)의 옛터에 봉한 것이다."라고 했다.(魯나라 왕실과 同姓이다.—원주) 『맹자(孟子)』에 이르기를

"귀척(貴戚)의 경상(卿)이 있었다."라고 하였다.(귀척은 아버지와 형이 大臣 벼슬을 한 사람.—원주)

상앙(商鞅)이 이르기를 "법령이 시행되지 않는 것은 귀척(貴戚)으로부터 시작된다."(곧 태자·公子를 말한다.—원주)라고 했는데, 다 동성(同姓)을 친척(親戚)이라고 했지 이성(異姓)은 없는 것이다.

『한서(漢書)』 신경기전(辛慶忌傳)에 이르기를 "가까운 친척은 내직을 맡게 하고, 다른 성은 외직을 맡겨 떨어져 있게 한다."라고 했다.

『진서(晉書)』 부씨기(苻氏紀)에는 이르기를 "부융(苻融)을 의척(懿戚)으로 삼았다."라고 했다.

『북사(北史)』의 주종실전 찬(周宗室傳贊)에 이르기를 "종실(宗室)을 현척(賢戚)으로 삼았다."라고 했다.(그 글에 이르기를 "賢戚을 나누어 내직·외직에 펴도록 명령했다."라고 했다.—원주) 또한 다 동성(同姓)을 친척(戚)이라고 했다. 다만 『사기(史記)』와 『한서(漢書)』에 이르기를 "후족(后族)·비족(妃族)을 외척(外戚)이라고 말한다."라고 했다. 그래서 척리(戚里)·척원(戚畹)이 드디어 외척(外戚)의 이름을 얻게 되었다. 그런데 외척을 오히려 외친(外親)이라고 말하니, 어찌 이른바 이성(異姓)을 친척이라고 말했겠는가.

(73) 향(鄕)

향(鄕)이란 향(嚮)인 것이다. 향(鄕)은 서울의 좌부(左部)·우부(右部)가 서로 향하여 있는 것이다. 지금은 군현 여리(郡縣閭里)를 향촌(鄕村)이라 이르고, 본지(本地)를 고향(故鄕)이라 말하고, 객지(客地)를 타향(他鄕)이라 말하고, 산(山)을 향산(鄕山)이라 말하고, 동산(園)을 향원(鄕園)이라 말하고, 선비를 향유(鄕儒)라 말하고, 백성을 향맹(鄕氓)이라 말하고, 향곡의 풍속이니, 향정(鄕亭)의 직임이니 하는 그 말은 임금이 있는 서울 지역과 따로 멀리 떨어져 있는 곳을 말한 지 오래다.

그러나 옛날에는 장인(匠人)이 나라의 서울을 경영할 때 이를 구획(畫)하기를 9구역으로 만들고,(井田法과 같은 것이다.—원주) 왕궁(王宮)을 가운데 있게 하고,(宗廟·社稷은 그 안에 있다.―원주) 정면에는 조정, 후면에는 장시(또 두 구역 구획―원주)를 마련하고, 그 좌우에 육향(六鄕)이 양쪽에서 서로 서로 맞대어 있다. 향(鄕)이란 서로 맞대어 향(嚮)한 것이다.

 5집(家)을 비(比)로 삼고, 5비(比)를 여(閭)로 삼고,(25가―원주) 4여(閭)를 족(族)으로 삼고, 5족(族)을 당(黨)으로 삼고,(黨은 500가―원주) 5당(黨)을 주(州)로 삼고, 5주(州)를 향(鄕)으로 삼았다.(鄕은 12500가―원주) 왕경(王京)에는 6향(鄕)이 있음은 우리 나라 서울에 5부(部)가 있는 것과 같고, 거기에 주(州)와 당(黨)이 있는 것은 우리 나라 5부(五部)에 48방(坊)이 있는 것과 같다.

 향대부(鄕大夫)란 6향의 대부(大夫)인 것이다. 주장(州長)·당정(黨正)이란 6향(鄕)의 교관(敎官)인 것이다.(각각 그에 딸린 일을 맡아 본다.―원주) 향음주(鄕飮酒)란 왕경(王京)의 음주(飮酒)이고, 향사례(鄕射禮)란 왕경(王京)의 사례(射禮)이고, 향팔형(鄕八刑)이란 왕경의 율령(律令)인 것이다.

 "공자(孔子)가 향당(鄕黨)에 있었다."란 곧 경성(京城)의 안에 있었다는 말이고, "맹자(孟子)가 일향(一鄕)의 좋은 선비(善士)를 벗삼았다."라는 말은 경성(京城)의 선비(士)를 벗삼았다는 것이다.

 지금 군(郡)·현(縣)을 시골(鄕:우리말로 '시골(柴骨)'―원주)이라고 한다. 그러므로 향음(鄕飮)·향사(鄕射)는 다만 군(郡)·현(縣)으로 하여금 이를 시행하게 하고, 군수(郡守)·현령(縣令)을 향대부(鄕大夫)라 하고, 경성(京城) 오부(五部)의 안에서는 이에 관하여 논의도 하지 않는다. 이는 다 사실을 밝히지 않는 잘못인 것이다.

(74) 마을(洞)

 동(洞)이란 공(空)이고, 동혈(洞穴)이란 공혈(空穴)인 것이다. 그런데 지금 풍속으로는 마을(里)을 골(洞)로 만들어서, 마을 안(里中)을 동내(洞內)라고 말하고, 이갑(里甲)을 동장(洞長)이라 말하고, 이회(里會)를 동회(洞會)라고 말하는데, 이는 근거가 없는 것이다. 그리고 석종유(石鐘乳)가 동혈(洞穴)에서 나는 것을 이름하여 유동(乳洞)이라고 한다.(吳融의 詩에 이르기를 "또 鍾乳洞과 같이 번개와 우레가 바위와 골짝을 열어 놓았다."고 했고, 陸游의 시에 이르기를 "산은 깊고 乳洞의 약 그릇이 차갑다."라고 했다.―원주)

우리 나라는 황해도(黃海道)에 동혈(洞穴)이 많은데, 산을 유람하는 사람들이 촛불을 붙여 가지고 줄을 매고서 굴 안으로 들어간다.(顧況의 시에 이르기를 "촛불을 붙여 들고서 동혈을 엿본다."라고 했다.―원주)

또 풍혈(風穴)을 풍동(風洞)이라 말한다.(『大明一統志』에 이르기를 "風洞은 刻石山에 있는데, 비바람을 만나면 풍악 소리가 들린다."라고 했다.―원주)

동(洞)이란 빈 굴(空穴)이다. 또 동(洞)이란 깊숙한 골짜기이다. 화양동(華陽洞)·백록동(白鹿洞)·소유동(小有洞)·구지동(仇池洞)은 다 깊숙한 골짜기의 이름이다. 임금의 수레가 머무는 서울에는 본래 깊숙한 골짜기가 없다. 그런데 경성(京城) 5부(五部)의 그 마을과 서울 거리를 다 동(洞)으로 만들어 계산동(桂山洞)·안국동(安國洞)·회현동(會賢洞)·장흥동(長興洞)이라 일컫는 등 그 수를 셀 수 없다. 생각건대, 삼청동(三淸洞)·백운동(白雲洞:서울의 북악산에 있다.―원주)은 본디 깊숙한 골짜기로써 이 동명(洞名)을 얻을 수가 있겠으나, 그 깊숙한 골짜기가 아닌 것은 또한 다 함부로 일컬은 것이다.

(75) 협(峽)

협(峽)이란 협(夾)으로 양쪽의 산이 물을 끼고 있는 곳을 협(峽)이라고 말한다. 성굉지(盛宏之)의 『형주기(荊州記)』에 이르기를 "삼협(三峽) 700리 안은 양쪽 언덕이 산에 잇닿고 끊어진 곳이 없고, 바위가 겹치고 높은 산봉우리가 겹쌓여서 하늘을 숨기고 해를 가리어 한낮이 아니면 해와 달을 보지 못한다."라고 했으니, 이로써 그 뜻을 알 수 있다.

내가 본 것으로서는 광주(廣州)에 도미협(度迷峽)이 있고, 춘천(春川)에 현등협(懸燈峽:우리말로는 '등달협'이라고 한다.―원주)이 있는데, 다 양쪽의 산이 물을 끼고 있으므로 마땅히 협(峽)이라고 이름하겠다.

지금 사람들은 깊은 산 막다른 골짜기를 이름하여 협(峽)이라고 하여, 무릇 깊은 산 막다른 골짜기에 사는 사람을 협맹(峽氓:산골 백성)이라 이르고, 협속(峽俗:산골 사람의 풍속)이라고 이르고, 산읍(山邑)을 협읍(峽邑)이라 말하고, 산촌(山村)을 협촌(峽村)이라고 말하는데 다 잘못이다.

(76) 암(巖)

암(巖)이란 돌(石)에 구멍(穴)이 있는 것이다. 농암(農巖:金昌協—원주)이 이르기를 "중국 사람은 돌에 구멍이 있는 것을 바위(巖)라고 말하는데, 영주(永州)의 조양암(朝陽巖), 시흥(始興)의 영롱암(玲瓏巖), 영복(永福)의 방광암(方廣巖), 계림(桂林)의 복파암(伏波巖)이 다 이것이다. 그렇지 않으면 비록 천 길이나 되는 큰 돌이라고 하더라도 바위(巖)라고 일컫지 않는다."고 했다. 자서(字書)를 살펴보면, 석굴(石窟)을 바위(巖)라고 말하고, 깊이 통한 것(深通)을 골(洞)이라고 하였으니, 농암(農巖)의 말이 옳은 것이다. 그러나 암(巖)·암(礹)·암(嵒)·암(碞)자의 뜻은 본디 서로 통하는 말이다.

『설문(說文)』에 대한 서개(徐鍇)의 『설문계전』에 이르기를 "암(嵒)자는 품(品)자의 모양을 따라 만든 글자이다."라고 했으니, 암애(巖厓)가 연달아 붙은 모양이면 우리 나라 사람은 암(巖)이라고 일컫는데, 이도 또한 틀림은 아니다. 자석암(紫石巖:東京의 萬歲山에 있다.—원주), 무이암(武夷巖:建安에 있다.—원주), 자모암(慈姥巖:東坡詩—원주), 예주암(蘂珠巖:宋濂의 서문에서—원주)이 어찌 반드시 다 구멍(孔穴)이 있으리요.(『水經註』에 이르기를 "강물을 따라 가파른 절벽 100여 길이 있는데, 하나는 백록 언덕의 높은 위에 있으므로 白鹿巖이라고 이름하였다." 했는데, 이는 비록 구멍이 없어도 또한 巖이라고 이름하였다.—원주)

(77) 항(巷)

항학(巷壑)·항참(坑塹)을 우리말로는 다 굴항(屈亢:골목)이라고 이른다.

그러므로 구렁(壑)을 골목(巷)이란 뜻으로 쓰는 예가 많다. 학(壑)이란 골짜기(谿谷)인 것이다. 항(巷)이란 이도(里涂)인 것이고, 문(門)은 골목길과 곧바르므로 이를 문항(門巷)이라 이르고, 촌(村)은 골목으로 다닌다(巷行)고 해서 이를 골목(村巷)이라고 이른다.(村巷을 우리말로 '골목'이라고 이르는 것이다.—원주) 그리고 벽거(僻居)를 벽항(僻巷)이라 말하고, 협소(狹小)한 곳을 누항(陋巷)이라 말하고, 곡절(曲折)한 곳을 위항(委巷)이라 말하는데, 이는 다 문항(門巷)이나 촌항(村巷)을 이르는 말이다. 『시경』정풍(鄭風)에 이르기를 "골목(巷)에 사람이 살지 않는 것을 마을(里)에 사람이 없다고 말한다면, 어찌 골짜기(谿壑)가 비었다고 말하리요."라고 했다. 또 궁중(宮中)의 담장 행랑은 서로 통하는 길로, 이를 영항(永巷)이라 말하였다.

『열녀전(列女傳)』에 이르기를 "강후(姜后)는 비녀(簪)를 풀어놓고 처벌을 영항(永巷)에서 기다렸다."(周宣王 때—원주)라고 했고, 범저전(范雎傳)에는 이르기를 "범저(范雎)는 거짓 영항(永巷)으로 들어갔다."라고 했다.(또한 '골목'을 이른 것이다.—원주)

(78) 호(湖)

호(湖)란 대피(大陂)인 것이다.(陂자의 뜻은 못을 막은 것이다.—원주) 물모양(水形)이 새(鳥)나 짐승(獸)이 멱살주머니(胡囊)를 가지고 있는 것 같기 때문에 호(湖)라고 말한 것이다.(『詩疏』에 이르기를 "사다새는 멱살주머니(胡囊)가 있다."라고 했고, 豳風에 이르기를 "이리(狼)가 그 胡를 뽑았다."라고 했다.—원주) 오호(五湖)·태호(太湖)·동정호(洞庭湖)·청초호(靑草湖)는 다 대택(大澤)으로 호(湖)라고 한다. 다만 강물과 서로 통하고 서로 넘칠 따름이다. 서호(西湖)·경호(鏡湖) 등은 다 우리 나라의 대제(大堤)와 같이 여기에 물을 저축했다가 논에 물을 대며, 흐르는 물의 이름이 아니다. 천박하고 고루한 선비들은 잘못 인식하고 호(湖)를 강(江)으로 만들고, 호(湖)를 포(浦)로 통용하여 둑주(纛洲:뚝섬)를 동호(東湖)라 말하고, 빙고(氷庫)를 빙호(氷湖)라 말하고, 동작(銅雀)나루를 동호(銅湖)라 말하고, 마포(麻浦)나루를 마호(麻湖)라 말하고, 서강(西江)나루를 서호(西湖)라 말하여, 무릇 강이나 바다의 물가와 물에 다다른 곳은 다 이름하여 호(湖)라고 한다. 그러나 의림지(義林池)·공골지(空骨池)·합덕지(合德池)·벽골제(碧骨堤)·경양지(景陽池)·남대지(南大池)는 참으로 이것이 곧 호(湖)이다. 그런데 시인(詩人)·묵객(墨客) 들이 이 물에 임하여 배를 띄우고 유람하면서도 끝내 감히 한개 호(湖)자를 쓰지 않으니 어찌 소홀하지 않으리오. 숙신(肅愼)의 옛땅에 경박(鏡泊)이 있고, 요동(遼東) 밖의 변방에 헌우박(軒芋濼)이 있는데,(泊·濼 두 글자는 서로 같은 뜻으로 쓰인다.―원주) 오히려 문장이 바로 잘 씌어진 글인 것이다. 그리고 혹은 충청도(忠淸道)를 말하여 호서(湖西)라고 일컫는 것은 이곳이 의림지(義林池)의 서쪽에 있음으로 해서이고, 전라도(全羅道)를 말하여 호남(湖南)이라고 일컫는 것은 이곳이 벽골제(碧骨堤)의 남쪽에 있음으로 해서라고 하나, 그런지 그렇지 않은지 알지 못하겠다.

(79) 강·하(江河)

강(江)·하(河)는 본디 한가지로 물 이름인데, 민산(岷山)에서 나온 것을 강(江)이라 하고, 곤륜(昆崙)에서 나온 것을 하(河)라 말했는데, 후세에 흐르는 물의 보통 이름으로 만들었다.(『詩經』『書經』에 일컬은 것은 다 보통 이름이 아니다.―원주) 그러나 오히려 남쪽 지방에서는 강(江)이라 말하고, 북쪽 지방에서는 하(河)라고 말했으니 장가강(牂牁江)·반룡강(盤龍江)은 남쪽 물이고, 상건하(桑乾河)·태자하(太子河)는 북쪽 물이다. 근세에는 더욱 분별이 없어서 흑룡강(黑龍江)·혼동강(混同江)은 북방에 있고, 서리하(西蠡河:太湖의 밑에 있다.―원주)·통련하(通漣河:湖南에 있다.―원주)는 남방(南方)에 있으니 이미 절실함이 없는 말이다. 그러나 우리 나라 강계부(江界府)의 강서현(江西縣)·강동현(江東縣)은 반드시 북방(北方)에 있고(平安道―원주) 하동부(河東府)의 하양현(河陽縣)·청하현(淸河縣)은 반드시 남방(南方)에 있다고(慶尙道―원주) 다르리요. 또한 시인(詩人)의 기행문(紀

行文)에는 엄연히 강남(江南)·강북(江北)이라고 일컫고 있으니 더욱 부끄러움을 깨닫게 된다.

그리고 녹수(淥水:鴨綠江)·살수(薩水:淸川江)·패수(浿水:大同江)·능수(瀧水:能成江)·저수(潴水:禮成江)·대수(帶水:臨津江)·열수(洌水:漢江)·사비수(泗沘水:白馬江)·안수(瀁水:陽正川)·영수(濚水:榮山江)·잔수(潺水:豆治江)·남수(灆水:菁川江)·황수(潢水:洛東江)·만수(滿水:豆滿江)는 각각 그 이름을 분별했으니 또한 옳지 않으리요.

(80) 한수(漢水)

한수(漢水)는 찬황산(贊皇山)에 나오는 물 이름이고, 이로부터 나누어 사독(四瀆)[5]을 만들었는데, 우리 나라에 다시 한수(漢水)가 있는 것이 옳으리요. 이는 본디 열수(洌水)이다.

『양자방언(揚子方言)』에 조선(朝鮮)의 열수(洌水)는 반드시 병칭으로서 열구(列口)·탄열(呑列)의 이름이 『한서(漢書)』에 보이고 있는데(江華·豊德의 옛이름이다.—원주) 열수(洌水)는 그 본래의 이름이다. 다만 한(漢)나라 무제(武帝)는 이미 위만(衛滿)을 멸망시킴으로써 열수(洌水) 이북을 나누어 사군(四郡)[6]을 만들고, 열수 이남을 한국(韓國:곧 三韓이다.—원주)으로 만드는 것을 허락하였다. 그 뒤 한(漢)나라 광무제(光武帝)는 또 관리를 파견하여 살수(薩水) 이남, 열수(洌水) 이북의 땅을 한(漢)나라에 딸리게 하고, 열수의 남쪽은 그대로 삼한(三韓)으로 만들었는데, 곧 이 한 물로 중국과 한국의 큰 경계가 되게 하니, 삼한(三韓) 사람은 드디어 열수를 가리켜 한수(漢水)라고 했다. 한수(漢水)라고 이르는 것은 황한(皇漢)의 물(水)이라는 뜻이지 강물의 이름은 아니다.

역주

5) 사독(四瀆) : 중국의 4대하를 말하는데, 곧 민산(岷山)에서 나오는 강수(江水), 곤륜산(崑崙山)에서 나오는 황하(黃河), 동백산(桐柏山)에서 나오는 회수(淮水), 왕옥산(王屋山)에서 나오는 제수(濟水)이다.

6) 사군(四郡) : 이른바 한사군(漢四郡)을 말한다. 한나라 무제가 위만조선을 멸
망시키고(BC 108) 그 고지(故地)에 설치한 군현으로, 곧 낙랑(樂浪)·임둔(臨
屯)·현도(玄菟)·진번(眞番)의 4군이다.

(81) 벼랑(遷)

물이 양쪽 산골에서 나와 그 양쪽 언덕에 임박하는 길을 말하는데, 우리 나라의 풍속으로는 천(遷:벼랑)이라고 말한다. 옹천(瓮遷:通川에 있다.—원주)·토천(兎遷:聞慶에 있다.—원주)·두미천(斗尾遷)·월계천(月豀遷:洌水에 있다.—원주)은 근거할 데가 없는 말이다. 이들 토어(土語)는 아닌게아니라 표준말이 아닌데, 반드시 양웅(揚雄)이 『방언(方言)』에 실은 것이나 손목(孫穆)이 『계림유사(鷄林類事)』에 기록한 것이나 서긍(徐兢)의 기록이나 동월(董越)의 글로 이미 거두어들임을 거친 다음에 바야흐로 시문(詩文)에 쓰이게 된 것이다.(遷은 우리말로 벼로(別吾)이다.—원주)

(82) 봉(峯)·빈(濱)

우리 나라 풍속에 어린 아이를 가르칠 때 산(山)을 다만 산봉우리(峰:우리말로는 부리라 말한다.—원주)라 하고, 물(水)을 다만 물가(濱:우리말로 '물가(勿可)'라고 말한다.—원주)라 했으니 어떻게 글로 쓰리요.
  악(嶽:큰 산)이란 산의 조종인 것이다.(泰山·華山과 같은 산—원주)
  강(崗:산등성이)이란 산의 등성이인 것이다.
  전(巓:산꼭대기)이란 산의 꼭대기인 것이다.
  수(岫:바위구멍)란 산의 구멍인 것이다.
  잠(岑:멧부리)이란 산이 작으면서 높은 곳이다.
  이 글자들은 각기 뜻을 달리 하지만 다만 산이 뾰족하다고 하여 칼날 봉(鋒)으로 만든 것을 산봉우리라 했는데, 지금 뜻(訓)을 모두 산봉우리(峰)라고 하는 것이 옳겠는가.(다 뜻을 '불이(不伊:부리)'라고 말한다.—원주)
  주(洲:섬)란 물 가운데서 살 만한 곳이다.

저(渚:물가)란 물가(小洲)인 것이다.
지(沚:물가)란 작은 물가(小渚)인 것이다.
호(滸:물가)란 물가(岸)인 것이다.
미(湄:물가)란 물가(水草之交)를 뜻하는 말이다.
이 글자들은 각각 뜻을 달리하는데, 지금 뜻(訓)을 모두 물가(濱)라고 하는 것이 옳겠는가.(다 뜻은 물가(勿可)라고 말한다.—원주)

(83) 원(原)·옥(屋)

우리 나라 풍속에 어린 아이를 가르칠 때 지(地:땅)를 다만 언덕(原:우리 말로 '언덕'이라 한다.—원주)이라 한다.
거(居:사는 곳)를 다만 집(屋:우리말로 '집'이라 한다.—원주)이라 한다. 어떻게 글로 쓰리요.
애(崖:낭떠러지)와 안(岸:언덕. 낭떠러지)을 한 가지 뜻으로 쓴다.(崖란 산의 등성이고, 岸이란 물의 물가이다.—원주)
농(隴:언덕)과 판(阪:언덕)을 한 가지 뜻으로 쓴다.(산협이라는 뜻인데, 큰 언덕을 농이라 하고, 긴 언덕을 坡라고 한다.—원주)
구(丘:언덕)와 부(阜:언덕)를 한 가지 뜻으로 쓴다.(흙산이다.—원주)
능(陵:큰 언덕)과 아(阿:언덕)를 한 가지 뜻으로 쓴다.(큰 언덕이다.—원주)
천(阡:밭둑길)과 맥(陌:밭두둑)을 한 가지 뜻으로 쓴다.(밭 사이에 있는 길이다.—원주)
고(皐:언덕)란 못의 언덕(岸)이고, 피(陂:언덕)란 못의 둑(障)이다. 글자는 각각 뜻을 달리하는데, 지금은 뜻을 모두 언덕이라고 하니 옳겠는가.(北沃沮 옛땅의 방언으로는 모든 隴·阪을 '덕(德)'이라고 일컫는데, 『신증동국여지승람』을 보면 京畿 지방에서는 이를 '언덕(言德)'이라고 일컬었다.—원주)
가(家:집)·실(室:집·방)·궁(宮:궁궐)·궐(闕:대궐)·우(宇:집)·주(宙:집)·여(廬:농막·풀집)·사(舍:집)·관(館:객사·집)·각(閣:층집)·대(臺:집·돈대)·사(榭:정자·사당집)·당(堂:마루·대청·집)·무(廡:월랑·행랑) 등의 글자는 각각 뜻을 달리하였는데, 지금은 뜻을 모두 집(屋)이라고 함이 옳으리요.

(84) 윤(輪)·파(葩)

우리 나라 풍속에 어린 아이를 가르칠 때 거(車:수레)를 다만 윤(輪:바퀴)이라 하고,(우리말로 '바퀴(朴回)'라 한다.―원주) 화(花)를 다만 첨(尖:우리말로는 '불이(不伊)'라고 한다.―원주)이라 하니, 어떻게 글로 쓰리요.

복(輻:바큇살)이란 윤(輪:바퀴)의 요(橑:평교대)인데, 뜻을 바퀴(輪)와 같다 하고, 축(軸:속바퀴)이란 곡(轂:속바퀴)의 꿰는 것을 말하는데, 뜻을 바퀴(輪)와 같이 하고(다 뜻을 '바퀴'라고 말한다.―원주) 곡(轂:속바퀴)이란 바큇살(輻)이 모인 것이고, 철(轍:바퀴자죽)이란 바퀴(輪)가 지나간 자국(碾)인 것이고, 궤(軌:굴대궤도)란 바퀴자국(轍跡)의 법도인 것이고, 할(轄:비녀장)이란 속바퀴 끝의 수레굴대(鍵)인 것이고, 진(軫:수레뒤턱나무)이란 수레 뒤의 가로지른 턱나무인 것이고, 원(轅:멍에)이란 수레 앞의 굽은 나무(멍에)인 것이다. 이 글자들은 각각 뜻이 다르고, 글이 각각 달리 쓰이는데, 지금은 그 뜻을 모두 바퀴(輪)로 함이 옳으리요.

예(蘂:꽃술)란 꽃의 수염(鬚)이고(杜甫의 시에 이르기를 "꽃술 위에 꿀벌의 수염"이라고 했다.―원주) 악(萼:꽃받침)이란 꽃받침(跗)인 것이다.(『韻府群玉』의 註에 이르기를 "꽃 안을 꽃술(蘂)이라 하고, 꽃 밖을 꽃받침(萼)이라고 한다.―원주)

영(英:꽃부리)이란 꽃의 열매가 없는 것을 말하고,(『爾雅』에 일렀다.―원주) 파(葩:꽃봉오리)란 꽃의 봉오리(含)인 것이다.(張衡의 부에 이르기를 "온갖 풀의 꽃봉오리를 모았다."고 했다.―원주) 이러한 글자는 각기 뜻을 달리하나 지금은 모두 뜻을 꽃부리(花尖)라고 했으니 옳으리요.

(85) 잔(盞)·고(篙)

우리 나라 풍속에 어린 아이를 가르칠 때 술(酒)을 다만 술잔(盞)이라 하고,(盞은 琖과 같다.―원주) 배(船)를 다만 삿대(篙:우리말로 '사아대(沙牙大:삿대)'―원주)라고 하니, 어떻게 글로 쓰리요. 『시경』 주남(周南) 권이(卷耳)

주석에 이르기를 "1승(一升)을 작(爵:술잔)이라 하고, 2승(二升)을 고(觚:술잔)라 하고, 3승(三升)을 치(觶:벌술잔)라 하고, 4승(四升)을 각(角:술잔)이라 하고, 5승(五升)을 산(散:술잔 이름)이라 한다."고 했다. 자서(字書)에 이르기를 "1승(一升)을 작(杓:구기)이라 하고, 4승(四升)을 치(卮:잔)라 하고, 7승(七升)을 굉(觥:뿔잔)이라 하고, 배(杯:잔)와 상(觴:잔)을 그 모두의 이름으로 삼는다."고 했다.

비록 여러 말이 같지 않으나 그 크고 작음으로 해서 이름이 다른 것을 살필 수 있다.(지금 북경 시장에서 술을 파는 것도 또한 크고 작은 그릇을 달리하고, 斤·兩을 차이로 삼았다.—원주) 또 하(夏)나라에서는 잔(琖:옥술잔)이라 했고, 은(殷)나라에서는 가(斝:옥잔)라 했고, 주(周)나라에서는 작(爵:술잔)이라 했다.(『說文』에 일렀다.—원주) 곧 삼대(三代:夏·殷·周)에도 각기 이름이 달랐었다. 또 새(雀)의 모양을 본뜬 것을 작(爵:술잔)이라 일컬었고, 육고(六觚)를 고(觚:술잔)라고 했었고,(梔子도 또한 六觚卮로 이름한 것이다.—원주) 짐승의 모양을 본뜬 것을 가(斝:옥잔)라 일컫고, 벌주(罰酒)를 굉(觥:뿔잔)이라 했다.(黌舍[글방·학교]에서 쓰이는 것을 觵[뿔잔]이라고 일렀다. 觥은 觵과 통하는 글자이다.—원주)

이(彛:술통)란 이준(彛尊:술단지)이고, 뇌(罍:뇌문 놓은 술잔)란 뇌준(雷尊:표면에 雷雲의 모양을 그린 술통)이고, 준(尊:술그릇)이란 큰 그릇인데, 지금 그 뜻을 함께 잔(盞)이라고 함이 옳으리요.

배(舶)를 나아가게 하는 기구도 또한 각기 달리 쓰고 있다. 도(櫂:노)·집(檝:노)은 한 가지 뜻으로 쓴다.(劉熙가 이르기를 "곁에 撥水가 있는 것을 櫂라고 말하고, 또 짧은 것을 楫이라고 말하고, 긴 것을 櫂라고 한다." 했다.—원주) 노(櫓)·장(槳:상앗대)은 한 가지 뜻으로 쓴다.(尾에 있는 것을 櫓라고 말하고, 旁에 있는 것을 상앗대(槳)라고 말한다. 그러므로 세로로 있는 것을 櫓라고 말하고, 가로로 있는 것을 상앗대라 한다.—원주)

요(橈:노)·예(枻:노)는 한 가지 뜻으로 쓴다.(다 楫과 같으면서 작다.—원주) 다 발수(撥水:물을 저어냄)해서 배를 나아가게 하는 것이다.

선미(船尾:배의 꼬리)에 있는 도구를 소(梢:지금은 艄자로 만들었다.—원주)

라고 말하고 정선(正船:배의 진로를 바로잡음)하는 것을 타(柁:지금은 舵자로 만들었다.―원주)라고 말한다. 그 배를 저어 나아가게 하는 역할은 오직 삿대(篙:배를 나아가게 하는 장대이다.―원주)뿐일 따름이다.

『양자방언(揚子方言)』에 이르기를 "배를 저어 나아가게 하는 것을 삿대라고 일컫는다."라고 했는데, 지금 세상에서는 도(櫂)·집(楫) 등 여러 글자를 모두 배를 나아가게 하는 장대라 했다.(篙는 뜻을 삿대라고 한다.―원주) 도리어 고(篙)를 봉(篷:배뜸)으로 삼아 그 뜻을 복선(覆船)의 물건으로 여기는 것은 잘못이다.(북쪽 지방에는 대가 없으므로 다 나무로 삿대를 만들기 때문에 삿대가 배를 나아가게 하는 장대가 되는 것을 알지 못한다.―원주)

(86) 선(鐥)

선(鐥:술그릇)이란 술을 되는 그릇으로, 우리 나라에서 만든 글자이다. 지금 군현(郡縣)에서는 술 5잔(盞)을 대접하는 것을 일선(一鐥:한 복자)이라고 말한다.(중국에는 鐥자가 없다.―원주) 우리말로는 대야(大也)라 일컫는 것이다. 관기(盥器:낯 씻는 대야)도 또한 이를 대야(大也)라고 이르는데, 오직 크고 작은 것이 같지 않을 뿐이다. 살펴보건대, 이(匜:술잔·손대야)란 술그릇(酒器)인데 또한 관기(盥器)라고 일컫는다. 그렇다면 선(鐥)자를 버리고 이(匜)자를 따른다고 해도 글을 만드는 데 해치지 않는 같은 글이 될 것이다.

(87) 장군(缶)

부(缶:장군·질장구)란 흙으로 만든 그릇인데 술(酒)이나 장(漿)을 담는다. 진(秦)나라 사람들은 이것을 두드려서 그 음절(音節)로써 노랫가락을 맞춘다고 한다.(지금 풍속으로는 4월 8일에 그릇에 물을 담아놓고 바가지(匏)를 그 위에 띄워 놓고 이를 두드리며 이름하여 擊缶라 한다.―원주) 장고(杖鼓:장구)란 요고(腰鼓:허리에 메고 치는 장구)를 뜻하는 것이지 본래 같은 동아리가 아니다.

우리 나라 풍속에 어린 아이를 가르칠 때 부(缶:장군·질장구)를 장고(杖鼓:장구)라고 말하며, 인상여전(藺相如傳)을 가르칠 때마다 문득 이르기를 "진나라 임금이 장구를 쳤다.(秦王擊杖鼓)"라고 하니, 어찌 잘못됨이 아니리요.

(88) 슬(瑟)

슬(瑟:비파·거문고)이란 거문고(琴) 따위인데, 오직 줄이 몇배나 많아 더러 25줄(絃)을 베풀기도 하고, 또는 50줄(絃)을 베풀기도 한다.
비파(琵琶)란 말 위에서 타는 현악기로 길이는 1자 5치에 지나지 않고, 그 크고 작은 것이 아주 다르다.
우리 나라 풍속에 어린 아이를 가르칠 때 슬(瑟)을 비파(琵琶)라고 하였으니 어찌 잘못이 아니리요.

(89) 금휘(琴徽)

금휘(琴徽:기러기발)란 음절을 고르게 나타나게 하는 패옥(貝玉)이다.(樂書에는 더러 琴暉라고 했다.—원주) 더러 9휘(九徽:아홉 개의 금휘)를 세우기도 하고,(宮의 羽를 羽의 宮으로 만들므로 九徽를 베푼다.—원주) 또는 13휘(十三徽)를 세우기도 하는데,(五音이면 9徽이고, 7音이면 13徽이다.—원주) 여러 줄이 5성(五聲:宮·商·角·徵·羽)의 법도를 구별하기 때문이다. 『한서(漢書)』 양웅전(揚雄傳) 주(註)에 이르기를 "금휘는 드날리고, 두드리거나 뜯고, 짓누르고 하는 곳을 나타내는 것이다."라고 하였고, 혜강(嵆康) 금부(琴賦)에 이르기를 "금휘는 종산(鍾山)의 옥(玉)으로 만든다."라고 했고, 금보(琴譜)에 이르기를 "더러 주패(珠貝)를 써서 만드는데, 밝은 달밤에 취하면 이 명영(明瑩)을 쉽게 볼 수가 있다."고 했다.
우리 나라 현금(玄琴:거문고)은 본디 정금(正琴)이 아니다.(玄琴의 우리말은 黔隱扣(거문고)이다.—원주) 이 거문고에는 등에 휘옥(徽玉)이 없다. 이에 있어서 현(絃)을 휘(徽:금휘)라고 하여 그 어린 아이들을 가르치니, 어찌 잘못이 아니리요.

 현금(玄琴)에는 등에 횡기(橫鰭)의 크고 작은 것 수십 개가 있는데 이를 괘(卦)라고 이름한다. 옛날에는 이런 제도가 없었는데, 지금은 거의 거문고줄 기둥을 아교로 붙여 고정시키고 한 가지 소리만 나게 만든 것(鼓瑟)이다. 교주고슬(膠柱鼓瑟)이란 곧 융통성이 없게 만든 것을 말한다. 사대부의 집에는 하나의 거문고를 두고 있는데, 마땅히 옛날의 제도를 조사하여 괘(卦)를 버리고 기둥을 베풀고 주옥(珠玉)의 금휘(琴徽)를 벌여 세워야 바야흐로 겨우 속됨을 면할 뿐이다.

(90) 퉁소(洞簫)

 퉁소(洞簫)란 긴 대통 위에 구멍을 뚫어 만든 악기로 밑이 없는 물건이다. 『풍속통(風俗通)』에 이르기를 "순(舜)임금이 퉁소를 만들었는데, 그 모양은 어긋나고 봉황새의 날개를 본떠 10개의 구멍이 뚫리고 길이는 2자다."라고 했다. 『박아(博雅)』에 이르기를 "퉁소로 큰 것은 23개 구멍인데 밑(底)이 없고, 작은 것은 16구멍인데 밑이 있다." 하고, 『한서(漢書)』 원제기(元帝紀)에는 "퉁소(洞簫)를 분다." 했고, 여순(如淳)이 주(註)를 달기를 "퉁소는 소(簫)에 밑(底)이 없는 것이다."라고 했다.(洞이란 위아래에 구멍이 뚫린 것을 뜻한다.―원주)
 소식(蘇軾)의 「적벽부(赤壁賦)」에 "퉁소(洞簫)를 불었다."는 말도 또한 이 물건이다.
 우리 나라 사람들은 이를 잘못 인식하고 곧 다섯 구멍이 뚫린 장적(長笛:긴 피리)을 이름하여 퉁소(洞簫)라고 한다. 피리 소리(笛音)는 좀 서글프다. 생각하면 그 "원망하듯 사모하듯(如怨如慕), 우는 듯 호소하듯(如泣如訴)"이라는 말로 동파(東坡)가 들은 것은 실은 이 피리 소리가 아니다.

(91) 경쇠(磬)

 경(磬:경쇠)이란 옥돌(玉石)의 거구(倨句)인 것이다. 지금 절간에서는 모두 소종(小鐘)을 경(磬:우리말로 경쇠라고 말하는데, 襄란 金인 것이다.—원주)이 라고 하는데, 이는 알 수가 없다. 『제서(齊書)』 백관지(百官志)에 "태조(太 祖)가 철경(鐵磬:쇠경쇠)을 만들었다."고 했고, 이기(李頎)의 시에 말하기를 "떨어진 나뭇잎이 금경쇠에 화합했다.(墜葉和金磬)"라 했고, 『운선잡지(雲 仙雜志)』에는 청동경(靑銅磬)이 있다고 했다. 중국에는 본래 금경(金磬)이 있었다. 그러나 그 거구(倨句)의 곡절(曲折)을 두 다리(兩股)에 견주어 본 다면 석경(石磬)과 한가지지 종(鐘)으로서 경쇠(磬)를 만든 것에는 이르지 못한다. 송기(宋祁)의 『송경문필기(宋景文筆記)』에는 이르기를 "지금 중들 이 구리로 만든 구리바리때를 가지고 다니는데, 또한 이름하여 경쇠(磬)라 고 한다." 했으니, 또 반드시 거구(倨句)를 경쇠라 할 것은 아니다.

우리 나라 사람들은 처마 끝에 소발(小鈸)을 달아맨다. 그 모양은 둥글 기가 방울(鐸)과 같고, 바람이 불어 닿게 되면 소리를 내는데, 이를 이름 하여 풍경(風磬)이라고 하나 이 또한 잘못된 말이다.

(92) 각(角)

각(角)이란 군대에서 부는 악기인 것이다. 군서(軍書)에 이르기를 "치우 (蚩尤)가 도깨비를 거느리고 황제(黃帝)와 싸웠는데, 황제는 각(角)을 불어 용(龍)을 울게 하여 이를 막았다."고 했다.

두보(杜甫)의 시에 이르기를 "긴긴 밤에 각의 소리는 슬픔을 스스로 이 야기한다.(永夜角聲悲自語)"라고 했다. 지금 나각(螺角:소라)・목각(木角:軍 書에는 이 이름이 바라(哱囉)라고 하였다.—원주) 소리가 용탁(舂濁)하여 슬픔이 간절하거나 호소하는 것 같은 소리가 없다. 그러므로 우리 나라 사람은 호적(號笛)을 들을 때마다 잘못 인식하여 각(角)이라 하는데, 두시(杜詩)를 상상하며 그 좋은 모양을 감탄하지만 실제로 두보가 들은 것은 곧 이 소 리가 아니다. 호적(號笛)이란 쇄납(瑣吶)이다.(『紀效新書』에 "瑣吶을 분다."고 했다.—원주) 속칭 태평소(太平簫)는 각(角) 종류가 아니다. 『구당서(舊唐書)』 음악지(音樂志)를 살펴보면 이르기를 "서융(西戎)에게 취금(吹金)이란 것이 있는데, 동각(銅角)이 곧 이것이다. 그 길이는 2자이고, 모양은 쇠뿔(牛角)이나 소라껍데기(貝螺)와 같다."고 했다.

사공서(司空曙)의 시에 이르기를 "쌍룡 금각(金角) 소리가 새벽 하늘에 서글프다.(雙龍金角曉天悲)"라고 했는데, 두보가 들은 것도 마땅히 또한 금각(金角)이었기 때문에 슬픔이 절실하였을 것이다. 그런데 우리 나라 군악기에는 금각(金角)이 없으므로 이 소리를 알 수가 없는 것이다.(나팔은 비록 또한 吹金이나 金角의 종류가 아니다.—원주)

(93) 변(弁)

변(弁)이란 주(周)나라 때 모자인 것이다. 작변(爵弁)·피변(皮弁)은 지금 비록 어떤 것인지 자세히 알 수 없지만, 지금 쓰이는 바 제관(祭冠:宗廟 祭官이 쓰는 모자—원주), 조관(朝冠:세상에서 말하는 바 金冠—원주)은 대개 그 남아 있는 제도이다. 『예기』의 주(註)를 조사하니, 매우 서로 먼 것은 아니었다. 그런데 지금 사람들은 느닷없이 중들이 쓰는 바 한번 접어 만든 건(巾)으로 생각하고 이름하여 변(弁:우리말로 '고깔(曲葛)'이라 말한다.—원주)이라고 말하니 어찌 안타깝지 않으리요. 한번 접어 만든 건은 본디 중국 중이 만든 것이 아니라, 우리 나라 중인 서산대사 휴정(休靜)이 비로소 이 건(巾)을 썼는데, 그 꼭대기는 뾰족하고 날카로워 차마 바로 볼 수가 없었다. 그런데 속된 선비들은 이를 잘못 인식하여 변(弁)으로 여기고, 아이들을 가르치는 뜻도 이와 같았다.

지금 사헌부(司憲府)·의금부(義禁府)의 조례(皁隷) 및 군현(郡縣)의 시노(侍奴:우리말로 及唱이라고 한다.—원주)는 다 뾰족한 망건(尖幘)을 쓰고 이름하기를 '철가라(鐵加羅:잘못 전해져 '加來'라 한다.—원주)'라고 했다. 가라(加羅)란 가래(鍬:가래는 또한 우리말로 加羅라 한다.—원주)이다. 가래(鍬)는 자루가 달려 있지 않고 그 모양이 망건과 같으므로 가라(加羅)라고 이름한 것이다. 가라(加羅)와 가야(伽倻)는 소리가 서로 통한다. 그러므로 변진 가라국(弁辰加羅國)도 또한 가야국(伽倻國:곧 金海에 도읍한 首露의 나라다.—

원주) 가라(加羅)는 이미 변진(弁辰)이라 일컬었고, 옛날에는 또 가라(加羅)를 변(弁)이라고 했다.

『후한서(後漢書)』고구려전(高句麗傳)에 이르기를 "그 소가(小加:벼슬 이름이다.—원주)는 절풍(折風)을 썼는데, 그 모양이 변(弁)과 같다."고 했다. (우리 나라 사람들은 스스로 弁과 같다고 한다.—원주) 『남제서(南齊書)』의 동이전(東夷傳)에 이르기를 "일반 사람들은 절풍일량(折風一梁)을 쓰는데 이를 망건이라고 일컫는다."(지금 조례들이 쓰는 바 加羅는 과연 또한 一梁前突이다.—원주)라고 했다.

한 사인(使人)이 서울에 와 있었는데, 중서랑(中書郞) 왕융(王融)이 그를 보고 희롱하여 말하기를 "옷이 알맞지 않는 것은 몸의 재앙이다. 머리 위에 쓰고 있는 것은 곧 어떤 물건이지요?" 하니, 사인이 대답하기를 "이것은 곧 옛날 변진(弁辰)의 유상(遺像:남겨 놓은 물건)입니다."라고 했다.(折風을 상고하면 곧 加羅이다. 그리고 使人이 折風을 弁으로 여겼다면, 우리 나라 사람들은 加羅를 弁으로 여겼다는 것을 살필 수가 있다.—원주)

(94) 삿갓(笠)

입(笠:삿갓)이란 등(簦:우산)인 것이다. 대(竹)를 가지고 이를 만드는데, 자루가 있는 것을 우산이라 하고, 자루가 없는 것을 삿갓(笠)이라 한다.(韻書에 나온다.—원주) 그리고 월(越)나라 민요에 이르기를 "나는 삿갓을 썼는데, 그대는 우산을 메었구나.(我載笠君擔簦)"라고 했다.(『戰國策』에 이르기를 "짚신을 신고 우산을 메었다."고 했다.—원주) 이것이 같겠는가? 자루(柄)가 있는 것은 이를 어깨에 메고 자루가 없는 것은 머리에 썼다는 것이다. 그런데 『시경(詩經)』에 이르기를 "너는 목자가 올 때, 도롱이를 걸치고 우산을 멨구나.(爾牧來思, 何簑何笠)"라고 했는데, 하(何)자의 뜻은 멘다(擔)는 뜻을 말한 것이다.

『좌전(左傳)』에 '입곡(笠轂)'이란 말이 있고, 『좌전』의 주(註)에 말하기를 "병거에는 덮는 것이 없었으므로 변방 사람들이 삿갓을 잡고 바퀴에 의지하여 서서 추위와 더위를 막게 했다."라고 했다. 이 글에 말한 것처럼 "삿갓을 잡았다.(執笠)"면 그것은 자루(柄)가 있는 것임을 알 수 있다. 『세설신어(世說新語)』에 말하기를 "사영운(謝靈運)은 즐겨 굽은 자루의 삿갓을 썼다."라고 했는데, 그렇다면 자루가 있는 것도 또한 삿갓이라 일컬었고, 그 모양은 지금의 우산(雨傘)과 같은 것이다. 그런데 농사짓는 사람들이 점차로 갓(冠)이나 망건을 대신하여 쓰게 되었다. 그러므로 『시경(詩經)』에 이르기를 "저 서울 인사들은 띠풀로 만든 초립에, 검은 베로 만든 관을 쓰고 하늘제를 지내려고 소를 잡는다."라고 했는데, 이는 초립(草笠)을 황관(黃冠)으로 만든 것이다.

『북사(北史)』에 이르기를 "유구 사람(流求人:지금 오끼나와)은 덩굴을 엮어서 삿갓을 만든다."라고 했고, 『지월록(指月錄)』에 이르기를 "중들은 종립(椶笠)을 쓴다."고 했고, 장지화(張志和)의 시에 이르기를 "청약립(靑篛笠)이니, 녹사의(綠簑衣)를 착용한다."라고 했다.(荷葉을 쓰는 것도 또한 荷笠(연잎으로 만든 삿갓)이라고 이름한 것이 여러 시에 보인다.—원주) 이것으로 본다면, 삿갓은 반드시 대(竹)로 만든 것은 아니다. 다만 그 모양과 제도는 위가 뾰족하게 만들어 비를 막았다. 그러므로 기석기(旣夕記)에 이르기를 "볏짚수레에 사립을 덮었다."라 했다.(그 註에 "비를 대비한다."고 했다.—원주) 시소(詩疏)에는 이르기를 "도롱이(蓑)는 비를 막기 위한 것이고, 삿갓은 더위를 막기 위한 것이다."라고 했다.(『管子』에 이르기를 "부채(扇)를 금하고 우산(笠)을 제거하게 했다."고 했다.—원주)

『진서(晉書)』 천문지(天文志)에 이르기를 "하늘의 모양은 삿갓과 같이 중앙은 높고 네 변두리는 낮다."라고 했는데, 이 사실로 보아 그 윗 모양이 뾰족한 것을 알 수 있다.

지금 우리 나라 사람이 말하는 이른바 삿갓이란 대(竹)로 모자(帽)를 만들고, 대를 잘 짜서 처마를 만들고, 가는 베(細布)로 싸고 아교와 옻(膠漆)으로써 굳게 만들었다. 모양은 위가 뾰죽한 것이 아니고, 쓰임도 비를 막는 것이 아니었다.(그 꼭대기는 평평하고 아교와 옻을 칠하여 비를 막을 수가 없었다. 그러므로 비를 만나면 따로 기름종이를 가지고 이것을 덮어씌웠다.—원주)

함부로 이름하여 삿갓이라고 했다. 그런데 시골에서는 본래 삿갓(笠)의 딴 이름을 사립(蓑笠:도롱이와 삿갓)이라고 하는데, 대체로 하나는 도롱이(蓑), 하나는 삿갓(笠), 이것은 원래 두 물건인데, 하나의 물건으로 이름할 수가 있으리요.(陳旅의 시에 이르기를 "산비가 차갑게 高麗笠에 휘뿌린다."고 했다. 그는 또 비를 막는 삿갓을 우리 나라의 물건이라고 했다.—원주)

부모상(喪)을 당한 사람은 따로 상립(喪笠:방갓)을 쓰고 이를 이름하여 방립(方笠)이라고 했다.(그 모양은 둥근 모양으로 연잎과 같은데, 方이라고 말해서는 안 된다.—원주) 금남(錦南) 최보(崔溥)가 우복(憂服:喪服)을 입고 표류(漂流)하여 중국에 이르렀더니, 그 사람들이 처음으로 상립(喪笠:방갓)을 보고 괴이하게 여겨 물으므로 최보는 대답하여 말하기를 "이는 옛날 대립(臺笠)의 남은 모습이다."라고 했다.

(95) 상관(喪冠)

상관(喪冠)을 굴건(屈巾)이라고 이르고, 상복(喪服)을 제복(祭服)이라고 이르는데 또한 고루한 습속이다. 사대부 자제는 입으로는 마땅히 이런 소리가 없었으나 관의 꼭대기를 꺾어서 썼으므로 이름하여 굴건(屈巾)이라고 불렀다. 관은 마땅히 둥글게 굽은 모양을 그대로 쓸 것이지 꺾어서 쓰지 않을 것이다.(농민이나 미천한 사람들은 또 倚廬를 이름하여 祭廳이라고 말하는데 일절 본받아서는 안된다.—원주)

(96) 철릭(帖裏)

철릭(帖裏)이란 군복인 것이다. 『속대전(續大典)』에 말하기를 "당상관(堂上官)은 남색 철릭(藍色帖裏)을 입고, 당하관(堂下官)은 청현색 철릭(靑玄色帖裏)을 입고, 임금이 교외로 행차할 때는 홍색 철릭(紅色帖裏)을 입는다."라고 했는데, 이 글을 보아도 확실하다. 지금 풍속에는 잘못 천익(天翼)으로 생각하기도 하고, 더러 철익(綴翼)이라고 여겨 소차(疏箚)에도 이 말을 쓴다.

철릭(帖裏)의 제도는 상의 하상(上衣下裳)으로 마련되는데(옷에 주름이 있다.—원주) 이는 옛날의 심의(深衣)와 같은 것이다.

(97) 아얌(額掩)

액엄(額掩:아얌)이란 초서(貂鼠:노란가슴담비)로 만든 모자인 것이다. 중국 발음으로 액(額)은 이(耳)와 같이 읽는다.(중국에는 지금 入聲이 없다.—원주) 우리 나라 풍속에선 와전(訛傳)되어 드디어 이엄(耳掩)이라고 만들어 썼다. 『경국대전(經國大典)』에 이르기를 "당상관(堂上官)은 초피 이엄(貂皮耳掩)을 쓰고, 당하관(堂下官)은 서피 이엄(鼠皮耳掩)을 쓴다."고 했는데, 그 연원의 잘못된 것이 이미 오래 되었다. 이에 있어서 조관(朝官)이 착용하는 것은 그 만든 제도가 높고 큰데 이를 이엄(耳掩)이라 말하였고(그 털의 둘레가 높다.—원주) 이서(吏胥)의 착용하는 것은 그 만든 제도가 주위를 둘러쌌는데 이를 아얌(額掩)이라고 했다.(그 털의 둘레가 낮다.—원주) 실은 본래 다 액엄(額掩)이지 이엄(耳掩)이 아니다. 그런데 이 모자는 가히 이마를 덮을(掩額) 수는 있지만 귀를 덮을(掩耳) 수는 없는 것이다.

(98) 휘양(護項)

호항(護項:휘양·휘항)이란 목을 두르는 털망건인 방한구이다. 중국의 음으로는 호(護)를 휘(揮)와 같이 읽는다.(護의 음은 '乎'이다.—원주) 우리 나라에서는 이 말이 와전(訛傳)되어 마침내 휘항(揮項:휘양)으로 만들어 썼다. 고귀한 사람은 담비가죽으로 만든 휘양(貂皮揮項:초피휘양)을 쓰고, 미천한 사람은 족제비가죽으로 만든 휘양(鼠皮揮項:서피휘양)을 쓴다고 하였는데, 그 연원이 잘못됨이 이미 오래 되었다. 이에 무사가 머리에 쓰는 투구를 짓는 것처럼 분명하게 글로 기록되어 있는 것을 호항(護項)이라고 말하고(여러 가지 武書에는 글로 기록되어 있다.—원주) 일반 사람들의 의복으로 입는 것이 분명하게 글로 기록되어 있지 않는 것을 휘항(揮項)이라고 일컬었는데, 실제론 본디 다 호항(護項)이지 휘항(揮項)은 없는 것이다.

(99) 토시(套袖)

투수(套袖:토시)를 토수(吐手)라고 이르는 것은 중국음을 잘못 번역한 것이다.(중국음은 '탄싂'에서 만들어졌다.—원주)

두회(頭盔:투구)를 투구(鬪具)라고 이르는 것은 중국음을 잘못 번역한 것이다.(중국음인 '뚜귀'에서 만들어졌다.—원주)

괘자(掛子:쾌자)를 쾌자(快子)라고 이르는 것은 중국음을 잘못 번역한 것이다.(중국음인 '쾌즈'에서 만들어졌다.—원주)

정자(頂子:증자·전립)를 징자(徵子)라고 이르는 것은 중국음을 잘못 번역한 것이다.(중국음인 '딩즈'에서 만들어졌다.—원주)

탁자(卓子)를 조자(造子)라고 이르는 것은 중국음을 잘못 번역한 것이다.(중국음인 '쟈즈'에서 만들어졌다.—원주)

(100) 감투(䯻頭)

감두(䯻頭:감투)는 잘못 번역되어 감토(甘土)로 되고(중국음은 본디 '감뚜'이다.—원주), 추사(縐紗)는 잘못 번역되어 주사(走紬)로 되고(중국음은 본래 '주사'이다.—원주), 둔견(屯絹)은 잘못 번역되어 동견(佟絹)으로 되고(중국음은 본디 '뚜쪈'이다.—원주), 당건(唐巾:탕건)은 잘못 번역되어 탕건(宕巾)이 되고(중국음은 唐은 '탕'이다.—원주), 목면(木綿:무명)은 잘못 번역되어 무명(武名)이 되고(중국음은 본디 '무면'이다.—원주), 사피(斜皮:장고의 줄을 늦추었다 조였다 할 때 쓰는 가죽 고리)는 잘못 번역되어 서피(黍皮)가 되고(중국음은 본디 '셔삐'인데 지금 鞋工이나 鞍工이 잘못 青黍皮·白黍皮라고 일컫는다.—원주), 포점(舖墊:포진)은 잘못 번역되어 포진(鋪陳)이 되고(중국음은 본디 '푸댠'이다.—원주), 전량(錢糧:전량)은 잘못 번역되어 천량(賤糧)이 되고(중국음은 본디 '쳔량'이다.—원주), 두전(頭錢:두전)은 잘못 번역되어 투전(投牋)이 되고(중국음은 본디 '뚜쪈'이다. 그런데 頭錢이란 돈치기(格錢)이다. 이는 또 馬弔紙

牌의 본명이 아니다.—원주), 도서(圖書:투서·도장)는 잘못 번역되어 투서(套署)가 되고(중국음은 본디 '뚜슈'이다. 지금 세상에서는 나무로 새긴 것은 이를 套署라고 이르고, 돌로 새긴 것은 이를 圖書라고 이른다.—원주), 소공(艄工)은 잘못 번역되어 사공(沙工:뱃사공)이 되고(중국음은 본디 '샤궁'이다.—원주), 조망(罩網:조망·반두)은 잘못 번역되어 조왕(曹旺)이 되고(중국음은 본디 '쟌왕'이다.—원주), 고로(栲栳:고리)는 잘못 번역되어 고니(枯柅)가 되고(중국음은 본디 '과롼'이다.—원주), 조리(笊籬)는 잘못 번역되어 조래(釣來)가 되고(중국음은 본디 '쟌례'이다.—원주), 필률(觱栗:피리)은 잘못 번역되어 피리(皮里)가 되고(중국음은 본디 '피리'이다.—원주), 파려(玻瓈:파리)는 잘못 번역되어 보리(菩里)가 되고(중국음은 본디 '보리'이다. 우리 나라에서는 麥(보리)을 보리라고 말하는 까닭으로 玻瓈眼鏡을 세상에서는 麥鏡(보리안경)이라 이르고, 그것이 이리저리 옮겨지고 잘못 변화하여 이와 같이 되었다.—원주), 법랑(琺瑯)은 잘못 번역되어 파랑(巴琅)이 되고(중국음은 본디 '바랑'이다. 譯書에는 이르기를 "銀에 푸른빛을 칠한 것이다."라고 했다.—원주), 촉서(蜀黍:수수)는 잘못 번역되어 수수(垂穗)가 되고(중국음은 본디 '쑤슈'이다.—원주), 백채(白菜:배추)는 잘못 번역되어 배초(拜草)가 되고(중국음은 본디 '븨채'이다.—원주), 벽어(碧魚)는 잘못 번역되어 비유(蚍腴)가 되고(중국음은 본디 '비유'이다.—원주), 무후채(武侯菜:무우채)는 잘못 번역되어 무우채(無憂菜)가 되었다.(중국음은 본디 '묵후채'이다. 이는 무우(蘿葍)의 별명이다.—원주)

이와 같은 따위는 이루 셀 수가 없다. 이를 말로써 욀 때는 일찍이 잘못됨이 있지 않았으나(다 중국음에 부합되었다.—원주) 이를 번역하여 글을 만들 때는 곧 다른 사물을 만들어 놓았다.(우리 나라의 소리를 따라 글을 만든 때문이다.—원주) 대저 사물 이름의 유전(流傳)은 많이 하인들에게서 나오고, 문자로 번역하여 놓은 것은 다 학사(學士)들이다. 이로 말미암아 말하면, 문물(文物)이 지금 몽매(蒙昧)한 까닭은 다 사대부들의 거칠고 경솔한 허물인 것이다.

(101) 면포(棉布)

면포(棉布:무명)란 대포(大布)인 것이다. 우리 나라 풍속에서는 백목(白木)을 면포(棉布)라고 이르고, 이의 저자를 이름하여 백목전(白木廛)이라 말하고, 세포(稅布)에 이르러서는 전세목(田稅木)이라 말하고, 부포(賦布)를 대동목(大同木)이라 말하고, 승수(升數:승새)가 많은 것은 세목(細木)이라 말하고, 승수가 적은 것은 추목(麤木)이라 말하는데, 이런 사실이 법전(法典)에 실려 있고, 문집(文集)으로 간행되었으니 어찌 소홀하지 않으리요.

연암(燕巖) 박지원(朴趾源)의 『열하일기(熱河日記)』에 이르기를 "삼베(麻)를 짰으면 마땅히 마포(麻布:삼베)라고 말하고, 모시(苧)를 짰으면 저포(苧布:모시)라 말하고, 목화(棉)를 짰으면 면포(棉布:무명)라고 말할 것이다.(살펴보건대 苧布는 바로 마땅히 紵라고 이를 것이지 반드시 布(베)자를 덧붙일 것은 아니다.—원주) 어찌 반드시 삼베(麻) 짜는 집에서만 오로지 포(布:베)로 이름을 만들리요." 했다.

(102) 누비(衲衣)

납의(衲衣:누비)란 기워 꿰매놓은 옷(補綴之衣)이다. 우리 나라 사람은 잘못 번역하여 누비(縷飛:縷緋)라고 한다.(衲衣의 중국음은 '나히'라고 한다.—원주) 역서(譯書)를 살펴보니, 세누비(細縷緋:존누비—원주)를 세납(細衲:잔누비)이라고 말하고, 답질(沓絖:박아 짓다—원주)을 실납(實衲)이라고 말하는데, 원래 처음에는 중들이 해진 옷(破衣)을 기워 이름하기를 누비(衲:납)라고 말했는데, 뒤에 차차 아주 가는 신포(新布:새 베)·신백(新帛)도 또한 모두 누비(衲)라고 했다. 보각선사(寶覺禪師)가 마납(磨衲)을 동파(東坡:蘇軾)에게 주었는데, 이것이 곧 지금의 세납(細衲:가는 누비)인 것이다. 치납(緇衲:검은 누비)·청납(靑衲:푸른 누비)·반납(斑衲:얼룩 누비)·취납(翠衲:초록 누비)·비납(緋衲:붉은 누비)·자납(紫衲:자주 누비)(『魏書』에 "蠕蠕國 사람이 절하고 말씀하자 분부를 내려 緋衲袴褶·紫衲袴褶을 각각 한 벌씩 주었다."고 했다.—원주) 등이 모두 시(詩)나 역사(歷史)에 보이는데, 우리 나라의 시(詩)에는 오직 백납(白衲:흰누비)이란 말만 썼는데, 이 백납이란 일컬음도 옛날 시에는 보이지 않는다.

(103) 봉액(逢掖)

봉액(逢掖:넓은 소매)이란 대각지의(大袼之衣)인 것이다. 봉(逢)이란 크다는 뜻이다. 『예기(禮記)』에 말하기를 "노(魯)나라의 봉액(逢掖)이란 다 유학자들이 좋아한 옷이다."(儒行의 글—원주)라고 했다. 그런데 지금 사람들에게 잘못 전해져서 다 봉액(縫掖)으로 쓰는 것은 잘못이다.

(104) 탑련(搭連)

탑련(搭連:장방형 자루)이란 말 위에 싣는 옷 보따리인 것이다. 이는 양쪽에 마주 실어 서로 연결시켰기 때문에 이름하여 탑련(搭連:양쪽 보따리를 마주 싣는 것—원주)이라고 했다.

우리 나라 사람은 잘못 번역하여 대련(大練)이라 했다.(중국음으로 搭連은 본디 '다련'이다.—원주) 데리고 가는 사람으로 그 음을 가차(假借)하는 사람이 글로 써서 탑련(搭連)을 구하면 사람들이 이에 응하지 않으므로 그 변함에 대응하기 어려웠던 것이다. 지금 통역관들은 널리 중국어 표준말을 많이 익혀야 할 것이다.

(105) 대패(推鉋)

퇴포(推鉋:대패)란 나무를 깎아서 평평하게 만드는 연장이다. 우리 나라 사람들은 잘못 번역하여 대패(大牌)라고 한다.(중국음 推鉋는 본디 '뒤퐈'로서 그 소리가 서로 가깝다.—원주)

대패(鏟子)를 자귀(茨貴)라고 이르고(小斤이다.—원주), 아도(砑刀:인두)를 인도(引刀:인두)라고 이르고(옷을 다리는 도구다.—원주), 은낭(隱囊)을 안석(按席)이라고 이르는데(席을 囊이라고 말하는 것은 이에 의지하기 때문이다.—원주) 이름난 물건에 대해 애매한 것이 다 이와 같았다.

(106) 솥(鼎)

정(鼎:솥)은 음식을 익히는 기구이다. 발이 셋이고 귀가 둘이고 위와 옆에 옥현(玉鉉:옥귀)이 있는데, 여러 가지 맛을 섞는 보배로운 그릇이다. 의례(儀禮) 여러 편을 조사하면 모든 희생 짐승의 여러 가지 뼈는 다 이것을 가마(鑊)에다 삶고 솥(鼎)에다 익혀서 제기(俎)로 옮긴다. 이 때 남은 국물이 솥에 있는데(고기 국물이다.―원주) 여기에 나물을 섞어 국(羹)을 만들므로, 그 그릇은 고귀하고 깨끗한 것이라 기부(錡釜:세발가마) 따위와는 같지 않다.

우리 나라 사람들은 잘못 인식하고 곧 과좌(鍋銼:노구가마) 등을 솥(鼎)이라고 부르고, 밥을 짓고 떡을 찌는 것을 솥(鼎)으로 여긴다. 실로 중국 북경(北京)으로부터 돌아오는 사람이 주(周)나라·한(漢)나라 때의 옛날 솥(古鼎)을 얻어 성대한 빛깔이 찬란하므로 서로 전하여 어루만지고 보배로 삼았는데, 그것은 오히려 자기의 부엌에 본래 이러한 솥이 없음을 깨닫지 못한 것이다.

왕발(王勃)의 시서(詩序)에 "종이 울리고 솥에 밥지어 먹으면 부호로 생각한다.(鍾鳴鼎食, 以爲豪富)" 하여 이를 서로 전하여 외우고 익혔는데, 오히려 자기가 평생 솥에 밥지어 먹지 못함을 깨닫지 못한 것이다. 그리고 편지를 쓸 때나 시를 지을 때도 다 가마(銼)를 솥이라고 함을 모면하지 못하니 어찌 잘못이 아니리요.

현(鉉:솥귀)이란 정(鼎:솥)의 멜대(扃)인 것이다. 멜대는 솥의 양쪽 귀에 꿰어 이를 들어올리는 것이다.(扃이란 鼏과 뜻이 같다.―원주) 세상에서 솥귀라고 함은 또한 잘못이다.

(107) 규(圭)·홀(笏)

규(圭)란 서옥(瑞玉)이다. 홀(笏)은 손에 드는 홀(手版:수판)이다. 두 가지 물건은 대단히 다르다. 본디 같은 동아리가 아닌데 우리 나라 사람들은 잘못 인식하여 규(圭)의 뜻을 홀(笏)이라고 여겼으니 옳으리요. 왕(王)은 진규(鎭圭)를 잡고, 공(公)은 환규(桓圭)를 잡고, 후(侯)는 신규(信圭)를 잡고, 백(伯)은 궁규(躬圭)를 잡는데, 이는 다 옥기(玉器)인 것이다.(『시경』에 이르기를 "白圭의 옥티(玷)를 오히려 갈 만하다."고 했다.―원주)

홀(笏)이란 비망기를 적는 판으로 손에 드는 것이다. 천자(天子)는 구옥(球玉)으로 만들고, 제후(諸侯)는 상아(象牙)로 만들고, 대부(大夫)는 상어의 가죽으로 장식하여 만들고, 선비(士)는 대로 만들었는데, 그 모양과 제도가 같지 않고, 그 쓰임도 각기 다르다. 어찌 이를 뒤섞을 수 있으리요.

(108) 고삐(轡)

비(轡)란 수레 위에서 말을 제어하는 고삐이다. 『시경(詩經)』에 이르기를 "여섯 줄의 말고삐가 거문고 줄과 같다."고 했는데, 이 말은 말고삐가 말머리로부터 말 부리는 사람의 손에 이르기까지 고루 펴져서 거문고 줄과 같다는 것이다.(두 마리 말이 멍에한 첫째 수레가 거듭 가고 있는 가운데, 양쪽에 멍에한 바깥쪽 말이 선두에 서서 좌우에 있다. 그러므로 네 마리 말에 여섯 고삐라고 했는데, 만일 네 마리의 말을 나란히 벌려 세우면 마땅히 여덟 고삐가 될 것이다.―원주)

혁비(革轡:고삐)는 조혁(絛革:고삐)이라 하는데, 우리 나라 말로는 바로 혁(革:우리말로는 혁바라 한다.―원주)이다. 그리고 어린 아이를 가르칠 때는 비(轡:고삐)를 적(靮:고삐)이라고 한다.

적(靮:고삐)이란 말굴레(羈)의 나머지 끈이다. 말에서 내리면 고삐를 잡고 이것을 당기고, 말에 오르면 비(轡:고삐)를 잡고 이것을 당기는 것이니 혼동해서는 안 된다.

『좌전(左傳)』 현인앙반(韅靷鞅靽)의 주(註)에 이르기를(僖王 28년―원주) "등(背)에 있는 것을 현(韅:뱃대끈)이라 말하고(겨드랑이에 띠는 고삐인데 가로 그 배 가운데를 거친다.―원주), 가슴에 있는 것을 인(靷:가슴걸이)이라 말하고

(우리말로 '가슴걸이'라고 이른다.—원주), 배(腹)에 있는 것을 앙(鞅:뱃대끈)이라 하고『說文』에는 鞅을 목끈(頸組)이라고 했다.—원주), 뒤(後)에 있는 것을 반(靽:밀치)이라고 말한다.(우리말로 '뒷밀치'라고 이른다.—원주)"라고 했는데, 각각 글이 남아 있다.

말에 입히는 기구를 첩(鮎:말다래)이라 말하는데, 첩(鮎)이란 섭(鞣)인 것이다. 말의 긴반(緊靽)을 주(鞦:껑거리끈)라고 말한다.(鞦자는 본디 紂자에서 만들어졌다.—원주)

주(鞦)란 추(緧:껑거리끈)인 것이다.(우리말로 '된밀치'라고 이른다. 이는 바로 말 뒤에 입히는 것이다.—원주)

(109) 인(引)

인(引:상여끈)이란 불(紼:관끈)인 것이다. 곧 어구(御柩)의 줄이다. 영구가 빈(殯:빈소)에 있을 때는 불(紼:관끈)이라 하고, 항(埂:길)에 있을 때는 인(引:상여끈)이라 말하는데, 이는 관을 이끌어서 광(壙:무덤) 안으로 나아가는 것을 일컫는다.

어리석은 선비와 위문하는 사람들이 계인(啓引:관을 끌고 떠나는 것)을 더러 발인(發靷)으로 여기는데 잘못이다. 인(靷:가슴걸이)이란 말의 가슴에 거는 가죽끈이다.

(110) 함(銜)

함(銜:재갈)이란 말의 입에 물리는 재갈이다. 또 함(銜)이란 벼슬 품계이다. 세상에서는 이 함(銜)자를 함(啣)으로 쓰기도 하고, 또는 함(啣·嗡)으로 쓰기도 하는데, 이들은 모두 그릇되고 잘못된 것이니 써서는 안 될 것이다.

속된 선비들은 이 사실을 조사하지 않고 관함(官銜)이면 함(啣)으로 만들고,(이른바 具啣·單啣이라 하고 있다.—원주) 마겸(馬箝:말재갈)이면 함(銜)으로 만들어 쓰고 있다. 옛날에 한 홍문관의 아전이 관함(官銜)이라고 쓰므로, 이를 본 학사(學士)가 꾸짖으며 함(啣)이라고 고쳐 쓰게 하니, 아전이 머리를 숙이면서 이를 고쳐 썼다고 한다.

(111) 임(任)

임(任:짐)이란 담(擔:짐)인 것이다. 곧 사람이 부담하는 것이다. 『주역(周易)』에 이르기를 "힘은 작으면서 짐은 무겁다."(鼎九四—원주)라고 했다.

『논어(論語)』에는 이르기를 "짐은 무겁고 길은 멀다."라고 하고, 『맹자(孟子)』에는 이르기를 "짐을 챙겨 가지고 장차 돌아가려 한다."라고 했다. 이런 내용은 다 짐을 지는 것을 이르는 것이다.

우리 나라 말에는 임(任:짐)을 변화시켜 짐(朕)으로 만들고(끝소리가 서로 가깝다.—원주) 짐(朕)을 점(占)으로 만들고(첫소리가 또 서로 가깝다.—원주) 점(占)을 복(卜:점)으로 만들었다.(우리 나라 말은 卜을 점이라고 말한다.—원주) 이에 1부(一負:한 짐)를 1복(一卜)이라고 말하고, 2부(二負:두 짐)를 2복(二卜)이라고 말한다.(田籍의 예—원주) 치중(輜重)의 태마(駄馬:짐 실은 말)를 복마(卜馬)라 말하고, 행장에 마련해 실은 물건을 복물(卜物)이라 하고, 짐이 무거운 것을 복중(卜重)이라 하고, 관아의 짐(官駄)을 관복(官卜)이라 하고, 사사로이 꾸린 짐을 사복(私卜)이라 한다. 서계(書啓)에도 이런 말을 썼고, 법전(法典)에도 이런 말을 실어 놓았다.

(112) 유사(遺事)

유사(遺事:빠져 있는 일)란 일사(逸事:널리 세상에 알려지지 않은 일)인 것이다. 이는 역사가의 기록에서 그것이 유일(遺逸)되어 문장으로 나타나지 않은 것을 우리가 표발(表發)하게 하는 것을 말한다. 유종원(柳宗元)이 지은 「단태위일사장(段太尉逸事狀)」 끝에 이르기를 "지금 태위(太尉)를 일컬어 큰 절개 있는 사람이라고 하는 것은 무인(武人)으로서 한때 분발하여 죽음을 생각하지 않은 때문이겠다. 그러나 태위(太尉)의 곧게 세운 마음을 알지 못하는 것이 이와 같다. 종원(宗元)은 일찍이 기주(岐周) 지방을 출입하면서 가만히 노교(老校)와 퇴졸(退卒:물러난 군사)에게 묻기를 좋아하고 그 일을 잘 이야기했는데, 회주자사(會州刺史)인 최공(崔公)이 와서 태위(太尉)의 유사(遺事)를 갖추어 얻을 수 있었고, 여러 차례 교정하여 의심할 것이 없고, 더러 잃어버리거나 빠뜨리고 없어져 모으지 못할까 두려워했다."라고 했다. 태사씨(太史氏)는 감히 이 단태위일사장(段太尉逸事狀)을 집사(執事)에게 주었다.(글의 내용은 다만 이것뿐이다.—원주) 유사(遺事)의 뜻은 이에서도 분명한 것이다. 개원유사(開元遺事)란 개원(開元) 시대의 일사(逸事)이고, 천보유사(天寶遺事)란 천보(天寶) 시대의 일사(逸事)인 것이다.

지금 사람들은 잘못 유사(遺事)를 옛날의 일처럼 인식하여 일생의 자취를 갖추어 기록하고, 아울러 그 조상 대대로 벼슬한 사실을 자세히 싣지 않음이 없고, 이를 이름하여 유사(遺事)라 말하는데, 이는 행장(行狀)이나 묘지(墓誌) 이외에 따로 한 이름이니 잘못이다.

(113) 패자(牌子)

패자(牌子)란 군령(軍令)의 글을 전하는 것이다. 군중에는 본디 방패(防牌)가 있어 그 바깥면에는 인수(人獸)의 낯을 그려 새겼는데, 대장(大將)은 문첩(文帖)을 여러 군교와 고을에 전령(傳令)할 때 지탑패면(紙搨牌面) 밑에 군령(軍令)을 써서 위신을 보였다. 옛날 임진왜란 때 명(明)나라 군사가 우리 나라로 나올 때 이제독(李提督:이름은 如松—원주)이나 양경리(楊經理:이름은 鎬—원주)도 일찍이 패자(牌子)를 사용하여 전령(傳令)했다. 당시 군교(軍校)의 집에 아직 패자를 전해 오는 것이 있다.

우리 나라 속된 선비들은 패자를 잘못 인식하고, 무릇 지체가 높은 사람이 글을 미천한 사람에게 내리는 것을 곧 패자(牌子)라고 이름하고, 작은 종이조각에 변변찮은 말을 쓴 것도 이름하여 패자(牌子)라 말하며, 이서(吏胥)에게 부치고 노복에게 부치니, 어찌 부끄럽지 않으리요.

그런데 또 패자(牌子)를 또한 패지(牌旨)라고 이르는데, 일찍이 역서(譯

書)를 보니, 오직 황제(皇帝)의 명령을 황지(皇旨)·조지(詔旨)라고 일컬었으니, 보통 사람은 지(旨)자를 참칭할 수 있는 것이 아니다. 일본(日本)의 풍속에는 무릇 서로 공경하는 곳을 전(殿)이라고 일컬었는데 어떻게 이것과 다르리요.

(114) 구(句)

구(句)란 글이 그친 곳이다. 중국의 시율 7언시는 일곱 글자를 1구(句)로 만들고, 5언시는 다섯 글자를 1구(句)로 만드는 것인데, 4운(韻)이면 8구(句)인 것이다.

우리 나라는 시를 지을 때마다 1련(聯)을 원앙대쌍행서(鴛鴦隊雙行書)로 만들었다.(중국에는 이런 법이 없다.—원주) 이에 있어서 1련(聯)을 1구(句)로 만들어, 4운(韻)을 4구(句)라고 말하고, 10운(韻)을 10구(句)라고 말하는데 이는 큰 잘못이다.

(115) 고풍(古風)

고풍(古風)이란 이백(李白)의 고시(古詩) 59수(首)의 한 이름이다.

우리 나라 사람들은 아이들이 시구(詩句)를 익힐 때 능히 협운(叶韻)하지 못한 것을 이름하여 고풍(古風)이라고 하고, 그 오언단편(五言短篇)을 소고풍(小古風)이라 이르고, 그 칠언장편(七言長篇)을 대고풍(大古風)이라고 일컬어 엄연히 문체(文體)의 하나로 만들었는데, 또한 나쁜 습속이다.

중국에서는 비록 아이들이 말을 배울 때라도 옛날부터 운(韻)에 맞지 않는 시(詩)가 없다. 그러므로 짧은 노래와 비루한 상말이나 자질구레한 말이나 문구에도 일찍이 운(韻)에 맞지 않음이 없다.(寧爵·毋刁는 二字의 叶韻이고, 潁水濁·灌氏族은 三字句의 협운이다.—원주) 오직 불교의 게어(偈語)인 오언시(五言詩)와 같은 것은 협운(叶韻)이 아니므로, 이를 이름하여 가타(伽陀)의 글(詞)이라고 말한다.

(116) 풍월(風月)

시사(詩詞)를 풍월(風月)이라고 이르는데, 또한 아순(雅馴:바르게 길들여진 말)이 아니다. 김안국(金安國)이 강원도사(江原都事)에게 준 시(詩)에 말하기를

영랑의 풍월이 3천 수이고,
담무갈보살의 연기와 구름이 일만 봉우릴세.
　永郞風月三千首, 無竭烟雲一萬峰.

라고 했다. 이는 대개 본디 구양수(歐陽脩)가 왕개보(王介甫)에게 준 시에 이르기를

한림의 풍월이 3천 수이고,
이부의 문장은 200년이다.
　翰林風月三千首, 吏部文章二百年.

라고 하였다. 또 김유내한(金劉內翰)이 지은 자고천사(鷓鴣天詞)에 이르기를

한림의 풍월 3천 수를,
오희(吳姬)에게 부쳐주니 눈물을 참으면서 보는구나.
　翰林風月三千首, 寄與吳姬忍淚看.

라고 했는데, 이를 근거하지 않음이 없다. 『노학암필기(老學菴筆記)』에 실린 여본중(呂本中)의 시에 이르기를

좋은 시는 바로 아름다운 풍월과 같아서,

풀어 감상하니 자기가 평범하지 않음을 알겠구나.
　　好詩正似佳風月, 解賞能知己不凡.

라고 했다. 이 시는 우리 나라에서 말하는 첩상어(疊牀語)가 되는데, 두 시가 아니니 어찌 서로 비슷할 수가 있겠는가.

(117) 여문(儷文)・협률(叶律)

여문(儷文:騈儷文)・협률(叶律:韻律)이란 세상에서 율표(律表:律文)라고 말하는 것인데 또한 거친 말이다. 여문(儷文)은 「등왕각시서(滕王閣詩序)」와 「건원전송(乾元殿頌)」으로부터 아래로 구양수・소식・왕조(汪藻)・유극장(劉克莊) 등의 여러 문장가에 이르기까지 모든 하표(賀表)・사표(謝表)에 자자(字字:句마다 疊字가 있는 글)가 아닌 것이 없다.

협률(叶律:韻律)은 주자(朱子)가 조회(藻繪)하지 않고 스스로 사표(謝表)를 이룸하였으나 오히려 삼가 격률(格律)을 지켰다. 명(明)나라・청(淸)나라의 모든 작품과 신라(新羅:崔致遠—원주), 고려(崔滋・金坵—원주), 조선 초의 여러 문장가에 이르기까지 다 그러하지 않음이 없었다. 그런데 조선 중기로부터 여율(儷律)이 크게 무너져버려 오직 상하구가 끊어지는 곳에 평측(平仄)이 서로 사이하게 되었으나, 자자(字字) 협률(叶律)의 법칙을 물어볼 데가 없다. 이에 있어서 문단의 큰 솜씨를 지닌 분이 특별히 고격(古格)을 좋아서 이름하여 율표(律表)라고 말했다. 임소암(任疎菴:그 이름은 叔英—원주)이 지은 유사천시(遊斜川詩)의 서문이나(斜川은 五峯 李好閔의 산장이다.—원주), 이송곡(李松谷:이름은 瑞雨—원주)이 지은 「송형가입진(送荊軻入秦)」의 서문(남을 대신해서 지었다.—원주)은 다 율표(律表)라 이른다. 그리고 과장(科場) 표전(表箋)과 번신 하전(藩臣賀箋) 및 연경 하전(燕京賀箋)은 다 협률(叶律)이 아니라서 천하에 모욕을 당하고, 후세에 웃음거리를 끼쳐놓았으니 바야흐로 어떻게 하리요. 일찍이 유구국 하정표(流求國賀正表)를 보니 오히려 자자협률(字字叶律)이 격조에 맞는데, 일찍 이와 같이 만들지 않았으니 이를 어떻다고 말하리요.

(118) 『시전(詩傳)』『서전(書傳)』

『시전(詩傳)』이란 풍·아·송(風雅頌)의 전주(傳註)이다. 모씨전(毛氏傳)·주자집전(朱子集傳)도 또한 각각 같지 않다.

『서전(書傳)』이란 『상서(尙書)』의 전주(傳註)이다. 공씨전(孔氏傳)과 채씨집전(蔡氏集傳)도 또한 각기 같지 않다. 지금의 어둑한 선비들은 바로 경문(經文:詩經·書經)을 가리켜 시전(詩傳)·서전(書傳)이라 이르고, 심하면 시전대문(詩傳大文)·서전대문(書傳大文)이라고 말하는데, 이 또한 잘못이다. 옛날 어떤 사람이 우스갯말을 만들어『시경』『서경』의 명칭을 시전(詩傳)·서전(書傳)이라고 일컬었는데, 이는 오히려 수달(水獺)의 명칭을 수달피(水獺皮:그 가죽을 쓰는 까닭으로 전신을 그 이름으로 덮어씌웠다.―원주)라 하고, 시칠(豺漆)의 명칭을 오가피(五加皮:이름이 없으면 五加라고 이른다.―원주)라고 하는 것 같은 것은, 그 말이 비록 방정맞더라도 속된 점을 찌르는 말이라 할 수 있다.

(119) 『사기(史記)』『통감(通鑑)』

『사기(史記)』는 비록 비평함이 없더라도 이를 호칭하여 사기평림(史記評林:評林은 평론 곧 비평한 글을 모아서 실은 책)이라고 말하고(우리 나라에서 각판한 것은 평림이 아니다.―원주) 『통감(通鑑)』은 비록 절요(節要)라 하더라도 『통감(通鑑)』이라 부르고(우리 나라 아이들이 읽는 것은 다 江贄의 『通鑑節要』이다.―원주) 『삼국지연의(三國志衍義)』의 이야기를 실제의 역사라 생각하여 『삼국지(三國志)』라고 말하고, 진수(陳壽)의 정사(正史)를 듣고도 기서(奇書)로 지목하는데, 이는 다 더러운 풍습인 것이다.

(120) 반절(反切)

반절(反切)이란 번절(飜切)인 것이다.(反의 음은 '번(飜)'이다.―원주) 훈민정음(訓民正音)의 자모(字母) 1행(行:한 줄), 중성(中聲) 14행(行)을 한 종이(一紙)에 쓰고 이름하여 반절(反切)이라 말하고, 자음(字音)이라고 이르는데, 반절(反切)은 바로 한 글자(一字)의 음을 밝히는 것이다. 그런데 지금 사람들은 잘못 전하여 반절(半截)로 삼아 종이를 반으로 자른 것을 말하니 옳으리요. 이런 글을 기록하는 것도 잘못이라 하겠다.

(121) 도목(都目)

도목(都目)이란 백관(百官)의 공적을 조사한 도록(都錄)인 것이다. 지금 6월과 12월에 관직에 있는 햇수를 따라서 품계나 벼슬을 올리는 문서를 도목(都目)이라고 이르는데 이는 잘못이다.

고려의 제도를 살펴보면, 6월을 권무(權務)라 이르고, 12월을 대정(大政)이라 일러 이부(吏部)·병부(兵部)에서 무릇 9품 이상과 부위(府衛)·대정(隊正)·부사(府史)·서도(胥徒)를 나누어 맡아 가지고 모두 그 연월을 적고 그 공적과 과실을 기록했다가, 늘상 연말에 벼슬을 올려주기도 하고 내치기도 하는데 이를 도목(都目)이라고 일컬었다.

이제현(李齊賢)의 상소에 이르기를 "고공사(考功司)를 설치하여 그 공적과 과실을 기록하고, 그가 인재인가 아닌가를 논하여 해마다 6월과 12월에 도목고정안(都目考政案)을 받아 가지고 출척(黜陟)의 법을 쓰소서."라고 했다. 그런데 지금 주의(注擬)하는 문서를 이름하여 도목(都目)이라고 말하는데 잘못이다.

(122) 향소(鄕所)

향소(鄕所:留鄕所)란 경소(京所)의 대칭(對稱)이다. 지금은 경소(京所)가 없는데 다만 향소(鄕所)를 일컬음은 뜻이 없는 것이다. 조선 초기의 제도는 하나의 고을마다 그 고을 사람으로서 서울에서 벼슬한 사람을 가려 이름하여 경소(京所)라고 말하고, 무릇 그 고을의 일을 맡아서 다스리고 매만져 보호했다. 또 고을 사람으로 재능과 명망이 있는 사람을 가려 이름하여 향소(鄕所)라고 말하고, 그로 하여금 향소에 있으면서 정사를 돕게 했다.(京所의 이름은 『眉菴日記』에 보인다.―원주) 『하담일록(荷潭日錄)』에 이르기를 "세종대왕(世宗大王)은 충녕대군(忠寧大君) 때 함흥경재소(咸興京在所)를 맡았다."고 했다. 또 『송와잡설(松窩雜說)』에 이르기를 "동래(東萊) 수령이 바야흐로 향소(鄕所)를 처벌하려 하다가 경소(京所)로 이관하고, 그 소임을 교체하기를 요청했다. 이 때 문익공(文翼公:鄭光弼―원주)이 경소당상(京所堂上)이 되었다."라고 했다.

(123) 귀향(歸鄕)

귀향(歸鄕)이란 고려의 법률 이름이다. 지금 이른바 전리(田里)로 추방하여 돌려보내는 것이다.(지금의 歸田이란 마음대로 향리에서 사는 것으로 정하여진 한 곳이 아닌데, 귀향이란 그 本貫(고향)으로 돌아가서 이동할 수 없는 것이다.―원주)

지금 도배·유배·찬배·안치를 통틀어 귀향(歸鄕)이라고 일컫는 것은 잘못이다. 『고려사(高麗史)』 형법지(刑法志)에 이르기를 "관리(官吏)로서 재물을 받아 법을 어긴 사람은 도형·장형은 물론이고 그 직전(職田)을 거두고 귀향(歸鄕)을 보내고, 중(僧)으로 절간의 곡식을 훔치면 귀향시키고, 관아의 물건을 무역하는 사람은 귀향을 제외하고 법률에 의거하여 죄를 과한다."고 했고, 또 이르기를 "판진인(判鎭人)으로서 귀죄(歸罪)를 위반한 사람은 그대로 본처(本處)에 유배(留配)한다."고 했다.(관노비·사노비가 良人의 아들을 불러 꾀어서 매매한 사람은 귀향 보내고, 女人으로서 두 번 위반하면 귀향 보낸다.―원주) 그 법률은 태장(笞杖)의 위에 있고, 도형과 유형의 밑에 있다.

(124) 기인(其人)

기인(其人)이란 향리(鄕吏)로서 경저(京邸)에서 일하는 사람인 것이다.

지금 사람들이 생각하기를, 조선 초기에 종실 귀인(宗室貴人)이 공물(貢物)을 방납(防納)해도 감히 물리치는 말을 하지 않는 것을 기인(其人)이라고 말하는데 이는 잘못이다. 우리 나라 역사에 이르기를 "신라(新羅)·고려(高麗) 시대는 향리(鄕吏)의 자제를 인질로 삼아 서울로 보내 그 시골에 관한 여러 가지 일의 고문(顧問)으로 있었는데, 이를 기인(其人)이라고 일렀다."라고 했다.

조선에 이르러서는 그 일은 다르지만 그 이름만은 남고, 이에 임명된 사람은 이익이 두터웠고, 바치는 것은 땔나무와 숯 따위였다. 지금 기인(其人)의 정원은 326명이고, 사람마다 주는 쌀이 110석(石)이니 해마다 쌀 35,000석(石)을 실어 보내는 것이다.

(125) 양반(兩班)

양반(兩班)이란 동서 이반(東西二班)을 말하는데, 고려의 이른바 문반(文班)·호반(虎班:武班)이 이것이다.(고려 때는 武宗의 이름자를 피하여 武班을 虎班이라고 했는데, 지금 아직도 그 이름을 따라 쓰고 있다.—원주)

사대부(士大夫)란 당하관(堂下官:『周禮』에 上士·中士·下士가 있다.—원주)과 당상관(堂上官)의 명칭이다.

우리 나라 귀족(貴族)은 백도(白徒)로 아무것도 이룬 것이 없으면서 오히려 양반(兩班)이라 일컫고, 낮은 관직을 누리지 못하고서도 오히려 사대부(士大夫)라고 일컬으니, 이름과 실제가 마땅하지 않은 것이다.

세상에서 말하기를, 귀족(貴族)을 한골양반(韓骨兩班)이라고 말하는데, 한골(韓骨)이란 제일골(第一骨)이다. 『남사(南史)』에 일컫기를, 신라(新羅)의 풍속은 그 대대로 이어온 혈통을 귀하게 여겨 왕족(王族)을 제일골(第一骨)이라 말하고, 후족(后族)을 제이골(第二骨)이라고 말한다. 그렇다면 조선 왕실의 파계 이외는 다 제일골(第一骨)이 아니다.

(126) 생원(生員)

생원(生員:小科 終場의 經義 시험에 합격한 사람)이란 학생(學生)으로 정원 안에 든 사람을 말한다. 우리 나라의 법에 시부(詩賦)로 태학(庠:國學)에 들어갈 수 있는 시험에 오른 사람을 진사(進士)라 하고, 경의(經義)로 태학에 들어갈 수 있는 시험에 오른 사람을 생원(生員)이라고 한다.(공적인 합격이면 그렇거니와 사사로운 말로 다 진사라고 일컫고, 白徒도 곧 생원이라고 일컫는데 이는 이름과 실제가 법에 준하지 않은 것이다.—원주) 그 사람이 백도(白徒)면 생(生)이니 유학(幼學:벼슬하지 않은 儒生)이라고 말할 것이다.(비록 80세가 된 사람이라도 유학이라고 일컬음은 같다.—원주) 그리고 그런 사람이 죽으면 학생(學生:생전에 벼슬하지 못하고 죽은 사람의 명정이나 신주에 쓰는 존칭)이라고 말한다.(학생은 科場에서 封彌하는 제도다.—원주)

또 자녀가 아직 성례하지 않은 사람을 서방(書房)이라 말하고, 자녀가 이미 혼인하면 생원(生員)이라고 말하는데(사사로운 말로 칭하는 것을 이른다.—원주) 다 대단히 뜻이 없는 예로, 무슨 까닭으로 그렇게 됐는지 알지 못하겠다.

지금 역서(譯書)를 조사하니 향거(鄕擧)하는 사람을 거인(擧人:혹은 鄕試 합격자를 말한다.—원주)이라 말하고, 응시(應試)하는 사람을 동생(童生)이라 말하고, 합격한 사람을 생원(生員)이라 말하고, 증입(增入)한 사람을 증생(增生)이라 말하고, 식름(食廩)을 늠생(廩生:秀才食廩者—원주)이라 말하고, 부방(副榜)에 들어간 사람을 공생(貢生)이라 말하고, 회시(會試)에 합격한 사람을 진사(進士)라 말하고, 전시(殿試)를 거치지 않은 사람을 공생(貢生)이라 말한다.(顧炎武의 生員論에는 또 모든 擧人을 통틀어 生員이라 일컬었다.—원주)

(127) 추고(推考)

추고(推考)란 추복(推覆)하여 조사하는 것이다. 이를 문비자(問備者)라고 이른다. 대관(臺官)은 문난(問難)해야 하고, 피의자(被者)는 비열(備列)해야 한다. 명(明)나라의 제도에 게첩문난(揭帖問難)이라는 말이 있는데,

곧 관사(官師)가 상규(相規)한다는 뜻이다.(揭帖이라는 말은 여러 문집에 보인다.—원주)

우리 나라 문비(問備)의 법은 모든 벼슬아치가 무릇 차실(差失:差誤)이 있을 때 대관(臺官)은 반드시 서독(書牘)으로써 문난(問難)하는데, 이를 함사(緘辭)라고 말하고, 피의자도 또한 서독(書牘)으로써 비열(備列:備列은 그 사정을 갖추어 진술하는 것.—원주)하고 더러 굴복(屈伏)하는 뜻을 보이기도 하고 또는 스스로 드러내 밝히기도 하는데, 이를 함답(緘答)이라고 말한다.(『星湖僿說』에 나온다.—원주) 이를 추고(推考)라고 이르는데, 지금은 이른바 추고(推考)란 적절치 못한 말일 따름이다. 그 무거운 사람에 대해서는 특별히 함사추고(緘辭推考)라는 것이 있었는데(옛날의 예와 같다.—원주) 그 실제론 추고(推考)는 반드시 함사(緘辭)로 하였다. 함사가 아니면 추고(推考)가 아니다.

(128) 욕(辱)

욕(辱)이란 부끄러움이고 굴욕이다. 우리 나라 풍속은 더러운 말로써 꾸짖는 것을 이름하여 욕(辱)이라고 말한다. 인상여전(藺相如傳)을 가르치면서 매양 이르기를 "염파(廉頗)는 반드시 더러운 말로써 상여(相如)를 꾸짖었다."라고 말했다.(내가 상여전을 보니 반드시 욕을 하였다는 사람의 말은 꼭 상여로 하여금 굴욕을 느끼고 부끄러워하게 하였다.—원주) 그리고 평원군전(平原君傳)을 가르치면서 늘상 이르기를 "백기(白起)는 더러운 말로써 초(楚)나라의 선왕(先王)을 꾸짖었다."라고 했으니, 어찌 잘못이 아니리요.

(129) 태장(笞杖)

태장(笞杖:笞刑과 杖刑)이란 두 가지의 형구(刑具)인 것이다. 태(笞)는 어리석은 사람을 가르치기 위함이고, 장(杖)은 악한 행실을 징계하기 위함이다. 그러므로 태(笞)는 매 50대를 때리고, 장(杖)은 곤장 60대로부터 100대에 이르렀다.

우리 나라에서는 곧 태장(笞杖)을 한 가지 형벌로 생각하고, 좀 차이가 있으면 따로 신장(訊杖)으로 만들어 상형(上刑)으로 생각하는데, 이는 옛 날과 다른 것이다.(『高麗史』 刑法志에는 脊杖·臀杖·笞杖의 형구는 다 같은 형체로 둥근 모양인데, 다만 크고 작은 차이가 있다.—원주)

(130) 기추(箕帚)

기추(箕帚)란 비첩(婢妾)들이 하는 일이다. 기(箕:키)는 두 가지 모양이 있는데 하나는 곧 까불러 겨를 없애는 도구이고, 하나는 곧 승진(承塵)하는 물건이다. 『예기』 곡례(曲禮)에 이르기를 "어른을 위하여 소제하는 예절은 반드시 쓰레받기를 들고 비질을 한다."라고 했다.(少儀에 이르기를 "키를 잡고 키바닥에 응한다."라고 했다.—원주) 이미 키(箕)가 비(帚)와 연결된 글이면 키(箕)는 곧 승진(承塵)하는 키(箕)로 건즐(巾櫛)과 같은 따위가 되는 것이다. 지금 사람들이 더러 파강(簸糠)으로 만드는 말은 그릇된 것이다.

(131) 대자(帶子)

대자(帶子)란 허리를 묶는 띠의 중국말이다. 대자(帶子)는 으레 조순(組紃)을 써서 이를 만든다.(두 가지 실을 꼬아 줄을 만들어서 짠다.—원주) 우리 나라 말은 잘못 번역되어 곧 조순(組紃)을 대자(帶子)로 여기고(帶子는 우리말로 '대ᄌ'라고 말한다.—원주) 그 허리에 묶는 조(組:땋은 실)를 대자요대(帶子腰帶:대ᄌ허리띄—원주)라고 말하니 이야기거리가 되지 않는다.

(132) 공연(公然)

공연(公然)이란 공공연(公共然)하여 부끄러움이 없는 것이다. 악한 일을 많은 사람들이 보는 가운데에서 행하는 것을 공연(公然)이라고 이른다. 두보(杜甫)의 시에 말하기를 "공연히 띠풀을 안고 대밭으로 들어가버렸다.(公然抱茅入竹去)"라고 한 것으로 보아도 그 뜻을 알 수 있다. 공연히 비방과 무고를 마음대로 하고(公肆詆誣), 공연히 겁탈과 약탈을 마음대로 행한다(公行劫掠)는 것도 다 이 뜻이다.

　우리 나라 말은 공로가 없으면서 상을 바라는 것을 공연히 이를 바란다 하고, 값없이 주기를 청구하는 것을 공연히 이를 찾는다고 하는데, 이는 본뜻이 아닌 말이다.

■ 제3권

(133) 태묘(太廟)

태묘(太廟:宗廟)란 태조(太祖)의 사당인 것이다. 옛날에는 한 임금이 하나의 사당이었으나 후세에 같은 사당에 다른 방을 만들어 모셨다. 태묘의 이름은 오늘날 들어맞지 않았으므로 다만 마땅히 종묘(宗廟)라고 이르는 것이다. 공자(孔子)가 태묘(太廟)에 들어가서 모든 일을 물었다는 것은 곧 주공묘(周公廟)에 들어간 것뿐이다.(『集解』에 일렀다.―원주)

(134) 시동(尸童)

시(尸:시동)는 신상(神相:신의 모양)인 것이다. 『예기』에 말하기를 "군시변면(君尸弁冕)을 하고 나온다."라고 했는데, 변면(弁冕)은 동자(童子)의 의복이 아니다.

『예기』에 이르기를 "무릇 무덤에 제사를 지낼 때는 총인(冢人)이 시동(尸)이 된다."라고 했는데, 총인은 동자가 하는 벼슬이 아닌 것이다. 삼례(三禮)를 두루 살펴보아도 동자(童子)를 시(尸)로 만들었다는 말은 없다.

그러나 우리 나라의 말에 시(尸)를 늘상 시동(尸童)이라고 말하는데, 생각건대 무슨 까닭일지. 공자는 말하기를 "시동(尸童)은 반드시 손자(孫)로 삼을 것이다. 손자가 어리면 사람을 시켜 그를 안고 있게 할 것이다."라고 했는데(이는 曾子의 물음에 한 대답이다.―원주) 반드시 잘못된 근거는 이 글의 시(尸)를 시동(尸童)으로 만든 때문이다. 시(尸)라고 하는 한 글자의 칭호가 불편하면 이를 황시(皇尸)라고 이르는 것이 옳을 것이다.

(135) 태복(太僕)

태복(太僕)이란 왕명을 내고 들이는 직책이다. 말을 관장하는 벼슬은 본디 태어(太馭)인데, 지금은 임금이 타는 말을 관장하는 사람을 태복(太僕)이라고 하니 또한 옛날의 제도가 아닌 것이다. 『주례(周禮)』를 살펴보니 "태복(太僕)은 왕의 의복과 자리를 바로잡고(그 옷을 바로잡고, 또 그 서 있는 자리를 바로잡는 일―원주) 왕의 큰 명령을 내고 들이는 일을 관장하고(舜임금이 충고하는 말을 받아들이는 것과 같다.―원주) 제후(諸侯)의 복역(復逆: 정현은 奏事라고 일렀다.―원주)과 노고(路鼓)를 세워 원통함을 들추어내고 사람을 기다리는 일(원통한 일이 있으면 북을 친다.―원주)을 관장한다."라고 했다. 오히려 제사(祭祀)·빈객(賓客)·상기(喪紀)·군려(軍旅)·연음(燕飮)·조회(朝會) 등 여러 가지 일을 관장하는 것이었지, 왕의 거마(車馬)에 관한 일을 관장하는 것이 아니다.

태어(太馭)는 임금의 수레를 다스리고 임금이 등산할 때 고삐(轡)를 받고, 굴대(軌)에 제사하고, 고삐를 잡고, 방울(鸞)을 울리는 절차를 하는데, 사복시(司僕寺)는 참으로 옛날 태어(太馭)의 직책이다. 그러나 한(漢)나라·당(唐)나라 이래로 이어온 잘못이 이미 오래 되었으므로 다투어 논란할 수 없는 것이다.

(136) 선마(洗馬)

선마(洗馬)란 옛날 선마(先馬)의 벼슬이다. 선(洗)자의 음은 선(銑)이 마땅한데, 지금 '세'로 읽는 것은 잘못이다.

『한비자(韓非子)』에 이르기를 "월왕(越王) 구천(句踐)이 오왕(吳王)의 선마(洗馬)가 되었다."라고 했다.(『淮南子』에 이르기를 "오나라 군사의 先馬가 되어 달렸다."고 했는데, 洗馬는 곧 先馬이다.―원주) 『순자(荀子)』에 이르기를 "천자(天子)가 문을 나서면 제후(諸侯)는 선마(先馬)이다."라고 했다. 『한서(漢書)』 백관표(百官表)에 "태자(太子)·태부(太傅)·소부(少傅)가 있고, 딸린 벼슬로 선마(先馬)가 있다."고 했다.(張晏이 이르기를 "先馬의 정원은 16명이다. 先은 더러 洗이라고도 한다."라고 했다.―원주)

고정림(顧亭林)이 이르기를 "선마(洗馬)란 말 앞에서 인도하는 사람을 말한다."라고 했다.(太史公은 "牛馬가 달린다."고 썼는데, 어떤 사람은 말하기를 牛자는 마땅히 先자로 써야 한다고 했다.—원주) 따라서 선마(洗馬)는 임금의 말 타는 것을 시중하는 천인이 아니니, 말을 깨끗이 씻어주는 일을 할 이런 이치가 없는 것이다.

(137) 좨주(祭酒)

좨주(祭酒)란 국학(國學)의 노사(老師)의 칭호이다. 이는 음주(飮酒)의 예절에 노사(老師)가 선인(先人)에게 제사를 지내는 것을 이르는 것이다. (옛날 사람은 근본을 잊지 않는다는 뜻에서 식사를 할 때에 맛있는 음식이 있으면 틈을 타서 제사를 지냈다.—원주)

지금 사람들이 느닷없이 제(祭)자를 읽을 때 그 음을 채준(祭遵)의 채(祭)로 만들어 읽는다.(이 글자는 음이 '채'이다.—원주) 이 글자의 음(제)과 같이 읽는 사람이 있으면 뭇사람이 조롱하고 많이들 나무라며 견문이 좁다고 여기는데, 무슨 까닭인지 알지 못하겠다.

『사기(史記)』 순경전(荀卿傳)에 이르기를 "제(齊)나라 양왕(襄王) 때에 순경(荀卿)이 제일 노사(老師)가 되었는데, 제나라에서는 오히려 열대부(列大夫)의 이지러짐을 다스리려 하여 순경을 세 번이나 제주로 삼았다." 했고, 그 주(注)에 이르기를 "예식(禮食)에는 반드시 선인(先人)에게 제사를 지냈다. 술을 마실 때도 또한 반드시 자리 가운데서 존자(尊者) 1명이 마땅히 제사를 지낼 뿐이었는데 뒤에 이를 벼슬 이름으로 여겼다. 그러므로 오왕비(吳王濞:劉濞)는 유씨 제주(劉氏祭酒)가 되었다."라고 했다.(또는 말하기를 "순경은 나이 50에 처음 와서 祭酒가 되었다."고 한다.—원주)

『후한서(後漢書)』에는 "박사제주(博士祭酒)를 두었다."고 했다. 호광(胡廣)이 이르기를 "제주(祭酒)란 일위(一位)의 원장(元長)을 말한다. 옛날 예법에 빈객이 주인의 음식(主人饌)을 받았을 땐 늙은이 한 사람이 술을 들어 땅에 제사를 지냈다. 그러므로 제주(祭酒)를 이름으로 만들었다."고 했다.(朱浮傳에 이르기를 "총명하고 위엄이 있는 한 사람을 뽑아서 祭酒로 삼아 紀綱을 죄다 거느렸다."고 했다.—원주)

위소(韋昭)는 이르기를 "제주(祭酒)란 육신(六神)에게 제사지낼 때 술(酒)을 가지고 강신술(酹)을 땅에 붓는 것을 말한다."라고 했다. 그런데 무릇 모임이나 잔치할 때는 반드시 그 존장(尊長)이 술을 가지고 땅에 제사를 지냈다. 그러므로 제주(祭酒)라고 말한다.

(138) 거란(契丹)·묵돌(冒頓)

거란(契丹)을 걸란(乞闌)으로 읽고, 묵돌(冒頓)을 묵특(墨特)이라고 읽는다. 옛날에 학사(學士)는 이를 그 글자의 음과 같이 읽었는데, 지금 전해지는 말은 우습게 되어버렸다. 걸(乞) 자는 이미 잘못 읽었다.(乞은 본음이 '글'이다. 그러므로 '物韻'에 들어가는데, 지금 '걸'이라고 하는 것을 잘못이다.—원주) 단(丹) 자는 본래 음처럼 '단'이다.(契丹의 丹도 또한 음은 '단'이다.—원주) 그렇다면 이 두 글자의 음은 끝내 다 잘못 읽었다.(마땅히 '글단'으로 읽어야 한다.—원주)

묵(冒)음을 '묵(墨)'이라고 한 것은 잘못하지 않았다.(冒자의 음은 '묵'—원주) 돌(頓)자는 마땅히 음을 '돌(突)'이라고 할 것이다.(頓자의 음은 '돌'이다. 이는 月韻에 보인다.—원주) 이렇게 한 글자의 잘못 읽음을 면하지 못하는데, 어찌 웃으리요. 대체로 자음(字音)의 그릇됨이 10자에 7, 8자나 있으니 말로 다 하지 못하겠다.(牡丹의 丹도 또한 '란'으로 만들어 '모란'이라고 읽는데, 근거할 만한 자료가 없다.—원주)

(139) 범저(范雎)

범저(范雎)의 저(雎)는 곧 저구(雎鳩)의 저(雎)인데, 우리 나라 사람은 이를 휴우(睢盱)의 휴(睢:目부에 있는 글자—원주)자로 읽는다. 그러나 두보시(杜甫詩)에 이르기를

형세는 마땅히 소하(蕭何) 재상을 근본으로 하고,
인재가 한 사람 범저만은 아니구나!
　勢愜宗蕭相, 材非一范雎.

라 했는데, 그 운자는 어운(魚韻)에 화협(叶)된다. 고금 운부(古今韻府)에 의하면, 저(雎)는 다 어운(魚韻)에 들어 있다. 정조 20년(1796)에 나는 임금의 명령을 받들고 『사기(史記)』를 교정했는데, 이 때 임금에 뜻을 아뢰어 이를 바로잡았다.

(140) 조조(鼂錯)

조조(鼂錯)의 조(錯)를 어떤 사람은 입성(入聲)인 '착'이라고 이르는데, 비곤(費袞)이 지은 『양계만지(梁溪漫志)』에 이르기를 "조조(鼂錯)의 이름자는 옛날이나 지금이나 다 조(措)자의 음과 같이 읽는다."고 했다. 오직 반악(潘岳)의 「서정부(西征賦)」에 이르기를 "오나라 후사를 국하(局下)에서 죽게 했는데, 대개 노여움을 일박에서 일으켜 널리 칠국(七國)의 난리(亂)를 일으키게 만들고, 도리어 역적을 도운 일로 해서 착(錯)을 죽였다."라고 했다. 이에 의거하면 곧 글자와 같이 읽었는데, 반악(潘岳)이 무엇을 근거한 것인지 알지 못하겠다.

(141) 용골대(龍骨大)·마부대(馬富大)

용골대(龍骨大)란 번역하는 사람이 잘못 번역한 것이다. 마부대(馬富大)란 번역하는 사람이 잘못 번역한 것이다. 『개국방략(開國方略)』을 조사해 보니 이르기를 "천총(天聰) 9년 을해(1635) 10월에 호부승정(戶部承政) 마복탑(瑪福塔:마우타)을 파견하여, 조선왕비(朝鮮王妃)의 상사를 조상하게 하고, 아울러 승정(承政) 영고이대(英固爾岱)로 하여금 같이 가게 했다. 또 숭덕(崇德) 원년 병자(1636) 겨울에 친히(淸太宗) 조선(朝鮮)을 치며 호부승정(戶部承政) 마복탑(瑪福塔)으로 하여금 밤새로 달려 조선의 왕도(王

都)를 포위하게 하고, 밤에 호부승정(戶部承政) 영고이대(英固爾岱)를 보내어 조선왕의 자취를 몰래 탐지하게 했다."라고 했다. 곧 이 두 사람을 우리 나라에서는 마부대(馬富大)·용골대(龍骨大)라고 말하는데, 이는 음이 그릇된 것이다.(英固爾岱의 음은 '잉구올때(잉구알때)'이고, 瑪福塔의 음은 '마복타(마우타)'이다.—원주)

(142) 불(佛)·보처(補處)

불(佛:부처)이란 금신(金身)을 주벽(主壁)에 앉힌 것이다. 보처(補處)란 금신(金身)의 자리 좌우(左右)에 앉힌 것이다. 『전등록(傳燈錄)』에는 불(佛)과 보처(補處)의 차이의 등급을 심히 밝혔다.

우리 나라 사람은 이를 잘못 번역하여 이미 보처(補處)를 부처(敷處)로 만들었다.(중국음은 輔處를 '부춰'라고 했다.—원주) 또 부처(敷處)를 불(佛:부처)로 만들었다. 그렇다면 이는 형(兄)을 주내어(訓) 아우라 하고, 사슴을 주내어(詰) 말이라 하는 것과 다름이 없는 것이다. 더러 이르기를 "신라(新羅)의 중(僧)으로 당나라에 들어가서 불법을 구하는 사람이 중국말에 통하지 않는데, 그는 좌우 보처(補處)의 몸을 어루만지면서 이것이 무엇이냐고 물으니, 당나라 중이 이에 대답하여 보처(輔處:부춰—원주)라고 말했다. 우리 나라 중은 드디어 부처 세 개가 아울러 있는 것을 곧 보처(補處)라고 하는 줄 인식하고 돌아와서 이와 같이 전하여 드디어 우리말로 만들어졌다."고 한다. 이 이야기는 일리가 있는 것이다.(佛法이 우리 나라에 전래한 것은 苻堅 때였으니, 반드시 옛날부터 전해 내려온 우리말이 없었다.—원주)

지난날에 중 혜장(惠藏)이 자못 총명했다. 나는 그에게 "부처(佛)와 보처(補處)가 이것이 하나인가 둘인가?" 하고 물으니, 혜장은 잘 대답하지 못했다. 그래서 드디어 이 뜻을 이야기했더니, 혜장은 곧 크게 깨달은 것이다.

(143) 중(僧)·발(足)·누(樓)·침(鍼) 등

승(僧)이란 중(衆)이다.(佛書의 예에서—원주) 우리 나라 말에는 남자 중을 중(衆)이라 말하고, 여자 중을 승(僧)이라고 말한다. 그러므로 초정(楚亭) 박제가(朴齊家)가 일찍이 이르기를 "우리 나라 말은 많이 뜻에 어긋나서, 승(僧)의 뜻(訓)을 중(衆)이라 말하고 남녀도 구별하고 있다."고 했다.

족(足)의 뜻을 발(發)이라고 말하는데, 그러나 발은 사람과 소가 같지 않다.(사람은 發이라고 말하고, 소는 足이라고 말한다.—원주)

누(樓)를 다락(多落)이라고 말하는데, 다락은 창비(鬯祕:물건을 간직하는 곳)와 다른 칭호다.(樓는 올라가서 관람하는 데 이바지하게 만든 곳이고, 다락은 물건을 간직하는 곳이다.—원주)

침(針)을 파랄(巴辣)이라고 말하는데, 파랄은 의질(醫紩)과 달리 쓰인다.(決癰을 針이라고 말하고, 緶衣를 巴辣이라고 말한다.—원주)

윤계진(尹季軫)은 이것에 이어 이르기를 "회(灰)의 뜻을 재(災)라고 말하는데, 재는 석(石:석회)과 신(薪:나무를 태운 재)을 구별함이 있어야 한다."(石灰는 灰라고 말하고, 薪灰는 災라고 말한다.—원주)고 했다.

금(金)의 뜻을 쇠(衰)라고 말하는데, 쇠는 누른 것(黃)과 검은 것(黑)이 같지 않다.(黃金은 금이라 말하고, 鐵은 衰라고 말한다.—원주)

옥(玉)을 구슬(仇瑟)이라고 말하는데, 구슬은 방(蚌:진주)과 석(石:옥돌)을 달리 일컫는다.(우리 나라 말에 玉·璧·珠·璣 따위를 모두 仇瑟이라고 이르고, 이를 번역하여 글로 만들었는데, 오직 돌(石)에서 나온 것만 玉이라고 일컫는다.—원주)

장(場)을 마당(麻當)이라고 말하는데, 그러나 장을 농사꾼과 장사꾼은 달리 쓰고 있다.(野市를 場이라 말하고, 곡식 떠는 곳을 麻當이라고 말한다.—원주)

또 이를 이어 말한 것이 있는데 이르기를 "밀(蜜:꿀)의 뜻을 홀(㖡)이라고 말하는데, 굴은 액(液)·재(滓)를 구별함이 있어야 한다.(甘液(단꿀물)은 屈이라 말하고, 蠟(납)을 蜜이라고 말한다.—원주)

성(城)의 뜻을 재(栽)라고 말하는데, 재는 고을(邑)·산(山)의 것이 같지 않다.(邑城을 城이라 말하고, 山嶺을 栽라고 말한다.—원주)

이 예로 보아 말로써 글을 학습하는 경우 그 어그러짐이 이와 같다.

(144) 발(趾)·들보(棟)

아정(雅亭) 이덕무(李德懋)의 대책(對策)인 육서책(六書策)에 이르기를 "아내(妻)의 형제를 일컬어 남(娚:처남)이라 하고, 형제의 아들을 질(侄:어리석다(癡)는 뜻의 글자이다.—원주)이라고 한다. 지(趾:발)의 뜻은 본디 발가락(足指)인데 이의 뜻을 종(踵:발뒤꿈치)으로 만들었다. 동(棟:들보)은 본디 옥척(屋脊:들보)인데, 이의 뜻을 주(柱:기둥)로 만들고,(우리말은 기둥이라 한다.—원주) 고(羔:새끼양)는 곧 새끼양(羊子)인데, 이를 고력(羖䍽:우리말로는 염소라 이른다.—원주)으로 모칭했다. 곽(藿:콩잎)은 곧 콩잎(豆葉)인데, 이를 해채(海菜:미역)로 옮겨 쓴다. 돈(㹠:돈피)을 초(貂:돈피) 자의 뜻으로 대신하고 있다. 명(榠:홈통)을 견(筧:대홈통) 자의 뜻으로 대신하고 있다.(金時習의 시에 보인다.—원주) 작(勺)을 석(夕)과 같은 글자로 쓰고, 숙(菽:콩)을 태(太:이두문—원주)로 만들고, 장미(薔薇:장미꽃)를 해당(海棠:해당화)으로 여기고, 연교(連翹:개나리)를 신이(辛夷)로 여기고 있다. 휘(揮)·주(周)를 같은 뜻으로 쓰고,(우리말로는 豆麦라 이른다.—원주) 인(因)·잉(仍)을 함께 같은 소리로 쓰고, 도(圖)·비(啚)를 같은 음으로 통칭하고, 조(曹)·조(曺)를 딴 뜻으로 쓰고 있다. 이와 같은 따위는 손가락으로 꼽을 수가 없겠다."라고 했다.

아정(雅亭)의 이 같은 글을 살펴보면, 매괴화(玫瑰花)를 장미(薔薇)라 여기고, 영춘화(迎春花)를 연교(連翹)라 여긴 것도 또한 아무래도 잘못이 있을 듯하다.(連翹는 풀이고 迎春花는 노란꽃(黃花)인데, 이것은 오히려 나무이다.—원주)

(145) 시(媤)·사(査)

시(媤:시집)란 여자의 시집이다.(옛날 부인이 비녀를 지르고 시집가는 것이다.—원주) 이는 곧 구가(舅家:시집)를 일컫는 것이다.(舅를 媤父(시아버지)라 말하고 姑를 媤母(시어머니)라고 말한다.—원주) 사(査:떼)란 부목(浮木:뗏목)인 것인데, 인가(姻家:사돈집)를 일컫는다.(신부집(女氏)과 신랑집(壻氏)은 서로 사돈이라고 말하고, 査兄・査弟라고 일컫는다.—원주) 조(租:벼)란 화개(禾稭:볏짚)인데, 이를 뜻으로 도(稻:벼)라고 한다. 내(奈:사과)란 빈파(蘋婆:사과)인데, 이를 뜻으로 산앵(山櫻:벚)이라고 한다.(우리말로 奈를 사과라고 말하고, 山櫻을 '벚'이라고 말하는데, 이 말이 또 와전되어 '멋'이라고 한다.—원주) 유(鍮:놋쇠)란 연석(煉石)인데, 이를 황동(黃銅:구리)이라고 모칭한다.(崔昉이 이르기를 "銅 1근과 爐甘石 1근을 쇠불리면 鍮石이 된다. 眞鍮도 波斯國(페르시아)에서 생산되는 것은 黃金과 같은데, 이는 달궈도 붉은 빛이지 검어지지는 않는다."라고 했다.—원주) 포(砲:돌쇠뇌)란 기석(機石)인데, 이를 조총(鳥銃:총)이라는 뜻으로 옮겨 썼다.(將軍은 礟(돌쇠뇌)를 쏘는 기술에 위력이 있고 멀리 나갔다. 礟는 곧 機石이다. 옛날에는 矢石을 일컬어 이와 같이 砲라고 했다.—원주) 어홍(魚篊:어살)은 이름이 없는데 이를 어전(魚箭:우리말로 어살이라 이른다.—원주)이라고 말한다. 연관(烟管)을 조사하지 않고 이를 연죽(烟竹:담뱃대)이라고 말한다.(譯書에는 이를 烟袋라고 일렀는데, 대개 管 밖에 또 작은 주머니가 있는 것이다.—원주) 비(扉:사립문)란 호선(戶扇:문짝)이다. 금비(金扉)나 기비(綺扉)는 화려함이 사람들의 눈을 빼앗을 정도로 좋은데, 우리 나라는 아이들도 다만 사립문(柴扉)으로만 안다.(우리말은 '사립(沙立)'으로 만들었다.—원주) 돌(堗:굴뚝)이란 조총(竈窓:굴뚝, 연기가 나오는 곳—원주)인 것이다. 직돌(直堗)・곡돌(曲堗)은 음송(吟誦)이 사람들의 입에 순조로운데, 우리 나라 늙은이는 오히려 온돌(溫堗)이라고 일컫는다.(우리말로는 '堗'을 '屈禿(굴뚝)'이라고 말한다. 이에 烟炕을 온돌이라고 한다.—원주) 황달(黃疸)・흘단(疙疸)은 소리를 꼭 서로 바꾸어 읽는다.(黃病의 疸은 본음이 단이고 頭瘡의 疸은 본음이 달(怛)이다. 지금 이 음을 서로 뒤바꿔 읽고 있다.—원주) 회계(會稽)・골계(滑稽)는 음(音)을 곧잘 잘못 분별하는데,(稽자는 平仄을 논할 것 없이 奚音이 없고, 滑稽 두 자는 본음이 '골계'인데, 지금은 '골해(骨奚)'와 같이 읽는다.—원주) 이와 같은 따위는 손가락으로 다 꼽을 수가 없겠다.

살펴보건대 『유양잡조(酉陽雜俎)』에 이르기를 "진(晉)나라 때 전당(錢

塘)에 사는 어떤 사람이 홍(篊:통발)을 만들었는데, 해마다 고기를 잡은 수가 10만 마리로 계산되므로 이를 만장홍(萬匠篊)이라고 불렀다."(陸龜蒙의 시에 이르기를 "강가에 이르러서 고기잡이하는 일은 대로 엮은 1만 자 통발을 중류까지 쳐놓는다." 했다.—원주)고 했다. 양신(楊愼)이 이르기를 "홍(篊:통발)자는 홍(洪)자를 따라 만든 것이다. 석량(石梁)에 물을 끊은 것을 홍(洪)이라 말하는데, 사홍(射洪)·여량홍(呂梁洪)의 홍(洪)이 이것이다. 홍(洪)자에 죽(竹)자를 더하여 홍(篊)자를 만들었으니, 대개 그 뜻은 대(竹)를 가지고 어량(魚梁)을 만든 것이다."라고 했다.

역서(譯書)에는 이르기를 "어전(魚箭)을 비자(簰子)라고 말한다."라고 했다. 지금 자전(字典)을 살펴보면, 비(簰)자가 없으니, 마땅히 비(箄:종다래끼·가리) 자를 잘못 쓴 것이라 여겨진다. 그러나 비(箄)란 농(籠:대바구니)에 딸린 것으로 비록 고기를 잡는 것이라고 말하더라도 홍(篊) 따위가 아닌 것이다.

(146) 녹(籙)·축(軸)

녹(籙:대상자)이란 서급(書笈:책상자)인 것이다. 축(軸)이란 서권(書卷)인 것이다.

우리 나라 시에는 녹축(籙軸)이란 말을 즐겨 써서 포준(匏樽)·죽장(竹杖)과 대구가 되는 말로 만드는데, 출처가 자세하지 않으나 요컨대 옛말(古語)은 아닌 것이다.

(147) 조적(糶糴)

곡식을 파는 것을 조(糶)라 하고, 곡식을 사는 것을 적(糴)이라 하는 것은 경수창(耿壽昌) 상평법(常平法)이 바야흐로 이것이다. 옛날에 이른바 조적(糶糴)은 지금의 환자(還上)로서 곧 사창(社倉)의 제도이다. 이 제도는 바로 곡물을 출납하고 전폐(錢幣:돈)를 쓰지 않는데, 함부로 이름하여 조적(糶糴)이라고 하니 잘못된 말이다. 일찍이 역서(譯書)를 보니, 이를 이름하여 방량(放糧) · 수량(收糧)이라고 말했다.

(148) 섬(苫)

섬(苫)이란 풀짚을 엮어서 집을 덮는 것이다. 중국에서는 10두(斗:열 말)를 곡(斛)이라 말하고, 또 10두(斗)를 석(石)이라고 말한다.(『漢書』食貨志에 이르기를 "100畮에 대하여 해마다 1무에 1석 반(一石半)을 거두면 粟 150석이 되는 것이다."라고 했다.—원주)

우리 나라는 공곡(公穀)으로는 곡식 15두(斗)를 1석(石)이라 하고, 사곡으로는 20두(斗)를 1석(石)이라 하고, 또 석(石)을 섬(苫)이라고 한다. 이는 대개 우리 나라 풍속으로 풀을 엮어서 삼태기(蕢)를 만들어서 곡식(粟米)을 담아 넣은 것을 섬(苫)이라 이른다. 이에 있어서 그 곡식을 다 쏟아 놓으면 이를 공석(空石:빈 섬)이라고 말하니 어찌 그릇된 말이 아니리요. 섬(苫)은 본음이 섬(蟾:섬)인데, 잘못 점(占:점)과 같이 읽는다. 그러므로 섬(苫)은 곧 섬(苫)임을 알지 못하고 있다.

최치원(崔致遠)의 숭복사비(崇福寺碑)에 이르기를 "익구롱(益丘壟)에 200결(結)을 남겨 도곡(稻穀:벼) 2천 섬(苫)을 보답하다."라고 했다.(注에 이르기를 "우리 나라 풍속으로 15두를 1섬이라고 한다."라고 했다.—원주)

우리말로 도(島:섬)도 또한 섬(苫:본음 섬—원주)이라고 한다. 『대명일통지(大明一統志)』에 이르기를 "조선 산천(朝鮮山川)에는 강화도(江華島) · 자연도(紫燕島)와 보살섬(菩薩苫) · 자운섬(紫雲苫) · 춘초섬(春草苫) · 고섬(苫苫) · 궤섬(跪苫)이 있다."(注에 이르기를 "『高麗圖經』에는 嶼(섬 · 작은 섬)보다 작으면서도 초목이 있는 것을 섬이라고 말했는데, 이 섬들은 全州 남쪽의 바다 속에 있다."고 했다.—원주)고 했다.

송나라 서긍(徐兢)이 지은 『고려도경(高麗圖經)』에 말하기를 "백의도(白衣島)도 또한 백갑섬(白甲苫)이라고 말한다. 궤섬(跪苫)은 백의도(白衣島)의 동북쪽에 있는데, 그 산(山)은 특히 여러 섬보다 크고, 춘초섬(春草苫)도 또한 궤섬(跪苫)의 밖에 있다. 이 날 오후에 보살섬(菩薩苫)을 지나고,

5일 병술(丙戌)에 고섬섬(苦苫苫)을 지났다.(고려 풍속에 가시가 고슴도치털과 같은 것을 말하여 고섬(苦苫)이라고 하는데, 이 산은 나무숲이 무성하나 크지 않아서 마치 고슴도치털과 같은 까닭으로 이렇게 이름한 것이다.—원주) 군산도(群山島)의 남쪽에 있는 한 산이 특별히 큰데 이를 안섬(案苫)이라 이르고, 홍주산(洪州山)은 또 자운섬(紫雲苫)의 동쪽에 있다. 아자섬(鵶子苫)도 또한 알거섬(軋居苫)이라고 이름한다."라고 했다.

지금 우리말을 살펴보면 곡포(穀包)를 섬(苫)이라 말하고, 도서(島嶼)도 또한 섬(苫)이라 말하는데, 곡포(穀包)의 섬(苫)은 평성(平聲)이고, 도서(島嶼)의 섬(苫)은 거성(去聲)이다.

(149) 송순(松筍)

송순주(松筍酒)란 우리 나라의 유명한 술인데, 시율(詩律)에서 쓰인다. 그런데 소나무의 눈초(嫩梢)를 순(筍)이라고 말해서는 안된다. 순(筍)이란 죽맹(竹萌:대나무싹)인 것이다. 그러나 죽맹(竹萌)이 아닌 것도 또한 순(筍)이라고 이름할 수 있는 것이다.

소식(蘇軾)의 시에 이르기를 "갈대의 순도 처음에는 대나무 순과 같다.(蘆筍初似竹)"라고 했다. 두보(杜甫)의 시에 이르기를 "약한 순이 처음 핀 갈대꽃에 더부룩하네.(泥筍苞初荻)"라고 했는데, 갈대(蘆荻)의 싹은 순(筍)이라고 칭한다.

양만리(楊萬里)가 지은 한록헌 시(寒綠軒詩)에 이르기를

국화싹이 흙에 덮여 검푸른 조에 섞여 있고,
구기자순의 곁뿌리가 붉은 구슬 묻었구나.
　菊芽伏土糝靑粟, 杞筍傍根埋紫玉.

라고 했는데, 구기자나무(枸杞)의 싹을 순(筍)이라고 일컬었다.

육구몽(陸龜蒙)의 시에 이르기를

비록 들 언덕엔 꽃눈이 얼어 있지만,
도리어 산골집엔 작약순이 살쪄 있다.
　雖然野岸花房凍, 還得山家藥篛肥.

라고 했는데, 작약(芍藥)의 싹을 순(篛)이라고 일컫는다.(또 『本草』에는 "澤蘭의 뿌리의 이름을 地笋이라 말한다."고 했다.―원주) 그런데 흙에서 싹나는 것을 다 순(篛)이라 하고, 눈초(嫩梢)가 새로 나는 것을 순(篛)이라고 말할 수는 없다.

(150) 송진(松津)

송지(松脂)를 송진(松津)이라 말하고, 녹피(鹿皮)를 녹비(鹿比)라 말하는 것은 오히려 괜찮다.(津液은 오히려 膏液이고, 皮와 比 소리는 통하는 까닭으로 虎皮를 옛날에는 '고비(皐比)'라고 일컬었다.―원주) 도지(桃脂)를 도송진(桃松津)이라 말하고, 행지(杏脂)를 행송진(杏松津)이라 말하고, 구피(狗皮)를 구록피(狗鹿皮)라 말하고, 마피(馬皮)를 마록피(馬鹿皮)라고 말한다.(楓松津·虎鹿皮 등 그런 따위 말은 아직도 많다.―원주) 무릇 목지(木脂)의 엉긴 것을 다 송진(松津)이라 일컫고, 수피(獸皮)를 무두질한 것을 다 녹피라고 일컬음이 옳겠는가.(옻잎이 붉은 것을 漆丹이라고 말하고, 감나무잎에 단풍이 들어 붉은 것을 柿丹楓이라 하는 것도 또한 이런 따위이다.―원주) 우락(牛酪:소젖)을 타락(駝酪)이라 말하고, 우돈(牛㹛:외양간)을 마구(馬廐:마굿간)라고 하는 것도 또한 이런 따위이다.

(151) 서통(犀通)

서(犀:코뿔소)란 산짐승이다. 『설문(說文)』에 일컫기를 "남쪽 변방 밖에 있는 소로서 한 뿔은 코에 있고, 한 뿔은 이마에 있는데, 그 머리는 돼지(豕)와 같다."(『爾雅』에 이르기를 "코뿔소는 돼지와 같다."고 하였다.―원주)고 했다.

　따로 수서(水犀:무소)가 있는데, 이 짐승은 세 뿔이 있어 수우(水牛:물소)와 같다.

　우리 나라 사람은 코뿔소를 보지 못하고, 이를 물소(水牛)라고 말하는 것은 잘못이다. 『전국책(戰國策)』에는 말하기를 "육지에서는 서상(犀象:코끼리)이 끊어졌다."라고 했고, 『맹자(孟子)』에는 말하기를 "호랑이·표범과 서상(코끼리)을 몰았다."라고 했다.

　이상은(李商隱)의 시에 이르기를 "마음속에 영서가 있어 하나로 통한다.(心有靈犀一點通)"라고 했는데, 이는 사람의 마음에는 한층 신령스러운 지혜의 깨달음이 있어서 서각(犀角)의 가운데 하나 통하는 밝은 빛이 있는 것 같다고 말하는 것이다. 그런데 속된 선비들은 이 뜻을 잘못 이해하여 두 사람의 마음이 서로 비춰 마치 영서가 단 하나의 빛이 빛나게 서로 비추는 것 같다고 말한다. 이에 편지를 쓸 때나 시를 지을 때 늘 영서일점(靈犀一點)을 써서 두 사람의 마음이 서로 통하는 뜻으로 만드는 것은 큰 잘못이다.

　요관(姚寬)의 『서계총화(西溪叢話)』를 살펴보면 이르기를 "코뿔소(犀)의 뿔의 결과 모양은 온갖 짐승과 같다. 그 결에는 도삽(倒挿)·정삽(正挿)·요고삽(腰鼓挿)이 있다. 도삽이란 하나 반 이하가 통하는 것이고, 정삽이란 하나 반 이상이 통하는 것이고, 요고삽이란 가운데가 끊어져서 통하지 않는 것이다."라고 했다.(本草別錄에 이르기를 "通天犀角은 위에 하나의 흰실 같은 줄기가 바로 올라가 끝까지 이르고 있어서 통한다고 일컫는 것이다."라고 했다. —원주)

　『한서(漢書)』 서역전(西域傳) 찬(贊)에 통서취우(通犀翠羽) 주(註)에 이르기를 "통서(通犀)는 빛깔이 희고 두 머리가 통한 것을 이른다."라고 했다. 이물지(異物志)에 이르기를 "통천서(通天犀)의 나쁜 행동은 항상 흐린 물을 마신다."라고 했다.

　소식(蘇軾)의 시에 이르기를

도포에 수놓은 매 쌍쌍이 상서롭고,
허리띠에 새긴 코뿔소가 하나하나 통명하다.
　袍鶻雙雙瑞, 腰犀一一通.

라고 했다.(허리띠에 코뿔소 하나하나 통명한 조각을 쓴 것을 말한 것이다.―원주) 서통(犀通)이란 코뿔소의 통명한 곳인데, 어찌 두 사람의 마음이 서로 통하는 것을 이르겠는가.

(152) 소밥통(牛胃)

우위(牛胃:소밥통)는 맛이 있으니, 음식에서 맛있는 것을 말한다. 우리나라 풍속으로는 우위(牛胃)를 양(胖)이라고 말한다.(이 글자(胖)는 우리 나라에서 만든 글자로 去聲이다.―원주)

우흉(牛胸)을 양두(陽頭:우리말로는 '양지마리'라 이른다.―원주)라고 말한다.

우협(牛脇)은 갈비(曷非)라고 말하는데, 군현(郡縣)의 장부를 헤아려 보아도 끝내 이 글자를 볼 수 없었다. 역서(譯書)를 살펴보면, 우흉(牛胸)을 분골(坌骨)이라고 일렀다.

(153) 밀자(蜜炙)

황기밀자(黃芪蜜炙)·별갑초자(鼈甲醋炙)의 자(炙:고기구이)란 번(燔)인 것이다. 동의(東醫)는 조사 연구해 보지 아니하고 자(炙:구이) 자를 읽을 때 구(灸:뜸) 자로 만들어 읽어 떳떳한 것으로 생각하고, 자(炙) 자를 쓸 때 구(灸) 자로 만들어 쓰니 이는 약물을 알지를 못하는 것이다. 약물에는 본디 단전(丹田)이 없고, 또한 삼리(三里:뜸구멍)도 없는데, 어떻게 구(灸) 자를 쓰리요.

(154) 아도(阿堵)

아도(阿堵:돈)란 오히려 저개(這箇:이것)를 말하는 것이다. 왕연(王衍)은 입으로는 돈(錢)을 말하지 않았다. 그는 돈이 평상 앞에 있는 것을 보면 아도물(阿堵物)이라고 말했는데, 뒷사람이 드디어 돈(錢)을 아도(阿堵)라고 했다.(高士奇가 이르기를 "阿堵는 오히려 저것, 약간, 이것(這箇)의 뜻과 같다."고 했다.—원주) 또 고개지(顧愷之) 전신(傳神)에 말하기를 "정신(精神)의 묘한 곳은 바로 아도(阿堵:눈) 안에 있다."고 했다. 이는 정신이 눈동자(眸子) 속에 있다고 이른 것인데, 뒷사람이 드디어 눈(眼)을 아도(阿堵)라고 한 것이다. 본디 모두 뜻이 없었다.

우리 나라 사람들은 도(堵)자를 조사 연구해 보지 않고 도(睹)자로 만들어 남의 간악함을 논할 때도 문득 아도 불량(阿睹不良)이라고 이르고, 자기의 눈병을 말할 때도 늘상 아도 고통(阿睹苦痛)이라고 이른다. 이는 또한 큰 잘못이다.(睹자는 目자를 따름은 잘못이란 고개지의 말을 믿는다.—원주)

(155) 권척(拳踢)

권척(拳踢)이란 손으로 치고 발로 차는 것을 말한다. 옛날에는 척(踢)을 뜻하여 족촉(足觸)이라고 하는 경우는 없었다. 출척(跳踢)은 짐승(獸) 이름이고, 확척(矍踢)은 귀신의 이름이다. 후세에 가차(假借)하여 축국(蹴踘:제기차기)이라고 부르기에 이르고, 축국보(蹴踘譜)에 대척(對踢)·단척(單踢)·각척(角踢)·대척(大踢) 등의 여러 가지 방법이 있어, 유씨(劉氏)의 건권습척(乾拳濕踢)이라는 말이 있고, 소설(小說)에 추권대척(麤拳大踢)이라는 비유가 있다. 지금 사람은 대척(大踢)을 고쳐 대탕(大踼:踼자는 昜으로부터 만들어진 글자다.—원주)이라 하고, 그 음은 탕(蕩)과 같이 읽고, 이를 소차(疏箚)에도 많이 쓰고 있는 것은 또한 큰 잘못이다.

자서(字書)에 척(踢)이란 질탕(跌踼)이라 하고, 더러 결탕(趹踼)이라 하여 다니는 것이 바르지 않다는 뜻으로 쓰고, 이미 말한 권척(拳踢)의 척을 탕(蕩)이라 읽을 수는 없다.

(156) 견(趼)

견(趼)이란 발가죽(足皮)이 일어나는 것이다. 보통 발 부르트는 것(繭)이라고 하고, 또 발 부르트는 것(皺)이라고 한다. 또한 견(趼)이란 발뼈인 것이다.

우리 나라 사람은 소차(疏箚) 표전(表箋)의 글에 관작(官爵)이 두 번 옛 자취를 밟는 것을 숙견(宿趼)이라 이르는데, 『삼창(三倉)』을 두루 조사해 보아도 이러한 고훈(詁訓:주석)은 없다. 다만 두보(杜甫)의 팔애시(八哀詩)의 애소원명(哀蘇源明)에 말하기를 "새벽에 하늘에 있는 문 안으로 달려갔더니 발이 부르터서 옛날에 발가죽이 일어난 것과 같구나."라고 했는데, 이것도 또한 발이 부르텄다는 뜻이다. 그런데 우리 나라 사람은 잘못 발길이 옛날 자취를 밟는 것으로 생각하여 드디어 전례를 따라서 이와 같이 되기에 이르렀을 뿐이다.

(157) 변기(拼棄)

변기(拼棄)는 마땅히 반기(拌棄)로 만들 것이다. 『양자방언(揚子方言)』에 이르기를 "초(楚)나라 사람은 무릇 물건을 버리는 것을 반(拌)이라고 이른다."라고 했다. 세상에서는 잘못 번(拚)으로 만들고, 또는 잘못 변(拼)으로 만든다. 번(拚)자의 음을 살펴보면 번(翻)이고, 변(拼)자의 음은 변(抃)으로 손뼉 친다는 것이다. 또 음을 분(奮)이라고 하는데, 소제(掃除)라는 것을 분(拼)이라고 말한다.(『예기』 少儀에 일렀다.—원주) 또 음을 번(翻)이라고 하는데, 이는 날으는 것이다.(『시경』 周頌 箋—원주) 지금 세상에서는 상소(上疏)할 때 늘상 변기염우(拼棄廉隅)라고 이르는데, 곧 반기(拌棄)의 잘못이다. 또 편지에 늘상 변별(拼別)이라고 이르며 이를 악수(握手)하는 뜻으로 쓰는데 이는 잘못이다. 그러나 이는 중국으로부터 이미 잘못되어 온 것이 이와 같다.

(158) 재숙(齊宿)

향관 재숙(享官齊宿)을 청재 일숙(淸齊一宿)이라고 말한다. 그러나 『예기』제통(祭統)에 말하기를 "궁재(宮宰)는 부인(夫人)을 지키며 산재(散齊)·치재(致齊:두번째 재계를 한다는 뜻이다.─원주)하는 것이다."라고 했다.

예기(禮器)에 말하기를 "칠일(七日)을 재계하고(戒), 삼일(三日)을 지킨다.(宿)"고 했다. 정현(鄭玄)의 주(註)에 이르기를 "재계하는(戒) 것은 산재(散齊)를 말하고, 지키는(宿) 것은 치재(致齊)를 말한다."라고 했다.(정현의 祭統注에 이르기를 "宿을 肅이라고 읽는데, 재계하는 것"이라고 했다.─원주) 궤식례(饋食禮)를 살펴보니, 숙시(宿尸)하는 예절이 있는데 숙(宿)이란 신계(申戒)하는 것이라고 했다. 맹자(孟子)는 빈객(客)이 기뻐하지 않는 것을 일컫기를 "제자(弟子)들은 재숙(齊宿)한 뒤에 감히 말했다. 진(秦)나라 목공(繆公)은 진군(晉君)을 사로잡아 돌아가게 하고 나라 사람으로 하여금 재숙(齊宿)케 했다."라고 했는데, 이는 다 지숙(止宿)의 뜻이 아니다. 『회남자(淮南子)』에 이르기를 "장군(將軍)은 축사(祝史)·태복(太卜)으로 하여금 3일 동안 태묘(太廟)에 재숙(齊宿)하게 한다."고 했다. 찬영구(鑽靈龜)에도 또한 3일 동안을 치재(致齊)하는 것을 일렀는데, 이는 3일을 지숙(止宿)하는 것을 이르는 것이 아니다. 그렇다면 일숙(一宿)의 이름은 옛날의 뜻이 아니다.

(159) 합문(闔門)

합문(闔門)의 절차는 지금 제례(祭禮)의 큰 뜻이 되었다. 그러나 고경(古經)을 조사하면 실로 기댈 증거가 없다. 이는 본디 사우례(士虞禮) 합호(闔戶)하는 법도이다. 그러나 상제(殤祭)는 시동(尸)이 없고, 삼헌(三獻)을 하지 않고, 유식(侑食)을 하지 않으므로 번거로운 법도를 모두 삭제하고, 이를 염제(厭祭)라고 이른다. 그러므로 문을 닫고 나와서 제사를 지내는데, 대체 성인(成人)의 제사에 어찌 문을 닫는 일이 있으리요. 『주자가례(朱子家禮)』에 이르러 합호(闔戶)를 비로소 고쳐 합문(闔門)으로 만들었다. 그 글에 말하기를 "주인(主人)은 문의 동쪽에 서고, 주부(主婦)는 문의 서쪽에 선다."라고 했고, 그 문을 여는 절차에 말하기를 "곧 문을 열면 주인 이하 다 들어와서 자리에 나가 선다."라고 했다.

합문(闔門)이란 묘당(廟堂)의 중문(中門)을 닫는 것을 말하는데, 어찌 묘실(廟室)의 유호(牖戶:창문)리요.(牖戶의 안에는 본디 주인이나 여러 사람이 설 자리가 없으므로 "다 들어와서 자리에 나가 선다."라고 말할 수 없다.―원주)

우리 나라 사람은 그 유호(牖戶)를 닫는 것을 "이는 주자(朱子)의 합문(闔門)의 법이다."라고 말하니, 어찌 어긋난 것이 아니리요.(楊復이 士虞禮 牖戶를 닫는다는 글을 인용하여 闔門을 주낸 것도 또한 잘못이다.―원주) 또 이를 바야흐로 고례(古禮)라고 이르겠는가. 옛날에는 다만 상제(殤祭)에 합호(闔戶)하는 일이 있는데 또 주자의 예법이라고 이르리요. 주자의 중문(中門)을 닫는 법도 실호(室戶)를 닫는 것이 아니다. 지금 국가(國家)의 제사에는 합문(闔門)·합호(闔戶)의 절차가 없다.

(160) 효자(孝子)

제사지낼 때 효자(孝子)라고 일컫는 것도 또한 강구할 만하다. 예(禮)에 말하기를 "상사에 애자(哀子)·애손(哀孫)이라 일컫고, 제사(祭祀)에 효자(孝子)·효손(孝孫)이라고 일컫는다."라고 했는데, 이는 그 의리로 해서 이를 일컫는 것으로, 지금 제사 때 효자라고 일컫는 것은 이를 근거로 한 것이다. 그런데 궤식례(饋食禮)·사우례(士虞禮)의 여러 글을 자세히 조사해 보면 무릇 효자 아무개니 효현상(孝顯相:여러 아들을 顯相이라고 말한다.―원주)이라 일컫는데, 이는 다 축인(祝人)이 신(神)에게 아뢰는 것이지 주인(主人)이 스스로 이를 아뢰는 것이 아니다. 그러므로 부제(祔祭)의 축사(祝辭)에 말하기를 "아침에 일찍 일어나고 밤에 늦게까지 일하며, 삼가 조심하는 마음으로 자기 행실에 잘못이 있을까 두려워하고, 그 몸을 게을리 아니하여 왕성하게 아름다움을 찬양하며, 효도하는 마음을 드날리어 신의 뜻을 기쁘게 하려 하오나, 조금이나마 효자라고 말하지 못할 따름입니다."라고 한다.(그 몸(其身) 두 글자를 쓴 것은 祝人이 主人을 대신하여 알림을 밝히는 말이다.―원주) 지금 예에는 주인이 스스로 그 이름을 신위(神位)에 아뢰어 스스로 '효자'라고 일컬으니 벌써 미안한 것 같다. 하물며 감히 조심하는 마음으로 자기 행실에 잘못이 있을까 두려워하고(小心畏忌), 그 몸을 게을리 아니하여(不惰其身) 등의 여러 말은 스스로 자신을 칭찬하며 아뢰는 데 있어서랴. 옛날 예절의 말이 지금보다 그 소홀하고 어긋남의 많음이 이와 같다.

(161) 애자(哀子)

상례(喪禮)에 애자(哀子)라고 일컫는 것은 옛날의 의리였다. 하물며 선비가 장사지내는 밤에는 다 부상(父喪)의 예절을 주관하고, 묘구덩이를 점쳐 날을 정하는 것에는 다 애자(哀子)라고 일컫는다.(經文에 나온다.―원주) 그렇다면 애자의 칭호는 두 상사(二喪:父母喪)에 통한다. 지금 사람은 어머니 상사에는 애자라고 일컫고, 아버지 상사에는 고자(孤子)라고 한다. 유약(有若)은 건원(乾元:天道)을 대효(大孝)라고 말하고, 곤원(坤元:地道)은 지효(至孝)라고 말했는데 이는 바꾸지 못할 일정한 이름이다. 그리고 부모가 다 죽은 사람은 또한 고애자(孤哀子)라고 말하는데, 모두 반드시 그런 것은 아니다. 옛날에는 오직 나라 임금만이 스스로 고(孤)라고 말하였다. 『춘추(春秋)』의 예법에 열국(列國)에 재앙이 있으면 스스로 일컫기를 고(孤)라고 말하였다고 하니, 보통 사람이 스스로 고자(孤子)라고 이름한 것은 아니나, 실(室:묘구덩이)을 당하여 고(孤)라고 하는 이름을 고치지 않는 것은 다 다른 사람이 일컫는 것이지 스스로 이름을 말하는 것이 아니다. 고애자(孤哀子) 세 글자는 문장으로 만들 수 없는 것이니, 대지효(大至孝)와 같이 아울러 일컫는 말도 문장으로 만들 수 없는 말이다.

(162) 작설(綽楔)

작설(綽楔:旌門)이란 문려(門閭)에 정표(旌表)하는 이름이다. 우리 나라 사람은 이 말을 잘못 전사(傳寫)함이 있어 도설(棹楔)로 만들어 두 글자다 나무 목(木)부를 따라 쓰고(木旁字로 씀—원주) 드디어는 연문(連文)을 만들고, 더러 필분(芘芬)·빈번(蘋蘩)과 대어(對語)를 만든다. 이는 잘못이다. 설(楔:문설주 설)이란 첨(櫼)인 것이다.(『說文』에 일렀다.—원주) 『이아(爾雅)』의 석궁(釋宮)에 "정(棖)을 설(楔)이라고 이른다." 하고, 그 주(註)에 이르기를 "문(門)의 양쪽 곁 문지방에 세운 나무가 문설주."라고 했다. 그런데 작설(綽楔)이라고 이르는 것은 필문규두(蓽門圭竇:가난한 집)의 집을 효열(孝烈)로 해서 정표(旌表)하면 조금 그 문을 넓혀 그 문설주는 이로 하여금 넓히게 되는 것이다. 작(綽)이란 너그럽다(寬)는 뜻이다.

오정방(吳鼎芳)이 당가회(唐嘉會)의 아내를 위하여 시를 지어 말하기를

환히 빛나는 작설을 세우고,
우뚝 솟은 신성한 사당 세웠다.
　　煌煌樹綽楔, 巍巍建靈祠.

라고 했는데, 작(綽)자는 영(靈)자와 대(對)로 연문(連文)이 아니다. 도(棹)는 도(櫂)자와 같은 뜻으로, 물을 저어 배를 나가게 하는 것이 정문(旌門)과 무슨 관계가 있으리요.

(163) 정사(精舍)

정사(精舍)는 불우(佛宇:절간)이다. 부처가 살던 데를 죽림정사(竹林精舍)라고 말한다. 『석가보(釋迦譜)』에 이르기를 "편안한 마음을 깃들일 곳이므로 정사라고 말한다."라고 했다.

옛날에 한(漢)나라 명제(明帝)는 정사(精舍)를 세우고 섭마등(攝摩騰)을 살게 했는데, 곧 백마사(白馬寺)이다. 진(晉)나라 무제(武帝)는 불법(佛法)을 받들고 정사(精舍)를 궁전 안에 세우고 여러 사문(沙門)을 이끌어 여기에 살게 했다. 또 『위서』 풍희전(馮熙傳)에 이르기를 "풍희(馮熙)는 불법(佛法)을 믿고 집안 재물을 내어 불도정사(佛圖精舍)를 72곳에 세웠다."라

했다. 『수경주(水經注)』에 이르기를 "진(晉)나라의 중 축담(竺曇)이 정사(精舍)를 산원산(散原山)의 남쪽에 세웠다."고 했는데, 이는 다 불가(佛家)의 정사(精舍)인 것이다.

도가(道家)도 또한 이를 서로 본받았는데, 사승(謝承)의 『후한서(後漢書)』에 이르기를 "조욱(趙昱)·주반(周磐)·장환(張奐)은 다 정사(精舍)를 세우고 도량(道場)을 만들었다."고 했다. 강표전(江表傳)에 이르기를 "우길(于吉)은 정사를 세우고 향불을 피우고 도서(道書)를 읽었다."고 했는데, 이는 도가(道家)의 정사(精舍)인 것이다.

유가(儒家)도 또한 이 이름을 모칭했다. 『후한서』에 이르기를 "포함(包咸)·유숙(劉淑)은 정사(精舍)를 세우고 오경(五經)을 강의하여 가르쳤다."라고 했고, 위(魏)나라 무제(武帝)는 초동정사(譙東精舍)를 짓고 가을과 여름에 책을 읽으려 했고, 주자(朱子)에겐 무이정사(武夷精舍)가 있었는데, 이는 유가의 정사(精舍)인 것이다.

이렇게 세 종교(三敎:佛·道·儒敎)가 다 정사(精舍)가 있었는데, 다만 속지(俗地)에 있는 것은 마땅하지 않았다.(王世貞의 말이다.―원주) 지금 서울의 저자 거리의 시끄러운 티끌 속 집에도 다 편액을 정사(精舍)라고 말했는데 이는 잘못이다.

(164) 헌(軒)·청(廳)

헌(軒)이란 첨우(檐宇)인 것이고, 청(廳)이란 정사를 들어 처리하는 집인 것이다. 우리 나라 말에 무릇 잔판(棧板)을 편 데를 마루(抹樓)라 하여 곧 헌(軒)과 청(廳)을 이에 해당시키는데, 이는 잘못이다. 헌(軒)은 본디 높은 수레의 이름이고, 첨우(檐宇)의 끝으로 높이 올라 전망이 넓은 것을 빌려 이름한 것이다. 장랑(長廊)에 창문이 있고 주위로 돌게 된 것도 또한 헌(軒)이라고 이른다.(左思의 「魏都賦」 周軒中天이라는 글의 주에도 이와 같이 말했다.―원주) 또 전당(殿堂) 앞의 추녀가 특히 일어나고, 굽은 서까래의 가운데 대들보가 없는 것도 또한 헌(軒)이라 이른다.(天子가 正堂에 나가지 않고, 平臺에 나가는 것을 臨軒이라고 말한다. 이는 漢書 註에 보인다.—원주) 역서(譯書)에는 무릇 넓은 창문, 짧은 추녀의 집은 곧 이를 헌(軒)이라 이른다고 했으니, 반드시 잔판(棧板)이 아닌 것을 헌(軒)이라 한다.

청(廳)은 본디 관부 치관(官府治官)의 집인데, 한(漢)나라·진(晉)나라는 다 청(廳)으로 만들고, 육조(六朝) 이래로는 청(廳)자에 엄(广)자 머리를 더하여 청(廳)자를 만들었는데, 후세에 사사로운 집에 붙은 그 바깥채로, 일을 다스리는 곳도 또한 청(廳)이라고 이름하였다.(李侗은 廳事의 앞은 겨우 말이 돌아감을 용납했다고 하였다.—원주) 그런데 지금 세상에서 내사 중당(內舍中堂)을 이름하여 대청(大廳)이라고 말하는 것은 잘못이다.

(165) 사랑(斜廊)

사랑(斜廊)이란 집 곁의 가로 놓인 행랑채를 말한다. 우리 나라 사람들은 이를 잘못 번역하여, 바깥채(外舍)로 일을 듣고 처리(廳事)하는 집을 사랑(斜廊)이라고 말한다.(옛날 풍속에는 內舍는 넓고 크고, 外舍는 낮고 작으며, 廊廡와 다름이 없으므로 중국 斜廊의 이름으로 모칭한 것이다. 지금 세상에는 外舍가 더욱 넓고 크니 斜廊이라는 이름은 더욱 합당하지 않다.—원주)

탁량(托樑)을 잘못 번역해 도리(徒里)라 하고,(托樑의 음은 '토량'이다.—원주) 두공(斗拱:짧은 기둥)을 잘못 번역해 대공(大共)이라 하고(斗拱의 음은 '투궁'이다.—원주) 퇴창(推窓)을 잘못 번역해 도이창(刀伊窓)이라 하고,(推窓의 음은 '튀챵'이다.—원주) 박봉(薄縫)을 잘못 번역해 박궁(朴宮)이라 하고(薄縫의 음은 '보봉'이다.—원주) 항동(炕洞)을 잘못 번역해 굴독(窟秃:굴뚝)이라 하고(炕洞의 음은 '캉둥'인데, 우리 나라 말은 이를 '고래(高來)'라 말하고, 埃을 窟秃(굴뚝)이라고 한다.—원주) 청랑(圊廊:뒷간)을 잘못 번역해 정랑(精朗)이라고 한다.(圊廊의 음은 '칭랑'이다.—원주)

(166) 아(衙)

아(衙)란 천자(天子)의 사는 데인 것이다. 『당서(唐書)』 지리지(地理志)

에 이르기를 "명당(明堂)의 서쪽에 무성전(武成殿)이 있는데, 곧 정아(正衙)로서 정사를 듣고 다스리는(聽政) 곳이다."라 했다.

『오대사(五代史)』이기전(李琪傳)에 이르기를 "선정전전(宣政前殿)을 아(衙)라고 이르고,(앞에 있는 까닭으로 正衙라 한다.—원주) 자신편전(紫宸便殿)을 합(閤)이라 이른다."라고 했다.

『송사(宋史)』의 예지(禮志)에 이르기를 "문무관(文武官)은 날마다 문덕전 정아(文德殿正衙)로 나아간다. 이를 상참(常參)이라 한다." 했다.

그 이름의 존중됨이 이와 같았다. 오직 그 좌아청사(坐衙聽事)는 상하가 다 한가지였다. 그러므로 중외관서(中外官署)에서 그 정사를 듣고 처리하고 배알함을 받는 것도 또한 좌아(坐衙)라고 일컫는다. 하루는 양아(兩衙)였다.(옛날 대부 가신은 하루에 두 번 알현하였다. 朝見은 아침에 하고 夕見은 저녁에 하였는데, 곧 兩衙를 말한 것이다.—원주) 보아(報衙)·방아(放衙)·진아(趁衙)·퇴아(退衙)는 모두 참현(參見)의 이름이다. 지금 풍속에 수령(守令)이 그 처첩(妻妾)을 거느려 내옥(內屋)에 두는 것을 이름하여 내아(內衙)라 하는 것은 예도가 아니다.

『북사(北史)』의 장손성전(長孫晟傳)에 이르기를 "양제(煬帝)는 장손성(長孫晟)을 이끌어들여 내아 숙위(內衙宿衛)를 맡겼다."라고 했다. 『오대사(五代史)』의 조봉전(趙鳳傳)에 이르기를 "명종(明宗)은 주현표(周玄豹)를 내아지휘사(內衙指揮使)로 삼았다."고 했다. 내아(內衙)는 오히려 내금(內禁)인 것이다. 그 엄중함이 이와 같은데 어찌 처첩의 거처하는 곳이랴. 마땅히 참람하다 할 것이다.

(167) 유(牖)

유(牖)란 햇볕을 받아들이는 창문인 것이다. 벽을 뚫어 밝은 곳을 향하여 나무를 가로질러 만든 창문을 유(牖)라고 한다.(『說文』에 일렀다.—원주)

『주역(周易)』에 말하기를 "남을 설득시키는 데는 그 사람이 이해하기 쉬운 데서부터 설명하여 들어가는 것이 좋다."라고 했고, 『논어(論語)』에는 말하기를 "창으로부터 그 손을 잡았다."라고 했다.

옛날에는 방안을 출입할 때는 반드시 문으로부터 했다.(공자가 말하기를 "누가 능히 문을 경유하지 않고 나올 수 있으랴."고 했다.—원주) 자유(自牖)라고 이르는 것은 몸은 방으로 들어가지 않고 창문 밖에 앉아서 손을 들여놓아서 손을 잡는 것이다. 문이 집의 동쪽에 있고, 유(牖)란 모두 남창인 것이다.(창은 좁고 작게 만들어 다만 햇볕을 받아들일 만하게 하고 사람이 능히 드나들 수 없었으니, 지금 풍속의 남창과 같이 넓지는 않았다.—원주)

『예기(禮記)』에 북유(北牖)는 예경(禮經)에서는 북용(北墉)이라고 만들었는데, 『예기』의 말이 잘못인 것이다. 『논어주(論語註)』에 이르기를 "『예기』에 병자(病者)가 북유(北牖) 밑에 살고 있다." 했고, 김이상(金履祥)은 이르기를 "유(牖)는 잘못이다. 마땅히 용(墉)으로 만들 것이다." 했는데, 이는 예경(禮經)에 의거한 말이다.

옛날에 남유(南牖)는 햇볕을 받아들이기 위함이고, 북용(北墉)은 추위를 막기 위함이었다. 그런데 우리 나라 어린 아이를 가르침에는 유(牖)자를 역(閾:문지방) 자의 뜻으로 만들었으니 옳겠는가.

(168) 계(禊)

계(禊)란 결(潔)인 것이다. 정(鄭)나라 풍속에 상사(上巳:음력 3월의 첫째 巳日)에 난지(蘭芷)를 채취하여 상서롭지 못한 것을 푸닥거리하여 없애며, 이를 계(禊)라고 일렀다.

한(漢)나라 예의지(禮儀志)에 이르기를 "상사(上巳)에 관민(官民)이 다 동쪽으로 흐르는 물 위에서 묵은 때를 씻어 없앤다."라고 했다. 결(潔)은 제사 이름(祭名)이다. 지금 풍속에는 돈을 추렴하여 이자를 불리는 것을 이름하여 계(禊)라고 한다. 계(禊)자는 본디 글자가 없고 오직 난정첩(蘭亭帖)에만 있다. 방(坊)은 본디 계(禊)자인데, 잘못되어 계(禊)자로 만들고 이를 따라 도습하고 있는 것이다. 진(晉)나라 풍속은 계(禊)를 좋아하였다. 왕희지(王羲之)・사안(謝安) 등 여러 사람은 함께 계사(禊事:禊祭의 행사)를

닦았다.(修의 뜻은 옛날 행하던 것을 닦는 것이다.―원주)

우리 나라 사람은 무릇 여러 사람과 모여서 술을 마시는 것을 다 계(禊)라고 이르고 동갑의 모임을 갑계(甲禊)라 말하고, 같은 해에 과거 시험에 합격한 것을 방계(榜禊)라 말하고, 동관(同官)을 요계(僚禊)라 말하며, 옥당(玉堂:弘文館)이 계병(禊屛)을 마련하고, 괴원(槐院:承文院)이 계첩(禊帖)을 꾸미는데, 이러한 풍속이 서로 전해졌고, 향촌(鄕村)에서 돈을 추렴한 사람들도 또한 계(禊)를 이름할 따름이다. 이 같은 계(禊)는 마땅히 계(契)라고 이름할 것이다. 계(契)란 약속이고 합침이다. "이름을 돌이켜 뜻을 생각한다."고 하는 말이 있으니 어찌 존경이나 신임을 받지 않으리요.

(169) 상사(上巳)

상사(上巳)란 3월 상순의 사일(巳日)이다. 세상에서는 다 이를 읽어 지지(地支)의 사(巳:음은 '사(汜)'이다.―원주)라고 한다. 그러나 요즘 선비들은 이를 천간(天幹)의 기(己:음은 '기(起)'이다.―원주)라고 이르는데, 참으로 상갑(上甲)·상정(上丁) 및 무일(戊日)을 사일(社日)이라 하고 경일(庚日)을 복날(伏日)이라 하는 따위는 다 이것이 천간(天幹)이니, 자(子)·축(丑)·인(寅)·묘(卯)는 쓰이는 것이 아니다. 또 상순(上旬)은 본디 다만 10일이니, 만일 그 초하룻날이 마침 오일(午日)·미일(未日)이라면 상순 10일의 안에는 사일(巳日:巳음은 '사(汜)'이다.―원주)이 없다. 곧 이 해의 계춘(季春)에는 마침내 상사(上巳)가 없다. 그것은 천간(天幹)의 기(己)라고 하는 것은 의심할 것이 없다.

(170) 파일(破日)

파일(破日:음력으로 5일, 14일, 23일의 총칭)을 쓰지 않는 것은 옛날 일이 아니다. 고사기(高士奇)가 말하기를 "초닷샛날, 열나흗날, 스무사흗날을 월기(月忌:한 달에 꺼리는 날)로 삼는데, 대개 이 3일은 곧 하도(河圖) 숫자의 궁오수(宮五數)일 뿐이다. 오(五)는 임금 상(君象)이 되므로 일반 백성들은 감히 사용하지 못한다."(고사기의 말은 다만 이것뿐이다.—원주)라고 했다.

중국에서는 오직 일반 백성들은 감히 쓰지 못하는데, 우리 나라에서는 무릇 임금이 전좌(殿坐)·동가(動駕)에도 다 쓰지 않는다. 이 날은 오(烏:까마귀)가 그 중궁천극(中宮天極)에 있어 임금의 소용이 된다고 하는 것이다.

(171) 하(霞)

하(霞:노을)란 붉은 구름(赤雲) 곧 노을을 말한다. 우리 나라에서는 이의 뜻을 무(霧:우리말로 '안개'라 한다.—원주)라고 했다.

송(宋)나라 휘종(徽宗)의 시에 이르기를 "해가 저녁 안개에 비쳐 황금 같은 세상일세.(日照晚霞金世界)"라고 했는데, 이는 누른 안개가 해를 덮어 이런 황금빛이 된 것을 말하는 것이니, 어찌 잘못이 아니리오. 옥(玉:구슬)에 붉은 결점이 있는 것을 하(瑕:옥티)라고 말한다. '하'란 하(霞)이다. 옥에 검은 결점이 있는 것을 점(玷:옥티)이라 이른다. 점(玷)이란 점(點)이다.(點자는 '흑(黑)'자 부수에 딸려 있다.—원주)

(172) 탄기(彈棊)

탄기(彈棊)란 장렴(粧奩:화장대)의 놀음이다. 그 형세는 축국(蹴鞠)과 같다. 지금 사람들은 시구(詩句)에 위기(圍棊:바둑)도 또한 탄기(彈棊)라고 일컫는데 이는 잘못이다. 『태평광기(太平廣記)』를 살펴보니 이르기를 "한(漢)나라 성제(成帝)는 축국을 좋아했다. 여러 신하들은 몸을 피로하게 하는 것은 임금으로서 마땅한 것이 아니라고 충고하니 성제는 말하기를, 같은 놀이이면서 피로하지 않은 것을 가려서 아뢰도록 하라 했다. 이 때 유향(劉向)이 탄기(彈棊)를 아뢰고 이를 올리니, 성제는 기뻐하며 청고구(青羔裘:푸른 염소가죽으로 만든 옷)와 자사리(紫絲履:붉은 실로 만든 신)를 내렸다."(탄기놀음의 방법은 蹴鞠과 비슷하다는 것을 알 수 있다.—원주)라고 했다.

『후한서(後漢書)』에 이르기를 "양기(梁冀)는 만만(挽滿)·탄기(彈棊)·격오(格五:또한 놀이 이름이다.—원주)·육박(六博)·축국(蹴踘)·의전(意錢)의 놀음에 능숙했다."라고 했다. 『남사(南史)』에 이르기를 "공임지(孔琳之)는 음률(音律)에 통달하고, 탄기(彈棊)에 능숙했다."라고 했다.(典論에 이르기를 "내 다른 놀음에는 좀 기뻐하는 정도지만, 오직 彈棊만은 그 묘리를 다 이해한다."라고 했다.—원주) 『세설신어(世說新語)』에 이르기를 "탄기(彈棊)는 위(魏)나라 궁전 안에서 즐기던 장렴놀이(粧奩戲)이다."라고 했다. 『수서(隋書)』에 이르기를 "서광(徐廣)이 지은 『탄기보(彈棊譜)』 한 권(卷)은 그것을 별격(別格)의 놀이라고 한다." 했는데, 이로써 분명하다.

두보(杜甫)의 시에 이르기를 "탄기놀이를 즐기는 밤중에 등불꽃이 떨어졌네.(彈棊夜半燈花落)"라고 했다.(岑參의 시에는 이르기를 "뜻대로 술을 마시고 아울러 탄기놀이를 했다."고 했다.—원주)

왕유(王維)의 시에 이르기를 "은낭사모를 갖추고 앉아서 탄기놀이를 했다.(隱囊紗帽坐彈棊)"라고 했다.

이러한 시들은 다 이 놀이를 읊은 것이다. 우리 나라 사람은 이 두 사람(杜甫·王維)의 시를 보고, 잘못 위기(圍棊:바둑)로 여겼다. 전례를 좇음이 같았다.

(173) 잔탁(盞托)

잔탁(盞托)이란 술잔(酒盞)을 받는 그릇이다. 우리 나라 말은 이를 잘못 번역해 잔대(盞臺)라고 하였다.(盞托의 중국음은 '잔놘'라 한다.—원주) 초화(草花)에 금잔(金盞)·은대(銀臺)가 있는데, 이를 인용하여 증명하려 하는 것은 잘못이다. 경대(鏡臺)·촛대(燭臺)·향대(香臺)·연대(硯臺)에는 이것이 있으나, 잔대(盞臺)에는 근거로 할 수 있는 말이 없다.

(174) 탕병(湯餠)

탕병(湯餠)이란 국수 삶은 것이다. 지금 사람들이 원조(元朝)에 먹는 흰

떡(白餠)을 끓여 익힌 떡국을 이에 해당시키는 것은 잘못이다. 속석(束晳)이 이르기를 "만두(饅頭)는 마땅히 봄에 좋고, 박장(薄壯)은 여름에 좋고, 기수(起溲)는 가을에 좋고, 탕병(湯餠)은 겨울에 좋다."라고 했다.(『世說新語』에 이르기를 "何晏은 上帝를 모시는데 湯餠을 먹게 한다."라고 했다.—원주) 당(唐)나라 사람은 탕병(湯餠)을 불탁(不托:떡국)이라 이르고, 또한 박탁(餺飥:수제비)이라고 말하는데, 이는 곧 습면(濕麵)인 것이다.

소식(蘇軾)의 시에 이르기를 "탕병 한 그릇에 흰 줄이 뒤얽혀 오른다.(湯餠一杯銀線亂)"라고 했다. 이미 은선(銀線:흰 줄)이라면 곧 줄국수(條麪) 따위이다. 『당서(唐書)』 명황후전(明皇后傳)에 이르기를 "아충(阿忠)은 옷을 벗고 말국수(斗麪)를 바꾸어 생일(生日)을 위한 탕병(湯餠)을 만들었다."라고 했다. 『청상잡기(靑箱雜記)』에 이르기를 "무릇 국수 삶은 것(麪煮)을 다 탕병(湯餠)이라고 말한다."라고 했다.

(175) 약과(藥果)

약과(藥果)란 유밀과(油蜜果)의 한 이름이다. 이를 과(果)라고 이르는 것은 모양은 변했으나 과일이라는 이름은 남아 있기 때문이다. 성호 이익(李瀷)이 이르기를 "약과(藥果)를 조과(造果)라고 일컬음은 오히려 가짜 과일임을 말하는 것이다."(우리 나라 말에 무릇 진짜가 아닌 것을, 이를 만든 것이라 이른다.—원주)라고 했다.

옛날에는 밀면(蜜麪)으로써 과자(果子)의 모양을 만들되, 더러 대추나 밤과 같이, 또는 배나 감(柿)과 같이 하여 이름하기를 조과(造果)라고 말했는데, 그 뒤에 그 모양이 둥글어 그릇에 높이 담을 수가 없어 고쳐 방형(方形)으로 만들었으나 과자의 이름은 오히려 남아 있는 것이다. 지금 제사에 제물을 차릴 때 오히려 과일 접시의 줄에 놓는다. 우리 나라 말을 살펴보면 밀(蜜:꿀)을 약(藥)이라고 이른다. 그러므로 밀주(蜜酒)를 약주(藥酒)라 말하고, 밀반(蜜飯)을 약밥(藥飯)이라 말하고, 밀과(蜜果)를 약과(藥果)라고 말한다.

『초사(楚辭)』에 이르기를 "거여(粔籹)와 밀이(蜜餌)에 장황(餦餭)도 있다."라고 했는데, 왕일(王逸)의 주(註)에 이르기를 "꿀(蜜)을 쌀가루나 밀가루에 섞어 가지고 볶아서 거여(粔籹)를 만들고, 기장(黍)을 찧어서 떡(餌)을 만든다. 또 장황(餦餭)이 있는데, 이는 곧 미당(美餳:맛있는 엿)이다."라고 했다.(洪奭周가 이르기를 "粔籹는 蜜餌의 마른 것으로 10월 사이에 구운 떡이고, 蜜餌는 곧 蜜麵의 조금 윤기 있는 것으로, 곧 칠석날 먹는 꿀떡이고, 餦餭은 곧 寒具(찹쌀가루에 밀가루를 섞어 국수가락처럼 만들어 기름에 지져서 사탕을 발라서 먹는 음식. 한식 때 먹는 과자)이다."라고 했다.─원주)

이익이 이르기를 "밀면(蜜麵)으로 떡을 만들어 기름에 튀겨서 말린 것이라면 지금의 박계(朴桂)가 아니겠는가. 조금 윤기가 있는 것은 엿과 꿀을 겉에 바른 때문이니 현재의 약과(藥果)가 아니겠는가."라고 했다.

옛날 고려 충선왕(忠宣王)이 세자가 되어 원(元)나라로 들어가서 잔치를 베풀 때 우리 나라의 유밀과(油蜜果)를 썼다고 하니 그 유래가 먼 것이다.

나라의 제전인 사향(祀享:제사)에 쓰는 약과(藥果)는 중박계(中朴桂:지금 풍속으로 결혼 잔치에 漢果를 쓰고, 신부의 3일 만에 차리는 잔치에는 大藥果를 쓰는데, 이른바 漢果가 곧 大朴桂이다.─원주)이다.

거여(粔籹)·밀이(蜜餌)를 살펴보면, 비록 옛날부터 있었고, 우리 나라에서는 빈례(賓禮)나 제례(祭禮) 때에는 반드시 이런 물건을 숭상했는데, 신라·고려 시대 불교가 세상을 지배하게 되었으므로 거의 또한 면희(麵犧) 따위가 참여하였다.(陶穀의 『淸異錄』에 이르기를 "周나라 때는 영령 앞에 놓는 과일은 다 향을 섞어 만들었는데, 그 모양과 빛깔은 생것과 같았다."라고 했는데, 이는 대개 造果 따위인 것이다.─원주)

(176) 분견(粉繭)

원양견(元陽繭)이란 우리 나라의 이른바 강정(羌飣)이다. 동래(東萊) 여조겸(呂祖謙)의 제식(祭式)에 원일(元日)에 고치를 바쳤다는 글이 있다. 그리고 양만리(楊萬里)의 상원관등시(上元觀燈詩)에 이르기를

향기로운 중편을 궁성 모양으로 담은 잔치 자리에 나오니,
강정을 먹는 시골 풍습이라 옛동산이 그립구나.
　麝䭔宮樣陪公讌, 粉繭鄕風憶故園.

(蜀나라 사람은 蒸餠을 이름하여 중편(䭔)이라 한다. 李崿의 시에 이르기를, "중편을 집어먹고 손가락을 핥는데 쉴 줄을 모르네.(拈䭔舐指不知休)"라고 했다.―원주)라고 했다.

분견(粉繭)이란 강정(羌飣)이다. 이것은 열주(烈酒)로 찹쌀가루를 반죽하여 떡(餠)을 만들어 가늘게 썰어서 말린 다음에 기름에 넣어 튀기면 곧 부풀어 오르고 둥글고 커지게 만든 것이다.(李瀷의 말이다.―원주)『주례(周禮)』의 해인 이식소(醢人酏食疏)에 이르기를 "주이(酒酏:술)로써 떡(餠)을 만들었다."라고 했는데, 이는 지금 교병(膠餠:李瀷은 반드시 이것은 강정 따위를 말하는 것이라고 했다.―원주)을 일구는 것이다.

(177) 인단(印團)

인단(印團)을 세상에서는 다식(茶食)이라고 이른다. 더러 율황(栗黃:밤)을, 또는 지마(芝麻:참깨·검은깨)를 또는 송화(松花)를 가지고 가루를 만들어 꿀에 반죽하여 떡을 만든 다음에 다식판 속에 넣어 꽃·잎(葉)·고기(魚)·나비의 모양으로 박아낸 것이다.(옛날에는 쌀이나 밀가루를 가지고 이것을 만들었다.―원주)

이익(李瀷)이 이르기를 "용단(龍團)·봉단(鳳團)은 곧 다병(茶餠)의 다식판으로 그 물건의 모양을 만드는 것이 인단(印團)의 제도인데 이것을 다가(茶家)에서 취하였으므로 이를 다식(茶食)이라 한다."라고 했다.

(178) 수단(水團)

수단(水團)이란 분단(粉團)인 것이다. 세시기(歲時記)에 이르기를 "단옷날에 수단(水團)을 만들어 먹었다. 또 백단(白團)이라 이름하고, 그 정(精)

한 것을 적분단(滴粉團)이라고 한다."(張未의 시에 이르기를 "수단을 얼음물 사탕 속에 담근다."라고 했다.—원주) 또 건단(乾團)이 있는데, 이것은 물 속에 들어가지 않은 것이다.(天寶遺事에 이르기를 "궁중에서는 해마다 단오 때가 되면 粉團·角黍를 만들어 金盤 안에 쌓아놓고 작은 角弓에 화살을 걸어 粉團을 쏘아 맞는 것을 얻어 먹었다. 대개 분단은 미끄러워서 바로 맞추기가 어려웠다."라고 했다.—원주)

우리 나라에서는 단옷날에 수단(水團)을 만들어 먹지 않고 6월 15일(음력)에 이르러 이를 만들어 먹는다.(세상에선 유둣날이라고 일컫는다.—원주) 분설(粉屑)로 떡(餠)을 만든 것으로 작기가 곡자(槲子:도토리)와 같은데(본디 젓가락 같은 것을 끊어서 짧게 만든 것이다.—원주) 꿀물을 발라서 얼음에 담가 놓고 먹는 것이다.

(179) 산자(糤子)

산자(糤子)란 장황(粻䴵)인 것이다. 양신(楊愼)이 산자(糤子)를 한구(寒具)라고 한 것은 잘못이다.(寒具란 環餠이다. 곧 둥글게 돌려 뱀이 서린 것 같은 모양이다.—원주) 허신(許愼)의 『설문(說文)』에는 이르기를 "산(糤)은 벼(稻)를 볶아서 만든 장황(粻䴵)이다. 찰벼를 껍질과 아울러 볶으면 그 쌀이 탁탁 튀어 흩어지므로 이를 산자(糤子)라고 말한다."라고 했다.(지금 세상에서는 기름으로 볶는 것도 또한 튀긴다고 한다.—원주) 산자에는 세 가지 종류가 있는데, 첫째는 편산(扁糤)이다.(따로 區餠을 만들어 두 개를 서로 합하여 기름으로 지져서 윤택하게 하고 엿을 발라 튀밥을 묻혀 입힌 것이다.—원주) 둘째는 요산(蓼糤)이다.(떡을 비녀같이 만들어 가지고 볶은 다음 엿을 바르고 튀밥을 묻혀 입혀 모양이 여뀌꽃 같은 것이다.—원주) 셋째는 박산(朴糤)이다.(박산은 특별하지 않게 떡을 만들어 깨끗한 산자를 엿을 묻혀서 서로 붙이고 그것이 굳는 것을 기다려 잘라서 네모진 모양으로 만든 것이다.—원주)

동월(董越)의 「조선부(朝鮮賦)」에 이르기를 "때로는 술안주로 쌀가루 음식을 먹는다."라 하고, 스스로 주(註)를 내어 말하기를 "또한 능히 쌀떡

과자를 여뀌꽃 따위의 모양으로 만든다."라고 했다.(紅酇을 여러 겹으로 포개면 흡사 여뀌꽃과 같으므로 중국에서도 또한 이런 이름이 있다.—원주)

(180) 조고(棗糕)

조고(棗糕)란 세상에서 이른바 증병(蒸餅:증편)인 것이다.(우리말로 '증편'이라 말한다.—원주) 예원자황(藝苑雌黃)에 이르기를 "한식날에 밀가루로 떡을 쪄서 대추를 여기에 붙여서 이름하기를 조고(棗糕)라 말한다."라고 했다.(高啓의 九日詩에 이르기를 "옛 동산에서 마시던 국화주를 그리워 말자, 內府에 와서 처음으로 붉은 대추떡을 맛보았네."라고 했다. 이를 보면 대추떡은 반드시 한식 때에 만드는 것은 아니다.—원주)

이익(李瀷)이 말하기를 "우리 나라 풍속에 증병(蒸餅:증편)은 콩가루를 가지고 소(餡:餕과 같은 뜻—원주)를 만들고 겉에 대추살을 붙여 이를 고명(糕銘)이라고 하는데, 그 뜻은 처음에 대추살로 수놓은 것을 가지고 글자(文字)를 만들어 이를 고명(糕銘)이라고 했다."라고 했다.

안정복(安鼎福)이 이르기를 "왕은(王隱)의 『진서(晉書)』에 하증(何曾)은 호화로운 가세를 대대로 이어, 증병(蒸餅)은 위가 십자(十字)로 만들어지지 않으면 먹지 않았다."라고 했는데, 이는 곧 고명(糕銘) 따위를 말하는 것이 아닐까.(『晉書』何曾傳에 이르기를 "반찬의 맛은 王者보다 나았고, 증병은 위가 十字로 만들어져 터지지 않으면 먹지 않았다. 십자란 곧 위가 갈라져서 글자처럼 된 것을 말하는 것이지 銘文은 아니다."라고 했다.—원주)

『주례(周禮)』의 변인 분자(籩人粉餈)의 주(註)에 말하기를 "지금의 자고(餈糕)라는 것은 한(漢)나라 때에 이미 있은 떡(糕)이다."라고 했다.(劉夢得은 9일시를 지을 때 糕자를 쓰고자 했으나 六經 속에 이 글자가 없는 것을 생각하여 드디어는 그만두고 쓰지 않았다. 宋祁는 그렇지 않게 생각했다. 그러므로 시를 읊어 이르기를 "유랑(몽득)은 감히 糕자를 가지고 시를 짓지 못해서, 헛되이 시인 가운데 일세의 문호다움을 저버렸구나."라고 했다.—원주)

지금 『제경경물략(帝京景物略)』에 이르기를 "9일(九日)에 밀가루 떡(麪餅)에 대추·밤을 심어서 그 모양이 희뜩희뜩한 것을 화고(花糕)라고 말하는 것이다." 했는데, 이것이 바로 우리 나라 사람들이 말하는 이른바 고명(糕銘)인 것이다. 9일에는 또한 국고(菊糕:국화떡)도 있은 사실이 세시기(歲時記)에 보이는데, 이는 다 증병(蒸餠)으로, 우리 나라의 쌀가루에 꽃을 넣어 반죽하여 기름에 지져서 먹는 것과 같은 것이나 아닐까 싶다.

(181) 각서(角黍)

각서(角黍)란 종(樱:송편)이다. 이는 초(楚)나라 풍속을 적은 여러 가지 책에 보인다.

우리 나라에서 곧 전병(煎餠:부꾸미)을 떡소(餡)로 싼 것을 각서(角黍)라고 말하는 것은 잘못이다. 그 만드는 방법은 밀가루로 떡을 만들되 나뭇잎 같은 큰 반대기를 만들고, 고기가루와 채소 속을 떡소로 묻혀서 반대기를 말아 싸서 양각(兩角)처럼 만든 것을 각서(角黍)라고 한다.(楚나라 풍속은 角黍를 만드는데 더러 줄풀잎을 쓰기도 하고, 또는 갈대잎을 쓰기도 하고, 또는 멀구슬나뭇잎을 쓰기도 하고, 또는 粽心草를 쓰기도 한다. 지금은 순전한 쌀가루만을 쓰니 어찌 각서라 하리요.—원주) 그 작은 송엽발자(松葉餑子:솔잎떡)와 같은 것을 이름하여 조각(造角)이라고 말한다. 이는 양각(兩角)이 각서(角黍)같이 있는 것을 말하나 오히려 가작(假作)인 것이다.(지금 造角의 음을 造握이라고 하는데, 이는 본디 조각이다.—원주)

(182) 전과(煎果)

전과(煎果)란 중국 사람들이 이른바 과니(果泥:譯書에 말하였다.—원주)이다. 더러 소리(消梨:배)를, 또는 모과(木瓜), 또는 산사(山査:아가위)를, 또는 생강(生薑)을 쓰기도 하는데, 이런 것을 쪃어서 차지게 만들어 지져 익힌 다음에 꿀을 바른 것이다.(지금 煎果가 잘못 번역되어 正果라고 한다.—원주)

간남(肝南)이란 옛날의 이른바 수자(羞胾)이다.(土虞禮—원주)

성호 이익은 이르기를 "그 반찬은 놓이는 줄이 간번(肝燔)의 남쪽에 있으므로 '간남'이라 한다."라고 했다.

(183) 호구(餬口)

호구(餬口)란 그 더부살이하는 것이다. 그런데 이것을 그릇 전하여 입에 풀칠하며 겨우 산다는 말로 만들었다.(春秋傳에 이르기를 "그 입을 사방에 의지하여 더부살이한다."라고 했다.—원주)

절부(竊鈇)란 작도(斫刀)를 훔친다는 것이다. 그런데 그릇 옮겨져서 절철(竊鐵:쇠를 훔친다)로 만들어 쓰고 있다.(『列子』에 이르기를 "한 사람이 도끼를 잃어버리고 그 이웃집의 아들을 의심하여 보니 그 걸음걸이, 얼굴빛, 말과 행동, 태도에 도끼를 훔쳤는가 하고 생각되지 않음이 없었다."라고 했다. 그러나 그 아이는 도끼를 훔치지 않았던 것이다.—원주)

모호(模糊:분명하지 않은 모양)를 그릇 옮겨 모호(糢糊)라고 만들어 쓰고 있다.(字典에는 糢자가 없다.—원주)

난만(爛漫)을 그릇 옮겨 난만(爛熳)이라고 만들어 쓰고 있다.(字典에는 熳자가 없다.—원주) 옛글에 더러 난만(瀾漫)이라고 쓴 것은 있어도 난만(爛熳)이라 쓴 것은 없다.

(184) 면어(鮸魚)

면어(鮸魚)는 이를 민어(民魚)라고 이른다.(鮸・民은 소리가 서로 비슷하다.—원주)

추수어(蹋水魚)는 이를 석어(石魚)라고 말한다.(세상에서 이름하기를 '조기(曹基)'라고 말한다.—원주)

치어(鯔魚:숭어)는 이를 수어(秀魚)라고 이른다.(『三國志』 註에 이르기를 "치어는 바다 가운데서 사는데, 지금은 강물과 바다가 서로 이어지는 곳에 또한 더러 있다."라고 했다.—원주)

시어(鰣魚:준치)는 이를 준치(俊治)라고 이른다.(譯書에 준치를 勒魚라고 이르는 것은 잘못이다.—원주)

접어(鰈魚)는 이를 광어(廣魚)라고 말한다.(그 작은 것은 '가좌미(加佐味:가

자미)라고 말한다.—원주)

　자어(紫魚:갈치)는 이를 위어(葦魚:웅어)라고 말한다.(『爾雅』에 말한 바 鱴刀(웅어)이다. 또한 이름은 魛魚라고 하고, 또한 鮤魚라고도 하고, 또는 鱭魚라고도 하고, 또는 鱴魚라고도 이름한다.—원주)

　분어(鱝魚:가오리)는 이를 홍어(洪魚)라 한다.(李時珍이 이르기를 "모양은 연잎과 같은데 일명 鯆魮魚라고도 하고, 또는 蕃蹋魚라고도 이름한다."고 했다.—원주)

　만리(鰻鯉:장어)는 이를 장어(長魚)라고 이른다.(모양이 뱀과 같다.—원주)

　이와 같은 따위는 이루 다 셀 수가 없다.

　우리 나라에서는 이어(鯉魚:잉어)를 이응어(鯉㘝魚)라고 말한다.('㘝'자의 음은 '응'이다.—원주)

　부어(鮒魚:붕어)를 부응어(鮒㘝魚)라고 말한다.(이는 곧 鯽魚이다.—원주)

　노어(鱸魚:농어)를 노응어(鱸㘝魚)라고 말한다.(바다농어와 강농어는 같지 않다.—원주)

　사어(鯊魚:상어)를 사응어(鯊㘝魚)라고 말한다.(바다상어는 '응'자를 첨가하여 사응어라고 한다.—원주)

　수응어(秀㘝魚:숭어)·배응어(拜㘝魚:뱅어 곧 鮂鯈—원주) 등 그렇지 않은 것이 없다. 이에 있어서 '鱸'를 농어(農魚)라 말하고, '鯊'를 상어(霜魚)라 말하는데, 그 잘못 옮겨 쓴 것이 심하다.(우리말로 고기 이름에는 반드시 '치(治)'자를 더하는데 이는 눌치·준치·갈치·날치·망치·멸치·감을치(가물치)·황새치·어름치니 하는 따위이다.—원주)

(185) 해즉(海鯽)

　해즉(海鯽:도미)이란 세상에서 이른바 도미(道味)이다. 복건(福建) 사람은 이를 교력(鮫鱳)이라고 이른다. 이와 같이 아름다운 고기를 그 이름을 알지 못하여 시구에 쓰지 못하는 것은 그 숫자를 다 셀 수 없다.

(186) 노어(鱸)

노(鱸)란 강어(江魚)의 작은 것이다. 승지 신작(申綽)이 이르기를 "지금 이른바 거억정이(居億貞伊:꺽정이. '쩍정이')라고 하는데, 큰 입에 작은 비늘이고(赤壁賦—원주) 빛은 검어 쏘가리와 같고, 그 큰 것이라야 붕어와 같으니 바다농어 어족이 아니다."라고 했다.(이 말은 본디 朴景儒의 말이다.—원주) 살펴보건대, 노(盧)란 검은 빛(黑)을 뜻하는 말인데, 그 빛깔이 검으니 더욱 그것을 징험할 수 있는 것이다.

이시진(李時珍)은 이르기를 "검은 빛(黑色)을 노(盧)라고 하는데, 이 고기는 흰바탕(白質)에 검은 문채인 까닭으로 그렇게 이름한 것이다. 송강(淞江) 사람들은 이를 사새어(四鰓魚)라 이름하고, 또 농어(鱸)라고 이르는데, 오(吳)나라 지방에서 나오고, 송강(淞江)이 더욱 성하여 4~5월에는 바야흐로 한창이다. 이 고기의 길이는 겨우 두어 치(寸)이고, 모양은 작은 게 쏘가리(鱖) 같고, 빛깔은 희고 검은 점이 있고, 큰 입에 작은 비늘인 사새(四鰓)가 있다."라고 했다.

양만리(楊萬里)의 시에는 자못 그 모양을 다 그려 이르기를

꺽정이가 많이 나는 꺽정이 고장 갈잎 앞,
무지개 드리운 정자 밑에선 고기값을 논하지 않는다.
사가지고 온 옥척(玉尺)이 어찌하여 짧다 하는가.
주물을 은사에서 꺼내니 바로 이게 돈이지.
흰바탕에 검은 무늬 세네 점이 아롱지고,
작은 비늘 큰 입은 한 쌍인 생선회라네.
봄바람은 벌써 따뜻한 참맛인데,
생각건대, 가을바람이 다시금 아득히 멀어지네.
　　鱸出鱸鄕蘆葉前, 垂虹亭下不論錢.
　　買來玉尺如何短, 鑄出銀梭直是圓.
　　白質黑章三四點, 細鱗巨口一雙鮮.
　　春風已有眞風味, 想得秋風更逈然.

라고 했다.

『남군기(南郡記)』에 이르기를 "오(吳) 지방 사람이 송강(淞江)의 농어회를 수(隋)나라 양제(煬帝)에게 바치니 양제는 말하기를 '황금 같은 순채나물에 주옥 같은 농어회는 동남 지방의 아름다운 맛이로구나.' 했다."라고 했다.

원(元)나라 사람 왕운(王惲)의 시를 살펴보면, 이것은 농어(鱸魚)의 화상(畫像)으로 그것이 꺽정이(㹞億貞伊)임을 의심할 것이 없다.

원(元)나라 왕운(王惲)의 시에 이르기를

농어를 옛사람들이 귀하다기에,
나도 오강(吳江)으로 떠나갔다오.
가을은 이 때 벌써 지나갔는데도,
생각은 순채국 농어회 향기로 가득하였지.
처음엔 음식같이 여기지도 않았으나,
색다른 고기라서 맛은 좀 볼 만했다.
입을 딱 벌리고 볼을 불룩거리느라니,
가는 비늘이 눈빛과 빛을 다툰다.
등은 화려하게 점점이 아롱지고,
더러 둥글고 또는 비껴 모나기도.
하나의 등골뼈에 잔뼈들은 없지만,
먹으려면 센 가시는 발려 없애야지.
살코기는 바다의 엉겅퀴보다 낫고,
맛의 아름답기는 물의 방어고기를 누르겠네.
등불 앞에 앉아서 젓가락을 놓지 않고,
씹으면 씹을수록 맛은 더욱 뛰어나다.

 鱸魚昔人貴, 我行次吳江.
 秋風時已過, 滿意蓴鱸香.
 初非爲口腹, 物異可闕嘗.

口哆頰重出, 鱗纖雪爭光.
背華點玳斑, 或圓或斜方.
一脊無亂骨, 食免刺鯁防.
肉膩勝海鱭, 味佳掩河魴.
燈前不放箸, 愈啖味愈長.

라고 했다.

강물고기와 바닷물고기의 이름이 더러 서로 통하기도 한다. 사(鯊:사어)란 모래를 불리는(吹沙) 고기이다.(속칭 '모리무지'—원주) 바다의 교어(鮫魚:상어)도 또한 사어(鯊魚)라고 일컫는다.(가죽 위에 모래가 있어서 칼집을 장식할 수 있다.—원주) 같은 족속이 아니면서 같은 이름을 가진 것은 또한 본디부터 있었다. 다만 우리 나라 사람들이 이른바 농어(農魚)를 노어(鱸魚)라고 하는 것은 절대로 옛글에 근거가 없는 것이다.

(187) 정(蟶)

정(蟶:긴맛·맛살조개)이란 조개(蚌)류에 속하는 것으로 세상에서는 이를 가리맛(嘉里哈:가리맛—원주)이라고 이른다. 선조 25년(1592) 임진왜란 때 명나라 장수의 하인(家丁)이 저자에 가리맛(蟶)이 있는 것을 보고 들어와서 이를 알리니, 명나라 장수는 이를 먹고 싶어하였다. 우리 나라 사람은 가리맛이 어떤 것인지를 알지 못하여 우리 나라 산물이 아니라고 알리니, 명나라 장수가 크게 성내어 천천히 그 조리를 펼 수 있었다.(『星湖僿說』에 보인다.—원주)

『본초(本草)』를 살펴보니 말하기를 "민월(閩越:福建省) 사람은 밭에 이를 심어 길렀는데, 이를 정전(蟶田)이라 했다."라고 한다.

(188) 연(蜒)

연(蜒)이란 벌레의 이름이다. 유연(蚰蜒:그리마)·만연(蝡蜒:뽕벌레)이 있다.(또 蜒蜑은 꾸불꾸불 긴 모양—원주) 단(蜑:남방 오랑캐)이란 야만의 무리를 뜻하는 말로 양단(獽蜑:오랑캐)·동단(洞蜑:오랑캐)이 있다.(또 天門에는 蠶의 여러 종류가 있다.—원주) 연(蜒) 자는 음이 연(延)이고, 단(蜑) 자는 음이 단(但:蕩早切—원주)으로 두 글자는 같지 않다. 다만 만단(蠻蜑)을 때로는 만연(蠻蜒)·만풍(蠻風)이라고 만들어 쓰고, 연우(蜒雨)라고 한 것이 때로는 옛날 시에 보인다. 속된 선비들은 연(蜒)이란 신(蜃:이무기)에 속한 것이라고 말하여, 무릇 남해상(南海上)의 시구에 문득 연풍(蜒風)·연우(蜒雨:음은 延이라고 읽는다.—원주)라고 써서 이를 인정하고, 석연(石燕)의 비(雨)니, 강돈(江豚:돌고래)의 바람(風)이니 하는 것은 잘못이다.

(189) 포합(蒲鴿)

포합(蒲鴿)이란 미과(美瓜:맛있는 오이)의 이름이다. 두보(杜甫)의 시에 이르기를 "광주리를 기울여 보니 오이빛이 푸르고(傾筐蒲鴿靑)"라고 했는데, 여기 노래한 포합(蒲鴿)이 곧 이것이다. 지금 사람들은 더러 이 말을 발합(鵓鴿:집비둘기)의 빛이 푸르다는 뜻으로 인식하여 백합(白鴿:흰집비둘기)이니 자합(紫鴿:붉은집비둘기)이니 하는 말을 쓰는 것은 잘못이다.

(190) 수표(水豹)

수표(水豹:바다표범)란 해구(海狗:물개·바닷개)인 것이다. 물개 가죽은 수표피(水豹皮)라 말하고, 신(腎)은 해구신(海狗腎)이라고 말한다. 이는 두 가지 동물이 아니다.『본초(本草)』에 이르기를 "올눌(膃肭:물개)은 일명 골눌(骨貀)이라고 하는데, 그 배꼽을 해구신(海狗腎)이라 하고 그 털이 짧고 빽빽하고 연푸르고, 흰털의 위에 짙푸르고 검은 점이 있고, 그 가죽은 두껍고 질겨서 쇠가죽과 같은데, 변방의 장수들은 이것을 얻어서 안장 언치를 장식한다."고 했다.

우리 나라 사람은 이를 이름하여 해표(海豹)라고 말한다. 그러므로『당서(唐書)』신라전(新羅傳)에 이르기를 "개원(開元:713~741) 연간에 어아주

(魚牙紬)·해표피(海豹皮:『삼국사기』에도 또한 이 사실이 실려 있다.―원주)를 바쳤다."라고 했다. 고황(顧況)이 그 종형(從兄)을 신라(新羅)로 사신 보내며 읊은 시에 이르기를 "바다표범이 맘대로 푸른 물결을 분다.(水豹橫吹浪)"라고 했는데, 다 이 동물을 말한 것이다. 그런데 속된 말에 또 이를 이름하여 수우(水牛:물소)라고 하는데,(물소가죽으로 만든 挂囊이 있고, 물소가죽으로 만든 가죽신이 있다.―원주) 이것은 잘못이다.

(191) 맥(貊)·예(濊)

맥(貊)이란 동북이(東北夷)를 총칭하는 이름이다. 『주례(周禮)』 직방씨(職方氏) 칠민 구맥(七閩九貉)의 주에 이르기를 "동북(東北)을 맥(貉)이라고 말한다. 조선(朝鮮:古朝鮮)은 정동(正東)에 있으니 맥지(貉地)가 아니다. 예(濊)란 지명이다. 더러 물 이름이라고 말한다.(濊자는 水 부수에 있다.―원주) 그러므로 그 임금은 스스로 예왕(濊王)이라고 일컫는다.(夷貊의 임금은 夷王·貊王이라고 일컬을 수 없다.―원주) 맥(貊)은 아홉 종족이 있는데, 이들은 다 동북(東北:지금 興京 주위이다.―원주) 지방에 있는데, 예맥(濊貊)은 그 하나이다. 후세에 또한 양맥(梁貊)·소수맥(小水貊)·구려맥(句麗貊)의 구별이 있었다."(畎夷·于夷·赤狄·白狄과 같다.―원주)라고 했다.

우리 나라 사람들은 느닷없이 예맥(濊貊)을 나누어 둘로 만들고 또 강릉(江陵)을 예(濊)라 하고, 춘천(春川)을 맥(貊)이라 하니 어찌 잘못된 것이 아니리요. 예(濊) 사람들은 동쪽으로 강릉(江陵)에 옮겨 살고,(北扶餘王 解夫婁는 加葉原에 옮겨 살았다.―원주) 맥(貊) 사람은 남쪽으로 춘천(春川)에 의거했다.(漢나라 말엽에 樂浪國이 春川에 의거했는데, 본디 貊 사람이다.―원주) 어찌 반드시 두 고을(二邑)이 마침내 예맥(濊貊)을 이루었으리요. 맥(貊)은 오곡(五穀)이 생산되지 않는다고 했는데, 춘천(春川)이 어찌 그러한가? 맥목(貊木)은 나무껍질의 두께가 3치(寸)라고 했는데, 춘천(春川)이 어찌 그러한가? 관계도 없는 족속을 이끌어 마땅하지 않은 이름을 뒤집어씌움은 미혹함에서 벗어날 줄 알지 못하는 것이다.

(192) 화랑(花郞)

　화랑(花郞)이란 신라(新羅) 시대 그 귀족의 유람 단체의 이름이다. 지금 무부(巫夫:무당)나 창우(倡優:광대)와 같은 미천한 무리를 화랑(花郞)이라고 이르는 것은 잘못이다. 당(唐)나라 영호징(令狐澄)의 『신라국기(新羅國記)』에 이르기를 "귀인(貴人)의 자제로서 아름다운 사람을 가려서 분을 발라 곱게 단장하여 이름하기를 화랑(花郞)이라 했는데, 나라 사람이 다 이를 존경하고 본받았다."라고 했다.
　우리 나라 역사에는 이르기를 "화랑(花郞) 제도가 이미 마련되자 많은 화랑의 무리들이 구름처럼 모여들어서 서로 도의(道義)를 연마하고, 서로 가악(歌樂)을 즐기고, 산속으로 유람하여 놀며 먼 데까지 이르지 않은 곳이 없었다."고 했다.(金大問의 『花郞世紀』에 이르기를 "충성된 재상과 어진 신하가 여기로부터 나오고, 훌륭한 장수와 용감한 군사가 이로부터 생겨났다."고 했다.—원주)
　생각건대, 화랑(花郞)은 옷을 화려하게 단장했는데, 지금 창부(倡夫)도 또한 옷을 화려하게 단장하므로 이러한 이름을 뒤집어쓰게 된 것일까.

(193) 수척(水尺)

　수척(水尺)이란 관기(官妓)의 별명(別名)이다. 지금 관비로 물긷는 사람을 오히려 무자이(巫玆伊:무자리)라고 일컫는데 글로 이를 번역하여 곧 수척(水尺:巫란 물(水)이고 玆란 자(尺)이다.—원주)으로 만든 것이지, 급수(汲水)로 말미암아 얻어진 이름이 아니다.(妓의 옛날 이름은 婢에서 옮겨진 것이다.—원주)
　우리 나라에는 본디 기생(妓生)이 없고 양수척(楊水尺:무자리)이 있었다. 이들은 본디 유기장(柳器匠:버들고리를 만드는 사람)의 유종(遺種)으로서 그 종족의 부락은 본디 본관이 없고, 수초(水草)를 쫓아다니기를 좋아하여 옮겨다니며 사는 것이 무상(無常)하였고, 오직 사냥하는 것을 일삼고, 버들고리(柳器:버들고리짝이다.—원주)를 팔며 살아갔다.

　고려 시대 이의민(李義旼)의 아들 이지영(李至榮)은 양수척(楊水尺)을 기적(妓籍)에 편입시키고 공부(貢賦) 징수를 마지 아니했다. 이로부터 이후에는 남자가 나면 사내종을 만들고, 여자가 나면 기생(妓)으로 만들었는데, 이것이 우리 나라에 기생이 있게 된 시초이다.(元나라 耶律楚材는 오랫동안 西番에 나그네로 가 있었는데, 그가 기생에게 준 시에 "기생(妓)은 다 긴 구렛나룻이 있었다."고 했다. 이로써 곧 서번에도 또한 기생이 있었다.—원주) 수척(水尺)의 이름은 대개 여기에 근원이 있다.

　지금 포노(庖奴)의 이름을 도척(刀尺)·포정(庖丁)이라고 말하는데, 이들은 반드시 버들고리짝을 만들었다. 모두 옛날의 풍속이 유전되어 온 것이다.

(194) 장획(臧獲)

　장획(臧獲)이란 노비(奴婢:남녀종)인 것이다. 우리 나라 말은 와전되어 장확(莊穫)이라 하고 농서(農墅:농장)의 별명으로 만들어서 남에게 전업(田業)의 있고 없음을 물을 때는 반드시 장확(莊穫)이 어디에 있느냐고 하는 것은 잘못이다. 『양자방언(揚子方言)』에 말하기를 "형·회·해·대(荊淮海岱)의 지방에서는 노(奴:사내종)를 꾸짖을 때 장(臧)이라고 말하고, 비(婢:계집종)를 꾸짖을 때 획(獲)이라 말한다. 연(燕) 지방의 북쪽 교외에서는 사내로서 비(婢)에게 장가 든(壻) 사람을 장(臧)이라 하고,(계집종의 남편—원주) 여자로서 노(奴:사내종)에게 시집간 사람을 획(獲)이라 한다.(곧 사내종의 아내—원주)

　그러나 『한서(漢書)』 사마천전(司馬遷傳) 장획(臧獲)의 주(註)에 이르기를 "진작(晉灼)이 말하기를 '적에게 패하여 사로잡혀 노예(奴隷)가 된 사람을 장획(臧獲)이라 한다.'고 했는데, 안사고(顔師古)는 이를 잘못이라 하였다."(應劭는 方言에서 인용—원주) 또 통속문(通俗文)에 말하기를 "옛날에는 본디 노비(奴婢)가 없었는데, 곧 사건을 일으켜 법을 위반한 사람은 더러 이를 용서한다. 장(臧)이란 은닉죄를 당하면 몰입하여 관노비(官奴婢)를 만들고, 도망쳤던 사람을 붙잡으면 노비(奴婢)를 만들었다."라고 했다.(晉灼의 말과 通俗文을 살펴보면 다 秋官에 俘隷·罪隷 글에 의거하였다.―원주) 다른 학설도 있다.

고황(顧況)의 애민사(哀閩詞)에는 이르기를 "아이(囝)가 남방에서 낳았을 때 민리(閩吏)가 이를 얻으면 곧 그 생식기를 끊어서 장(臧)을 만들고 획(獲)을 만들었다."라고 했다.(朱翌의 『猗覺寮雜記』에는 이미 말한 생식기를 끊은 사실을 적고 또 말하기를 "獲을 만드는 것은 곧 陰陽이 분명하지 않아서 남자와 여자를 분별할 수 없는 것이다."라고 했다.―원주)

(195) 걸사(乞士)

걸사(乞士)란 머리를 깎지 않은 중(僧)을 말한다. 우리 나라 말에 이를 거사(居士)라고 말하는 것은 잘못이다. 왕세정(王世貞)의 『완위여편(宛委餘編)』 불서역언(佛書譯言)에 기록하기를 "비구(比丘)란 걸사(乞士)이다. 그 윗사람은 법을 빌고(乞法), 아랫사람은 밥을 빈다.(乞食)"고 했다.(乞士의 아내는 優婆尼라고 말하는데, 우리말로는 이를 舍堂이라고 이른다.―원주) 『예기(禮記)』에 말하기를 "거사(居士)는 금대(錦帶)를 맨다."(주에 道藝處士라고 일렀다.―원주)라고 했다.

호소(胡昭)를 호거사(胡居士)라 일컫고,(魏志에 나온다.―원주) 도흡(到洽)을 도거사(到居士)라 일컫고,(『南史』에 나온다.―원주) 우기(虞寄)를 동산거사(東山居士)라 일컫고,(『南史』에 나온다.―원주) 백거이(白居易)를 향산거사(香山居士)라 일컫고, 구양수(歐陽脩)를 육일거사(六一居士)라 일컬었으니, 거사(居士)라는 말이 어찌 천류(賤流)들의 칭호리요. 우리 나라의 음(音)은 입성(入聲)이고, 중국음은 종성(終聲)이 없으므로 거(居)와 걸(乞)이 서로 섞인 것이다.

(196) 삼한(三澣)

삼한(三澣)이란 삼순(三旬)의 딴 이름(別名)이다. 우리 나라 사람은 다만 상한(上澣)·하한(下澣)으로만 알아서 보름날 이전을 상한(上澣)이라 하고 보름날 이후를 하한(下澣)이라고 하는 것은 잘못이다.

『단연록(丹鉛錄)』에 이르기를 "세상에서 상한(上澣)·중한(中澣)·하한(下澣)을 삼한(三澣)이라고 한다. 대개 본디 당(唐)나라의 제도로 10일(日)을 1휴목(一休沐)이라고 한 것인데, 지금도 오히려 이 풍습을 따르는 것이다."라고 했다.(陸游 시에 이르기를 "옛날 옷이 이미 해졌어도 달마다 三澣에 빨아 입고, 짧은 머리가 비록 남았어도 하루에 한 번씩 빗질한다."라고 했다.—원주)

성호 이익이 말하기를 "조맹부(趙孟頫)의 난정도발(蘭亭圖跋)에 칠월중한(七月中澣)이라 일렀다."고 했다. 따라서 한 달(一月)이 삼한(三澣)임이 분명하다. 지금 사람들은 더러 상현(上弦)·하현(下弦)을 상한·하한이라 하는데 이는 잘못이다.

(197) 사(賖)

사(賖)란 세내는 것이다. 『주례(周禮)』 사시(司市)의 주에 이르기를 "돈(貨)이 없으면 외상으로 세를 준다."라고 했다.(돈을 쓰지 않고 먼저 그 물건을 갖는 것을 말한다.—원주)

우리 나라 사람은 외상으로 사는 것으로 여긴다. 일찍이 한 시집을 보니 이르기를 "스스로 주머니 돈을 가지고 흰술을 외상으로 샀다.(自取囊錢賖白酒)"라고 했다. 중국 사람들이 이것을 보면 반드시 이해하기 어려울 것이다.(속된 선비들은 사(賖)자를 알지 못하고 우리말로 외상(外上)이라고 일컫는다.—원주)

옛날의 시에 이르기를

가련한 백비와들이
서로 다투어 술집으로 들어가더라.
돈도 없으면서 다만 함께 술을 마시고는,

땅에다 그려놓고 다음에 갚을 것을 약속하는구나.
　可憐白鼻騧, 相爭入酒家.
　無錢但共飮, 畫地作交賒.

라고 했다. 이를 보아도 그 뜻을 알 수 있다.
두보(杜甫)의 시에 일렀다.

이웃 사람에게 맛좋은 술이 있어서,
어린 아이가 능히 외상으로 사올 수 있었다.
　鄰人有美酒, 稺子也能賒.

(돈을 내지 않고 술을 가져오는 것은 어린 아이로서 능한 것이 아니므로 특히 也能이라고 말했다.—원주)

황정견(黃庭堅)의 시에 일렀다.

깊이 향리를 번거롭게 만들까 생각하여,
빈궁함을 참고 외상으로 빌리는 것을 금했다.
　深念煩鄕里, 忍窮禁貸賒.

(198) 세(貰)

세(貰)란 사(賒:외상으로 삼)인 것이다.(『說文』에는 貸라고 일렀다.—원주) 패공(沛公)은 일찍이 왕온무(王媼武)를 좇아 세주(貰酒)를 빚졌다. 이는 돈을 주지 않고서 외상으로 사서 가진 것이다.

우리 나라 말은 무릇 돈을 주고 산 물건을 빌리는 것을 세를 낸다(出貰)고 말하여 고마(雇馬)를 세마(貰馬)라고 말하고, 고여(雇轝)를 세여(貰轝)라 말하는데, 이는 다 잘못이다.

백거이(白居易)의 시에 일렀다.

우리 집 술도 이미 다 마셔 떨어졌으니,
마을 속에는 술을 세낼 데도 없겠네.
　　家醞飮已盡, 村中無酒貰.

라고 했다. 술이 없지 않았으나 세낼 법이 없었던 것이다.
　(무릇 외상으로 산다고 말하는 것은 저쪽에 있는 것을 빌려 쓰게 되는 데 있다. 그러므로 죄를 용서하는 것(貸罪) 또한 용서한다고 이른다.—원주)

(199) 배교(杯珓)

배교(杯珓)란 무당(巫)이 길흉(吉凶)을 점(占)치는 것이다. 『주자가례(朱子家禮)』의 점치는 날에 사용되는 배교(杯珓)·척반(擲盤)이 곧 이것이다. (『朱子家禮』에 环珓라고 쓴 것은 잘못이다. 字典에는 环자가 없다.—원주) 옛날에는 구슬(玉)을 썼는데, 지금은 조개껍데기를 쓰기도 하고, 더러 죽근(竹根: 점치는 기구—원주)을 쓰기도 하는데, 이것이 일부일앙(一俯一仰:한번 굽어보기도 하고 우러러보기도 함)하면 길조(吉兆)라고 한다.

우리 나라 사람으로 점치는 사람이 고전(古錢) 세 닢을 가지고 그 엎어지고 자빠지는 것을 분별하여 괘명(卦名)을 만들어 배교(杯珓)라고 말하는 것은 잘못이다.(杯珓는 다만 두 닢이다.—원주) 그들이 쓰고 있는 이른바 조선통보(朝鮮通寶)[7]란 과장하여 기자(箕子) 시대의 고전(古錢)이라고 한다. 모르겠거니와 기자(箕子) 시대는 예서(隸書)가 생기지도 않았는데, 지금 이 돈의 글은 다 해서(楷書)·예서(隸書)이니 어찌된 일인가. 우리 나라는 조선 초기에 일찍이 한번 주전(鑄錢)했으나 이를 곧 그만두었으니, 지금 남아 떠도는 것일 뿐이다.

역주
7) 조선통보(朝鮮通寶) : 세종 5년(1423)에 발행된 엽전. 쇠로 만든 돈으로 '朝鮮通寶'라고 썩어 있다.

추록 : 아언각비 뒤에 적는다

(1)—① 장안(長安)·낙양(洛陽)

경읍(京邑)의 일반적인 명칭을 장안(長安)·낙양(洛陽)이라고 한다. 목재(牧齋) 전겸익(錢謙益)은 가장 이 꺼림을 위반했다. 『농암잡지(農巖雜識)』에는 일찍이 그 잘못을 논하며 오로지 그 허물이 우리 나라 사람에게만 있는 것은 아니라고 했다. 전겸익의 시에 홍광시사(弘光時事)를 추억하여 읊기를

간사한 무리들은 낙양에서 따라 없어지지 않고,
아직도 그 해독이 남아서 역사서를 해치는구나.
　奸佞不隨京雒盡, 尙留餘毒螫丹靑.

라고 했다. 이는 남경(南京:중국 金陵)을 낙양(雒陽)으로 만든 것이다. 그는 또 승평 구사(昇平舊事)를 기술하여 이르기를

장안의 9월 9일은 추위가 사라진다는 밤이지만,
곰가죽 담요와 붉은 옷을 몇겹이나 겹쳤는가.
　長安九九消寒夜, 羆褥丹衣疊幾層.

라고 했다. 이는 북경(北京)을 장안(長安)이라고 한 것이다. 더구나 비문(碑文)·묘지문(墓誌文)에 이르러서도 또한 그러하니 더욱 도리에 맞지 않음을 깨닫겠다.

(23)—① 계수나무(桂)

계수나무(桂) 일에 관하여 한 가지 의심되는 점을 물으려 한다. 지금의 이른바 계지(桂枝)·계피(桂皮) 등은 북경으로부터 나오는 것인데 과연 이

것이 참말 계수나무인지? 육유(陸游)가 시에 말하기를

> 작은 산엔 계수나무가 지금은 없는 것인지,
> 일생 동안 이르는 곳마다 나무꾼에게 물어봤지.
> 자세히 생각하면 이 나무는 다만 인간 세상에만 있는 게 아니고,
> 달 속에도 왠지 일찍이 두 그루만 있었다오.
> 　小山桂枝今所無, 一生到處問樵夫.
> 　細思不獨人間有, 月裏何曾有兩株.

라고 했다. 그는 또 말하기를

> 붉은 꽃 푸른 잎이 빙 둘러 우거졌는데
> 겨우 항아(姮娥)를 얻어 광한(廣寒)에 심어놓고
> 하늘가를 다니면서 살아온 저 80년
> 지금까지 한 가지 계수도 보지를 못했네.
> 　丹葩綠葉鬱團團, 消得姮娥種廣寒.
> 　行盡天涯年八十, 至今未遇一枝看.

라고 했다. 제(題:평론)하여 말하면 『초사(楚辭)』에 이른바 계수나무가 자주 당(唐)나라 사람의 시구 및 그림 사이에 보이는데, 지금은 다시 보이지 않는다. 그러나 지금 사람이 이른바 계수나무라고 하는 것이 과연 이것이 진품(眞品)인지. 그러면 육유가 강남(江南)에서 늙었는데, 어찌 80년 동안 이 나무를 만나보지 못하였을 이치가 있으리요. 그렇다면 참 계수나무(眞桂)는 이미 종자가 끊어진 것 같고, 약재(藥材)로 쓰는 계수나무는 곧 그와 비슷한 듯한 것으로서 그 이름을 뒤집어쓴 것일까.

(35)—① 메기장(稷)

패(稗)가 메기장(稷)의 이름을 빼앗아서 늘상 분개하고 탄식한 바였는데, 지금 이 나누어 분별해내 말의 마디마다 부합되니 대단히 기쁜 것이다.『역어유해(譯語類解)』의 뜻에 패(稗)를 '패'라 했는데도, 우리 나라 사람이 어린 아이를 가르칠 때에는 '피 직(稷)'이라고 말했으니 잘못이 이것보다 큰 것이 있겠는가.『용재수필(容齋隨筆)』에 실린 송막기문(松漠紀聞)에 이르기를 "정강(靖康:1126) 이후에 황실의 자손, 벼슬아치의 족속으로서 금(金)나라에 함락된 사람들은 구박당하고 부림으로 그 곤란과 고통스러움이 대단하여서, 사람마다 한 달에 패자(稗子:돌피) 5말(斗)을 지급하여 스스로 찧어 쌀을 만들게 하면, 이것으로 1말 8되를 얻어서 휴대용 양식을 만들어 썼다."라고 했다.

돌피는 대개 노예(奴隸)의 먹이나 개돼지를 기르는 것이었다. 그 물건을 천하게 여김이 이와 같았다. 그런데 지금 메기장(稷)은 곧 이를 제물 접시에 올려놓으니 엄연히 온갖 곡식의 으뜸이다. 비천한 것이 높고 고귀해지고, 어질고 성스러움의 순서가 뒤바뀜이 어찌 사람뿐이리요. 물건도 또한 이런 일이 있어 고쳐 바로잡고 막힘없이 잘 처리하여 마지않아야 할 것이 있다.

일묘(一畝)

1묘(畝)란 길이 100보(步), 너비 1보(步)의 이름이다.(나누어 계산하면 사방 10보를 1묘라고 한다. 지금은 밭(田)의 장단(長短)을 계산하지 않고 1사(耜:한 보습) 일구는 것을 묘(畝)라고 하니, 또한 잘못이다.

(121)—① 도목(都目)

세상 풍속에서는 장차(章箚) 또는 6월과 12월의 대정(大政)을 경찰(京察)이라고 이르는데, 대개 명나라의 제도를 잘못 원용한 것이니, 또한 마땅히 법을 파괴해야 한다.

(142)—① 보처(補處)

불가(佛家)에서는 미륵(彌勒)을 보처불(補處佛)이라고 하는데, 이는 대개 그가 마땅히 세상에 나서 부처님을 대신한다고 말하기 때문이다. 『아미타경(阿彌陀經)』에 이르기를 "그 속에는 많이 있지만 한 사람의 보처(補處)가 날 것이다."라 하고, 그 주(注)에 이르기를 "보처(補處)는 다음에 마땅히 부처님(佛)이 될 사람을 이른다."라고 했다. 이에 의거한다면 보처(補處)의 보(輔)는 마땅히 보(補)로 만들어야 할는지는 모르겠다.

* 이상은 미음(渼陰) 김매순(金邁淳)의 쪽지

(26)—① 우추(又楸)

핵도(核桃:胡桃)의 껍데기는 두껍고 맛이 떫은 것인데, 이를 가래(加來)라고 한다. 그런데 가래(加來)의 명칭은 농구(農具)의 추(鍬)와 서로 같으므로 곧 추음(鳌音)인 나무(木)를 취하여서 추(楸:가래)자로 만든 것이다.

(31)—① 느릅나무(楡)

자유(刺楡)를 우리말로 '스믜나무'라 하고, 황유(黃楡)를 원교(圓嶠) 이광사(李匡師)는 '느틔'라고 했다.

(152)—① 소밥통(牛胃)

안은 곧 낭축고(狼臅膏:비계)라고 하는데, 정현(鄭玄)은 이를 낭억중고(狼臆中膏)라고 했다. 축(臅:비계)은 곧 억(臆:가슴)이다.

(167)—① 유(牖)

『설문(說文)』에는 "북쪽으로 향하여 낸 창이 유(牖:창문)이다." 했다. 명당위(明堂位)에 대한 정현(鄭玄)의 주에 이르기를 "유(牖)를 향하여 북쪽에서 나오도록 이를 만든다."라고 했다. 시석문(詩釋文)에는 "북쪽을 향하고 창(窓)을 향하였다."라고 했는데, 이로 보건대 대개 옛날에는 남쪽·북쪽에 모두 유(牖)가 있었다.

(195)—① 걸사(乞士)

한굉(韓翃)의 시에 "빈 숲속으로 방거사(龐居士)를 찾으려 했다."라고 했고, 사공도(司空圖)의 시에 "유마거사(維摩居士)·도거사(陶居士)"라고 했는데, 거사(居士)의 명칭은 이미 중국에서 생기고, 불경(佛經)에는 말마다 대비구(大比丘)라고 했다. 그런데 중지도론(衆智度論)에 비구(比丘)를 걸사(乞士)라 이름했으니, 이는 다 승려(僧侶)들의 통칭으로 다만 비구니(比丘尼)를 여승(女僧)이라 하고, 반드시 이런 중(僧)을 사당(舍堂)이라고 말하는 것은 아니었다.

* 이상은 석천(石泉) 신작(申綽)의 쪽지

(1)—② 장안(長安)·낙양(洛陽)

유씨(劉氏) 한(漢)나라가 바뀐 지 오래 되어 장안·낙양이란 말은 없어져서 지금에 이르렀으나 중국을 이야기하는 경우는 반드시 한가(漢家)니 한인(漢人)이라고 말하는데, 이는 문자(文字)가 서로 따라 내려와서 옛날부터 시율(詩律)에 가차(假借)해도 더욱이 해로운 것이 없는 것이다. 다만 금석문(金石文)이나 간책문(簡策文)에는 쓰지 않을 뿐이었다.

경주(慶州)의 옛이름도 또한 서울(徐菀)이라고 했는데, 이곳에 신라(新羅)가 도읍을 세운 이후로 드디어는 경도(京都)의 칭호가 되었다. 지금 사람은 다만 한양(漢陽)을 서울(徐菀)이라고 하는 것은 알면서도 경주(慶州: 서울)의 명칭이 서울임을 알지 못한다. 일찍이 서울(徐菀) 두 글자를 시구에 넣으려고 했으나 옛사람이 말한 것이 없으므로 이를 힘써 본받아야 하는가 헤아리다가 끝내 감히 쓰지 않았다.

(3)—① 태수(太守)·사군(使君)

옛날의 군수(郡守)는 반드시 여러 현(縣)을 거느리고, 옛날의 주·목(州牧)은 반드시 여러 군(郡)을 거느렸다. 우리 나라의 주(州)·부(府)·군·현은 처음에는 일찍이 크고 작은 것을 나누지 않아서 능주(綾州)는 도리어 해남(海南)보다도 작고, 안악(安岳)은 풍천(豐川)보다도 배나 크다. 만일 관함(官銜)의 헛된 이름으로써 갑자기 그 높고 낮음을 나눈다면 그 이름과 실제가 서로 걸맞지 않을 것이다. 어리석기 때문에 가만히 여러 사람을 따른다고 이르면 비록 현감(縣監)이라도 또한 태수(太守)라고 일컬을 수가 있는 것이니, 반드시 명의를 모아 실상을 조사해 밝혀낸다면 한번에 옛날의 제도를 끊어버릴 것이다. 그렇게 하면 부윤(府尹)·목사(牧使)도 또한 읍재(邑宰)에 지나지 않을 따름이다.

(4)—① 쉬(倅)

송(宋)나라 사람은 쉬(倅)를 일컬어 다 통판(通判)이라고 했다. 통판은 지주(知州)에게는 등급의 차이가 있었으나 실제 서로 격차가 매우 심하지는 않고, 지금의 감영(監營) 밑에 판관(判官)과는 같지 않았다. 그러나 차용(借用)한다 해도 또한 안될 것은 없다.

(5)—① 방백(方伯)

중국은 또한 안찰(按察)하고 독무(督撫)하는 벼슬을 일찍이 방백(方伯)이라고 이르지 않았다. 한유(韓愈)의 시에 이르기를 "아름다운 계림백이여.(英英桂林伯)"라고 했는데, 계림백이란 계관관찰사(桂管觀察使)를 가리키는 것이다. 계관(桂管)은 영남절도사(嶺南節度使)가 되어 오관(五管:廣府에 속한 廣·桂·容·邕·安南 지방)의 하나를 거느리는바 우리 나라의 영남(嶺南)·관서(關西)를 견주어 보면 진실로 서로 지나침이 심하다 할 것은 없을 것이다. 두보(杜甫)의 시 원차산 용릉행(元次山舂陵行)에 이르기를

사귄 무리 열 몇 사람을 얻어
서로 뒤얽혀 방백이 되었네.
　　得結輩十數人, 參錯爲邦伯.

라고 했다. 방백(邦伯)이 열 몇 사람에 이르렀다고 하니, 그것을 옛날의 이백(二伯)·팔백(八伯)에 비교해 보면 또한 많을 뿐만이 아니다.
　＊ 이상은 연천(淵泉) 홍석주(洪奭周)가 쪽지로 의견을 표시한 것

제 2편

이담속찬(耳談續纂)

해 제

이담(耳談)이란 이어(耳語) 곧 귀엣말을 말하는 듯싶다. 그러나 한자 단어로 '耳談'이란 어휘가 따로 없고, 명(明)나라 때 사람 왕동궤(王同軌)의 인명 해설에 '耳談一書'가 있다고 서술했다. 그러나 '耳談'이란 서명(書名)은 『사해(辭海)』나 『중문대사전(中文大辭典)』에도 표제어가 없는 것이다. 이로 보아 이 '원서'는 현재 중국에서도 남아 있지 않을 수도 있겠다. 어떻든 '이담'의 원뜻은 비언(鄙諺) 곧 속담(俗談)이란 뜻으로 쓴 것이고, 다산은 언어 교육용으로 이 책을 편찬한 듯하다.

이 『이담속찬』은 다산 선생이 1818년 강진 다산초당의 귀양살이를 끝내고 고향집 여유당(與猶堂)으로 돌아와 풍광이 아름다운 전원에 묻혀 살면서, 또 당대의 대학자들인 연천(淵泉) 홍석주(洪奭周), 대산(臺山) 김매순(金邁淳), 석천(石泉) 신작(申綽) 등과 교유하면서 1819년엔 『아언각비(雅言覺非)』 3권을 저술하고 곧이어 1820년에 『이담속찬』 1권을 저술한 것이다.

『이담속찬』에 수록된 속담은 모두 391장인데, 중국 속담은 177장이고 우리 나라 속담은 214장이다. 중국 속담 가운데 10여 장은 신작(申綽)이 수집해 준 것이고, 우리 나라 속담 214장 가운데 100장은 다산이 장기(長鬐)에서 귀양살이 할 때 성호 이익이 수집한 우리 나라 속담 100여 구를 가지고 시로 정리하여 백언시(百諺詩)라 했는데, 이를 다시 손보아 편입하고, 또 60장은 다산의 둘째형님인 정약전(丁若銓)이 흑산도(黑山島)에서 귀양 살면서 수집해 보내 준 것이다. 그리고 또 『이담속찬 습유(耳談續纂拾遺)』 31장도 이기문(李基文) 편 『속담사전(俗談辭典)』에 수록되어 있는데, 이는 광주(廣州) 사람 유송전(劉松田)이 수집하고 양재건(梁在謇)이 풀이하여 다산의 『이담속찬』 뒤에 붙여 1908년 신활자본으로 간행한 것이다.

이 『이담속찬』 1권은 강진 다산초당(茶山草堂)에서 귀양살이하면서 수집해 둔 자료를 고향집에 돌아와 정리를 끝낸 중국과 우리 나라의 속담집으로 『아언각비』와 함께 다산 언어학 저술의 쌍벽이라 할 수 있다.

이담속찬(耳談續纂) 서문

  왕동궤(王同軌)의 『이담(耳談)』은 고금(古今)의 속담(俗談)을 모아놓은 것이다. 그러나 경전과 역사서에 기록된 것도 자못 빠져버린 것이 있었는데, 이제 다시 이를 거두어 싣고, 또 석천(石泉) 신작(申綽)이 또한 10여 개의 속담을 수집하여 더해 주었다. 그리고 성호(星湖) 이익(李瀷) 선생의 「백언해(百諺解)」를 외어 보니 곧 우리 나라 속담이었다. 그러나 모두 운율이 서로 통하지 않아 이제 운율에 맞을 수 있는 것을 가지고 소리가 어울리도록 하되, 또 그 빠져버린 것을 거두었다. 둘째형님께서 현산(玆山: 흑산도) 바닷섬에 귀양을 살았는데, 또한 수십여 개의 속담을 부쳐 주었다. 지금 모아 하나로 묶어 편찬하여 『이담속찬』이라 이름을 붙였다.
        순조 20년(1820, 경진) 봄에 철마산초(鐵馬山樵)가 쓴다.

  王氏耳談者 古今鄙諺之萃也 經史所著 頗有脫漏 今復收錄 石泉申承旨(綽) 亦以十餘語採而助之 因念星翁百諺 卽吾東鄙諺 而皆不叶韻 今取可韻者韻之 因又收其脫漏 先仲氏在玆山海中 亦以數十語寄之 今會通爲編 名之曰耳談續纂 嘉慶庚辰春 鐵馬山樵書

1. 중국 속담(中諺)

(1) 사람은 오로지 옛사람을 구하지만 그릇은 옛그릇을 구하지 않고 새것을 구한다.(『서경』商書 盤庚 상 遲任의 말)
　　人唯求舊 器非求舊(尙書遲任之言)

(2) 사람은 물을 거울로 삼지 말고 백성을 거울로 삼아야 한다.(『서경』周書 酒誥. '監'은 '鑑'의 뜻으로 지어 읽는다.)
　　無於水監 當於民監(酒誥 ○監讀作鑑)

(3) 암탉이 새벽에 울면 집안이 망한다.(『서경』周書 牧誓. '索'은 '다한다(盡)'는 뜻이다.)
　　牝雞之晨 唯家之索(牧誓 ○索盡也)

(4) 아홉 길 높이의 산을 만들 때 한 삼태기의 흙이라도 모자라면 공을 이루지 못한다.(『서경』周書 梅氏 旅獒)
　　爲山九仞 功虧一簣(梅氏 旅獒)

(5) 기장쌀의 제물이 향기로운 것이 아니요 밝은 덕만이 향기로운 것이다.(『서경』周書 梅氏 君陳)
　　黍稷非馨 明德惟馨(梅氏 君陳)

(6) 부드러운 것은 먹고 딱딱한 것은 뱉으라.(『시경』大雅 烝民. ○어린 고아는 업신여기면서도 힘있고 횡포스러운 사람을 회피하는 것은 사람이 보통으로 가

진 마음이다.)

　　柔則茹之 剛則吐之(大雅烝民 ○侮幼孤而避彊禦 人之常情也)

　(7) 평범한 사내라 죄가 없으나 구슬을 지님은 죄가 된다. 곧 죄가 없는 사람도 분수에 맞지 않는 보옥(寶玉)을 지니면 재앙을 부르게 된다는 뜻이다.(『춘추좌씨전』桓公 10년조)

　　匹夫無罪 懷璧其罪(左傳桓十年)

　(8) 수레의 덧방나무와 수레는 서로 돕고 의지해야 하고, 입술이 없으면 이빨은 시리다.(『춘추좌씨전』僖公 5년조)

　　輔車相依 脣亡齒寒(僖五年)

　(9) 마음속에 굳셈이 없으면 무슨 병엔들 구애되리요.(『춘추좌씨전』僖公 7년조. '競'은 '强'의 뜻이다.)

　　心則不競 何憚於病(僖七年 ○競强也)

　(10) 갚기를 게을리하면 주는 자도 만족하지 않는다.(『춘추좌씨전』僖公 24년조. ○은혜로이 감싸면 게을러지기 쉽고 보답을 요구하면 태만함이 없다. '厭'은 만족하다(足)는 뜻이다.)

　　報則倦矣 施者未厭(僖二四 ○懷恩易怠 責報無已 ○厭足也)

　(11) 문을 나갔을 때는 큰 손님을 뵌 듯이 하고, 일을 도움에는 제사를 지내듯이 해야 한다.(『춘추좌씨전』僖公 33년조. ○급작스러운 때라도 공경함을 잊지 말라.)

　　出門如賓 承事如祭(僖三三 ○造次不忘敬)

(12) 은혜에 보답하고 원한을 갚음은 대를 잇는 자식에게 있지 않다.(『춘추좌씨전』 文公 6년조. ○보답은 갚음과 같은 것인데, 은혜에 보답함도 자손을 기다리지 말고 원한을 갚음도 자손에 미치지 말아야 한다.)
　敵惠敵怨 不在後嗣(文六年 ○敵猶對也 答恩不待子孫 答怨不及子孫)

(13) 두려워서 흠칫흠칫하면 몸의 그 나머지는 위태롭다.(『춘추좌씨전』 文公 17년조.)
　畏首畏尾 身其餘幾(文十七)

(14) 남의 밭을 밟고 지나갔다고 소를 빼앗는다. 곧 가벼운 죄에 지나치게 무거운 형벌을 가하여 이익을 취함을 일컫는다.(『춘추좌씨전』 宣公 11년조. ○죄가 가벼운데도 형벌이 무거운 것이다.)
　蹊人之田 而奪之牛(宣十一 ○罪輕而罰重也)

(15) 채찍이 아무리 길어도 말의 배에는 미치지 못한다.(『춘추좌씨전』 선공 15년조. ○수레 위에 앉아 말에 채찍질하면 겨우 말 엉덩이에 미치고, 말의 기세가 아무리 성대해도 서로 미치지 못하는 것이다.)
　雖鞭之長 不及馬腹(宣十五 ○車上策馬 僅及馬臀 言勢雖盛而不相及也)

(16) 백성의 많은 행복은 나라에는 불행이 된다.(『춘추좌씨전』 宣公 16년조)
　民之多幸 國之不幸(宣十六)

(17) 아름다운 의복은 일컬을 것이 아니니, 반드시 뜻밖의 재앙으로 죽는다.(『춘추좌씨전』 襄公 24년조. ○덕행이 적으면서 지위가 높으면 끝을 잘 맺기에 이르름이 드물 것이다.)

美服不稱 必以惡終(襄二四 ○德薄而位高 鮮克有終)

(18) 재능이나 지혜가 보잘것없으면 기물을 빌려 주어도 지키지 못한다.(『춘추좌씨전』昭公 7년조. ○바쁘게 구는 것은 조그만 지혜인 것이다. 사람을 위해 기물을 지킴은 앎을 사람에게 빌림만 못하다.)
挈瓶之智 守不假器(昭七年 ○汲者小智也 爲人守器 猶知不以借人)

(19) 힘껏 노력하여 관직에 나아가되, 잘할 수 없으면 그만둔다.(『논어』季氏. ○많은 사람이 같이 힘을 헤아려 그 힘을 드러내 보이면, 그 낫고 못함은 스스로 드러난다.)
陳力就列 不能者止(論語季氏 ○衆共校力 呈示其力 其優劣自見)

(20) 힘으로써 순종시키기 어려우니 지혜로써 어지러움을 다스릴 것이다.(『전국책』趙武靈王)
服難以勇 治亂以智(戰國策趙武靈王)

(21) 어진이는 가볍게 끊어버리지 않고, 지혜로운 이는 가볍게 원망을 사지 않는다.(『전국책』燕王喜. ○사랑이 깊은 자는 잘 용납하고 두루 생각하는 자는 천천히 살핀다.)
仁不輕絶 智不輕怨(燕王喜 ○愛深者能容 慮周者徐察)

(22) 죽은 자가 다시 살아나도 살아 있는 것이 부끄럽지 않다.(『사기』趙世家. ○사람은 다 죽음 앞에선 배반하나 이와 같은 생각을 가지면 옳은 것이다.)
死者復生 生者不愧(史記趙世家 ○人皆倩死 作如是想可矣)

(23) 아름다운 여자가 집에 들어오면 못난 여자의 원수가 된다.(『사기』

外戚世家補)
　美女入室 惡女之仇(外戚世家補)

(24) 바야흐로 그 아름다움에 순응하면 그 악함을 바로잡아 구제한다.(『사기』管晏傳)
　將順其美 匡救其惡(管晏傳)

(25) 닭의 입이 될지언정 소의 엉덩이가 되지 않겠다.(『사기』蘇秦傳. ○후세의 학자는 더러 雞尸說을 지어냈으나 틀린 것이다. 또 聲律도 통하지 않는다.)
　寧爲雞口 無爲牛後(蘇秦傳 ○後儒或作雞尸說非也 且不叶韻)

(26) 자(尺)에도 짧은 것이 있고 치(寸)에도 긴 것이 있다.(『사기』白起傳. ○지혜로운 자도 잘하지 못하는 것이 있고 어리석은 자의 말도 잘 부합하는 것이 있다.)
　尺有所短 寸有所長(白起傳 ○智者有所不能 愚者有所能當)

(27) 결단을 내려야 할 때 결단을 내리지 못하면 도리어 그 혼란을 받게 된다.(『사기』春申君傳)
　當斷不斷 反受其亂(春申君傳)

(28) 정오가 되면 해가 서쪽으로 기울고, 달이 둥글게 차면 이지러진다. 곧 사물의 성함이 극에 달하면 곧 쇠하게 됨을 말한 것이다.(『사기』蔡澤傳)
　日中則移 月滿則虧(蔡澤傳)

(29) 소매가 길어야 춤을 잘 추고, 돈이 많아야 장사를 잘한다.(『사기』

蔡澤傳)
　　長袖善舞　多錢善賈(蔡澤傳)

(30) 백발이 되도록 사귀었어도 서로 마음을 알지 못하면 새로 사귐과 같고, 마음을 알면 처음 만나 우의을 맺어도 옛친구와 같다.(『사기』鄒陽傳. ○뜻이 어그러지면 함께 늙으면서도 더욱 소원해지고 뜻이 맞으면 새로 만나서도 벌써 친밀해진다.)
　　白頭如新　傾蓋如故(鄒陽傳 ○志睽則偕老而愈疏 意合則新逢而已密)

(31) 여자에게 아름다움과 추함이 없어도 궁중에 들어가면 시새움을 받는다.(『사기』鄒陽傳)
　　女無美惡　入宮見妒(鄒陽傳)

(32) 옛것을 고치고 떳떳한 도리를 어지럽히면 죽지 않으면 멸망한다.(『사기』鼂錯傳. ○先王의 아름다운 법을 고치면 백성이 그 해독을 받고 반드시 하늘의 재앙이 있다.)
　　變古亂常　不死則亡(鼂錯傳 ○先王美法 變之則民受其害 必有天殃)

(33) 복숭아와 오얏은 꽃과 열매가 있기 때문에 부르지 않아도 사람들이 다투어 찾아들므로 그 아래에는 저절로 길이 생긴다. 곧 덕이 있는 사람은 말을 하지 않아도 저절로 사람들이 귀복(歸服)하게 된다.(『사기』李將軍傳. ○내게 열매가 있고 아름다우면 알기를 요구하지 않아도 사물이 스스로 와서 찾아내는 것이다.)
　　桃李不言　下自成蹊(李將軍傳 ○我有實美 不求知而物自來求也)

(34) 천금(千金)을 가진 부잣집 자식은 저자거리에 목매달려 죽지 않는

다. (『사기』貨殖傳. ○재산이 많으면 충분히 형벌을 늦출 수 있다.)
　　千金之子 不死於市(貨殖傳 ○財多足以緩獄)

(35) 그가 도적이 된 연유를 분명히 알면 맞서도 곧 복종시킬 수 있다.(『한서』高帝紀)
　　明其爲賊 敵乃可服(漢書高帝紀)

(36) 병이 있어도 이를 치료하지 않으면 늘상 평범한 의원은 될 수 있다.(『한서』藝文志. ○비록 약물의 효력은 없었으나 또한 약물의 해독도 없는 것은 평범한 의원(中醫)인 것이다.)
　　有病不治 常得中醫(藝文志 ○雖無藥力 亦無藥害 是中醫也)

(37) 관리의 일을 익히지 않았어도 다스리게 되면 일이 이루어진다.(『한서』賈誼傳. ○사사로운 일을 잘 다스릴 수 있는 자는 관리의 일도 저절로 또한 잘 다스린다.)
　　不習爲吏 視已成事(賈誼傳 ○能善治私事者 吏事自亦能治)

(38) 누구를 위하여 이 일을 한단 말인가, 누구로 하여금 이 말을 듣게 하는가. 곧 자기를 알아 주는 사람이 없음을 한탄하는 말이다.(『한서』司馬遷傳. ○요구함이 없어도 이에 따르고, 명령함이 없어도 이에 좇는 것이 옳은 백성의 마음인 것이다.)
　　誰爲爲之 孰令聽之(司馬遷傳 ○莫之求而應之 莫之令而從之 是民情也)

(39) 대롱을 통하여 하늘을 보고, 표주박으로 바닷물을 헤아리려 한다. 곧 좁은 식견으로 사물을 추측함을 비유한 말이다.(『한서』東方朔傳)
　　以莞闚天 以蠡測海(東方朔傳)

(40) 포학한 정치를 몸소 하지 않아도 번잡하게 괴롭힘은 은혜를 해침인 것이다.(『한서』 薛宣傳. ○백성들을 가렵고 병들게 하면 백성들은 가까이하지 않는다.)
苛政不親 煩苦傷恩(薛宣傳 ○令民痾癢 民不親矣)

(41) 일천 사람이 손가락질하면 병듦이 없어도 죽는다.(『한서』 王嘉傳. ○뭇사람이 나쁜 사람이라 하면 재앙의 해침이 저절로 미치는 것이다.)
千人所指 無病而死(王嘉傳 ○爲衆所惡 菑害自及之也)

(42) 두 잎새를 없애지 않으면 바야흐로 도끼자루로 쓰게 될 것이다.(太公 兵法. ○해침을 없애는 데는 일찍감치가 귀한 것이다.)
兩葉不去 將用斧柯(太公兵法 ○除害貴早)

(43) 제사를 돕는 자는 제사 음식을 맛보게 되나 남의 싸움을 돕는 자는 몸을 다친다.(『국어』 어떤 판본에는 '祭'가 '饗'으로 나온다. ○착한 일을 돕는 자는 복됨을 얻고, 나쁜 일을 돕는 자는 해로움을 얻는다.)
佐祭者嘗 佐鬪者傷(國語 一本祭作饗 ○助善事者得福 助惡事者得害)

(44) 쇠뇌를 당겨 저자에 쏘면 명이 짧아져 먼저 죽는다.(쏘는 자가 가려 쏘지 않아도 맞는 자는 재액이 있다.)
轂弩射市 薄命先死(射者不擇 中者有厄)

(45) 지혜가 우임금·탕임금 같아도 늘상 밭을 가는 것만 못하다.(『齊民要術』)
智如禹湯 不如常耕(齊民要術)

(46) 밭두둑길을 넘어가게 되면 서로 주인과 손님이 된다.(『文選注』. ○ 지경이 옮겨지면 형세가 바뀌고 지금 경솔히 사람으로써 증거할 수 없다.)
　　越阡度陌 互爲主客(文選注 ○境移則勢換 不可據今以輕人)

(47) 복됨이 이르려면 마음이 돕고 화가 오려면 정신이 가려진다.(史炤疏. ○착한 자는 하늘이 그 복됨을 이끌고 나쁜 자는 하늘이 그 넋을 빼앗는다.)
　　福至心靈 禍來神昧(史炤疏 ○善者天誘其衷 惡者天奪其魄)

(48) 거울은 스스로 비추지 못하고 지혜는 스스로 헤아리지 못한다.(무당은 능히 자신의 재앙을 물리치지 못하고, 의원은 자신의 약을 짓지 못함이 또한 이 뜻인 것이다.)
　　鏡不自照 智不自料(巫不能自禳 醫不能自藥 亦此意也)

(49) 깨진 수레의 쐐기를 다투고 키작은 사람이 잘 지껄인다.('楔'이란 나무를 써서 줄을 동여매 비틀어 물건을 굳게 하는 것이다. 그 찢어지고 터짐을 깁고 꿰매는 것은 소인이 간사한 말과 글로 죄를 짓는 것과 같다.)
　　破車饒楔 矮人饒舌(楔者用木絞繩 以固物也 補綴其破綻 如小人以奸言文過)

(50) 어미 없는 송아지가 다른 어미소의 젖을 파고 들고, 버릇없이 키운 자식은 어머니를 욕한다.(謝承『후한서』仇覽傳)
　　孤犢觸乳 驕子罵母(謝承後漢書仇覽傳)

(51) 여우가 죽을 때는 제가 태어난 언덕으로 머리를 두고, 오소리도 죽을 때는 산으로 머리를 둔다. 산짐승도 곧 근본을 잊지 않는다는 뜻이다.(하찮은 동물이라도 또한 능히 근본을 잊지 않는다는 말이다.)
　　狐死首丘 貉死首山(微物亦能不忘本)

(52) 넉넉할수록 사치스러움을 배우지 말고, 가난할수록 검소함을 배우지 말라.(잇대어 말하자면, 고귀해도 교만해지지 않으려 하고, 미천해도 아양떨지 않는다.)

富不學奢 貧不學儉(續云貴不期驕 賤不期諂)

(53) 경서(經書)를 가르치는 스승은 얻기 쉽지만, 덕행이 뛰어나서 남을 가르칠 만한 스승을 얻기는 어렵다.(문장의 구절은 쉽게 통달하나 덕행은 본받아 짓기 어렵다.)

經師易得 人師難得(章句易通 德行難作模楷)

(54) 음탕하고 난잡함이 점점 나아가 그것이 변하면 반역하고 빼앗게 된다.(반역하여 임금을 죽임은 대체로 음탕하고 난잡함에서 일어난다.)

淫亂之漸 其變爲簒(弑逆多起於淫亂)

(55) 아내가 죽으면 남모르게 마음속으로 슬퍼하는데, 그의 몸만 스스로 알 뿐이다.(應劭『風俗通』○홀아비의 굶주리는 괴로움을 다른 사람은 알지 못하는 것이다.)

婦死腹悲 唯身自知(應劭風俗通 ○鰥夫饑苦 他人所不知)

(56) 옛사람은 집을 지을 때 기와 석 장을 모자라게 하여 다 이루지 않았다. 곧 가득참을 경계했다.(龜策傳에 이르기를, "사물이 편안해야 온전할 수 있고 하늘은 도리어 온전하게 하지 않으므로 세상에서 집을 지을 때 기와 석 장을 모자라게 하여 다 이루지 않고서 살았다."고 했다.)

古人爲室 不成三瓦(龜策傳云 物安可全 天尙不全 故世爲屋 不成三瓦而居之)

(57) 종이 밥을 배부르게 먹고 죽으면 도리어 주인을 원망한다.(스스로

헤아릴 수 없으면 저 두터운 뜻을 원망한다.)
　吃食飽死 反怨主人(不能自量 怨彼厚意)

　(58) 죽음을 무릅쓰고 하겠다면 귀신도 그것을 피한다.(『사기』李斯傳. ○ 내 뜻이 이미 한 가지뿐이면 사물도 능히 접근하지 못한다.)
　斷而敢爲 鬼神避之(史記李斯傳 ○我志旣壹 物莫能攖)

　(59) 거북이를 삶아 익지 않으면 재앙이 옮아 뽕나무가 말라 죽게 된다.(성문이 불타면 그 옆의 못물이 없어져 연못 속의 물고기가 재앙으로 죄다 죽었다는 뜻과 같다.)
　烹龜不熟 移禍枯桑(與池魚之殃同意)

　(60) 도리가 같으면 서로 동정하나 기예가 같으면 서로 싸우게 된다.(지향하는 것이 같으므로 시기하지 않을 수 없고 제 능력을 뽐내려 하기에 다투게 된다.)
　同道相憐 同藝相鬪(同所嚮故不妒 衒所能故有爭)

　(61) 눈으로 가는 털을 보면서도 그 눈썹은 보지 못한다.(『사기』越世家. ○ 사이가 탐탁하지 않고 먼 사람의 허물은 쉽게 살필 수 있으나 가까이 있어 익숙해진 농간은 살펴보기 어렵다.)
　自見毫毛 不見其睫(史記越世家 ○疎遠之咎易察 近習之奸難見)

　(62) 금파리는 구슬에 반점을 찍고, 말갈기털로 구슬을 자른다.(『회남자』에 이르기를, "베어버리려 하나 명검인 鏌邪로도 잘라지지 않는 살을 잡고서 풀어내지 못하고 말갈기털로도 능히 구슬을 자를 수 있다.)
　蒼蠅點璧 馬氂切玉(淮南子云 割而舍之 鏌邪不斷肉 執而不釋 馬氂能截玉)

(63) 걸왕(桀王)의 개는 요(堯)임금을 향해 짖고, 도척(盜跖)의 무리는 순(舜)임금을 찌른다.
桀犬吠堯 跖客刺舜

(64) 1천금으로 집을 사면 800금으론 이웃을 산다.(이웃이 나쁘면 집이 비록 아름다우나 살 수가 없는 것이다.)
千金買宅 八百買鄰(鄰惡則第宅雖美 不可居也)

(65) 발이 100개 달린 벌레는 죽기에 이르러도 정지하지(넘어지지) 않는다.
百足之蟲 至死不窮

(66) 원대한 뜻을 품은 선비는 걱정이 많고, 사람은 늙을수록 근심이 많아진다.(원대한 뜻이 있으면 두루 염려하고 나이가 많으면 어수선해짐이 많아진다.)
志士多憂 人老多愁(有志則慮周 高年則多歷)

(67) 집은 위에서 새나 아래에 있어야 새는 것을 알게 된다.(백성의 윗사람이 된 자가 더러운 정치를 하면 아래 백성은 반드시 이어가며 알고 있다.)
屋漏於上 知之在下(爲民上者 有汚穢之政 下民必承而知之)

(68) 하늘을 우러러 침을 뱉으면 헛되이 그 얼굴만 더럽힌다.(소인이 현인과 성인을 더럽히려 하다가는 자신만 더럽히게 된다.)
仰天而唾 徒汚其面(小人欲汚賢聖 只自汚耳)

(69) 수명은 비록 하늘에 달렸으나 목숨을 걸거나 내던짐은 나에게 있

다.(영예와 욕됨, 재앙과 복됨은 자기가 부르는 것 아님이 없는 것이다.)
命雖在天 判命在我(榮辱禍福 無不自己召之者)

(70) 성문(城門)에 불이 나면 그 재앙이 연못의 물고기에 미친다. 곧 까닭없이 연루되어 재앙을 당함을 말한다.
城門失火 殃及池魚

(71) 새매가 변화하여 비둘기가 되어도 오히려 그 눈을 미워한다.(나쁜 사람이 비록 벌써 착함을 지향하나 오히려 묵은 습성은 다 없어지지 않는다.)
鷹化爲鳩 猶憎其目(惡人雖已向善 猶有宿習未盡)

(72) 이미 지나간 일을 잊지 않는 것이 뒤에 올 일의 스승이 된다.(『사기』秦二世本紀)
前事不忘 後事之師(秦二世本紀)

(73) 이리의 새끼는 산과 들을 잊지 않는다. 곧 이리 새끼는 사람이 길러도 산과 들을 안 잊고 길들지 않으며 주인을 해치기도 한다.(宣公 4년조. ○종류가 본디 나쁘면 끝내 사람을 지향하는 마음이 없다.)
狼子野心(宣四年 ○種類本惡 終無向人之心)

(74) 높이거나 낮추는 것이 모두 자기 마음에 달려 있다.(宣公 15년조)
高下在心(宣十五)

(75) 어지러운 대문은 지나가지 않는다.(昭公 19년조. ○ 위태로운 나라엔 들어가지 않고, 어지러운 나라에는 살지 않는다. 그 경계함이 같다.)
無過亂門(昭十九 ○危邦不入 亂邦不居 其戒同)

(76) 찾아내려 하지도 않으면서 어떻게 얻어내리요.(昭公 27년조. ○ 하지도 않고 어찌 이루며 찾지도 않으면서 어떻게 얻어내랴가 또한 이 말이다.)
不索何獲(昭卄七 ○不爲胡成 不求何獲 亦此語)

(77) 오직 먹는 것만이 근심을 잊는 것이다.(昭公 28년조. ○ 사람이 살아가려면 걱정과 괴로움이 많은데 한 끼의 식사 때만 잊을 수 있다.)
唯食忘憂(昭卄八 ○人生多憂苦 唯一飯之頃可忘)

(78) 버릇없이 키운 자식은 효도하지 않는다.(梁孝王世家補. ○ 아들을 사랑하되 가르치지 않고 성인이 되면 도리어 그 재앙을 받는다.)
驕子不孝(梁孝王世家補 ○愛之不敎 旣長反受其殃)

(79) 이익에 대한 욕심은 사람의 지혜를 어둡게 만든다. 곧 사리사욕에 눈이 먼 것을 가리킨다.(平原君傳. ○ 물고기가 먹이 때문에 죽고, 범이 함정에 빠져 죽음은 모두 탐욕 때문인 것이다.)
利令智昏(平原君傳 ○魚死於餌 虎死於阱 皆以貪也)

(80) 겨를 다 핥고 쌀까지 먹어치운다. 곧 욕심이 점점 커짐을 말한다.(『사기』吳王濞傳. ○ 욕심은 맛을 따라 나아가 가장자리로부터 침범해 들어간다.)
舐穅及米(吳王濞傳 ○慾隨味進 犯自邊入)

(81) 개도 백정을 보면 짖는다.(몹시 어리석은 사람도 또한 자기를 해코지하는 자를 알아본다. 말과 모습에 악함이 쌓이면 밖으로 드러나는 것이다.)
犬吠屠人(至愚之人 亦知害己者 言貌積惡 達於外也)

(82) 단 참외라도 꼭지는 쓰다.(먼저 고생을 해보아야만 이에 복됨을 누릴 것

이다. 또한 달콤한 즐거움이 다하면 괴로운 근심이 이르른다는 말이다.)
　　甘瓜苦蒂(先有苦艱 乃享福樂也 亦言甘樂盡而苦憂至)

　　(83) 사슴이 죽을 때는 그늘을 가릴 겨를이 없다. 곧 상황이 급박하면 신중히 고려할 수 없음을 비유했다.(『춘추좌씨전』文公 17년조. ○'音'은 '蔭'과 뜻이 통한다. ○사슴이 바야흐로 죽을 때는 덮거나 막아 가린 곳을 잘 가릴 경황이 없다.)
　　鹿死不擇音(文十七 ○音蔭通 鹿之將死 不能擇庇蔭之處)

　　(84) 홀어미가 베 짜는 일은 걱정하지 않고 나라가 망할까만 근심한다. 곧 자기가 맡은 직분을 다하지 않음을 빗댄 말이다.(『춘추좌씨전』昭公 24년조. ○베를 짜는 자가 늘상 베의 씨줄에 대한 걱정은 적으나, 홀어미도 마땅히 근심해야 하는 것이다. 나라가 바야흐로 멸망하려는 경우는 홀어미도 그 씨줄에 대한 걱정을 할 겨를이 없다.)
　　嫠不恤其緯(昭卄四 ○織者常患緯少 寡婦所當憂也 國之將亡 寡婦不暇憂其緯)

　　(85) 한 연못에는 두 교룡이 있지 않는다.(두 영웅은 한 城에 의거하지 않는다.)
　　一淵不兩蛟 (兩雄不據一城)

　　(86) 재주가 뛰어난 사람엔 고귀한 선비가 없다.(크게 권모술수가 있는 자는 반드시 결점이 있어 벼슬이 현달할 수 없다.)
　　高才無貴士(有德慧術知者 必存乎疢疾 不能宦達)

　　(87) 집에서 성난 것을 저자에서 낯붉힌다.(『춘추좌씨전』昭公 20년조. ○우리 나라 속담에 이른 종로에서 뺨 맞고 빙고에서 눈흘긴다가 또한 이 뜻이다.)
　　室於怒 市於色(昭二十 ○東諺云 受批鐘路 流眄氷庫 亦此意)

(88) 앞에 가던 수레가 뒤집히면 뒷수레는 이를 경계한다.(『한서』賈誼傳. ○ 저것의 불행은 나에겐 경계할 귀감이 된다.)
　　前車覆 後車誡(漢書賈誼傳 ○彼之不幸 我以爲鑑)

(89) 쥐를 잡으려 돌을 던지려 해도 그릇이 깨질까 꺼려서 피한다.(『한서』가의전. ○ 나쁜 것이 공경할 만한 것에 기대 있으면 치려고 해도 함께 맞을까 두려워 피하게 된다.)
　　欲投鼠而忌器(賈誼傳 ○所惡倚於所敬 欲擊恐其竝中)

(90) 때맞추어 붉은흙이 없으면 황토라도 끌어댄다.('赭'는 붉은흙이다. 결원이 생긴 관직을 계승하려면 비록 훌륭한 인재가 아니더라도 또한 대신 쓸 수가 있다.)
　　時無赭 澆黃土(赭 朱土也 承乏則雖匪賢材 亦可代用)

(91) 눈으로 본 바는 적으나 이상스럽게 여기는 것은 많다.(牟子. ○견문이 좁은 사람은 새로운 지식을 믿지 않는다.)
　　少所見 多所怪(牟子 ○孤陋之人 不信異聞)

(92) 교묘하게 속이는 것보다 졸렬하나마 성의를 다하는 것이 낫다.(속임이 비록 교묘해도 반드시 드러나고, 성의는 비록 졸렬해도 반드시 미덥다.)
　　巧詐不如拙誠(詐者雖巧必綻 誠者雖拙必孚)

(93) 백번 듣는 것이 한번 보는 것만 못하다.(『한서』趙充國傳. ○듣는 것은 남의 입에 기대고 보는 것은 내 눈으로 말미암은 것이다.)
　　百聞不如一見(漢書趙充國傳 ○聞者憑人口 見者由我目)

(94) 참새는 저녁에 소경이 되고 올빼미는 낮에 소경이 된다.(밝음과 어

두운 때를 분명하게 구별하여 가리기를 꼭 믿을 수 없는 것이다.)
　　雀夕瞖　鴉晝盲(明有時昏 察察不可恃也)

(95) 살아 있는 나무는 덮어 가려도 도끼가 뒤쫓아 찾아낸다.(『춘추좌씨전』 文公 7년조. ○살아 있는 나무는 바야흐로 덮어 가려서 놓아두고 쓰지 않아도 도리어 스스로 베게 하는 것이다.)
　　庇焉而縱尋斧焉(文七年 ○樹木將蔭己而放之不用 反自伐之也)

(96) 늙은 소를 죽여도 그 죽은 몸에 무례한 짓을 하지 말라.(『춘추좌씨전』 成公 17년조. ○ 무릇 사람을 다치게 하고 사물을 해치는 일은 비록 작고 하찮아도 그 계책을 주로 할 수가 없다.)
　　殺老牛 莫之敢尸(成十七 ○凡傷人害物之事 雖於微賤 不可主其謀)

(97) 군사에 노련한 장수가 이르르면 몹시 늙었어도 함께 하라.(『춘추좌씨전』 昭公 元年. ○늙으면 슬기로운 생각이 바야흐로 두루 미친다. 그리고 눈이 어두운 늙은이도 또한 함께 하라. 마침내 쓸 수 있는 날이 없을지라도.)
　　老將至而耄及之(昭元年 ○老則知慮將周 而昏耄又及之 遂無可用之日)

(98) 어린 부인의 말은 쓸 수 없는 것이다.(『사기』 陳丞相世家. ○어린 아이나 부녀자는 비록 사람의 입이 있으나 그 말을 들어 써서는 안된다.)
　　兒婦人口 不可用(陳丞相世家 ○孺子婦女 雖有人口 其言不可聽用)

(99) 그 사람을 알지 못하겠거든 그 친구를 살펴보라.(馮唐傳. ○뜻이 같고 마음이 합해야 이에 더불어 벗을 삼는다.)
　　不知其人 視其友(馮唐傳 ○志同意合 乃與爲友)

(100) 관(棺)을 파는 자는 해마다 역질이 돌기를 바란다.(刑法志. ○우리

말에 이르기를, 팔 곡식을 쌓아놓은 자는 그 해에 흉년이 들기를 바란다.)
鬻棺者 欲歲之疫(刑法志 ○東語云 積糶者 欲歲之饑)

(101) 물고기가 그물은 두려워하지 않으나 사다새는 두려워한다.(백성은 나라의 법이 두렵지 않으나 다만 탐학한 관리는 두려워한다.)
魚不畏網而畏鵜(民不畏國法 但畏貪虐之官)

(102) 마음에 진실로 흠이 없는데 어찌 가정을 구휼함이 없으랴.(『춘추좌씨전』閔公 元年. ○자기 마음을 깊이 반성해 보아도 부끄럽지 않으면 그 가난은 족히 걱정할 것이 안된다.)
心苟無瑕 何恤乎無家(閔元年 ○內省不疚 其貧不足憂也)

(103) 임금에게 아첨하기보다는 차라리 권신에게 아첨함이 낫다.(『논어』八佾篇. ○위로 나라 임금과 사귐은 밑의 권신과 사귐만 못하다.)
與其媚於奧 寧媚於竈(八佾篇 ○上交國君 不如下交權臣)

(104) 부유해지려 하면 부끄러움을 참고 다 기울여 써서 이익을 쫓아야 한다.(『荀子』○다 기울여 써서 없앰은 구제하지는 않고 그 물건이 바닥나도록 기울여서 이익을 쫓는 것이다.)
欲富乎 忍恥矣 傾絶矣(荀子 ○傾絶 謂不恤其絶乏傾倒 以趨利)

(105) 도리 100가지를 깨닫고 스스로 자기만 같은 사람이 없다고 여긴다.(깨달은 바가 아직 적은데도 벌써 교만한 마음이 생김을 경계한 것이다.)
聞道百 自以爲莫己若(所聞尙少 已生驕心)

(106) 살아서는 남에게 보탬이 있고 죽어서도 남에게 해롭지 않아야

한다.(『예기』檀弓. ○내가 잘 행동하려면 남을 돕기를 생각하고, 잘 행동하지 못하겠으면 해침이라도 없기를 생각해야 한다.)

生有益於人 死不害於人(檀弓 ○我能動則思益人 不能動則思無害)

(107) 수레를 빌린 자는 달려가고 옷을 빌린 자는 입고 간다.(『사기』趙惠文王. ○사람이 두터운 뜻을 배반하는 경우 그 부서지고 해짐은 미처 생각지 못한다.)

借車者馳之 借衣者被之(趙惠文王 ○背人之厚意 不虞其破敝)

(108) 같은 것을 하려는 자는 서로 미워하고, 근심 걱정이 같은 사람은 서로 가까워진다.(中山君. ○ 한 가지 사물을 둘이 얻을 수 없는 경우 힘을 한데 합함은 거의 모두 어그러질 것이다.)

同欲者相憎 同憂者相親(中山君 ○一物不可兩獲 竝力庶幾皆免)

(109) 말의 생김새를 관찰하여 감정함에는 야윔에서 실수하고, 선비의 관상을 볼 때에는 가난함에서 실수한다.(滑稽傳補. ○그 겉모습만 보면 그 마음속에 갖춘 덕을 알지 못한다.)

相馬失之瘦 相士失之貧(滑稽傳補 ○見其外貌 莫知其內德)

(110) 100리가 되면 나무를 팔지 않고 1천리가 되면 곡식을 팔지 않는다.(貨殖傳. ○이익이 능히 노력을 갚지 못한다.)

百里不販樵 千里不販糴(貨殖傳 ○利不能償勞)

(111) 그릇된 말은 속된 변설에 많고, 궁벽한 시골엔 괴상한 말이 많다.(보고 들음이 넓지 않아 말하는 것이 많이 이치에 맞지 않는다.)

曲學多諺辨 窮鄕多異說(見聞不廣 所言多不中)

1. 중국 속담(中諺)   195

(112) 백정은 야채 삶기를 싫어하고 부채 장사는 늘 더위를 괴로워한다.(우리말에 "대장간 집엔 칼이 없다."고 한 말이다.)
屠人壓蒸藜 鬻扇常苦暍(東語云 冶家無刀)

(113) 엄격한 집안엔 사나운 종이 없고, 자애로운 어머니에겐 가산을 탕진하는 자식이 있다.(주인의 위엄이 있으면 감히 손님을 완강히 막지를 못하고, 자애로움은 교만하고 사치스러움의 유래가 된다.)
嚴家無格奴 慈母有敗子(威不敢扞格 愛所由驕奢)

(114) 젖먹이는 배부름에 다치고, 고귀한 신하는 임금님 총애에 다친다.(뱃구레는 적은데 음식을 많이 먹고, 덕이 적은데도 벼슬이 지나치기 때문이다.)
嬰兒傷於飽 貴臣傷於寵(腹小而食多 德薄而官濫)

(115) 가위로 때리는 것을 문지방 안에서 지어도 귀신이 보고 손뼉 치며 웃는다.(사람을 금지해도 마침맞게 족히 자신을 해치기 때문이다.)
打鋏作門限 鬼見拍手笑(防人 適足以自戕)

(116) 재능이 있는 사람은 훌륭한 짝이 없고, 아리따운 여자는 어리석은 사내에게 시집 간다.(인간 세상은 알맞게 배치해도 어그러지는 비율도 많다.)
才人無善配 美女歸愚夫(人世安排 率多乖迕)

(117) 살아서는 하루의 기쁨이 없었어도 죽어서는 영원히 이름이 남는다.(禹임금·稷·關龍逢·比干 같은 분)
生無一日歡 死有萬世名(如禹稷逢干)

(118) 배우는 자는 쇠털같이 많아도 배움을 이룬 자는 기린 뿔같이 적

다.(배움을 인도하는 자는 많아도 덕을 이룬 자는 적다.)
　學者如牛毛 成者如麟角(嚮道者衆 成德者少)

　(119) 그 아비가 땔나무를 패도 그 아들은 떨쳐버리고 짊어지지 않는다.(『춘추좌씨전』昭公 7년조. ○나이 많고 덕이 있는 자는 어려워도 능히 해내나 나이 어린 자는 쉬워도 견디지 못한다.)
　其父析薪 其子弗克負荷(昭七年 ○老成者難而能爲 幼少者易而弗勝)

　(120) 사람으로서 변하지 않는 마음이 없으면 점치는 일을 할 수 없다.(緇衣篇. ○변하지 않는 마음이 없는 사람은 귀신도 또한 그 행위를 잘 보호하지 못한다.)
　人而無恒 不可以爲卜筮(緇衣篇 ○於無恒之人 鬼神亦不能保其所爲)

　(121) 사람으로서 변하지 않는 마음이 없으면 무당과 의사가 될 수 없다.(『논어』자로편. ○변하지 않는 마음이 없으면 점괘를 가지고 재앙을 물리치게 되는 약으로 삼을 수 없다.)
　人而無恒 不可以作巫醫(子路篇 ○於無恒之人 不可爲之禳爲之藥)

　(122) 못가에서 물고기를 탐냄은 물러나서 그물을 뜨는 것만 못하다.(『한서』董仲舒傳)
　臨淵羨魚 不如退而結網(董仲舒傳)

　(123) 자식에게 광주리에 가득 채운 황금을 남겨줌은 한 경서(經書)를 남겨 줌만 못하다.(『한서』韋賢傳)
　遺子黃金滿籯 不如一經(韋賢傳)

(124) 사람이 이르지 않는 곳이 없게 해도 하늘이 거짓만은 용납하지 않는다.(사람의 거짓과 속임은 이르지 않는 곳이 없어도 자연의 법칙은 지극히 정성스러울 뿐이다.)
　人無所不至　唯天不容僞(人之詐僞　無極不到　唯天道至誠)

(125) 3대에 걸쳐 벼슬살이를 하면 옷을 걸치고 밥을 먹는 방법은 안다.(벼슬하지 못한 자는 몸가짐에 대한 것을 익히지 못한다.)
　三世仕宦　方知著衣喫飯(不仕宦者　不習於容體)

(126) 나라가 바야흐로 일어나려면 백성의 여론을 듣고, 바야흐로 쇠망하려면 귀신의 말을 듣는다.(『춘추좌씨전』 莊公 32년조. ○백성을 구휼하지 않으면서 佛事를 지어 무당을 받든다.)
　國將興聽於民　將亡聽於神(莊三二 ○不恤民 而作佛事崇巫覡)

(127) 권세와 이익으로써 맺은 자는 권세와 이익이 다하면 정분이 탐탁하지 않아진다.(『사기』 鄭世家)
　以權利合者　權利盡而交疎(鄭世家)

(128) 사람이 많아 형세가 왕성할 경우 하늘도 이를 어찌할 수 없고, 하늘이 정한 것도 또한 능히 사람이 파기한다.(『사기』 伍子胥傳. ○노자가 말하기를, "하늘의 그물은 그물눈이 매우 성긴 것 같으나 새어나감이 없다."고 했다.)
　人衆者勝天　天定亦能破人(伍子胥傳 ○老子曰 天網恢恢 疎而不漏)

(129) 그 아들의 악함은 알지 못하고, 그 곡식 싹의 큼도 알지 못한다.(『대학』 ○사랑에 빠진 자는 사사로움에 가려지고 탐내어 얻으려는 자는 시기심을 품게 된다.)

莫知其子之惡 莫知其苗之碩(大學 ○溺愛者蔽私 貪得者懷妬)

(130) 선비는 자기를 알아주는 자를 위해 죽고, 여자는 자기를 기쁘게 해주는 자를 받아들인다.(趙襄子. ○선비는 자신의 그 덕을 아끼고, 여자는 자신의 그 미색을 아낀다.)
　士爲知己者死 女爲悅己者容(趙襄子 ○士自愛其德 女自愛其色)

(131) 아무리 힘들여 농사를 지어도 풍년을 만나는 것만 못하고, 벼슬살이를 잘함도 서로 만나서 의기가 투합함만 못하다.(『사기』 佞幸傳. ○사람의 노력은 하늘의 내려줌에 미치지 못한다.)
　力田不如逢年 善仕不如遇合(佞幸傳 ○人力不及天貺)

(132) 물이 지나치게 맑으면 물고기가 없고, 사람이 지극히 분명하면 무리가 없다.(『한서』 東方朔傳. ○사물을 용납하는 바가 없으면 붙쫓지 않는다.)
　水至淸則無魚 人至察則無徒(東方朔傳 ○無所容物不附)

(133) 추움을 구제하는 데는 두터운 갖옷만한 것이 없고, 헐뜯음을 그치게 하는 데는 스스로를 수양함보다 좋은 것이 없다.(『삼국지』 魏志)
　救寒無若重裘 止謗莫若自修(魏志)

(134) 사물이 저울추를 지나치면 저울질해도 의심하고, 모습이 거울보다 지나치면 빛이 없어진다.(힘이 약하면 무거움을 견딜 수 없고 지식이 작으면 멀리 내다보는 생각을 하지 못한다.)
　物勝權而衡殆 形過鏡而照窮(力弱不能任重 知小不能慮遠)

(135) 과일은 땅을 잃으면 나지 않고, 교룡도 땅을 잃으면 신령스럽지

못하다.(그 땅을 얻지 못하면 사물도 그 능력을 펼 수 없다.)
　果蓏失地不生 蛟龍失地不靈(不得其地 物莫得伸)

(136) 그 아비가 남을 죽여 원수를 갚으면 그 아들은 반드시 또 겁탈을 행한다.(착함을 본받는 것은 미치지 못하고 악함을 본받는 것은 반드시 지나친다.)
　其父殺人報仇 其子必且行劫(效善者不及 效惡者必過)

(137) 등사(螣蛇)는 발이 없어도 하늘을 날고, 날다람쥐는 재능은 많으나 한가지도 정통한 것이 없다.(『荀子』. ○덕행이 고상한 대인은 변화를 시킬 수 있고, 소인은 헤아림에 일정한 한계가 있다.)
　螣蛇無足而飛 鼯鼠五技而窮(大人有變化 小人有限量)

(138) 이미 그 이익으로 향한 자가 어찌 어짊과 의리를 알고 덕행이 있게 되리요.(游俠傳. ○은혜로움이 두터우면 명분이 따라붙는다.)
　何知仁義 已嚮其利者 爲有德(游俠傳 ○恩重則名歸之)

(139) 여우는 의심이 많아서 물건을 묻어놓고는 다시 또 파보기 때문에 이로써 성공함이 없다.(『국어』 ○스스로 이루고 스스로 이를 헐어버리니 어떻게 잘 성공함이 있으리요.)
　狐埋之而狐搰之 是以無成功(國語 ○自成而自毀之 何能有成)

(140) 널리 교제하여 명예를 널리 전파함은 헤어져 따로 살며 스스로를 보전하는 것만 못하다.(밖에서 찾음은 마음을 닦는 것만 못하다.)
　廣交以延譽 不若索居以自全(外求不如內修)

(141) 사람의 마음으로 잘 그만둘 수 없는 것은 성인께서도 폐지하지 않는다.(예의는 마음에서 나오고 법에 구애되는 것이 아니다.)
人情之所不能已者 聖人不廢(禮出於情 非法所拘)

(142) 산에 나무가 있으면 목공(木工)이 헤아리고, 손님이 예의가 있으면 주인은 이를 가려 쓴다.(『춘추좌씨전』 隱公 11년조.)
山有木 工則度之 賓有禮 主則擇之(隱十一)

(143) 그 땅이 적당치 않으면 심어도 살지 못하고, 그 마음이 없으면 가르쳐도 이루지 못한다.(日者傳補)
非其地樹之不生 非其意敎之不成(日者傳補)

(144) 한 사람이 사는 시골 구석에서도 슬피 울고, 방 안의 모든 사람이 모두 즐겁지 않다고 여긴다.(刑法志)
一人鄕隅而悲泣 一堂皆爲之不樂(刑法志)

(145) 땅에 경계선을 그어 감옥을 만들어 들어가지 말라 논의하고, 나무를 깎아 옥리(獄吏)를 만들어 대답하지 않기를 기대한다.(『한서』路溫舒傳.)
畫地爲獄議不入 刻木爲吏期不對(路溫舒傳)

(146) 썩은 나무는 기둥으로 삼을 수 없고, 미천한 사람은 주인으로 삼을 수 없다.(『한서』劉輔傳.)
腐木不可以爲柱 卑人不可以爲主(劉輔傳)

(147) 한마음으로 100명의 임금을 섬길 수 있어도, 100가지 마음으로는

한 임금도 섬길 수 없다.
　　一心可以事百君 百心不可事一君

(148) 양적(陽翟)현에서는 혹이 없는 사람을 미워하고, 진(秦)나라 사람은 코가 없는 더러운 사람을 잊어버린다.
　　陽翟憎無癭之人 秦人忘無鼻之醜

(149) 사업은 이루기 어려우나 쉽게 실패하고, 명성은 세우기 어려우나 쉽게 무너진다.
　　事者難成而易敗 名者難立而易墮

(150) 복상이 없어도 슬프고 걱정은 반드시 짝이 있다. 전쟁이 없어도 성이 있어야 하고 짝은 반드시 지켜야 한다.(『춘추좌씨전』 僖公 5년조.)
　　無喪而慼 憂必讎焉 無戎而城 讎必保焉(僖五年)

(151) 비록 지혜가 있더라도 세(勢)를 타는 것만 못하고, 비록 좋은 농기구가 있더라도 농사철을 기다리는 것만 못하다.(『맹자』 公孫丑 상)
　　雖有知慧 不如乘勢 雖有鎡基 不如待時(公孫丑)

(152) 잘 실행하는 자는 반드시 말을 잘하지 못하고, 말을 잘하는 자는 반드시 잘 실행하지 못한다.(『사기』 孫吳傳.)
　　能行之者 未必能言 能言之者 未必能行(孫吳傳)

(153) 겉치레의 말은 화려하고, 지극한 말은 참답고, 듣기에 쓴 말은 약이 되고, 듣기 좋은 말은 병이 된다.(『사기』 商君傳.)
　　貌言華也 至言實也 苦言藥也 甘言疾也(商君傳)

(154) 끊어지지 않고 뻗어나가 길게 이어지니 어찌 하며, 아주 적은 것이나마 베어내지 않으면 바야흐로 도끼자루로 쓸 것이다.(『사기』蘇秦傳.)
綿綿不絶 蔓蔓奈何 豪釐不伐 將用斧柯(蘇秦傳)

(155) 깃털도 쌓이면 배를 가라앉히고, 가벼운 물건도 많이 실으면 수레 굴대를 부러뜨린다. 뭇사람의 입은 쇠도 녹이고, 계속 헐뜯으면 뼈도 녹인다.(『사기』張儀傳.)
積羽沈舟 羣輕折軸 衆口鑠金 積毁銷骨(張儀傳)

(156) 큰 부잣집 아들은 떨어질까 염려하여 마루 끝에 앉지 않고, 보통 부자의 아들은 길을 갈 때 수레 난간에 걸터앉지 않는다.(『사기』袁盎傳.)
千金之子 坐不垂堂 百金之子 行不騎衡(袁盎傳)

(157) 온 나라 사람이 즐겁게 모두 이익을 위해 오고, 온 나라 사람이 어지럽게 모두 이익을 위해 간다.(『사기』貨殖傳.)
天下熙熙 皆爲利來 天下壤壤 皆爲利往(貨殖傳)

(158) 한 농부가 밭갈지 않아도 더러 굶주림을 받고, 한 여자가 베를 짜지 않아도 더러 추위를 받는다.(『한서』食貨志)
一夫不耕 或受之飢 一女不織 或受之寒(食貨志)

(159) 사람이 혼인과 벼슬을 하지 못하면 욕망의 반을 잃고, 옷과 음식이 있지 않으면 임금과 신하의 도리가 없어진다.(『列子』)
人不婚宦 情欲失半 人不衣食 君臣道息(列子)

(160) 지혜와 재능이 있지 않으면 임금이 될 수 없고, 귀머거리나 소경

이 아니면 가장(家長)이 될 수 없다.(『愼子』○'公'은 家翁을 말한다.)
不聰不明 不能爲王 不瞽不聾 不能爲公(愼子 ○公 謂家翁)

(161) 요순(堯舜)은 주량(酒量)이 매우 많고, 공자(孔子)는 100고(觚)이고, 자로(子路)는 말이 많아도 도리어 10합(榼)이다.(『孔叢子』)
堯舜千鍾 孔子百觚 子路嗑嗑 尙飮十榼(孔叢子)

(162) 인정이 두터운 자는 남의 재물을 덜어내지 않고서 자신의 재물을 더하고, 어진 자는 남을 위태롭게 하지 않고서 명예를 이룬다.(『전국책』)
厚者不毀人以自益 仁者不危人以要名(戰國策)

(163) 남이 알지 못하게 하려면 하지 않는 것만한 것이 없고, 남이 듣지 못하게 하려면 말하지 않는 것이 제일이다.
欲人勿知 莫若勿爲 欲人勿聞 莫若勿言

(164) 치(寸)로 길이를 재면 길(丈)에 이르러 반드시 차이가 나고, 수(銖)로 무게를 일컬으면 석(石)에 이르러 반드시 한도를 넘는다.
寸而度之 至丈必差 銖而稱之 至石必過

(165) 지극한 도리라는 것을 따져 보면 세상 풍속에 합당하지 않고, 큰 공적을 이룬 경우는 뭇사람에게 의논한 것이 아니다.
論至道者 不和於俗 成大功者 不謀於衆

(166) 남을 착한 말로 도우면 따뜻함이 비단이나 무명 같고, 남을 말로 해침은 무기로 해침과 같이 잔인하다.
與人善言 煖如布帛 傷人以言 深如戈戟

(167) 밭 가운데에 물을 대면 동쪽 바다에 들어감 같고, 귀엣말을 해도 1천리 밖에서 듣는다.
　田中之潦 入於東海 附耳之言 聞於千里

(168) 토끼가 보이면 사냥개를 부르려고 돌아보아도 늦지 않을 것이다. 양을 잃고 양의 우리를 고쳐도 더디지 않을 것이다.(『전국책』 楚襄王.)
　見兔顧犬 未爲晩也 亡羊補牢 未爲遲也(戰國策 ○楚襄王)

(169) 훌륭한 말도 노쇠해지면 느린 말이 앞으로 가고, 맹분(孟賁)의 힘이 줄어들면 미약한 여자도 그를 이긴다.(『전국책』)
　騏驥之衰 駑馬先之 孟賁之倦 弱女勝之(戰國策)

(170) 비록 친아버지가 있더라도 범이 되지 않을 줄 어찌 알며, 비록 친형이 있더라도 이리가 되지 않을 줄 어찌 알랴.(韓安國)
　雖有親父 安知不爲虎 雖有親兄 安知不爲狼(韓長孺)

(171) 조정의 중요한 정치를 맡을 인재는 보잘것없는 능력이 아니고, 제왕의 공적은 한 선비의 책략만으로 이루어지지 않는다.(叔孫通)
　廊廟之材 非一木之枝 帝王之功 非一士之略(叔孫通)

(172) 맹렬한 바람도 쇠약해지면 깃털을 잘 일으킬 수 없고, 강한 활도 최후에는 노(魯)나라의 발이 고운 생명주도 잘 뚫지 못한다.(韓安國)
　衝風之衰 不能起毛羽 彊弩之末 不能穿魯縞(韓安國)

(173) 문자로써 수레를 모는 자는 말의 마음을 다 알지 못하고, 옛날 제도대로만 일을 처리하는 자는 일의 변화를 명백히 알지 못한다.(『사기』

趙世家.)

以書御者 不盡馬之情 以古制者 不達事之變(趙世家)

(174) 1천금짜리 비싼 갖옷은 한 마리 여우 겨드랑이털로는 만들지 못하고, 큰 정자의 서까래는 한 나무의 가지로만 짓지 못한다.(『사기』叔孫通傳.)

千金之裘 非一狐之腋 臺榭榱之 非一木之枝(叔孫通)

(175) 바야흐로 날려는 자는 날개를 숨기고, 바야흐로 떨치려는 자는 발을 구부리고, 바야흐로 삼키려는 자는 손발톱을 거두어 움츠리고, 바야흐로 아름다우려는 자는 또한 소박하다.(우리말에 이르기를, 움츠린 뒤에야 잘 뛴다고 했다.)

將飛者翼伏 將奮者足跼 將噬者爪縮 將文者且朴(東語云 跼而後能跳)

(176) 아무리 힘껏 농사지어도 풍년을 만나는 것만 못하고, 힘써 뽕나무를 심는 것은 나라의 경(卿)으로 천거되는 것만 못하고, 수놓은 것이 아름다워도 시장의 문에 의지하는 것만 못하다.

力田不如遇豐年 力桑不如見國卿 刺繡文不如倚市門

(177) 1천 마리 양의 가죽도 한 마리 여우의 겨드랑이털만도 못하고, 1천 사람이 '예예' 하며 순종하는 것도 한 선비의 직언(直言)하는 것만 못하다.(『사기』商君傳.)

千羊之皮 不如一狐之腋 千人之諾諾 不如一士之諤諤(商君傳)

2. 우리 나라 속담(東諺)

已下東諺(或不叶韻 亦古法也)

(1) 세 살 적 버릇이 여든 살까지 간다.(어렸을 때의 일삼아 끝내 나쁜 버릇이 된 것은 늙어서도 고쳐지지 않는다는 말이다.)
　三歲之習 至于八十(言幼眇時事 終爲惡習 老而不改)

(2) 햇비둘기는 재를 날아 넘지 못한다.(나이가 적은 자는 큰일을 이룰 수 없다는 말이다.)
　鳩生一年 飛不踰巓(言年淺者 不能成大事)

(3) 하룻강아지는 범이 무서운 줄 모른다.(어려서 어리석은 사람은 덕행이 높은 사람을 두려워하지 않는다는 말이다.)
　一日之狗 不知畏虎(言蒙騃者 不畏大人)

(4) 개꼬리는 3년을 두어도 누런 담비가죽이 되지 않는다.(타고난 성질이 아름답지 못하면 끝내 잘 변할 수 없다는 말이다.)
　狗尾三朞 不成貂皮(言本質不美 終莫能善變)

(5) 까마귀 열두 소리는 한 소리도 교태가 없다.(싫어하는 사람의 한마디 말과 한가지 행동은 다 미운 것이라는 말이다.)
　烏聲十二 無一斌媚(言惡人一言一動 皆可憎)

(6) 소리개도 3년이 넘으면 곧 한 마리 꿩을 잡는다.(능력이 없는 사람도 오래 되면 더러 이룰 수 있다는 비유이다.)
　鳶蹲三紀 乃獲一雉(喩無能之人 久或有成)

(7) 게새끼는 비록 여리고 가냘프나 집게발로 벌써 끼울 줄 안다.(나쁜 종자가 태어나면 어려서부터 사람을 해코지한다는 말이다.)
　蟹子雖纖 螯已知箝(言惡種所生 自幼而害人)

(8) 까마귀가 바야흐로 날자 배가 떨어진다.(일이 이미 공교롭게 되면 그 책임을 벗어날 수 없다는 말이다.)
　烏之方飛 有隕其梨(言事旣巧湊 不得而逃其責)

(9) 사나운 개 콧등 아물 틈 없다.(사람 됨이 미운 경우는 항상 다친 상처를 받는다는 말이다.)
　可憎之犬 鼻不離癬(言爲人所憎者 恒受創傷)

(10) 아니 되는 놈의 일은 자빠져도 코가 깨진다.(운수가 사나운 사람은 뜻밖의 재앙이 많다는 말이다.)
　窮人之事 翻亦破鼻(言數奇者 多意外之災)

(11) 사람은 사흘 굶으면 아니 나는 생각 없다.(곤궁해지면 하지 않을 짓이 없다는 말이다.)
　人飢三日 無計不出(言窮無所不爲)

(12) 원수는 외나무다리 머리에서 만난다.(일은 반드시 공교롭게도 만나고, 재액은 요행으로 달아날 수 없다는 말이다.)

爾逢爾仇 獨木橋頭(言事必巧湊 厄無幸逭)

(13) 장대 끝에서 3년이 되어도 견뎌야 한다.(역경을 견디낼 때 그 오램을 꺼리지 말라는 말이다.)
竿頭苟延 或至三年(言忍耐逆境 勿憚其久)

(14) 혀 아래 도끼가 있으니, 사람은 스스로 해침을 쓴다.(말로써 재앙을 부름을 경계한 말이다.)
舌下有斨 人用自戕(戒言之招禍)

(15) 기와 한 장 아끼려다 큰 집의 대들보가 꺾인다.(작은 비용을 아끼다가 큰 기구를 다치게 한다는 말이다.)
由惜一瓦 欂摧大廈(言惜小費而喪大器)

(16) 솔 심어 정자라고 얼마나 살 인생인가.(먹을 공효가 더딘 것은 반드시 경영하지 말라고 한 말이다.)
植松求亭 人壽幾齡(言食效遲者 不必營爲)

(17) 부뚜막에 있는 소금도 집어넣어야 짜다.(사물이 비록 갖추어 있어도 사람의 공들임이 마땅히 중요하다는 말이다.)
在灶之鹽 擩之乃醎(言物采雖具 人功宜急)

(18) 일백 집의 마을에는 반드시 인륜을 어기는 자식이 있다.(사물이 많으면 다 좋을 수 없다는 말이다.)
百家之里 必有悖子(言物衆則不能盡善)

(19) 색시 그루는 다홍치마 적에 앉혀야 한다.(아내가 처음 시집 왔을 때 마땅히 법도를 세워 사나움을 길들여야 함을 말한다.)
欲制細君 須及紅裙(言妻之始來 宜立法制悍)

(20) 꼭뒤에 부은 물이 발뒤꿈치로 내린다.(나쁜 일은 반드시 근원의 흐름을 좇아 받음이 있는 것을 비유한 말이다.)
灌頂之水 必流于趾(喩惡事必有源流所從受也)

(21) 소에게 말하면 없어지나 아내에게 말하면 새어나간다.(사람에게 알린 말은 반드시 새어나간다고 경계한 말이다.)
語牛則滅 語妻則洩(戒告人之言必洩)

(22) 낮 말은 참새가 듣고 밤 말은 쥐가 듣는다.(말을 조심함을 경계한 말이다.)
晝言雀聽 夜言鼠聆(戒愼言也)

(23) 한번 상치밭에 똥싼 개는 끝내 이 개 이 개 하며 의심한다.(한번 더럽히는 행동을 하면 일생 동안 의심을 받는다는 말인 것이다.)
一汚萵圃 終疑此狗(言一有汚穢場之行 終身受疑也)

(24) 열 번 찍어 아니 넘어가는 나무 없다.(남을 헐뜯어 참소하는 말도 자주 이르면 그 사람은 끝내 지탱할 수 없음을 비유한 것이다.)
十斫之木 罔不顚覆(喩讒言屢至 其人終不支也)

(25) 될성부른 나무는 떡잎부터 알아본다.(뛰어난 사람은 어릴 적부터 특이함이 있음을 말한 것이다.)

疏之將善 兩葉可辨(言人之俊者 自幼小而有異也)

(26) 소금에 아니 전 놈이 어찌 장에 절까.(큰 일에 굽히지 않은 사람은 조그만 일로 굽히기 어렵다는 말이다.)
鹽所不醃 豈畏豉醯(言不挫於大事 難屈以小事)

(27) 어린 아이 말도 귀담아 들어라.(말을 받아들이는 총명이 있으면 마땅히 어린 아이의 말도 받아들인다는 말이다.)
孩兒之言 宜納耳門(言納言之聰 宜及幼少)

(28) 손톱 밑에 가시 든 줄은 알아도 염통 밑에 쉬 쓰는 줄은 모른다.(사람이 눈앞의 작은 걱정은 알아도 은미해서 알기 어려운 큰 해로움을 알지 못한다는 말이다.)
爪芒思擢 心蛆罔覺(言人知目前之小患 不知隱微之大害)

(29) 한잔 술로 말미암아 가끔은 눈물난다.(음식은 반드시 고르게 베풀어야 함을 말한 것이다.)
由酒一盞 或淚厥眼(言飮食不可不均也)

(30) 소경이 개천을 나무란다.(어긋남은 내게 있어 마땅히 스스로 내 병을 원망하고 저것을 미워하지 말고 용서함을 말한다.)
咎在我瞽 溝汝何怒(言曲在我 當自怨吾病而恕彼惡)

(31) 네 쇠뿔이 아니면 내 담장이 무너지랴.(네가 비록 말하기를 "내게 허물이 있지 않아도 네가 아니면 이 재앙이 없었다"고 말한 것이다.)
匪爾牛角 我牆何崩(言爾雖曰非我有咎 非爾無此患也)

2. 우리 나라 속담(東諺)   211

(32) 내 장이 바닥나자 손님 또한 국을 사양한다.(내가 바야흐로 물리니 너도 또한 하려고 하지 않음을 말한다.)
我戤適涸 賓又辭臁(言我方厭之 而爾又不肯)

(33) 도둑의 때는 벗어도 화냥의 때는 못 벗는다.(도둑은 장물이 있기 때문에 증거할 수 있으나 화냥의 누명은 자취가 없기 때문에 드러내기 어려움을 말한다.)
盜冤竟雪 淫誣難滅(言有贓故可證 無跡故難暴)

(34) 내가 물린 음식도 개를 주기는 가로막는다.(내게 쓸데가 없어도 오히려 남에게 베풀려고는 하지 않음을 말한다.)
我厭其餐 予狗則慳(言在我無用 猶不肯施人)

(35) 아우에게 줄 물건은 없어도 도둑에게 줄 물건은 있다.(친한 이에게 인색하나 도둑에게 빼앗기기는 사양하기 어려움을 말한다.)
無贈弟物 有贈盜物(言吝於所親 而難辭賊奪)

(36) 아내와 자식의 손이 넓고 큼은 비유컨대 봄비가 잦은 것이다.(먼저 많이 베풀어 새어나가면 적당한 씀씀이가 아님을 말한다.)
婦子手闊 譬彼春㴻(言先多施洩 而不適於用)

(37) 종로에서 뺨맞고 빙고(氷庫)에서 눈흘긴다.(여기서 모욕을 받고서 저기 가서 원수를 갚는다는 말이다.)
頰批鐘路 眼睨氷庫(言受辱於此 而報怨於彼)

(38) 계집의 매도 너무 맞으면 아프다.(비록 서로 사랑하는 자도 자주 피곤

하게 하면 좋아하지 않음을 말한다.)
 妻毆雖弄 恒受則痛(言雖相愛者 數困則不悅)

(39) 좋은 노랫가락도 장 들으면 싫다.(비록 좋은 말이라도 여러 번 하면 안 된다는 말이다.)
 歌曲雖豔 恒聽斯厭(言雖好言 不可支離)

(40) 쓴 배라도 맛들일 탓이다.(사물이 비록 싫어졌어도 마땅히 천천히 살피면 좋아짐을 말한 것이다.)
 彼苦者梨 尙或味之(言物雖可厭 當徐察而安之也)

(41) 말을 타고 나니 또한 말구종이 생각난다.(사람의 바라는 바를 채우기 어려움을 말한 것이다.)
 旣乘其馬 又思牽者(言人之願欲難充也)

(42) 내 배가 부르면 종의 배고픔을 살피지 못한다.(이미 복을 누려 즐거운 자는 남의 군색한 고통을 알지 못한다는 말이다.)
 我腹旣飽 不察奴飢(言已享福樂者 不知人窘苦)

(43) 열 손가락에 어느 손가락 깨물어 아프지 않을까.(자애로운 마음을 자식에게 내릴 때 이 아들 저 아들에 두텁거나 엷음이 없다는 말이다.)
 十指徧齧 疇不予憾(言慈下之情 無厚薄於彼此)

(44) 내가 바야흐로 말하려는데 사돈집에서 먼저 한다.(내가 네 탓이라 생각하는데 네가 도리어 내 탓이라고 여긴다는 말이다.)
 我歌將放 婚家先唱(言我當咎汝 汝反咎我)

(45) 되로 주고 말로 받는다.(남을 때리고 욕질한 자가 가볍게 베풀었으나 무거운 갚음을 받았다는 말이다.)
　　始用升授 迺以斗受(言毆罵人者輕施 而受重報)

(46) 석새 짚신에 구슬 감기.(바탕이 천한데 문채가 귀한 것은 서로 맞먹지 않는다는 말이다.)
　　眂此藁屨 安有菊絇(言質賤而文貴 不相當也)

(47) 느릿느릿 몰아도 수소 걸음.(덕이 있는 사람은 일을 천천히 해도 나아감이 있다는 말이다.)
　　緩驅緩驅 牡牛之步(言大人之事 徐而有進也)

(48) 며느리가 미우면 발뒤꿈치가 계란 같다고 나무란다.(허물을 찾다가 흠이 없음을 말한 것이다.)
　　婦無可短 踵如雞卵(言求過於無疵也)

(49) 며느리 늙어 시어미 되자 시어미 티 더 낸다.(밑의 지위로부터 윗자리에 있게 되면 옛날의 괴로움은 생각지 않고 그 아랫자리에 있는 자에게 가혹하게 구는 것을 말한다.)
　　婦老爲姑 靡不效尤(言自下位而居上 不念舊日之苦 而虐其在下者)

(50) 옷상자에 쟁인 옷이 없으니 이것이 비단치마.(쌓은 바가 넉넉지 않기 때문에 마땅히 검소한 처지로 지나치게 쓴다는 말이다.)
　　唯笥無藏 是以錦裳(言所蓄不富 故用奢於當儉之地)

(51) 썩은 새끼로 범 잡기.(곧 어림도 없는 일을 헛되이 도모함을 말한다. 일을 꾀함이 소홀한 것 같아도 큰 이익을 잡기를 바란다는 말이다. '尙或'은 '安能'으

로 짓기도 한다.)
　索綯爲罟 尙或捕虎(言謀事若疎 冀獲大利 ○尙或一作安能)

(52) 내가 기른 개에게 내 종아리 물린다.(내가 길러낸 것이 도리어 나를 해침을 말한다.)
　予所畜犬 迺噬我腨(言我所豢養者反害我)

(53) 불 안 땐 굴뚝에 연기 날까.(비록 근거가 없는 헐뜯음도 모두 스스로 취함이 있기 때문이란 말이다.)
　竈苟不燃 埃豈生煙(言雖浮謗 皆有以自取之)

(54) 새벽달 보려고 초저녁부터 나 앉으랴.(끝없이 아득한 일을 하려고 하여 애를 쓰되 너무 빠르게 해선 안된다는 말이다.)
　曉月之觀 豈自昏候(言不可爲杳茫之事 致勞太早)

(55) 내 발등의 불을 꺼야 아들 발등 불을 끈다.(자식을 비록 절실히 사랑해도 끝내는 자신을 아끼는 것만 못하다는 말이다.)
　膚爛之救 吾先兒後(言愛子雖切 終不如愛己)

(56) 바늘 도둑이 소 도둑 된다.(조그만 악이 자라면 반드시 큰 악함이 된다는 말이다.)
　竊鍼不休 終必竊牛(言養小惡 必成大惡)

(57) 말이 단 집에 장이 곤다.(말만 숭상하는 자는 실제의 이익이나 혜택이 없음을 말한다.)
　甘言之家 豉味不嘉(言尙口者無實德)

2. 우리 나라 속담(東諺) 215

(58) 고삐가 너무 길면 끝내 한번은 밟힌다.(악한 짓을 하고 고치지 않으면 끝내는 한번 무너진다는 말이다.)
厥靶太績 終受一踐(言爲惡不悛 終有一敗)

(59) 뱁새가 황새 걸음을 걸으면 가랑이가 찢어진다.(가난한 자가 권세 있는 부잣집을 배우다가는 반드시 그 집안이 실패한다는 말이다.)
鷦效鸛步 載裂厥胯(言貧寒者學豪門 必敗乃家)

(60) 공든 탑은 오래 되어도 무너지지 않는다.(일을 만듦에 튼튼히 하면 쉽게 무너지지 않는다는 말이다.)
積功之塔 終古不塌(言作事牢固 不易壞也)

(61) 돌을 던지면 돌이 오고 떡을 던지면 떡이 돌아온다.(다른 사람이 나에게 갚는 것은 다만 내가 베푼 것을 비교해 본 다음에 한다는 말이다.)
投石石來 擲餠餠回(言人之報我 唯視我之所施)

(62) 메밀떡 조상굿에 어찌 쌍장고 쓰랴.(힘이 본디 미치지 못하면서 내용이 없는 문장을 꾸미려 함을 말한다.)
蕎餠賽祖 安用二鼓(言力本不逮 而欲爲浮文)

(63) 슬인(瑟人) 춤에 차꼬 멘 놈도 따라 춤춘다.(권세 있는부잣집에서 기뻐 즐기는데 가난한 자가 부러워 덩달아 움직이니 매우 웃을 만함을 말한다. ○'校'란 차꼬인 것이다.)
瑟人蹲蹲 荷校隨欣(言豪家歡樂 窮者歆動 可笑之甚 ○校者械也)

(64) 없는 놈이 자 두치 떡 즐겨 한다.(그 힘을 헤아리지 않고서 사치하기를

크게 좋아함을 말한다.)

升粟之贒 嗜此尺餌(言不量其力 而好爲侈大)

(65) 농부는 굶어 죽어도 그 씨앗은 베고 죽는다.(어리석고 인색한 자는 몸이 죽는 것도 알지 못하니 재물 또한 쓸데가 없음을 말한다.)

農夫餓死 枕厥種子(言愚吝者 不知身死而財且無用)

(66) 남생이 등에 풀쐐기 쐼 같다.(조그만 힘을 믿고서 큰 형세를 침범할 수 없고 해를 끼치지 못함을 말한다.)

靈龜之脊 草蛞載螫(言恃小力而犯大勢 不能有害)

(67) 개도 무는 개를 돌아 본다.(사람은 나쁜 사람에게 재앙을 입을까 두렵지 않을 수 없어 돌아봄을 말한다.)

諸狗趁後 必顧瘋狗(言人於惡人 不能不畏其患而顧藉之)

(68) 지렁이도 밟으면 꿈틀한다.(비록 작고 천한 사물도 업신여겨 밟으면 원망이 없을 수 없음을 말한다.)

相彼蚯蚓 踐之則蠢(言雖微賤之物 不能無怨於凌踏)

(69) 섬에서 그친 바이니 깃이 있어 그것에 맡기나.(사람이 자주 옮겨 이사다님이 있으면 반드시 남아날 것이 없음을 말한다.)

島之所止 有羽其委(言人數有遷徙 必有零損)

(70) 산 밑 집에 절굿공이가 논다.(물품이 생산되는 땅에서 그 물건이 도리어 더러 드물고 귀함을 말한다.)

山下卜宅 舂杵難獲(言物於所產之地 反或稀貴)

(71) 탐내어 먹는 음식은 반드시 그 목구멍이 막힌다.(탐내어 나아가면 병이 모이고 반드시 막혀 실패하게 됨을 말한다.)
饕饕之食 必咽其嗓(言貪進疾驟者 必致跲敗)

(72) 작게 먹어야 가는 똥 누지.(천천히 나아가 취해 얻어야 잘 받아서 사용한다고 말했다.)
些些之食 可放纖矢(言徐徐進取 得以善消受)

(73) 꼴 보고 이름 짓고, 체수(體數) 맞춰 옷 마른다.(사물은 마땅히 서로 걸맞아야 함을 말한 것이다.)
衣視其體 名視其貌(言物當相稱也)

(74) 요를 보아 가며 다리를 뻗는다.(먼저 처지를 헤아리고 바야흐로 그 뜻을 시행함을 말한 것이다.)
先視爾褥 乃展厥足(言先度處地 方行其志也)

(75) 들으면 병이요 안 들으면 약이다.(마음에 거슬리는 말은 안 들으니만 못하다는 말이다.)
聞則是病 不聞是藥(言拂心之言 不如不聞也)

(76) 말똥에 굴러도 이승이 좋다.(비록 괴롭고 욕되더라도 사는 것이 죽는 것보다는 좋다는 말이다.)
雖臥馬糞 此生可願(言雖苦辱 猶善於死也)

(77) 옹기에서 희롱하면 바람도 반드시 가운데로 불어온다.(한껏 즐기다가는 반드시 재앙을 부름을 말한 것이다.)

戲嬲之甕 風必來中(言般樂必招災也)

(78) 동무 몰래 양식 내면 그 양식 얼만지 모른다.(계산이 분명하지 않으면 헛되게 비용만 쓰고 공로가 없다는 말이다.)
諱伴出粮 不算其糧(言計筭不明 徒費而無功也)

(79) 어둔 밤에 눈 끔적이면 누가 약속한 줄 알겠나.(남이 보지 못하는 곳에서 뜻을 보임은 또한 이로움이 없음을 말한 것이다.)
暗中眴目 誰知約束(言見志於人所不覩 亦無益也)

(80) 밤새도록 달려가도 문에 못 든다.(정성을 쌓아도 공로가 없음을 말한 것이다.)
終夜馳奔 不入其門(言積誠而無功也)

(81) 배 먹고 이 닦기.(한 가지 물건의 편리함을 가지고 두 가지 이익을 얻음을 말한다.)
啖梨之美 兼以濯齒(言因便而利物 遂獲兩利)

(82) 삼정승을 사귀지 말고 내 한몸을 조심하여라.(사물을 좋음은 자기 자신에게 구함만 못하다는 말이다.)
勿見三公 護我一躬(言徇物不如反己也)

(83) 노닥노닥 해도 비단일세.(사물이 본디 아름다운 것은 비록 낡아져도 오히려 옛날의 아름다움이 보인다는 말이다.)
襤褸襤褸 猶然錦縷(言物之本美者 雖敗而猶見舊美)

(84) 아무리 바빠도 바늘 허리 매어 쓰지 못한다.(일이 비록 급하더라도 제도를 어기면 어지럽게 뒤얽혀져서 이룰 수 없다는 말이다.)
雖有忙心 線不繫鍼(言事雖急 不可違禮而錯亂)

(85) 내 일 바빠 한데 방아.(저것이 내 길을 방해하여 내가 할 수 없이 저의 공을 도와 주어야 그 길이 열림을 말한다.)
緣我事急 野碓先蹋(言彼妨我路 不得不助彼功而開其路)

(86) 내 칼도 남의 칼집에 들면 찾기 어렵다.(비록 자기 물건이라도 이미 남이 가지고 있으면 추구할 수 없음을 말한다.)
我刀他鞘 既挿難掉(言雖己物 既爲人有 不可追也)

(87) 범도 새끼 둔 골을 두남 둔다.(비록 사나운 사람이라도 또한 그 자식이 의탁한 곳은 두남두어 돌아봄이 있다는 말이다.)
留子之谷 虎亦顧復(言雖惡人 亦有顧藉於其子之所託)

(88) 수박은 겉핥아선 아름다운 맛을 모른다.(사람은 그 겉모습만으론 알 수 없음을 말한 것이다.)
西瓜外舐 不識內美(言人不可以外貌知也)

(89) 눈먼 소경더러 눈 멀었다 하면 성낸다.(사람의 결점을 가리키는 말은 하면 안된다는 말이다.)
瞽非不瞽 謂瞽則怒(言人之短處 不可斥言之)

(90) 호랑이에게 개를 뀌어 주고 어찌 갚기를 바라랴.(탐욕스럽고 사나운 사람은 재물에 대한 신용이 없음을 말한 것이다.)

狗貸虎狼 豈望報償(言貪虐之人 無信於財賄也)

(91) 오뉴월 불도 쬐다 보면 물러나기 섭섭하다.(사람의 마음은 사물을 선뜻 풀어 놓기를 아낀다는 말이다.)
五月炙火 猶惜退坐(言人情吝於釋物)

(92) 무당이 제 굿 못하고 소경이 저 죽을 날 모른다.(사람은 자신을 위한 계책은 잘 못하고 또한 자신의 재앙 기미에는 어둡다는 말이다.)
巫不自祈 瞽昧終期(言人不能自謀 亦自暗於禍幾也)

(93) 일가 싸움은 개 싸움. 곧 한 집안끼리 싸움은 개 싸움과 다르지 않다.(사람이 화목하지 않으면 또한 하나의 짐승임을 말한 것이다.)
宗族之鬪 不異狗鬪(言人而不睦 亦一禽獸也)

(94) 내 건너 배타기.(일에는 차례가 있어 이를 뛰어넘을 수 없음을 말한다.)
未有涉川 而後乘船(言事有次序 不可躐粤)

(95) 개구리도 옴쳐야 뛴다.(일이 비록 급하더라도 마땅히 시간이 넉넉해야 주선할 수 있음을 말한다.)
蛙惟踾矣 乃能躍矣(言事雖急 宜寬晷刻 令得周旋)

(96) 검둥이는 목욕시켜도 그 검정색은 변하지 않는다.(나쁜 사람은 끝내 허물을 고치지 않는다는 말이다.)
烏狗之浴 不變其黑(言惡人終未改過也)

(97) 소경 잠 자나마나.(일이 구별되지 않음을 말한 것이다.)

盲人之睡 如寤如寐(言事不別白也)

(98) 시새움이 없다 말해도 이웃집 재난은 즐겁게 본다.(보통 사람은 요행스럽지 않은 사람의 재난은 마음에 있지 않음을 말한다.)
雖曰無猜 喜觀鄰災(言常人之情 未有不倖人之災)

(99) 반쪽 콩도 남이 가진 것이 커보인다.(시새움은 부러워함에서 일어난다는 말이다. 그가 가진 싹이 큼을 알지 못한다는 말도 또한 이 뜻이다.)
半菽孔碩 他人所獲(言羨起於妬 莫知其苗之碩 亦此意)

(100) 오르지 못할 나무는 쳐다보지도 말아라.(분수 밖의 복됨은 마땅히 마음 먹지 말 것을 말한다.)
難升之木 無然仰矚(言匪分之福 不宜生心)

(101) 밤 잔 원수 없고 날샌 은혜 없다.(은혜나 원수는 모두 쉽게 잊는다는 말이다. ○'怨'은 평성으로 '讎'이다.)
經夜無怨 歷日無恩(言恩怨皆易忘 ○怨 平聲讎也)

(102) 그가 익힌 버릇 개에겐들 줄 것인가.(나쁜 버릇은 버리기 어렵다는 말이다.)
渠所習狃 不以予狗(言惡習難棄)

(103) 음식은 전할수록 줄고 말은 전할수록 지나치다.(할 수 있는 자는 쉽게 저지르고, 늘릴 수 있는 자는 쉽게 더함을 말한다.)
饍傳愈減 言傳愈濫(言可欲者易犯 可張者易增)

(104) 눈 감으면 코 베어 먹을 세상. 곧 눈 깜짝할 사이에 코 다칠 세상.(세상 풍속이 험악해 잠깐이라도 재앙을 잊기 어렵다는 말이다.)
瞬目不亟 或喪厥鼻(言世俗之險 不可須臾忘禍難)

(105) 도둑이 제 발이 저리다.(나쁜 일을 한 자는 달아날 수 없음을 말한 것이다.)
盜之就拏 厥足自痲(言爲惡者 不可逭也)

(106) 도둑을 뒤로 잡지 앞으로 잡나.(사람을 논하는 데는 마땅히 실제의 증거를 잡아야 함을 말한다. ○ 뒤라는 것은 증거를 저버리는 것이고 앞은 그 체면인 것이다.)
盜以後捉 不以前捉(言論人 當執實贓 ○後者贓之所負 前其面目也)

(107) 굶으면 아낄 것 없어 통비단도 한끼라.(세상의 좋은 물건도 음식보다 급한 것이 없음을 말한다.)
飢無可慳 疋錦一餐(言天下之物 莫急於食)

(108) 벌거벗고 전통(箭筒) 찰까.(온갖 일에 어울리지 않는 것은 검소한 것이 차라리 낫다는 말이다.)
赤倮之軀 難佩繡箙(言凡百不稱 不如儉素)

(109) 선왕재(善往齋)하고 지벌 입었다.(비록 착한 공을 세우려다 때로는 도리어 허물을 짓게 됨을 말한 것이다.)
善往之願 反受雷震(言雖立善功 有時乎反速尤也)

(110) 소 잡은 터전은 없어도 밤 벗긴 자리는 있다.(일이 커지면 쉽게 가릴 수 있으나 나쁜 일은 조그마해도 속이기 어렵다는 말이다. 밤을 벗기면 껍데기가

있다.)
宰牛無賊 剝栗難藏(言事有大而易揜 惡有小而難欺 剝栗者有殼)

(111) 굳은 땅에 물이 괸다.(검소하거나 아끼지 않는 집에는 재화가 모이지 않음을 말한다.)
行潦之聚 亦于硬土(言非儉嗇家貨不集)

(112) 쇠 귀에 경(經) 읽기라 어찌 잘 깨달아 듣겠나.(우둔한 아랫사람과는 충분히 이치를 말할 수 없다는 말이다.)
牛耳誦經 何能諦聽(言鹵下者 不足與談理)

(113) 말에 실었던 것을 벼룩 등에 실을까.(모기가 산을 등에 질 수 없다는 말과 같다.)
駟馬所載 難任蚤背(猶言蚊不可負山)

(114) 걸어가다가도 말만 보면 타고 가자 한다.(사람이 가난하면 비천한 자도 모두 업신여김을 말한 것이다. ○ 걸어서 가는 것이다.)
視彼徒者 見我騎馬(言人窮則卑賤者 皆慢侮也 ○徒步行也)

(115) 자는 범 코침 주기.(가만히 있었으면 아무 일도 없을 것을 공연히 건드려 재앙을 일으키면 안된다는 말이다.)
虎之方睡 莫觸其鼻(言不可挑禍也)

(116) 호랑이도 제 말 하면 오고 사람도 제말 하면 온다.(그 사람이 있지 않은 데서 그 사람에 대한 말을 하면 안된다는 말이다.)
談虎虎至 談人人至(言不可以其人之不在而議其人)

(117) 말 잃고 외양간 고친다.(양을 잃고 나서야 그 우리를 고친다는 말과 같다.)
既喪其馬 乃葺厥廐(猶言亡羊而補牢也)

(118) 남의 잔치에 감 놓아라 배 놓아라 한다.(그 지위에 있지 않으면서 간섭하면 잘못임을 말했다.)
他人之宴 曰梨曰柿(言不在其位 枉有干涉)

(119) 내가 떠받드는 보배라도 마침내 남에게 돌아가면 똥이다.(아무리 아까운 물건이라도 다 새버림에 돌아감을 말한 것이다.)
我所珍庋 竟歸人屎(言吝惜之物 多歸虛也)

(120) 밭도랑이 있다고 노복을 버릴 수 있나.(아이종이 비록 지혜롭지 않아도 모두 쓸데가 있다는 말이다.)
豈有溝瀆 可棄奴僕(言僮雖不慧 皆可用也)

(121) 세우 찧는 절구에도 손 들어갈 때 있다.(비록 어수선한 가운데서도 또한 서로 착한 일을 실행할 수 있음을 말한다.)
數舂之臼 尙或納手(言雖搶攘之中 亦可以相幾行善)

(122) 시앗 싸움엔 돌부처도 돌아앉는다.(비록 마음이 없는 물건이라도 시샘하는 마음이 없을 수 없음을 말한다.)
妻妾之戰 石佛反面(言雖無情之物 不能無妒心)

(123) 소경 제 닭 잡아먹기.(어리석은 자가 이득을 탐낼 경우 자신을 해칠 때도 있음을 말한다.)

聾者嗜驚 自攘厥雞(言愚昧貪得者 有時乎自戕)

(124) 어린 아이도 괴는 데로 간다.(사랑하면 기뻐하는 것은 사람의 성품이 그러함을 말한 것이다.)

孩誰向背 趨其所愛(言愛之則悅 人性然也)

(125) 떡도 떡이려니와 합(盒)이 더 좋다.(사물이 착하고 아름다움이 있으면 그것과 관련된 것은 모두 아름답다는 말이다.)

餠固餠矣 盒兮尤美(言物有善美 其所牽連者皆美)

(126) 생마(生馬) 갈기 외로 질지 바로 질지.(사람의 착하고 악함은 어릴 때엔 분별할 수 없음을 말한다.)

駒之方鬣 左右難占(言人之善惡 不可辨之於幼時)

(127) 촌 닭 관청에 간 것 같다.(시골 사람이 번화한 곳에 익숙하지 못함을 말한다.)

村雞入縣 厥目先眩(言野人不習於繁華之地)

(128) 믿는 나무에 곰이 핀다.(믿었던 사람인데 도리어 그 나쁜 점이 드러남을 말한다.)

恃爲良材 乃發黴苔(言所信之人 反露其醜)

(129) 가난 구제는 임금님도 어렵다.(겨우 주었는데 금방 떨어지니 계속 줄 수가 없음을 말한다.)

貧家之賙 天子其憂(言纔給旋乏 力不可繼)

(130) 나무에 잘 오르는 놈도 나무에서 떨어지고, 헤엄 잘 치는 놈이 빠져 죽는다.(사람은 반드시 그가 잘하는 것에서도 죽음을 말한다.)
　善攀者落 善泅者溺(言人必死於其所能)

(131) 성난다고 바위를 차면 제 발부리만 아프다.(역경도 순종하여 받아들이지 않으면 자기만 다치게 된다는 말이다.)
　發怒蹴石 我足其圻(言逆境不順受 適以自傷)

(132) 끓는 국은 그 맛을 모른다.(사람은 급한 경우에는 그 이로움과 해로움을 알지 못한다는 말이다.)
　羹之方沸 罔知厥味(言人於急境 不知其利害)

(133) 가마솥 밑이 노구솥 밑을 검다 한다.(서로 같이 더러우면 서로 흉볼 수 없음을 말한다.)
　釜底鐺底 煤不胥訛(言彼此同醜 不可互譏)

(134) 산 사람의 목구멍에 거미줄 치랴.(사람이 비록 가난하나 또한 가끔은 먹을 수 있음을 말한다.)
　活人之嗉 蛛不布網(言人雖貧 亦或得食)

(135) 초록은 동색(同色)이라.(같은 무리는 반드시 서로 어울린다는 말이다.)
　綠雖異織 終是一色(言同類必相附)

(136) 병신 자식이 그 어머니에겐 효도한다.(병신이라고 기대하지도 않았던 자식에게 도리어 더러 보답을 받음을 말한다.)
　彼眇者子 乃孝厥妣(言人於其所不仗 反或受報)

2. 우리 나라 속담(東諺)   227

(137) 소리개를 매로 보았구나.(못난 자식을 착각하여 잘났다고 여겼음을 말한다.)
有鳶其騰 我視作鷹(言錯以不肖爲賢)

(138) 음지(陰地)도 양지(陽地) 된다.(무성함과 시들음은 변하고 있다는 말이다.)
洌彼陰岡 尙或回陽(言榮悴有變)

(139) 하늘이 무너져도 솟아날 구멍이 있다.(비록 크게 어려운 처지라도 또한 더러 살 길이 있음을 말한다.)
天之方蹶 牛出有穴(言雖大難 亦或有生路)

(140) 하룻밤을 자도 만리성을 쌓아라.(비록 잠깐 동안이라도 마땅히 대비함이 없어서는 안됨을 말한다. 곧 잠깐 만난 사람이라도 정의를 깊이 맺어두라는 말.)
一夜之宿 長城或築(言雖暫時之須 不宜無備)

(141) 실 엉킨 것은 풀어도 노 엉킨 것은 못 푼다.(작은 일은 쉽게 해결되나 큰 일은 다스리기 어렵다는 말이다.)
絲棼或解 繩亂弗解(言小事易平 大事難治)

(142) 어느 구름에서 비가 올지 모른다.(일의 모습이 어떻게 될지 모르는 경우는 거꾸로 헤아릴 수 없다는 말이다.)
不知何雲 終雨其云(言事之未形 不可逆度)

(143) 진상(進上)은 꼬챙이에 꿰고 인정(人情)은 바리로 싣는다.(아전의 권세가 무거움을 말한 것이다.)

貢以串輸 賂用馱驪(言吏胥之權重也)

(144) 도래떡이 안팎이 없다.(미천한 사람이 적자·서자의 구별에 엄격함을 조롱한 말이다.)

餛飩之餌 安有表裏(譏微賤之人 嚴於適庶之分)

(145) 진 날 개 사귄 이 같다.(미치광이라 일컫는 사람과는 서로 경쟁할 것도 없다.)

豈與狗爭 而往溷圉(謂狂悖之人 不足相較)

(146) 열 사람이 지켜도 한 도둑을 못 막는다.(지키는 경우에는 걱정을 잊기가 쉽고 도적은 기회를 엿봄에 자세하고 면밀함을 말한 것이다.)

十人之守 難敵一寇(言守者易於忘憂 寇者精於伺機)

(147) 사귀어야 절교(絶交)하지.(본디 인연을 맺음이 없으면 또한 끝냄도 없음을 말한다.)

本不結交 安有絶交(言本無緣起 亦無所究竟)

(148) 달면 삼키고 쓰면 뱉는다.(사람의 마음은 자신의 이익에 교묘함을 말한 것이다.)

昔以甘茹 今乃苦吐(言人情巧於自利也)

(149) 후추를 왼채로 삼키면 매운 줄 모른다.(쪼개 보지 않는 경우는 그 속을 모른다는 말이다.)

全椒不末 吞不知辣(言不剖析者 不知裏面)

(150) 강아지에 메주 멍석 맡긴 것 같다.(그 마땅한 사람이 아니면 반드시 살펴 지키게 맡겨도 제가 훔친다는 말이다.)
莫以狗子 監此麴豉(言任非其人 必監守而自盜)

□ 151번 이하 210번까지는 손암(巽菴) 정약전(丁若銓)이 수집한 것이다.
　巳下巽菴所輯

(151) 모난 돌이 정 맞는다.(까다롭고 고집이 센 자는 해침을 많이 받음을 빗댄 말이다.)
纍纍者石 銛者多觸(喩剛愎者 多受傷害)

(152) 내 코가 석자.(내 몸도 다급하니 내 뒤에 구휼함을 한다는 말과 같다.)
我涕三尺 何知爾恤(猶言我躬弗閱 遑恤我後)

(153) 젓갈 가게에 중이라.(자기와 상관 없는 물건에 쓸데없이 눈길을 보내는 것을 비유한 말이다.)
醢醯之市 嗟爾佛子(喩匪分之物 不宜留目)

(154) 무른 땅에 나무 박고 재 고리에 말뚝 치기.(부드러우면 매우 하기 쉽다는 말과 같다.)
酥地揷木 灰栲建橛(猶言柔則茹之)

(155) 지위가 높을수록 마음은 낮추어 먹어야.(지위가 매우 높아도 뜻은 마땅히 낮추어야 함을 말한다.)
位思其崇 志思其恭(言位彌高而志宜卑)

(156) 꿩 대신 닭.(계승하려는 것이 다하면 못난 아들도 또한 그 자리에 채움을 비유한 말이다.)
雉之未捕 雞可備數(喩承乏則不肖者 亦可充位)

(157) 온통으로 생긴 놈 계집 자랑, 반편으로 생긴 놈 자식 자랑.(사랑에 빠진 자는 밝지 못함을 경계한 말이다.)
全癡誇妻 半癡誇兒(戒溺愛者不明)

(158) 부부 싸움은 칼로 물베기.(좋아하며 합친 마음은 벌려 떨어지게 하지 못한다.)
夫婦之訾 如刀割水(言好合之情 離開不得)

(159) 틈난 돌이 터지고 태 먹은 독이 깨진다.(소리가 먼저 난 것은 뒤에 반드시 사실이 있게 됨을 말한다.)
驚紋裂石 鳴聲破甕(言先聲者 後必有實)

(160) 원님살이 고공(雇工)살이.(벼슬살이란 뜻밖에 파면당하기도 함을 말한다.)
縣宰生活 雇工生活(言居官者 斥罷出於不意)

(161) 열 그릇 밥에 한 술씩 덜면 도리어 한 그릇 밥이 된다.(많은 사람이 힘을 내면 허비는 적어도 은혜는 큼을 말한다.)
十飯一匙 還成一飯(言衆人出力 費小而惠大)

(162) 참새가 방앗간을 그저 지나랴.(욕심이 많은 자는 이익을 보고 용감히 물러날 수 없음을 비유한 말이다.)

未有瓦雀 虛過碓閣(喩多慾者 不能見利而勇退)

(163) 상전의 빨래를 해도 발 뒤축이 희다.(남에게 일을 시키고 나서는 사사로운 이익을 주지 않으면 안된다는 비유이다.)
婢爲主澣 亦白其骭(喩令人作勞 不可使無私利)

(164) 밤 새도록 울다가 누가 죽었느냐고.(그 일을 무슨 까닭인지도 모르고 치르는 몹시 어리석음을 비유했다.)
旣終夜哭 問誰不祿(喩由其事而不知其故 愚癡之甚)

(165) 원망하고 미워함이 있지 않으면 용서를 일컬을 까닭도 없다.(처음에 비록 간소하고 엷어야 마침내 재물 갚음을 질질 끌어 독촉하고 다그침이 없게 됨을 말한 것이다.)
未有讎懟 由不稱貸(言始雖簡薄 終無逋財之督迫也)

(166) 원님도 보고 환자(還上)도 탄다.(겉으로는 겸허하고 정직함을 꾸미나 실속은 이익을 구하는 것을 비유한 말이다.)
我謁縣宰 兼受賑貸(喩外託虛忠 實以求利)

(167) 보기 좋은 떡이 먹기도 좋다.(실제로 아름다운 것은 겉모습도 또한 아름다움을 비유한 것이다.)
觀美之餌 啗之亦美(喩實美者 外貌亦美也)

(168) 배 썩은 것 딸을 주고 밤 썩은 것 며느리 준다.(이 구절은 운자가 둘이다. ○ 마음이 한결같이 고르지 않아 반드시 딸에게는 두터우나 며느리에겐 야박함을 비유했다.)
梨腐予女 栗朽予婦(一句雙韻 ○喩心不均一 必厚女而薄婦)

(169) 남의 떡에 설 쇤다.(다른 사람으로 말미암아 일이 이루어짐을 비유한 말이다.)
他人之餌 聊樂歲始(喩因人成事)

(170) 울지 않는 애 젖 주랴.('縠'의 음은 '누'이다. ○ 찾지 않는 자에게는 쉽게 베풀지 않음을 빗댄 말이다.)
不啼之兒 其誰縠之(縠 那斗反 ○喩不求者 不易施也)

(171) 미운 아이 먼저 품어라.(미워하는 사람에게 마땅히 먼저 밉지 않은 체 겉모습을 꾸며야 함을 빗댄 말이다.)
予所憎兒 先抱之懷(喩所惡之人 宜先修外面)

(172) 의붓아비도 아비라 하랴.(이음이 없어 구차스레 채움을 비유한 것이다.)
匪我孤苦 豈父繼父(喩承乏而苟充也)

(173) 번개가 잦으면 천둥을 한다.(어떤 조짐이 잦으면 마침내 반드시 증험이 있음을 비유한 것이다.)
電光索索 霹靂之兆(喩兆朕屢見 終必有驗也)

(174) 아내가 귀여우면 처갓집 말뚝 보고 절을 한다.(아내를 사랑하는 자가 처갓집에 지나치게 공손함을 경계한 말이다.)
婦家情篤 拜厥馬杙(戒愛妻者 過恭於妻家)

(175) 한술 밥에 배 부르랴.(처음 배우는 자에게 빨리 이룸을 요구할 수 없음을 비유한 말이다.)

纔食一匙 不救腹飢(喩初學者 不可求速成)

(176) 지나는 불에 밥 익히기.(이로운 때를 잘 타서 내 일을 이룸을 비유한 말이다.)
過火之燄 我食可飪(喩因利乘便 以成吾事)

(177) 짚신도 제 날이 좋다.(몸이 미천한 자는 고귀한 짝을 구하지 말 것을 빗댄 말이다.)
扉旣草緯 亦願草經(喩身賤者 不求貴匹)

(178) 고양이는 참으로 죽었어도 쥐는 오히려 거짓 죽었다 한다.(죽은 제갈공명이 산 사마의를 달아나게 한다는 말과 같다.)
貓則眞殪 鼠猶佯斃(猶言死諸葛 走生仲達)

(179) 이리 해라 저리 해라, 이 자리에 춤추기 어렵다.(호령이 일정함이 없이 나오고 또 시비가 많으면 맞추어 따를 수 없음을 빗댄 말이다.)
莫仰莫俯 此筵難舞(喩令出無常 又多是非 莫適所從)

(180) 뒷간에 갈 적 맘 다르고 올 적 맘 다르다.(사람의 마음이 갑자기 변함을 빗댄 말이다.)
上圊而歸 心異去時(喩人心變於俄頃)

(181) 재는 넘을수록 높고, 내는 건널수록 깊다.(더 나갈수록 더욱 어려움을 만남을 빗댄 말이다.)
嶺踰越嶔 川涉越深(喩愈往而愈遭逆境)

(182) 어린 아이 가진 떡도 뺏어 먹겠다.(교묘한 자가 우직한 자를 속임을 빗댄 말이다.)
誘彼幼子 竊其庋餌(喩巧者欺愚也)

(183) 닭 쫓던 개 지붕만 쳐다본다.(같이 배워 다투어 나아가다가 그 벗이 먼저 오름을 빗댄 말이다.)
赶雞之犬 徒仰屋檐(喩同學競進 其友先升)

(184) 개천에서 용(龍)이 나랴.(미천한 집에서 재주가 뛰어난 사람이 쉽게 나오지 않음을 빗댄 말이다.)
未有窪溝 而産神虯(喩微賤之家 豪俊未易出)

(185) 내 물건이 좋아야 값을 받는다.(먼저 자신에게 구한 뒤에 많은 사람에게 구함을 빗댄 말이다.)
我有良貨 乃求善價(喩先求諸己 後求諸人)

(186) 내 딸이 고와야 아름다운 사위를 고른다.(먼저 자신의 아름다움을 헤아리고 나서 그 짝을 구하라는 말이다.)
我有美女 迺擇佳婿(言先度己美 乃求其匹)

(187) 다시 긷지 않는다고 이 우물에 똥을 눌까.(높은 데로 옮겼다고 옛날 이웃을 가볍게 버리지 말라는 경계이다.)
謂不再綆 汚此舊井(戒勿以高遷 輕棄舊鄰)

(188) 손에 붙은 밥풀 아니 먹을까.(먹을 가까이 하면 검어진다는 말과 같다.)

2. 우리 나라 속담(東諺)   235

黏手之飯 鮮不自賺(猶言近墨者黑)

(189) 늙은 말이라고 콩 마다하랴.(탐내어 얻으려는 마음은 늙어도 오히려 줄지 않음을 빗댄 말이다.)

老馬在廐 猶不辭豆(喩貪得之心 老猶不減)

(190) 어린 종이 있었으면 본디 이 욕됨이 없었을 텐데.(업신여김을 받은 사람이 마땅찮게 고단을 스스로 한탄함을 빗댄 말이다.)

如有僮僕 本無玆辱(喩受侮之人 不宜自恨其孤單)

(191) 죽은 자식 나이 세기.(이미 잘못된 일은 못나게 안타까워하지 말라고 빗댄 말이다.)

旣歿之子 胡算其齒(喩旣誤之事 毋庸嗟惜)

(192) 네 뱃병이 아니면 무슨 병이냐.(어떤 하나의 큰 악덕이 있어 충분히 온몸을 덮어 가리면 작은 잘못이 아니라고 할 수 없음을 빗댄 말이다.)

匪伊腹疾 媳婦何病(喩有一大惡 足蔽全身 不可指之爲小疵)

(193) 빌어는 먹어도 절하고 싶지 않다.(사람이 비록 곤궁해도 또한 비굴하게 남에게 눈웃음치기는 싫음을 빗댄 말이다.)

雖則乞匃 猶然恥拜(喩人雖困窮 亦惡卑屈以媚人)

(194) 코 벨 자는 며느린데 오히려 그 시아비를 잡는다.(부끄러움을 무릅쓰고 나아가 구하려면 또한 더러 한 길이 있음을 빗댄 말이다. ○ 우리 나라 풍속에 며느리가 음탕한 행실이 있으면 문득 그 코를 벤다.)

彼劓者婦 尙贄厥舅(喩冒恥求進 亦或一道 ○東俗婦有淫行 輒割其鼻)

(195) 백짓장도 맞들면 낫다.(비록 작은 일이라도 마땅히 서로 힘을 합쳐야 이루어짐을 말한다.)
輶彼薄楮 尙欲對擧(言雖小事 宜圖戮力)

(196) 봄 꿩은 제 울음에 죽는다.(숨어 엎드린 죄 때문에 그가 스스로 변명하더라도 형벌에 이른다는 말이다.)
哀彼春雉 自鳴以死(言隱伏之罪 以其自辨之 故至於陷刑)

(197) 한 말 등에 두 길마를 지울까.(한 사람에게 두 가지 짐을 맡길 수 없음을 빗댄 말이다.)
一馬之背 兩鞍難載(喩一人不可兩任)

(198) 구운 게도 다리를 떼고 먹는다.(해침을 다 없애기에 힘써야 하고 간략히 없애면 걱정을 잊을 수 없음을 빗댄 말이다.)
旣燔之螯 亦去其螯(喩除害務盡 不可略除而忘憂)

(199) 울려는 아이 뺨치기.(화를 돋움을 경계한 것이다.)
兒之將啼 又批其腮(戒挑禍也)

(200) 곗술에 낯내기.(자기 재물을 덜어내지 않고 다른 것에 따라 은혜를 구하는 것을 경계한 말이다.)
毋將社酒 以悅吾友(戒不損己物 因他以沽恩)

(201) 용수에 담은 찰밥도 엎지르겠네.(운명이 기박한 자는 두터운 녹봉을 얻어도 잘 보전하지 못함을 빗댄 말이다.)
篘有稬飯 尙或覆之(喩薄命者 得厚祿 不能保)

2. 우리 나라 속담(東諺)   237

(202) 무쇠 두멍을 쓰고 소(沼)에 가 빠졌다.(악한 일을 실행한 자가 스스로 재앙의 그물에 빠짐을 빗댄 말이다.)
蒙此鐵錡 入于潭水(喩行惡者 自陷禍罟)

(203) 게도 구럭도 다 잃었다.(다른 물건을 탐내 얻으려다 자기가 본디 가지고 있던 것도 모두 잃음을 빗댄 말이다.)
我欲捉蟹 竝喪吾箄(喩貪得外物 竝失己之本有)

(204) 멧돝 잡으러 갔다가 집돝 잃었다.(근본을 버리고서 바깥 사물을 쫓다가 이것 저것을 모두 잃음을 빗댄 말이다.)
逐彼山豕 竝失家豨(喩舍本而趨外 竝失彼此)

(205) 달아나는 노루 보고 얻은 토끼를 놓았다.(얻기 어려운 큰 재물을 탐내다가는 먼저 차지한 조그만 이익도 잃는다는 말이다.)
毋趁走麕 執此落毚(言毋貪難得之巨貨 先取自到之小利)

(206) 여름 된장 울 넘으면 그 맛을 어찌 보나.(반드시 버리지 않아야 할 것이 버림을 당하면 그 사람을 알 수 있으니, 반드시 다시 묻지 않음을 빗댄 말이다.)
夏豉踰牆 厥味奚嘗(喩必不棄而見棄 則其人可知 不必再問)

(207) 여편네 활수(滑手)하면 재물이 들어와도 시루에 물붓기라.(재물이 겨우 들어오자마자 새어나가 저축할 것이 없다는 말이다.)
妻迂財入 譬彼甑汲(言纔入旋洩 無以儲蓄)

(208) 외손뼉이 못 울고 한 다리로 가지 못한다.(일은 홀로 이룰 수 없음

을 빗댄 말이다.)
隻掌難鳴 一股難行(喩事不可獨成)

(209) 절름발이 차기 쉽고 쓰러진 중 치기 쉽다.(외롭고 약한 것을 업신여겨 무력을 쓰면 안된다는 말이다.)
癩者易踢 殭僧易擊(言侮此孤弱 不可爲武)

(210) 산에선 꿩이 길들지 않고, 못에선 게가 자라지 않는다.(사람을 반드시 달아난 곳에서 붙잡으면 끝내 남아날 것이 없다는 말이다.)
山不馴雉 池不養蟹(言拘人於必走之地 竟無存者)
※ 이상 210장이다. 이 가운데 손암(巽菴) 정약전(丁若銓)이 수집한 것이 60장이다.

(211) 곤장 아래 장사 없다.(형벌의 위세 아래 굴복하지 않을 자 없다는 말이다. ○ 2자 구절은 다른 운자를 통용해서 쓰느니 차라리 구절의 제도를 다 없앴다.)
惟杖無將(言刑威之下 無不屈伏 ○二字句叶韻用 寧爵無刁例)

(212) 고래 싸움에 새우 등 터진다.(높은 벼슬아치가 서로 그 문하생을 죄다 동원해 싸우기 때문에 관리는 다치지 않는 자가 없다.)
鯨鬪鰕死(喩大官相傾其門生 故吏無不受傷)

(213) 작아도 후추알이라.(후추는 일명 '辣茄'로 키가 작고 짧아도 날쌔고 용맹스러운 사람을 후추의 매운 맛과 같다고 비유한 것이다.)
雖小唯椒(番椒也一名辣茄 以喩短小精悍之人 如番椒之辛辣)

(214) 열 길 물속은 알아도 한 길 사람의 속은 모른다.(형체가 없는 것은 헤아리기 어렵다는 것을 말한다.)
寧測十丈水深 難測一丈人心(言無形者難度)

3. 이담속찬 습유(耳談續纂拾遺)

(1) 개 발에 주석 편자.(어떤 일이 그 실제에 맞지 않게 일컬어짐을 조롱한 것이다.)
(一) 唯彼狗足 蹄鐵奚錫(譏事之不稱其實也)

(2) 개·쇠 발괄 누가 알까.(말을 두서없이 하는 자는 다른 사람이 잘 살펴 알아들으려 하지 않는다.)
(二) 犬牛白活 有誰存察(言之無頭緖者 人不肯省認也)

(3) 괴 죽 쑤어 줄 것 없고 새앙쥐 볼 가심할 것 없다.(곡식 담는 병이나 장군이 다 비어 있음을 말한 것이다.)
(三) 無饘猫鼻 無界鼠䐐(言缾罌缶俱空也)

(4) 네 병이야 낫든 안 낫든 내 약값이나 내라.(사람으로서 자기 이익만 추구하는 자는 똑같이 사랑할 겨를이 없다는 말이다.)
(四) 爾病瘥否 藥債宜報(言人之爲己者 不遑兼愛)

(5) 노루 꼬리가 길면 얼마나 길까.(보잘것없는 자의 재능에 홀림을 빗댄 말이다.)
(五) 獐毛曰長 幾許其長(喩不肖者之眩能也)

(6) 담배 씨로 뒤웅박을 판다.(가늘고 잗다라 아무짝에도 쓸데없음을 조롱한 말이다.)

(六) 蓑種眇乎 彫匏庶刳(譏細瑣無實用)

(7) 대장간에 식칼이 논다.(목수는 자로 잘 재는데도 그 침상의 다리가 빠져 있음은 이치에 닿지 않는다는 말과 같은 것이다.)
　(七) 鐵冶家世 食刀乏些(猶梓人 能于文度規矩 而其床闕足 不能理也)

(8) 두꺼비 씨름 누가 질지 누가 이길지.(명예와 이익을 서로 다툼도 또한 이와 같다는 것이다.)
　(八) 蟾三角觝 疇勝疇底(名利相爭 亦類是也)

(9) 땅 짚고 헤엄치기.(정도를 굳게 지켜 변하지 않으면 충분히 일을 맡아 처리할 수 있다는 것이 곧 이 뜻이다.)
　(九) 據地習泗 更有何憂(貞固足以幹事 卽此意)

(10) 떡 삶은 물에 중의 데치기.(일로 말미암아 그 편리함을 헤아리면 비용을 줄이고 이익이 있음을 빗댄 말이다.)
　(十) 㷛餠之水 烹袴尤美(喩因事乘便 費省而有益)

(11) 떼어 둔 당상(堂上) 좀 먹으랴.(분수에 참으로 있는 것은 잃어버리지 않는다는 말이다.)
　(十一) 摘置玉貫 蠹蝕或憚(言分所固有者 不致有失)

(12) 먹기는 발장(撥長)이 먹고 뛰기는 말더러 뛰란다.(수고하는 자만 치우치게 수고함이 많다는 말이다.)
　(十二) 撥長食之 爾馬奚馳(言勞者 偏多勞也)

(13) 못난 색시 달밤에 삿갓 쓰고 나선다.(착하지 않게 몸을 유지하는 자는 일마다 뒤틀린다는 말이다. * 예쁘지 않은 며느리가 삿갓 쓰고 으스름 달밤에 나선다.)
(十三) 醜女月夜 戴笠奚迅(言不善持身者 事事舛錯)

(14) 미꾸라지 국 먹고 용트림한다.(재주가 낮은 자가 거만하게 구는 것을 빗댄 말이다.)
(十四) 羹啜泥鰍 噫發騰虬(喩才卑倨傲者)

(15) 뻗어가는 칡도 한이 있다.(모든 사물에는 끝이 있음을 말한다.)
(十五) 葛之覃兮 必有限兮(言凡皆有究竟)

(16) 범벅에 꽂은 수저라.(그 완전함을 말한 것이다. * 완전하다고 자랑하나 오히려 불안하기 짝이 없음을 빗댄 말이다.)
(十六) 不託揷箸 斷斷無慮(言其完全也)

(17) 비지에 부른 배가 연약과(軟藥菓)도 싫다 한다.(늘 배가 부른 자는 끼니 때가 되어도 먹을 생각이 없다는 말이다.)
(十七) 腹飽豆粕 粔籹厭嚼(言宿飽者 頓無食念)

(18) 살강 밑에서 숟가락 얻었다.(초나라 사람이 잃어버린 것을 초나라 사람이 얻듯이 그 얻고 잃음이 조금도 공효가 없다는 말이다.)
(十八) 饌廚之下 得匙何者(猶楚人失之 楚人得之 其得失小無功能)

(19) 살찐 놈 따라 붓는다.(가난한 자가 부유하고 귀한 자의 사치를 본받으려 함을 조롱한 말이다.)

(十九) 效彼肥壯 倩人膨脹(譏貧寒者 欲效富貴者之侈靡)

(20) 선무당이 사람 속인다.(재능도 없는 자가 속임수만 많이 부린다는 말이다.)
(二十) 不馴之巫 嚇人虛無(言無能者 率多譸張)

(21) 시앗 죽은 눈물이 눈 가쟁이 적시랴.(이 말은 마음에 없는 것은 그 말만이라도 다할 수 없다는 것이 또한 이 뜻이다.)
(二十一) 哭娟之淚 豈有霑目(此言 無情者 不得盡其辭者 亦此意)

(22) 아는 도끼에 발등 찍힌다.(경계하지 않아 일어난 실수를 말한다.)
(二十二) 慣熟之斧 乃傷厥跗(言不戒之失)

(23) 자라 보고 놀란 가슴 소댕 보고 놀란다.(팔공산 풀과 나무가 모두 晉나라 군사가 된다는 것도 또한 이 뜻이다.)
(二十三) 嚇于鼈者 尙驚鼎蓋(八公山草木 皆以爲晉兵 亦此意)

(24) 잠결에 남의 다리 긁는다.(어리석고 어두워서 잘못을 저지른다는 말이다.)
(二十四) 睡餘爬錯 正領之脚(言朦昧有誤也)

(25) 전루(傳漏) 북에 춤춘다.(어리석은 자가 까닭도 모르고 뽐내며 기뻐함을 말한다.)
(二十五) 傳漏之鼓 尙或蹲舞(言癡駭者 沾沾自喜)

(26) 접시 밥도 담을 탓이다.(그릇이 비록 작아도 담기에 따라 많은 양을 담는다는 말이다.)

(二十六) 豆中之飯 亶在盛限(言器雖小而容多)

(27) 죽이 풀려도 솥 안에 있다.(큰 손해라고 할 수 없다는 말이다.)
(二十七) 饘粥雖解 咸在鼎內(言實無大損)

(28) 철 나자 망령 난다.(세월을 헛되이 보내면 사업을 이룸이 없음을 경계한 말이다.)
(二十八) 其覺始矣 老妄旋至(戒歲月蹉跎 事業無成)

(29) 청국장인지 쥐똥인지 모르고 덤빈다.('矢'는 '屎'의 뜻. ○좋고 나쁨을 가리지 않고 경솔하고 망령되게 행동하는 자를 조롱한 말이다.)
(二十九) 淸豉鼠矢 不辨彼此(譏不揀好惡 輕擧妄動者)

(30) 코 아니 흘리고 유복하랴.(노력하지 않고 얻음을 빗댄 말이다.)
(三十) 鼻涕不流 其福自優(喩不勞而得)

(31) 휑한 빈 집에 서발막대 거칠 것 없다.(가난한 집의 사실 그대로의 상태를 말한 것이다.)
(三十一) 枵然穴室 丈木無室(言貧家之情狀也)

雅言覺非・原文

小引
卷之一
長安・洛陽 외 62항목
卷之二
納采 외 68항목
卷之三
太廟 외 66항목
題雅言覺非後
長安・洛陽 외 14항목

雅言覺非 原文 일러두기

1. 원문 앞에 아언각비 소목(雅言覺非小目)에 있는 제목을 본문 앞에 달아놓았다.(본문 앞에 제목으로 나와 있는 것은 원문에는 없었던 것이다.)
2. 신조선사(新朝鮮社)의 『여유당전서(與猶堂全書)』를 저본으로 삼고 한국학중앙연구원 소장 필사본으로 뒤의 빠진 부분을 보완했다.
3. 신조선사본이나 한국학중앙연구원 및 규장각 소장 필사본에서 잘못된 글자는 주를 달지 않고 고쳤다. 고친 글자가 몇 글자 되지 않기에 번거로움을 피한 것이다.
4. '제아언각비후(題雅言覺非後)'에 나와 있는 것은 신조선사 『여유당전서』와 규장각 소장 필사본에는 빠져 있었다.
5. 한국학중앙연구원 소장 필사본에 나와 있는 보유(補遺)와 우보유(又補遺)는 신조선사본 본문에 편입되어 있다.

雅言覺非 原文 目次

小引 251

卷之一

長安·洛陽 251
京口 251
太守·使君 252
倅 252
方伯 252
監務 252
督郵 252
員外郎 253
金吾 253
提學 253
司馬 254
國子 254
狀元 254
發解 254
賓貢 255
水驛 255
杏壇 255
山茶 255
柏 255
檜 256
杉 257
檀 257
桂 258
蘆竹 258
杻·荊 258
樻(山核桃) 258
藜節 259
杜仲(杜棣子) 259
海棠(玫瑰花) 259
楓 260
楡 260
沙參·黃連 260
厚朴·牧丹 260
薄荷·瞿麥(雀麥) 261
稷(稗) 261
胡麻·青蘇 261
蜀黍 262
蕎麥 262
枲(紵) 262
紫草(芝) 262
茶 263
薏苡 263
麪 263
醬 264
豆腐 264
醢 264
虀 264
薑讓(韭扇 等) 265
鬛松(鍾鼓 等) 265
辛苦(魚肉 等) 265
金金(狀狀 等) 265
澣浣(遜遁 等) 266
宧·窔(畫畵 等) 266
浙瀝(模糊 等) 266
刷·箚(逼頏 等) 266
阿 266
一級 266
一麾(본문에는 없음)
千金 266
一貫 266
一廛(一挐) 267
一把(拱) 267
三寸 267

卷之二

納采 267	醮 268	嫂 268
姑(姪) 268	聘君 268	甥 268
漁父 269	化翁 269	戚 269
鄕 269	洞 270	峽 270
巖 270	巷 270	湖 271
江·河 271	漢水 271	遷 272
峯·濱 272	原·屋 272	輪·葩 272
盞·篙 272	鐥 273	缶(杖鼓) 273
瑟 273	琴徽 273	洞簫 274
磬 274	角 274	弁 274
笠 275	喪冠(喪服) 275	帖裏 275
額掩 276	護項 276	套袖 276
簂頭(縐紗 等) 276	棉布 277	衲衣 277
逢掖 277	搭連 277	推鉋(鏟) 277
鼎 277	圭·笏 278	轡(鞦韉 等) 278
引 278	銜 278	任 278
遺事 278	牌子 279	句 279
古風 279	風月 279	儷律 280
詩傳·書傳 280	史記·通鑑 280	反切 280
都目 280	鄕所 281	歸鄕 281
其人 281	兩班 281	生員 281
推考 282	辱 282	答杖 282
箕帚 282	帶子 282	公然 282

卷之三

太廟 283	尸童 283	太僕 283
洗馬 283	祭酒 283	契丹·冒頓 284
范睢 284	鼂錯 284	龍骨大(馬富大) 284

佛・補處 284
媳・查(租奈 等) 285
苫 286
犀通 287
阿堵 287
拚棄 288
孝子 289
精舍 289
茄 290
上巳 291
彈棊 292
藥果 292
水團 293
角黍 294
鮠魚(踏水魚 等) 294
蟶 295
水豹 296
水尺 296
三澣 297
杯珓 298

僧(足樓鍼 等) 285
簏・軸 286
松笋 286
牛胃(胸) 287
拳踢 288
齊宿 288
哀子 289
軒・廳 290
膈 291
破日 291
盞托 292
粉繭 293
䉽子 293
煎果 294
海鯽 295
蜓 295
貊・獩 296
臧獲 297
睒 297

趾・棟(羔藿 等) 285
糶糴 286
松津(鹿皮) 287
蜜炙 287
跰 288
闔門 288
綽楔 289
斜廊(托樑) 290
禊 291
霞 291
湯餅 292
印團 293
棗糕 293
餬口(竊鈇 等) 294
鱸 295
蒲鴿 296
花郎 296
乞士 297
貰 298

題雅言覺非後

渼陰之籤

長安・洛陽 298
一畝 299

桂 298
都目 299

稷 299
補處 299

石泉之籤

又楸 299　　　榆 299　　　牛胃 299
牖 299　　　乞士 300

淵泉籤示
長安・洛陽 300　　太守・使君 300　　倅 300
方伯 300

雅言覺非

小引

學者何 學也者 覺也 覺者何 覺也者 覺其非也 覺其非奈何 于雅言覺之爾 言之而喚鼠爲璞 俄而覺之曰 是鼠耳 吾妄耳言之 而指鹿爲馬 俄而覺之曰 是鹿耳 吾妄耳 既覺而愧焉悔焉改焉 斯之謂學 學修己者曰 勿以惡小而爲之 學治文者 亦勿以惡小而爲之 斯其學有進已 處遐遠者 學文皆傳聞耳 多訛舛 故有是言也 然舉一而反三 聞一而知十 學者之責 索言之不能窮 故概言之非 其非止是也 嘉慶己卯冬 鐵馬山樵書

卷之一

流俗相傳 語言失實 承訛襲謬 習焉弗察 偶覺一非 遂起羣疑 正誤反眞 於斯爲資 作雅言覺非三卷

長安・洛陽

長安・洛陽 中國兩京之名 東人取之爲京邑之通名 詩文書牘 用之不疑 蓋昔高句麗始都平陽 厥有二城 東北曰東黃城 西南曰長安城 長安冒稱 疑自此始 洛陽之稱 益無可據 至京曰戾洛 還京曰歸洛 洛下親朋 洛中學者 皆習焉而弗察 嘗見日本人詩集 亦犯此忌

京口

京口者 里名也 在晉陵丹徒縣 晉宋之際 始爲名城 晉書云 義熙元年 劉裕出鎭京口 卽此地也 南史云 宋武帝微時 徙去丹徒之京口里 嘗游京口竹林寺 亦此地也 吾東忽以京口爲京江之口 凡從京華來者 謂自京口來誤矣 梁簡文帝詩云 客行祇念路 相爭度京口 岑參送王昌齡赴江寧詩云 君行到京口 正是桃花時 詩人不核 偶見此等詩句 誤用如是也 ○老學庵筆記云 京口子城西南 有萬歲樓 京口人以爲南唐時節度使 每登此樓 西望金陵

太守・使君

太守・使君 本皆尊稱 太守者郡守也 而諸縣令長 咸爲所領 其職與今之監司 不甚相遠 使君者 奉命之臣也 後漢書寇恂傳云 使君建節銜命 以臨四方 又臺佟傳 佟謂刺史曰 明使君奉宣詔旨 又北史申徽傳云 徽爲襄州刺史 有淸水亭詩 後人曰 此是申使君手跡 曹操稱劉備爲使君 亦以備時領豫州故耳 下逮唐宋 詩家用事 亦皆祖述漢魏 故必其人爲刺史知州 然後乃稱使君 東人錯認 今陽川縣令 麻田郡守 咸稱使君 斯亦習焉而弗察也 縣令之稱太守亦非(縣令宜稱宰)

倅

倅者 副也 郡倅者 今之所謂營下判官也 唐書王鍔爲江陵少尹 謂之賓倅 宋史劉豫知濟南府 而張柬爲倅 皆副官也 故郡倅名之曰半刺 謂其職半於刺史也 平壤庶尹・鏡城判官・大丘判官 自稱曰倅可也 乃牧使・府使・郡守・縣令專城爲長者 皆自稱曰倅 不亦謬乎 書牘姑舍 碑碣皆然 後世何以徵矣 昔人未嘗不明辨故 高麗田祿生爲慶州判官 爲政淸白 李齊賢詩曰 田郎作倅吾雞林 父老至今懷淸德 不誤用也 然且粹晬在實韻 淬倅在隊韻(取內切) 讀之以一聲 亦不可

方伯

方伯者 諸侯之長也 王制云 千里之外 設方伯 五國有長 十國有帥 二百一十國有伯 八州八伯 各以其屬 屬於天子之老二人曰二伯 若文王爲西伯 周公爲陝東之伯 召公爲陝西之伯是也 今八道監司 不過中國按察督撫之類 儼稱方伯不可 東萊府使 自稱萊伯 尤不可

監務

監務者 諸務之監官也 唐宋之制 茶稅・鹽稅及鐵冶之稅 皆置務幾所(三十所或四十所) 務置一監 謂之監務 高麗之人 傳聞失實 遂於諸縣置監務一人 國初因之 輿地志竝有此文 今人認爲當然 遂以縣監名曰監務 其實監務爲職 如鹽倉監官 銀店別將 非牧民之長也

督郵

督郵者 督尤之官也 郵者尤也 王制云 郵罰麗于事 漢書云 以顯朕郵 皆

此意也　漢制郡守・刺史　皆置督郵　以督責屬縣令長之怠尤　杜氏通典云　督郵掌監屬縣　有東西南北中部　謂之五部督郵　劉熙謂督郵主諸縣罰責　郵殿斜攝之事(案殿郵者　殿最也　郵尤通　尤最也　劉以督郵掌郵殿　其義非)　故黃霸爲潁川太守　督郵告許丞重聽不可任職　田延年爲河東太守　尹翁歸徙部汾南督郵　所擧應法(所擧劾　皆中法條)　長吏莫敢怨　其職責如是也　督郵巡行縣邑　威稜風生　故劉玄德爲安喜尉　督郵到縣　求謁不通　玄德直入　縛督郵杖二百　解綬繫其頸　著馬柳　棄官亡命　陶淵明爲彭澤令　督郵至縣　吏白應束帶見之　淵明歎曰　吾不能爲五斗米折腰　拳拳事鄕里小人　遂解印去縣　蓋其爲職　乃功曹之極位　而所掌在郵罰　故縣官畏之耳　東人誤以督郵　爲驛傳之官　今諸驛察訪皆稱之曰督郵　亦謬

員外郎

員外郎者　額外之官也　漢制百官階次　有員外郎　隋文帝開皇六年　尙書省二十四司　各置員外郎一人　以司其曹之籍帳　品從第六　謂曹郎　本員之外　復置此郎也　我邦六曹之正郎・佐郎　本各六員　是在額內　不在額外　今人謂之員外可乎　諸曹皆各六員　唯兵曹八員　其二員宜稱員外　然本無分別　亦不可稱也　○高麗史百官志　國初六曹置郎中員外郎　忠烈王時　改郎中爲正郎　員外郎爲佐郎　其後官制屢變　至恭愍之末　復用忠烈之制　故襲誤如此

金吾

金吾者　巡徼之司也　漢書百官公卿表　中尉秦官　掌徼循京師　武帝太初元年　更名執金吾(師古云　金吾鳥名　主辟不祥)　後漢書百官志云　執金吾一人　掌宮外之戒　月三繞行宮外　胡廣云　衛尉巡行宮中　則金吾徼于外　相爲表裏　擒奸討猾　又漢制金吾禁夜行　唯正月十五　許金吾弛禁　故蘇味道詩云　金吾不禁夜　玉漏莫相催　杜甫詩云　醉歸應犯夜　可怕李金吾　其職可可知已　今邦人忽以義禁府爲金吾　莫知所由　嘗考高麗史　金吾衛亦名備巡衛　有巡軍獄　擒奸猾囚之　其後大臣朝士有罪　輒下巡軍獄治之　金吾遂爲王獄之名　我朝旣置義禁府　專掌獄事　不復知巡徼諸事　猶帶金吾之名　無謂也

提學

提學者　學校之提擧也　宋制州縣　各有敎官　本省有提擧一員　摠領諸敎官

敎官如守令 提擧如監司 以其提調學校之政 故謂之提學(如吏曹判書 謂之吏判) 高麗傳聞此事 謂有文學者爲提學 於是置寶文閣提學 進賢館提學 我朝因之 爲弘文館提學 藝文館提學 其實非學政提擧 不可曰提學 宋元之天章閣·奎章閣 明淸之文淵閣·武英殿 皆有學士待制 無提學之名

司馬

司馬者 夏官之長也 王制鄕之秀士 升之司徒曰選士 司徒升之太學曰造士 太學升之司馬曰進士 東人摘句 單執升之司馬曰進士一句 遂以進士名之曰司馬 進士之試曰司馬試 進士之榜曰司馬榜 甚則金進士·李進士 稱之曰金司馬·李司馬 豈不謬哉

國子

國子者 冑子也 冑子者 長天下之子弟也(馬融云) 天子諸侯之元子庶子 公卿大夫之適子倅行 乃爲冑子 而周人謂之國子 非四庶子之 所得混稱也 虞制太學敎冑子(卽典樂) 司徒敎萬民 三代因之 確分二塗 漢氏以降 始以太學爲敎萬民之所 猶冒國子之名 韓文公爲太學之官 自稱曰國子先生 吾東沿誤 遂以太學爲國子之學 信之不疑 然國初有宗學 以敎宗室子弟 此方是國子之學

狀元

狀元者 奏狀之首也 進士出榜 必有奏狀 以達天子 故其第一人謂之狀元 鄕試居首者 謂之解元 而不名狀元 東人錯認 凡科榜之居首者 通稱狀元 陞補庠製 鄕試初試 下至旬製月課 凡居首者 謂之狀元 已屬謬誤 況又狀譌爲壯 謂之壯元 詩元曰詩壯 賦元曰賦壯 多算者曰畫壯 奏箚碑碣 咸已刊行 豈不謬哉

發解

監試初試入格者 稱發解亦誤 解者發遣也 又聞上也 別音古隘切 與解釋之解不同 鄕試赴京者 稱解送于京師 罪囚移上者 稱解送于撫司 秩滿還朝者 稱解送于銓部(宋史職官志云 入額人一任四年 與解發赴銓) 其義同也 國史補云 外府不試而貢者 謂之拔解(謂抽擢以遣之也) 唐制進士由鄕而貢曰解額(又宋史選擧志云 山林之士 令監司守臣解送) 今人不問京試·鄕試 凡初試入格者

皆云發解可乎

賓貢

賓貢者 嫚辭也 高麗選擧之法 京都謂之上貢 諸路謂之鄉貢 外國謂之賓貢(嚮化人) 此蓋元人之制也 其後諸路鄉試 其有他道人冒赴者 罵之曰賓貢 謂於本道 如外國之人也 今人不知此名 誤號曰擯攻 膽之文字 以爲當然

水驛

水驛者 以船而置驛也 大明律驛船濫乘者 與驛馬同罪 此所謂水驛也 東人誤以水邊驛亭之村爲水驛 每過平丘・丹月等驛 輒吟水驛之句 誤矣 唐書百官志云 駕部掌傳驛 每三十里有驛 水驛有舟 唐六典云 水驛一千二百九十七所 陸驛八十六所 李白詩云 揚帆借天風 水驛苦不綏 謂驛船輕快也

杏壇

杏壇之說 本出莊子 司馬彪曰 杏壇澤中高處 顧亭林云 莊子皆是寓言 漁父不必有其人 杏壇不必有其地 今之杏壇 乃宋乾興間 孔道輔增修祖廟 甃石爲壇 環植以杏 取杏壇之名名之(亭林說止此) 東人錯認 乃於聖廟之後 列植銀杏 以象杏壇 銀杏一名鴨脚樹 一名平仲木 左思吳都賦注云 平仲之木 實白如銀是也 豈所謂杏壇之所植乎 錢起詩云 花裏尋師到杏壇 張耒詩云 杏花壇上聽吹簫 李羣玉詩云 相約杏花壇裏去 卽姜希孟詩亦云 壇上杏花紅半落 銀杏其有花乎

山茶

山茶者 南方之嘉木也 酉陽雜俎云 山茶高者丈餘 花大盈寸 色如緋 十二月開 本艸云 山茶產南方 葉頗似茶而厚硬有稜 深冬開花 蘇軾詩云 葉厚有稜犀角健 花深少態鶴頭丹 又曰 爛紅如火雪中開 余在康津 於茶山之中 多栽山茶 雖其花品少態 誠如子瞻之言 葉旣冬靑 花亦冬榮 又其實多瓣相合 略似檳榔 以之榨油塗髮不腒 婦人貴之 亦嘉卉也 東人忽以山茶名之曰冬柏 其春榮者 謂之春柏 大芚寺多此樹 名曰長春洞 嘗閱長春洞詩卷 或稱翠柏 或稱叢柏 卒無山茶二字 可歎也已(陳氏花鏡 一名曼陀花 恐非也) 漢淸文鑑 謂之岡桐

柏

柏者 側柏也 汁柏也 埤雅云 柏有數種 其葉扁而側生者 謂之側柏 本草所稱側葉子是也 其仁曰柏子仁 此日用易知之物也 海松者 油松也 果松也 五鬣松也(亦名五粒松) 吾東輿地志山郡土產 咸載海松子 亦日用易知之物也 今俗忽以果松呼之爲柏 山郡以果松子饋人 輒云柏子幾斗 其訓蒙稗 訓柏曰果松(方言如戔字摺聲) 豈不誤哉 東方朔傳云 柏者鬼之廷 東俗謂柏辟鬼 恐體魄不安 遂以果松板爲柏子板 不用爲棺 尤大愚矣 果松筋理細膩 乃棺材之上品 冒僞名而廢實用可乎

檜

檜者 今之所謂蔓松也(俗所云老松) 蟠結爲翠屛翠蓋者是也 今俗誤以杉木爲檜(젓나무) 詩人每見直幹干霄之木 詠之爲檜 大非也 此病已錮 非片言可折 今歷考諸文以證之 ○本草云 檜其樹聳直(其幹多直上 其枝似蔓) 其皮薄 其肌膩 其花細瑣 其實成毬狀如小鈴 霜後四裂 中有數子 大如麥粒 芬香可愛 柏葉松身者檜(朱子詩傳云 檜木似柏)也 ○老學菴筆記云 檜有二種 海檜夭矯堅瘦皆天成 又有刻削 蟠屈而成者 名土檜 海檜絶難致 凡人家所有 皆土檜也 ○太淸記云 亳州太淸宮有八檜 根枝左紐(楓窓小牘云 華陽宮石傍 植兩檜 一夭矯者 名曰朝日升天之檜 一偃蹇者 名曰臥雲伏龍之檜 皆玉牌金字書之) 徐兢使高麗錄云 白衣島有偃檜 蒼潤可愛 澠水燕談云 亳州法相寺矮檜 高纔數尺 偃亞蟠屈 枝葉繁茂 洛陽花木記云 七月節種木瓜 壓軟條檜 賈氏談錄云 平泉莊有鴈翅檜 婆娑如鴻雁之翅 又湖上勝概云 鳳凰山有偃松交枝檜 又范成大詩序云 靈祐觀有垂絲檜三本 ○演繁露云 爾雅毛詩傳皆云 樅木則松葉柏身 栝木則柏葉松身(檜之爲栝 如醬之爲䜇) 按柏葉松身 乃今俗呼爲絲杉者也 蘇軾詩云 共愛絲杉翠絲亂 誰見玉芝紅玉琢 ○按此諸文 檜之爲今所云蔓松審矣 其有與層累直上之木(젓나무) 一毫相近者乎

郭祥正詩云 淮南亭中有蒼檜 仰視團團翠爲蓋 秦韜玉詩云 深蓋屈蟠靑塵尾 老皮張展黑龍鱗(詠檜也) 皮日休雙矮檜詩云 撲地徘徊是翠鈿 碧絲籠細不成煙(젓나무 本無矮者) 陸龜蒙雙矮檜詩云 可憐煙刺是靑螺 如到雙林誤禮多 ○梅堯臣詩云 翠色凌寒豈易衰 柔條堪結更葳蕤 松身柏葉能相似 勁拔緣何不自持(翠屛也) 蘇軾栽檜詩云 初扶鶴骨立 未出龍纏筋 殷文圭詩云 峭

如謝檜虬盤活 李建勳詩云 朽檜枝斜綠蔓垂(檜可名蔓松) 陸游詩云 海檜屈蟠 依怪石 丁復詩云 蒼松赤檜盤根株(젓나무 無赤者) ○按今人或云 詩稱檜楫 松舟 蔓松何以爲楫 彼以帆竿爲楫也 楫者短櫂也 余家庭前之物 正中楫材 又引蘇軾詠檜詩云 根到九泉無曲處 非蟠屈者也 嗟乎彼所云者根耳 根與幹 未嘗不直 其蟠屈者枝條也

杉

杉者 層累直上之木也(젓나무) 東人誤以爲弋櫃(익가나무) 乃以眞杉稱之爲 檜 一誤再誤 無時可正 杉木作粘(亦音杉) 一名沙木(綱目云) 一名㯳木(本草 云) 蘇頌云 今南中深山多有之木 類松而勁直 葉附枝生若刺針(本草注) 郭璞 云 粘似松 生江南 可以爲船及棺材 作柱埋之不腐 又人家常用作桶 板甚耐 水(爾雅注) 寇宗奭曰 杉幹端直 大抵如松冬不凋 但葉闊成枝也 今處處有之 入藥須用 油杉及臭者良 ○李時珍曰 杉木葉硬微扁如刺 結實如楓實 江南 人以驚蟄前後 取枝挿種 出倭國者 謂之倭木 竝不及蜀黔 諸峒所産者尤良 其木有赤白二種 赤杉實而多油 白杉虛而乾燥 有斑文如雉者 謂之野雞斑 作棺尤貴 其木不生白蟻 燒灰最發火藥 ○朱子曰 擇木爲棺 油杉爲上 柏 次之 土杉爲下(王文祿云 油杉今沙坊板 出馬湖建昌桃花洞 旋螺丁子香花紫實上也 紫經杉可也) 陳龍正云 棺木唯杉最善 不蛀不朽 又無燥性沙板 乃千年老杉 近根之幹甕頓沙土中者 ○按此諸文 杉者俗之所謂檜也 棺材莫如杉 而名 物一誤 但知爲船材 惜哉(又榧與杉酷肖 唯榧幹有歧)

爾雅翼云 榧似杉而材光 文彩如帛 古謂文木 本草云 榧生深山中 人呼爲 野杉(又云 榧樹似杉) 白居易廬山記云 石磵古杉 大僅十八圍 高不知幾百丈 ○蘇轍直節堂記云 庭有八杉 長短鉅細若一 直如引繩 高三尋而後枝葉附 之 ○朱子萬杉詩自注云 臥龍山西十里 寺前後杉萬本 有旨禁伐(蘇轍詩云 萬本靑杉一手栽) 蘇軾詩云 秠杉戢戢三千本(朱子詩云 稚杉繞麓千旗卷 僧惠弘詩 千本蒼杉俱合抱) 白居易栽杉詩云 勁葉森利劍 孤莖挺端標(朱子詩云 好把秠杉 緣徑挿 待迎涼月看淸華)

檀

檀有二種 國風所稱伐檀樹檀者 堅靭之木 可爲車輻者也 若扶南天竺之産

梅檀・沈檀者別 是香木 有白檀・紫檀 總謂之梅檀(本草云) 故酉陽雜俎云 一木五香 根曰梅檀 節曰沈香 花曰雞舌 葉曰藿香 膠曰薰陸 檀之香烈如是也 東人忽以蔓松之冬靑者 名之曰紫檀香 祭祀焚之 丸藥劑之 豈不謬哉 輿地志南方郡縣 多產安息香 亦皆冒名 無可憑也

桂

桂者 南方之木 亦有菌桂・牡桂 總可入藥 中國亦唯江南有之 吾東之所無也 乃鄭(惟吉)詩云 長懷叢桂無歸日 擊節高吟字字珍 奇(遵)詩云 蕭蕭楓桂林 一夕容顏衰 皆非實事 近見人詩草 月季花・四季花 亦或冒名爲桂

蘆竹

蘆者 葭也 大者曰葦 雖絶大者 其大無以如簀簹巨竹 東俗多訛 謂中國別有大蘆 每唐船破於洋中 或有巨竹竿漂到我岸 其大數握 南沿之人 或得此物 號之曰蘆竹 以爲奇物 天下有蘆竹者乎 此是簀簹巨竹 海水浸其皮 光澤以損 遂疑非竹類耳 又有木實 大如木瓜 剖之爲瓢子甚佳 南人謂之蘆實 亦妄矣

杻・荊

杻者 檍也 荊者 楚也 東俗以荊爲杻 荊笻曰杻籠 荊繩曰杻繩 非矣 芝峰類說云 鐘樓以杻木爲棟 蓋杻亦有大者(說止此) 李公蓋以荊爲杻也 然唐風隰有杻 陸璣疏云 杻 檍也 皮正赤 多曲少直 若荊則其皮雖赤 其直如矢 豈得云多曲少直乎 荊者牡荊也(李時珍云 古者刑杖以荊 故字從刑) 牡荊有靑赤二種 靑者爲荊 赤者爲楉 嫩條皆可爲筥箇 年久不樵者 其樹大如盌也(本草綱目云) 大如椽者 余於高達山亦見之矣 更大一倍 豈不得爲屋檁哉 芝峯所指明是荊也 禹貢注云 楛中矢幹 魯語肅愼氏貢楛矢 今我北道 地接靺鞨 尙有此俗 詩云 榛楛濟濟 陸璣疏云 形似荊而赤莖似蓍 詳此諸文 荊楛蓋一類也
○又杻之爲字 械名則音丑 木名則音紐 今俗之讀械名則音紐(所云具枷杻) 木名則音丑(又訛爲入聲) 一往多誤

檟(山核桃)

檟者 楸也 檟亦作榎 本草云 葉大而早脱者謂之楸(字從秋) 葉小而早秀者謂之榎(字從夏) 爾雅翼郭氏解云 大而皵者謂之楸 小而皵者謂之榎 郭氏遂

云 椅梓楸櫰 一物而四名總之 吾東之垂絲桐 卽梓也 其木正中棺材 故梓棺 見禮記 櫰槶 見左傳(襄三年) 椅楸其小異者也 乃東俗忽以槲斗爲櫰實(方言 假南于) 山核桃爲楸子(方言加來南于) 余究厥由 古俗橡曰眞木(參南于) 槲曰 假木(假南于) 謂槲斗比橡斗 似而非也 假與櫰聲相近 故訛傳至此 楸子之名 絶無可憑 陵園植木志 其云櫰者皆槲也 壇廟祭物單子 其云楸子者 卽山核 桃也

棊笰

棊局或稱紋楸 或稱紋枰 蓋以二木爲棊局也 枰亦木名 司馬相如上林賦云 華楓枰櫨 枰者平仲也(卽銀杏) 其材正中棊局 所以爲枰也 揚子方言 投博謂 之枰 則其爲博局之名亦久矣(逸雅云 枰平也 以板作其體 平正也) 故溫庭筠詩 云 閒對楸枰傾一壺 蘇軾詩云 楸枰著盡更無期 斯則然矣 ○藜者紅心之灰 藋也 一名鶴頂草 一名燕脂菜(本草云) 爾雅翼云 莖葉似王芻 可以爲杖 卽 所謂藜杖也 笰者邛竹也 亦可爲杖 漢書西南夷傳 張騫言在大夏見蜀布邛竹 杖是也 廣志云 笰竹出南廣邛都縣 蜀都賦注云 笰竹出興古盤江縣 中實而 高節(戴凱之竹譜云 笰竹磼砢 不凡狀若人功 豈必蜀壤 亦產餘邦) 大抵笰者竹名也 今俗認笰爲杖 其作詩律 或稱藜笰 斯則非矣

杜仲(杜棣子)

杜仲者 香木也 一名思仲 一名木綿(皮中有銀絲如綿) 昔杜仲服此得道 故 名曰杜仲(本草云) 東人誤以杜棣子爲杜仲 又訛爲杜沖(方言曰杜乙粥) 藥鋪牙 郎皆呼杜沖誤矣 杜棣蔓生 其實如五味子 食之甘酸 漢淸文鑑 謂之杜棣

海棠(玫瑰花)

海棠有數種 曰西府海棠 曰貼梗海棠 曰垂絲海棠 曰木瓜海棠 曰秋海棠 曰黃海棠 其樹高或一二丈 昌洲海棠 其木合抱 花譜云 徐儉家植海棠 結巢 其上 引客登木而飮 元好問詩云 秋千紅索海棠風 其樹之高大可知 東人誤 以玫瑰花爲海棠 又或云金剛山外東海之濱 有花出於沙中 紅鮮可愛 此眞海 棠 亦非也 ○玫瑰一名裵回花 處處有之 其木多刺 花類薔薇(陳氏花鏡云) 色紫香膩馥郁 愈乾愈烈 以作扇墜香囊 或作饘霜 同烏梅爛搗 名爲玫瑰醬 東人皆不知也

楓

楓之爲楓 亦未可信 按本草及花鏡諸書 皆云 二月開白花 旋卽著實 圓如龍眼(南方草木狀云 楓香樹 子大如鴨卵) 上有芒刺 不可食 唯焚作香 其脂名曰白膠香 吾東之楓 無花無實 亦無脂膠 唯霜後葉赤 與諸文合耳 諸書又謂其樹最高大 可作棟梁之材 而吾東之楓 高不過一二丈 北漢山城丹楓最佳 而樹皆低小 余謫康津 見白雲洞李氏山莊 有丹楓數株 高大拂雲 可中棟梁 問之主人 亦未見開花結實 可異也

楡

楡有數種 一曰刺楡 爾雅謂之櫙 唐風之山有樞是也(花譜云 刺楡如柘而有刺) 二曰姑楡 爾雅謂之無姑 其實卽蕪荑(郭云 生山中 葉圓而厚) 三曰白楡 爾雅謂之白枌 陳風稱東門之枌是也(郭云 楡之先生葉 却著莢皮色白) 齊民要術又以梜楡・刺楡・凡楡 分爲三種 廣志姑楡有莢 郞楡無莢 本草集解云 大楡二月生莢 榔楡八月生莢(花鏡云 葉皆相似 皮及木理異) 吾東之俗 白楡野生(方言云 늘읍) 刺楡家種(方言云 늣희) 或謂之龜木 四月八日 取葉作餠 亦不知楡葉也(槐板亦或謂之龜木) 中國之人 用楡甚切 爲羹爲酒爲醬爲麪爲粉爲香爲糊爲膠(用黏瓦石極有力) 吾人不知楡爲何木 雖見諸文 不知試驗 利用厚生 不可冀也

沙參・黃連

山菜以爲沙參 雜草以爲黃連可乎 山菜方言曰多德(多音더) 蔓生根可茹 本草所載山參 疑卽此物 董越朝鮮賦云 松膚之餠 山蔘之糕 自注云 山蔘非入藥者 其長如指 狀如蘿葍 遼人謂之山蘿葍 此物膚理極疎 和米粉油煎爲環餠 俗稱山蒸多德(星翁云) 沙參狀如玉筋 肌理如人參 而差細差長爲小異也 人參之代用沙參 旣云苟且 沙參之代用多德 不亦孟浪 余昔貿沙參於燕市 與俗所云沙參者 比而視之 果鼠璞也 ○俗所云 鄕黃連 不知何草 到之無黃色 嚼之無苦味 根鬚細小 委是別物 倭黃連 外染黃汁 亦恐有詐

厚朴・牧丹

雜樹以爲厚朴 蔓草以爲牧丹可乎 許浚撰東醫寶鑑湯液本草 厚朴標唐字 此時猶唐貿也 近歲濟州裨將有粗知醫藥者 見冬靑雜樹(不知爲何木) 妄指爲

厚朴　遂廢唐貿(康津‧海南　亦有此樹　柯葉如山茶)　余昔貿之於燕市　其味微辣峻烈　通中下氣　而濟州來者味薏　嚼之有沫如牛涎(嘉慶丁丑冬　燕人求厚朴於東商　東商以錢千兩　貿厚朴以赴燕　主顧大喜　俄而開苞點視愕曰　此非厚朴　客人狼狽矣　遂以全苞還　益驗余見不誤)　○余昔在谷山府　作池亭列植花木　召藥奴令種牧丹奴曰　將種花牧丹乎　抑種藥牧丹乎　余曰有以異乎　奴曰　花牧丹樹高尺許　春生嫩梢　三月發紫花　大如芍藥者是也　藥牧丹蔓生小艸　至秋發黃花　細如薺花者是也　其根酷肖　圓厚衛骨　而藥牧丹尤肥厚潔白　故京城所用　皆西路之藥牧丹也　余取一苞視之良然　其後偶閱松谷李提學(名瑞雨)詩云　余於內局偶言牧丹皮之非眞　坐席不信　戲爲長律曰　神農本草舊多疑　藥物山萌又見欺　混麥猶迷雄黑豆　離花那識牡丹皮　肱經九折醫還錯　口到三緘味自知　却笑世間名盡假　假名名我我爲誰　噫　前人已知之矣

薄荷‧瞿麥(雀麥)

僧荷以爲薄荷　燕麥以爲瞿麥可乎　薄荷方言曰僧荷　而有唐鄉二種　所謂鄉僧荷　全無芳烈之氣(京鋪所用皆此物)　唯所謂唐僧荷(非唐貿也　土產而名曰唐)與玻璃小瓶薄荷油　氣味相肖　○燕麥一名雀麥　一名鈴鐺麥(方言瞿于里)　東人詩多以爲瞿麥誤矣　瞿麥者　石竹之莖也(吾東吏文鈴鐺麥　謂之耳牟)

稷(稗)

稷者　粟也(方言粟曰穄)　爾雅粢稷之注曰　江東人呼粟爲粢　疏云粢也稷也粟也　正是一物(曲禮云　稷曰明粢)　說文徐箋云　稷卽穄　一名粢　楚人謂之稷　關中謂之糜　其米爲黃米　古者水田未盛　生民大食稷爲恒糧(今北方猶然)　故聖人貴之　乃本草序列　稷米在下品　別有粟米在中品　又似二物(爾雅疏)　故俗儒惑焉　吾東傳訛更甚　以稗爲稷　牢不可破　夫稗者梯稗也　似禾而別　不在五穀之列(方言謂之𥝆　𥝆與稗聲轉也)　有水稗‧旱稗二種　水稗莖葉與稻酷肖　唯節間無毛　芸者難辨　旱稗莖葉似稷　更加豐茂　其稃宜於飼馬　其實如黃而微黑　吾東田種　遂爲穀類　然稷者五穀之長　以稗爲稷　豈不僭歟　大小祭祀簠簋之實　遂以黍稗　用充黍稷　大不可也

胡麻‧靑蘇

胡麻者　苣勝也　東人名之曰眞荏(其油曰眞油)　白蘇者　薺薴也　東人名之曰

水荏(其油曰法油) 不知何故 按爾雅 蘇曰桂荏 揚子方言云 關之東西 或謂之蘇 或謂之荏 本草云 荏子可壓油(桂荏者 赤蘇 卽紫蘇也) 東人本執白蘇 壓取其油 遂名爲荏(白蘇油先出) 後得胡麻 其油更佳 於是喜之曰 此眞是荏 此眞荏之所以名也 然白蘇本非桂荏 胡麻尤非荏類 俗成名立 無以改正 皆此類也 今按胡麻一名油麻 一名脂麻 一名芝麻 方莖短葉 其子有黑白二種 油皆極香 滋味之最佳者也 白蘇一名靑蘇 一名臭蔬 一名野蘇(方言云들깨) 其油味劣不足 以充食品也 膇紙爲薦 堅滑耐久 以之點燈 煙煤塞鼻 海州之人取煤爲墨 亦非佳品

蜀黍

蜀黍者 高粱也(其稈高丈餘) 一名蘆穄(爾雅疏) 一名蘆粟 一名荻粱(其稈高有似蘆荻) 一名木稷(如高棉之稱木棉) 其黏者謂之蜀秫 吾東忽以此物名之曰唐 其米曰唐米(或作糖) 不知何故(方言曰垂穗) 鄘風采唐之註曰 唐蒙女蘿 豈蜀黍之謂耶 蜀黍蓋本遼瀋間所上之穀 山海經云 不與之國 烈姓黍食 肅愼氏之國 釐姓黍食 不與者扶餘也 肅愼者 今烏刺寧古塔之地也 此地恒糧蜀黍居多 所謂黍食 卽蜀黍之謂歟

蕎麥

蕎麥者 烏麥也 一名茇麥 一名花蕎 一名䀢蕎 本草稱蕎麥 莖弱而翹然易長易收 磨麪如麥(白居易詩云 蕎麥鋪花白) 吾東乃以此物名之曰木麥(方言云모밀) 公私文簿 已不刊矣

枲(紵)

以枲爲紵 亦訛傳也 枲者牡麻也 喪禮喪服之疏 有子曰苴麻 斬衰之麻也 無子曰牡麻 齊衰之麻也 爾雅翼有實爲苴 無實爲枲(丁氏韻書 無子曰苴 有子曰枲 其義非) 周禮典枲之疏曰 牡麻者 枲麻也 爾雅云 荸麻母 郭註云 苴麻盛子者 麻母有子 牡麻無子(案苴麻卽麻母 郭注分之爲三等恐非) 無子者其色黃嫩 所謂枲也 紵者檾屬(說文云 細者爲絟 粗者爲紵) 周禮典枲之註曰 白而細疏曰紵(古所云白紵) 斯豈牡麻乎 方言謂之毛施(聲與牡枲近) 故元世祖以耽羅內屬 歲貢毛施布百疋(見元史)

紫草(芝)

紫草者 茈草也 一名茈䓞 一名紫芺 一名紫丹 一名地血(又名鴉含草) 以染紬帛 謂之紫的者 華語也 吾東訛傳 遂以紫的呼爲紫芝(的本入聲 華音讀之如芝) 轉呼爲芝草 豈不謬哉 ○芝有二類 一曰草芝 二曰木芝 草芝者蘭蕙之類 有根有葉 開花結實 有一年而三秀者 抱朴子稱草芝獨搖 無風自動 本草稱白苻芝 大雪而華 季冬而實朱 草芝九曲三葉 葉皆有實 凡如是者 皆草芝也 木芝者 栭菌之類 內則所云 芝栭是也 有靑芝赤芝黃芝白芝黑芝肉芝(赤者如珊瑚 白者如截肪) 威喜芝(松脂之所成) 龍鳳芝(物形萬殊 不可盡述) 形狀詭怪 稱述夸誕 凡如是者 皆木芝也(朱子詩以地菌爲玉芝) 與茈草何干

茶

茶者 冬靑之木 陸羽茶經 一曰茶二曰檟三曰蔎四曰茗五曰荈 本是草木之名 非飮淸之號(周禮有六飮六淸) 東人認茶字如湯丸膏飮之類 凡藥物之單煮者 總謂之茶 薑茶橘皮茶木瓜茶桑枝茶松節茶五果茶 習爲恒言 非矣 中國似無此法 李洞詩云 樹谷期招隱 吟詩煮柏茶 宋詩云 一盞菖蒲茶 數箇沙糖粽 陸游詩云 寒泉自換菖蒲水 活火閒煮橄欖茶 斯皆於茶鋌之中 雜以柏葉菖蒲橄欖之等 故名茶如此 非單煮別物而冒名爲茶也(東坡有寄大冶長老 乞桃花茶栽詩 此亦茶樹之別名 非以桃花冒名爲茶也)

薏苡

薏苡者 草珠也(方言云栗母) 一名薏珠 一名䔆珠 一名解蠡 一名芑實 一名𦸣米(雷氏作糯米) 一名屋菼(苗之名) 一名回回米 其性甚黏 屑之爲粉 可作糜飮 東人忽以薏苡爲糜飮之名 凡粉屑之可飮者 皆稱薏苡 於是薥黍薏苡・葛粉薏苡・菉末薏苡・蕎麥薏苡 習爲恒言 不以爲非

麪

麪者 麥末也 束晳麪賦云 重羅之麪 塵飛雪白 麥屑之謂也 東人麥屑曰眞末(方言眞加婁) 而麪則認之爲食物之名(方言曰匊水) 誤矣 然中國亦然 其刀切者名曰切麪 其榨壓者名曰摺條麪 其乾者名曰掛麪 亦未必麥末爲麪也 有豆麪(見山家淸供) 鎍麪(陸游詩云 村店賣鎍麪) 有菉豆麪(見月令廣義) 胡麻麪(物類相感志) 葛麪(王建詩云 濾泉調葛麪) 菱麪(見月令廣義) 莎麪(莎木之屑也 出南番外國) 楡麪(刮白皮爲之) 槐葉麪(陸游詩云 不數狐泉槐葉麪) 萊菔麪(萊菔去麪毒) 萱

草麪(汴中臘日食) 百合麪(見山家淸供) 桐皮麪(東京之俗食) 蓬子麪(唐書云 關東大旱 飢民食之) 桄榔麪(西蜀人刮皮取屑) 汗漫久矣

醬

醬者䤈也(方言䤈曰젹) 醬有多品 豉醬其一也 芥醬・卵醬 見於禮記 雜骨之醬 見於禮疏(醢人糵醬之疏云 有骨曰臡 無骨曰醢) 漢史有蒟醬(史記西南夷) 唐外史有鹿尾醬(見祿山事跡) 蘇軾詩有紅螺醬 酉陽雜俎有鱟子醬 土司志有蟶子醬 餘如魚醬・鰕醬・蜒醬・楡莢醬・芍藥醬 雜出諸書 䤈與醬 未始有別 至王充論衡 始有豆醬(譚子稱菽醬) 而配鹽幽菽之解 見於許愼說文 齊民要術 豉醬謂之大醬 乃東人把此醬字 爲豉醬之專稱 訓之爲䤈 却多不信 誤矣 古人云麥麵米豆 皆可罨黃加鹽 曝之成醬(齊民要術 有作麥醬法 小麥一石漬一宿 炊臥之 令生黃衣 以水一石六斗 鹽三升 煮作鹵澄取八斗 著甕中炊 小麥投之 攪令調勻 覆著日中十日 可食) 但知有菽醬 亦疏矣(豉麰謂之爋造 亦俚矣)

豆腐

豆腐者 菽乳也 豆腐之名 原自雅馴 東人認爲方言 別名爲泡 諸陵諸園各有僧院 以供豆腐 名之曰造泡寺 豆腐之串 煎于雞腥 親友聚食 名之曰軟泡會 菉豆之乳 名曰黃泡 或稱靑泡 公私文字 用之不疑 誤矣 蘇軾詩 煮豆爲乳脂爲酥 注云豆腐也 又一醫書云 人食豆腐中毒 醫不能治 作腐家言 萊菔入湯則腐不成 遂以萊菔湯下藥而愈(李廷飛延壽書) 又蔬食譜云 豆腐條切淡煮 蘸以五味 豆腐豈方言乎 泡者水之浮漚也 不可作食物之名也 事物紀原云 豆腐本淮南王劉安所造 明孫作改稱菽乳 謂豆腐之名不雅也(虞初新志云 有一道士嗜菽乳)

醯

醯者 酢漿也 又醯之多汁者謂之醯 醯者藩也(吾東方言云짐국) 蒙學不辨醯䤈 故脯䤈 讀之如脯醯

齏

齏者䪡也 䪡者䪠也 又齏者 膾胙也 周禮醢人註云 凡醯醬所和 細切爲齏 一曰擣辛物爲之 辛物薑蒜之類 故薑曰之謎 爲受辛也(三國志注介象旣得鱠魚 孫權又求蜀薑爲齏) 一作韲一作虀一作䪠一作蘁一作䪡一作䪢一作䪡一作䪡 其

音皆隮(賤西切) 大抵齏者 薑蒜之細切者也(吾東方言曰藥廉) 故齏粉得竝稱(細切曰齏 細研曰粉) 其後轉爲淹菹之名 故楚辭云 懲熱羹而吹齏(飮食之凉者 莫如沈菜) 韓愈送窮文云 太學四年 朝齏暮鹽 皆淹菹之謂也 東俗錯認以齏爲虀(胡介切) 又轉爲薤 於是齏粉曰薤粉(疏箚多用之) 虀鹽曰薤鹽(科文多用之) 吹虀曰吹薤(胡介切) 豈不謬哉 薤者韭屬 葷菜也 一名鴻薈 一名菜芝 又有野薤 一名天薤 生麥原中(葉似薤而小) 書法有倒薤之體 樂府有薤露之歌

薑讓(韭扇 等)

薑讓同訓(皆云ᄉ양) 韭扇同訓(皆云부치) 菜餘同訓(皆云남을) 茄枝同訓(皆云가지) 辣烈同訓(매을烈) 鹹織同訓(쫄) 廿月同訓(달) 蜜跪同訓(꿀) 枷劍同訓(칼) 風壁同訓(바람壁) 橋脚同訓(다리橋) 船腹同訓(비) 池釘同訓(못) 田飯同訓(뫼) 齒螆同訓(니) 眼雪同訓(눈) 蜂羅同訓(벌) 鱺炕同訓(고리鱺) 涎舞同訓(춤) 酒匙同訓(술) 軒宗同訓(마로宗) 隊筏同訓(쩨) 凡若此類 蒙稺無知 何以辨矣 聚而類之 則互相映發 散而亂之 則互相眩惑 余曰周興嗣千文 不如徐居正類合

虀松(鍾鼓 等)

虀松帳刷其訓同(솔) 鍾鼓梭北其訓同(북) 飛生刃日其訓同(날) 盈寒蹴佩其訓同(찰) 馬斗莫椓其訓同(말) 翁叟祖鷲其訓同(할아비) 掃苦寫用其訓同(쓸) 焦和乘彈其訓同(탈) 債梳光橫其訓同(빗) 午畫鎌面其訓同(낫) 兄孟味蟶其訓同(맛) 矢居膚買其訓同(살) 浚掘臂賣其訓同(팔) 又奚特二字混哉

辛苦(魚肉 等)

以辛爲苦(辛曰쓸) 以魚爲肉(고기肉) 以涕爲淚(涕者鼻液也 非눈물) 以遂爲踏(드딀遂) 以翔爲翼(날개翔) 以豕爲豚(豕亦云돗아지 然아지者 獸子之名 豕豈子乎) 以拱爲挿(꼿을拱) 以捧爲受(官所領受謂之捧上 已載法典文集亦刊行) 訓門爲久(오리門) 詁龍爲豫(미리龍) 若此之類 全是指鹿爲馬 不止喚鼠爲璞

金金(狀狀 等)

金金異音(姓氏曰김 黃金曰금) 狀狀異音(文牒曰장 形狀曰상) 辰辰異音(良辰曰신 戊辰庚辰曰진 以避申音) 丑丑異音(公孫丑曰츄 子丑曰츅) 則則異音(助辭曰즉 法則曰측) 下下異音(上下曰하 唯讀下筋下筆曰햐) 又何也

澣浣(遜遁 等)

澣浣異音(上曰한 下曰완 皆非也 本音환) 追逮異音(本同字) 遜遁異音(上曰돈 下曰둔 本音둔) 寨砦異音(上曰치 下曰ᄌ) 惱憹異音(上曰노 下曰농) 若此之類 不可盡數 一任荒亂 莫之思改

宦・窟(畫畵 等)

宦窟以別之(仕宦則用本字 閹宦則加穴) 畫畵以別之(下字譌) 著着以別之(著述用本字 著實用俗字) 閒間以別之(下字譌) 凡一字二義者何限 皆欲增其點畫 變其戈波 以自標別可乎

浙瀝(模糊 等)

浙瀝誤作浙瀝 模糊誤作糢糊 爛漫誤作爛熳 迢遞誤作迢遰 若此類又不可勝數

刷・箚(逼頤 等)

刷入聲也(數滑切 方言䈜 謂之솔 是刷音) 箚入聲也(杏挿切 竝去終聲 呼以別音(刷作쇄 箚作ᄌ) 逼本音픽 讀之如乏(䨟音벽) 頤本音頤 讀之如脫(起鬢曰生頤 託故曰稱頤) 岾用爲嶺(金剛山有楡岾寺 字典無岾字) 囕以代咥(虎咥人謂之囕 字典無囕字) 皆俗習之難改者

阿

阿有多義 無非平聲 唯阿儺之阿爲上聲(婀娜也音同) 又音屋 阿誰・阿母・阿爺・阿孃・阿妹・阿嬌・阿瞞・阿蒙・阿戎・阿咸之等 悉皆音屋(李芝峰云 當音遏 非也) 又音遏 唯佛書阿難之阿 讀以遏音

一級

一級者一等也 秦法斬賊一首 拜爵一級 故一首曰一級 乃東語凡編物至十謂之一級(方言曰드름) 海艾一級 乾魚一級(魚或以二十爲一級)

千金

千金者 黃金千斤也 秦以一鎰爲一金(二十四兩也) 漢以一斤爲一金(十六兩) 故露臺百金 爲中人十家之產也 東語銅錢千兩謂之千金 萬兩謂之萬金 則錢十兩 何得爲一家之產

一貫

一貫者　其錢千文也　大明律盜錢者一貫二貫　其罰有差　皆以千錢爲一貫(吾東之十兩)　一緡亦然(緡者錢貫也)　吾東百錢一串　謂之一兩　乃以一兩借名一貫　亦名一緡　此商於之地六百也　中國又以錢十六葉　名之曰一陌

一庹(一挃)

一庹者　兩腕之引長也(庹音託　方言曰발)　一挃者　兩指之引長也(挃音礩　方言曰뽐)　嘗見譯書　左嵓至右嵓謂之一庹　其半截謂之半庹(人各不同　故不云尺寸)食指一挃　謂之一虎口(拇指與食指引長)　長指一挃　謂之一扎(我所云長挃)　乃東語一庹　謂之一把(발)　其一挃則無文

一把(拱)

一把者　一握也　拱者抱也　以一手度圓物　其一握者謂之一把　以兩手度圓物　其一抱者謂之一拱　孟子所謂拱把之桐梓　亦圓物也(說文徐箋云　拱者　兩手大指相拄也)　乃東語以一庹爲一把　嘗見均役事目　其度船長短　皆云一把二把　讀之如一丈二丈　後人何以徵矣

三寸

三寸以稱其叔父　亦陋習之當改者　東語伯父叔父曰三寸　伯父叔父之子曰四寸　從祖祖父曰四寸大父　其子曰五寸叔父　過此以往　皆如此例　以至於八寸兄弟　九寸叔父　謂之寸內之親　其法蓋以父子相承爲一寸(伯叔父爲三寸者　我與父一寸　父與王父又一寸　王父與諸子又一寸　共三寸也　四寸五寸皆如此例)　雖族兄弟謂之八寸　必自己身遡而上之　以至高祖　計得四寸(己與父一寸　父與祖一寸　曾祖一寸　高祖一寸)　又自高祖順而下之　計得四寸　是之謂八寸也　高麗之時已自如此故　李牧隱集云　外舅花原君之內外孫　凡於慶弔迎餞相聚曰四寸會(李德懋盎葉記引此文)　高麗史忠宣王世家　元朝詔諭　有外四寸之語　經國大典服制之章　皆以三寸四寸　別其親遠　今爲不刊之文　然子弟稱其父兄曰三寸四寸　大非敬禮　不可踏也

卷之二

納采

納采者　士昏六禮之第一禮也　其禮在問名・納吉・請期之前　采者采擇之

意也 今以玄纁致書 名之曰納采 此古之納徵(第四禮) 俗傳有誤也 甚則以采爲綵 以玄纁爲納綵 豈不野哉

醮

醮者 父以酒飮其子也 昏禮壻將行 父醮之 其辭曰 往迎爾相 承我宗事 勖率以敬 先妣之嗣 若則有常 此之謂醮也 今人誤以夫婦共牢之禮 謂之醮禮 大誤矣 冠禮亦有醮 賓以酒飮冠者也 始加之醮 其辭曰 旨酒旣淸 嘉薦亶時(共六句) 再加之醮 三加之醮 其辭各殊(各六句) 夫婦共牢 豈醮禮乎 嘗見中國文詞 再娶謂之再醮 則沿誤有自矣 ○說文以醮爲冠昏之祭 然考之禮經 不是祭禮 按冠儀疏云 酌而無酬酢曰醮 此是正義

嫂

嫂者 兄妻也 東俗弟妻 亦謂之弟嫂 叔者夫弟也 東俗夫兄 亦謂之叔氏(呼之曰阿自般伊) 妹者女弟也 東俗姊夫 亦謂之妹夫 皆誤 ○弟妻曰娣 兄妻曰姒 此又姙娌之所稱 非嫂叔之所宜言

姑(姪)

姑者 父之姉妹也 東俗謂之姑母 大誤也 異姓而後 方有母名 天下無同姓之母 ○謂我姑者 我謂之姪 今昆弟之子 稱之爲姪 恐爲非禮 此自中國沿誤已久 不可猝革(姪訛爲侄 尤非也 侄者癡也)

聘君

聘君者 徵士也 朝廷以玉帛聘之 故謂之聘君 南史陶季直 澹於榮利 徵召不起 號曰陶聘君 聘君者徵君也 朱子娶令人劉氏 劉氏之父 亦本徵士 故朱子稱之曰劉聘君 東人錯認 遂以妻父爲聘君 又轉爲聘父 以妻母爲聘母 轉輾註誤 一至是矣 今人或問其義 解之者曰 壻之娶也 玄纁以聘之 故禮曰聘則爲妻 奔則爲妾 旣云妻父 豈非聘父 斯又曲爲之說也 丈人·丈母 亦俗稱 宜從爾雅呼之曰 外舅·外姑

妳

妳者語聲也 本與喃通 唯束晳之賦有此妳字(呫嚅細語也 亦作呫諵) 東俗妻之兄弟謂之妻妳 不唯是也 人有一男一女 輒云生此妳妹(高麗史選擧志云 文武官許一子蔭官 無直子者 許姪妳女壻) 大抵女子婦人 謂其兄弟曰妳(方言兀阿卑)

無攸據矣 ○婚姻之家 嗣爲兄弟 見於禮經 妻黨曰婚兄弟 壻黨曰姻兄弟 非無文也(王愼旃連文釋義云 妻之父曰婚 婿之父曰姻)

漁父

父與甫通 男子之美稱也 巢父・仲父(管夷吾) 亞父・主父(范增・主父偃) 皆當讀之爲甫 田父・漁父・傖父・樵父之類 亦莫不然 今皆讀之如父母之父 誤

化翁

化工者 上天造化之工也 東人忽以化工呼作化翁 書牘詩律 用之不疑 嘗有赴燕使臣詩 用化翁字 彼人問曰 化翁是甚麽

戚

戚者親也 同姓曰內戚 異姓曰外戚 東俗相傳 同姓曰族 異姓曰戚 無攸據也(孟子云 使疏踰戚 疏戚猶親疏) 呂氏春秋 父母兄弟妻子謂之六戚(孔叢子云 親戚旣沒 雖欲孝 誰爲孝 父母之謂也) 汲冢周書 內姓外昏友朋同里 謂之四戚 義可知也 左傳云 周公弔二叔之不咸 封建親戚(魯衛毛聃皆同姓) 魯世家云 徧封同姓戚者 封周公于少昊之墟(魯同姓) 孟子云 有貴戚之卿(卽父兄大臣) 商鞅云 法之不行 始于貴戚(卽太子公子) 皆以同姓爲戚 無異姓也 漢書辛慶忌傳云 近戚主內 異姓距外 晉書苻氏紀 以苻融爲懿戚 北史周宗室傳贊 以宗室爲賢戚(云分命賢戚 布于內外) 亦皆以同姓爲戚 唯史記・漢書 以后族・妃族 謂之外戚・戚里戚畹 遂爲外戚之名 然外戚猶言外親 豈所謂異姓曰戚耶

鄉

鄉者嚮也 王京左右部之相嚮也 今郡縣閭里 謂之鄉村 本地曰故鄉 客地曰他鄉 山曰鄉山 園曰鄉園 儒曰鄉儒 甿曰鄉甿 鄉曲之俗 鄉亭之職 其與京都輦轂之地 別而遠之也久矣 然古者匠人營國 畫爲九區(畫之如井田) 王宮處中(宗廟・社稷在其內) 面朝後市(又二區) 左右六鄉 兩兩相對 鄉者嚮也 五家爲比 五比爲閭(二十五家) 四閭爲族 五族爲黨(五百家) 五黨爲州 五州爲鄉(萬二千五百家) 王京之有六鄉 如我邦之有五部 其有州黨 如五部之有四十八坊 鄉大夫者 六鄉之大夫也 州長黨正者 六鄉之敎官也(各掌其所屬) 鄉飮酒

者 王京之飮酒也 鄕射禮者 王京之射禮也 鄕八刑者 王京之律令也 孔子在鄕黨者 在京城之內也 孟子友一鄕之善士者 友京城之士也 今以郡縣爲鄕(方言云柴骨) 故鄕飮・鄕射 只令郡縣行之 郡守縣令 爲鄕大夫 京城五部之內 莫之議到 斯皆不覈之過也

洞

洞者空也 洞穴者 空穴也 今俗以里爲洞 里中曰洞內 里甲曰洞長 里會曰洞會 無攸據也 石鍾乳生於洞穴 名曰乳洞(吳融詩云 又如鍾乳洞 電雷開巖谷 陸游詩云 山深乳洞藥鑪冷) 吾東黃海道多洞穴 游山者引燭縶繩而入(顧況詩云 引燭窺洞穴) 又風穴謂之風洞(一統志云 風洞在刻石山 遇風雨聞鼓樂聲) 洞者空穴也 又洞者幽壑也 華陽洞・白鹿洞・小有洞・仇池洞 皆幽壑之名 輦轂華腴之地 本無幽壑 而京城五部 其里巷術衕 都以洞稱 桂山洞・安國洞・會賢洞・長興洞 不可勝數 意者三淸洞・白雲洞(在北山) 本以幽壑得此洞名 其非幽壑者 亦皆冒稱也

峽

峽者夾也 兩山夾水曰峽也 盛宏之荊州記云 三峽七百里中 兩岸連山無斷處 重巖疊嶂 隱天蔽日 非亭午不見日月 義可知也 以余所見 廣州有度迷峽 春川有懸燈峽(方言燈達峽) 皆兩山夾水 宜名爲峽 今人以深山窮谷 名之曰峽 凡在深山窮谷者 謂之峽氓 謂之峽俗 山邑曰峽邑 山村曰峽村 皆誤

巖

巖者 石有穴也 金農巖云(金公昌協) 中國人稱石之有穴者曰巖 如永州之朝陽巖 始興之玲瓏巖 永福之方廣巖 桂林之伏波巖 皆是也 不然雖千仞巨石 不以巖稱 按字書石窟曰巖 深通曰洞 農巖之說是矣 然巖礦嵒嵓 本相通 說文徐氏箋云 從品象 巖厓連屬之形 則東人稱巖 亦未誤也 紫石巖(在東京萬歲山) 武夷巖(在建安) 慈姥巖(東坡詩) 葉珠巖(宋濂序) 豈必皆有孔穴乎(水經注云 沿江有峻壁百餘丈 有一白鹿陵峭而上 故名白鹿巖 雖無孔穴 亦名巖矣)

巷

巷壑・坑壍 方言皆謂之屈亢 故以壑爲巷者多矣 然壑者谿谷也 巷者里涂也 門與巷直 故謂之門巷 村以巷行 故謂之村巷(方言所云골목) 僻居曰僻巷

狹小曰陋巷 曲折曰委巷 皆門巷村巷之謂也 鄭風云 巷無居人 謂里中無人 豈謂谿壑空虛乎 又宮中牆廡相通之涂曰永巷 列女傳云 姜后脫簪 待罪永巷 (周宣王) 范雎傳云 雎佯入永巷(亦所云골목)

湖

湖者大陂也(陂者澤障也) 水形如鳥獸之有胡囊 故曰湖也(詩疏云 鵜鶘有胡囊 邶風云 狼跋其胡) 五湖·太湖·洞庭湖·青草湖 皆大澤曰湖 特與江水相通相溢耳 西湖·鏡湖之等 皆如吾東之大堤蓄水 以溉田 非流水之名 俗儒錯認以湖爲江 用湖如浦 蠹洲曰東湖 氷庫曰氷湖 銅雀曰銅湖 麻浦曰麻湖 西江曰西湖 凡江海之濱 臨水之地 悉名爲湖 而義林池·空骨池·合德池·碧骨堤·景陽池·南大池 眞是湖也 而詩人墨客臨汎游覽 終不敢用一箇湖字 豈不疏哉 肅愼古地有鏡泊 遼東外徼有軒芋濼(二字本相同) 猶之爲雅馴矣 或曰忠淸道稱湖西者 以在義林池之西也 全羅道稱湖南者 在碧骨堤之南也 不知然否

江·河

江河本各一水名 出於岷山曰江 出於昆侖曰河 後世爲流水之通名(詩書所稱 皆非通名) 然猶南方曰江 北方曰河 牂牁江·盤龍江南水也 桑乾河·太子河北水也 近世益無分別 黑龍江·混同江 在於北方 西蠡河(在太湖之下)·通漣河(在湖南) 在於南方 已汗漫矣 然江界府 江西縣·江東縣 必在北方(平安道) 河東府 河陽縣·淸河縣 必在南方(慶尙道) 异哉 又如詩人紀行 儼稱江南江北 尤覺顏厚 淥水(鴨淥水) 薩水(卽淸川) 浿水(大同江) 瀧水(能成江) 潏水(禮成江) 帶水(臨津江) 洌水(卽漢水) 泗沘水(白馬江) 鴻水(陽正川) 滎水(榮山江) 潺水(豆治江) 灆水(菁川江) 潢水(洛東江) 滿水(豆滿江) 各辨其名 不亦可乎

漢水

漢水出贊皇山 列爲四瀆 吾東復有漢水可乎 此本洌水 揚子方言 朝鮮洌水 必以竝稱 而列口呑列之名 見於漢書(江華豐德之古名) 洌水其本名也 特以漢武帝旣滅衛滿 以洌水以北 列爲四郡 而洌水以南 許爲韓國(卽三韓) 其後漢光武又遣吏 薩水以南 洌水以北屬漢 洌水之南 仍作三韓 卽此一水 爲

華夷之大界 三韓之人 遂指洌水爲漢水 漢水云者 皇漢之水也 非水名也

遷

水出兩峽中 其兩厓迫水之路 東俗名之曰遷 瓮遷(在通川) 兎遷(在聞慶) 斗尾遷·月谿遷(在洌水) 無攸據也 此等土語 未嘗不雅 必揚雄載之於方言 孫穆錄之於類事 徐兢之記 董越之賦 已經收入 然後方得用之於詩文矣(遷 方言別吾)

峯·濱

東俗訓蒙 山只有峰(方言曰不伊) 水只有濱(方言曰勿可) 何以文矣 嶽者山之宗也(如泰山·華山) 崗者山之脊也 巓者山之頂也 岫者山之穴也 岑者山小而高也 字各異義 唯山銳作鋒者爲峰 今竝訓之爲峯可乎(皆訓云不伊) 洲者水中可居之地也 渚者小洲也 沚者小渚也 滸者水之岸也 湄者水草之交也 字各異義 今竝訓之爲濱可乎(皆訓云勿可)

原·屋

東俗訓蒙 地只有原(方言曰言德) 居只有屋(方言曰集) 何以文矣 崖岸一類也(崖者山之埒也 岸者水之干也) 隴阪一類也(山脅也 大阪曰隴 長阪曰坡) 丘阜一類也(土山也) 陵阿一類也(大阜也) 阡陌一類也(田間道) 皋者澤之岸也 陂者澤之障也 字各異義 今竝訓之爲原可乎(北沃沮 古地方言 凡隴阪謂之德 見輿地志 京畿謂之言德) 家室宮闕 宇宙廬舍 館閣臺榭 堂廡之等 字各異義 今竝訓之爲屋可乎

輪·葩

東俗訓蒙 車只有輪(方言曰朴回) 花只有尖(方言曰不伊) 何以文矣 輻者輪之橑也 訓之如輪 軸者轂之貫也 訓之如輪(皆訓云朴回) 轂者輻所湊也 轍者輪所碾也 軌者轍跡之限也 轄者軸耑之鍵也 軫者車後之橫木也 轅者車前之曲木也 字各異義 文各殊用 今竝訓之爲輪可乎 ○ 葉者花之鬚也(杜甫詩云 花葉上蜂鬚) 萼者花之跗也(韻府注云 花內曰葉 花外曰萼) 英者花之無實者也(爾雅云) 葩者花之含也(張衡賦云 百卉含葩) 字各異義 今竝訓之爲花尖可乎

盞·篙

東俗訓蒙 酒只有盞(與琖同) 船只有篙(方言沙牙大) 何以文矣 周南卷耳疏

云 一升曰爵 二升曰觚 三升曰觶 四升曰角 五升曰散 字書云 一升曰枓 四升曰㪻 七升曰觥 而杯與觴 爲其總名 雖諸說不同 而其以大小異名則審矣(今燕市賣酒 亦大小異器 以斤兩爲差) 又夏曰琖 殷日斝 周日爵(說文云) 則三代各異名矣 又象雀之形謂之爵 六觚曰觚(梔子亦六觚㪻所以名) 象獸之形謂之斝 罰酒曰觥(饗舍所用謂之觴 觥與觴通) 彛者彛尊也 罍者雷尊也 尊者大器也 今竝訓之爲盞可乎 ○進船之具 亦各殊用 櫂楫一類也(劉熙云 在旁撥水曰櫂 又短曰楫 長曰櫂) 櫓槳一類也(在尾曰櫓 在旁曰槳 故縱曰櫓 橫曰槳) 橈栧一類也(皆似楫而小) 皆所以撥水進船也 船尾曰梢(今作艄) 正船曰柂(今作舵) 其所以刺船使進者 唯篙而已(進船竿) 揚子方言云 所以刺船者 謂之篙 今俗以櫂楫諸字 竝訓爲進船之竿(訓云沙牙大) 却以篙爲篷 訓之爲覆船之物 誤矣(北方無竹 皆以木爲篙 故不知篙爲進船竿)

鐥

鐥者量酒之器 吾東之造字也 今郡縣餽贐 以酒五盞謂之一鐥(中國無此字) 方言謂之大也 鹽器亦謂之大也 唯大小不同耳 按匜者酒器 亦稱鹽器 然則去鐥從匜 不害爲書同文矣

缶(杖鼓)

缶者土器也 以盛酒漿 秦人鼓之以節其歌(今俗四月八日 設盆水汎匏其上擊之 名之曰擊缶) 杖鼓者 腰鼓也 本非族類 東俗訓蒙 缶曰杖鼓 每授藺相如傳 輒云 秦王擊杖鼓 豈不謬哉

瑟

瑟者琴類 唯絃數倍多 或設二十五絃 或設五十絃 琵琶者 馬上之絃 長不過一尺五寸 其大小懸殊 東俗訓蒙 瑟曰琵琶 豈不謬哉

琴徽

琴徽者 表節之貝玉也(樂書或作暉) 或植九徽(宮之羽 爲羽之宮 故設九徽) 或植十三徽(五音則九徽 七音則十三徽) 所以別諸絃五聲之限也 漢書揚雄傳註云 琴徽 所以表發撫抑之處 嵇康琴賦云 徽以鍾山之玉 琴譜 或用珠貝爲之 取月下明瑩易見也 我邦玄琴 本非正琴(方言黔隱抑) 背無徽玉 於是以絃爲徽 訓其兒稺 豈不謬哉 ○玄琴背有橫鰭 大小數十 名之曰卦 古無此制 此殆

膠柱而鼓瑟也 士大夫家置一琴 宜考古制 去卦設柱 列植珠玉之徽 方纔免俗耳

洞簫

洞簫者 列管無底之物也 風俗通云 舜作簫 其形參差 以象鳳翼 十管長二尺 博雅云 簫大者二十三管無底 小者十六管有底 漢書元帝紀 吹洞簫 如淳註云 洞簫 簫之無底者(洞者上下洞徹也) 蘇軾赤壁吹洞簫 亦是此物 東人錯認 乃以五孔長笛 名之曰洞簫 笛音小悲 想見其如怨如慕如泣如訴 其實東坡所聽 不是此聲

磬

磬者 玉石之倨句者也 今之僧院 皆以小鐘爲磬(方言云磬裒 裒者金也) 不可知也 齊書百官志 太祖造鐵磬 李頎詩曰 墜葉和金磬 雲仙雜記有靑銅磬 中國固有金磬矣 然其倨句曲折 兩股相比 則同於石磬 不至以鐘而爲磬也 宋祁筆記云 今浮屠持銅鉢 亦名爲磬 則又不必倨句者爲磬也 東人簷端小鈗垂 丸如鐸 風觸作聲 名之曰風磬 亦誤

角

角者 軍中之吹器也 軍書稱 蚩尤率魑魅 與黃帝戰 帝命吹角爲龍鳴禦之 杜甫詩云 永夜角聲悲自語 今螺角・木角(軍書名之曰哱囉) 聲音憃濁 無悲切如訴之音 故邦人每聞號笛 誤認爲角吟 想杜詩嘆其善形 其實杜之所聽 不是此聲 號笛者瑣吶也(紀效新書吹瑣吶) 俗稱太平簫 非角類也 按舊唐書音樂志云 西戎有吹金者 銅角是也 長二尺 形如牛角貝蠡也 司空曙詩云 雙龍金角曉天悲 杜之所聽 應亦金角 故悲切乃爾 我邦軍物 未有金角 無以識此聲也(喇叭雖亦吹金 非金角之類)

弁

弁者 周冠也 爵弁・皮弁 今雖未詳 今所用祭冠(宗廟祭官之所冠) 朝冠(俗所云金冠) 蓋其遺制 考之禮註 不甚相遠 今人忽以僧徒所著一摺之巾 名之曰弁(方言曰曲葛) 豈不嗟哉 一摺之巾 本非華僧之制 東僧西山休靜 始著此巾 其頂尖銳 不忍正視 而俗儒錯認爲弁 訓兒如此 ○今司憲府・義禁府皁隸及郡縣侍奴(方言曰及唱) 皆著尖幘 而名曰鐵加羅(訛傳云加來) 加羅者 鍬也

(鍬亦方言云加羅) 鍬未屬柄 其形如幘 故名加羅也 加羅伽倻聲相通 故弁辰加羅國 亦稱伽耶國(卽金海首露之國) 加羅旣稱弁辰 則古又以加羅爲弁矣 ○後漢書高句驪傳云 其小加(官名也) 著折風形如弁(東人自云如弁) 南齊書東夷傳云 俗冠折風一梁謂之幘(今皁隷所著加羅 果亦一梁前突) 使人在京師 中書郞王融戲之曰 服之不衷 身之災也 頭上定是何物 使人答曰 此卽古弁之遺像也(案折風 卽加羅 而使人以折風爲弁 則東人以加羅爲弁審矣)

笠

笠者 䈉也 以竹爲之 有柄曰䈉 無柄曰笠(見韻書) 而越謠云 我戴笠君擔簦(戰國策云 躡屩擔簦) 似乎有柄者擔之 無柄者戴之 然詩云 爾牧來思 何簑何笠 何者擔也 左傳笠轂之註曰 兵車無蓋 邊人執笠依轂而立 以禦寒暑 旣云執笠則其有柄可知 世說稱謝靈運好戴曲柄之笠 則有柄亦稱笠 其形如今之雨傘者也 然田野之人 漸以代冠幘 故詩云 彼都人士 臺笠緇撮 郊特牲以草笠爲黃冠也 北史云 流求國人織藤爲笠 指月錄云 禪家著櫻笠 張志和詩云 靑篛笠綠簑衣(戴荷葉者 亦名荷笠 見諸詩) 又不必竹爲之也 但其形制上尖以之禦雨 故旣夕記云 藳車載蓑笠(注備雨) 詩疏云 蓑以禦雨 笠以禦暑(管子云 禁扇去笠) 晉書天文志云 天形如笠 中央高而四邊下 其尖可知 今東人之所謂笠者 以竹爲帽 織竹爲簷 裹以細布 固以膠漆 形非上尖 用非禦雨(其頂平而膠漆 不能雨 故遇雨 別用油紙罩之) 冒名爲笠 乃於田野之本笠 別名曰蓑笠 夫一蓑一笠 原是二物 可名一乎(陳旅詩云 山雨寒灑高麗笠 彼又以雨笠爲東物也) ○喪者別有喪笠 名之曰方笠(其形正圓 狀如荷葉 不可曰方) 錦南崔溥以憂服漂到中原 彼人剙見喪笠 怪而問之 崔答曰 此古臺笠之遺像也

喪冠(喪服)

喪冠謂之屈巾 喪服謂之祭服 亦陋習也 士大夫子弟口頭 宜無此聲 冠頂折摺 故名曰屈巾 宜令彎圓不折摺也(甿隷之人 又以倚廬名之曰祭廳 切不可效)

帖裏

帖裏者 戎事之服也 續大典曰 堂上官藍色帖裏 堂下官靑玄色帖裏 郊外動駕時 紅色帖裏 其文歷然 今俗誤以爲天翼 或以爲綴翼 疏笐用之 ○帖裏之制 上衣下裳(有辟積) 如古之深衣

額掩

額掩者 貂鼠之帽也 華音額讀如耳(中國今無入聲) 東俗訛傳 遂以爲耳掩 經國大典 堂上官貂皮耳掩 堂下官鼠皮耳掩 其沿誤已久也 於是朝官所著 其制高大 謂之耳掩(毛圍高) 吏胥所著 其制環繞 謂之額掩(毛圍卑) 其實本皆額掩 非耳掩也 本可掩額 不能掩耳

護項

護項者 繞項之毛幘也 華音護讀如揮(護音苹) 東俗訛傳 遂以爲揮項 貴人貂皮揮項 賤人鼠皮揮項 其沿誤已久也 於是頭盔所綴 以有明文 謂之護項(諸武書有文) 常服所著 以無明文 謂之揮項 其實本皆護項 無揮項也

套袖

套袖謂之吐手者 華音之誤翻也(華音套袖作듀쉬) 頭盔謂之鬪具者 華音之誤翻也(華音頭盔作투귀) 褂子謂之快子者 華音之誤翻也(華音褂子作쾌즈) 頂子謂之徵子者 華音之誤翻也(華音頂子作딩즈) 卓子謂之造子者 華音之誤翻也(華音卓子作쟌즈)

饝頭(縐紗 等)

饝頭誤翻爲甘土(華音本갑투) 縐紗誤翻爲走紬(華音本주사) 屯絹誤翻爲佟絹(華音本뚠견) 唐巾誤翻爲宕巾(華音唐爲탕) 木棉誤翻爲武名(華音本무면) 斜皮誤翻爲黍皮(華音本셔피 今鞋工鞍工誤稱靑黍皮・白黍皮) 鋪墊誤翻爲鋪陳(華音本푸댠) 錢糧誤翻爲賤量(華音本천량) 頭錢誤翻爲投賤(華音本투젼 然頭錢者 格錢也 又非馬弔紙牌之本名) 圖書誤翻爲套署(華音本투슈 今俗木刻者謂之套署 石刻者謂之圖書) 艄工誤翻爲沙工(華音本샤궁) 翼網誤翻爲曹旺(華音本쟌왕) 栲栳誤翻爲枯栳(華音本고랃) 笊籬誤翻爲釣來(華音本쟌례) 驚栗誤翻爲皮里(華音本피리) 玻瓈誤翻爲菩里(華音本보리 吾東麥曰菩里 故玻瓈眼鏡 俗謂之麥鏡 其轉輾訛誤如此) 琺瑯誤翻爲巴琅(華音本바랑 譯書云銀之塗靑者) 蜀黍誤翻爲垂穗(華音本슈슈) 白菜誤翻爲拜草(華音本븨채) 碧魚誤翻爲蜚腴(華音本비유) 武侯菜誤翻爲無憂菜(華音本무후채 蘿葍之別名) 如此之類 不可勝數 誦之以言 未嘗有誤(皆合於華音) 譯之爲文 乃成異物(從東音以爲文故) 夫物名流傳 多出僕隷 文字譯成 皆由學士 由是言之 文物之至今蒙昧 皆士大夫粗率之咎也

棉布

棉布者 大布也 東俗謂之白木 棉布之肆 名之曰白木廛 以至稅布曰田稅木 賦布曰大同木 升數多者曰細木 升數少者曰麤木 載之法典 刊之文集 豈不疏哉 朴燕巖(名趾源)日記云 織麻則當曰麻布 織苧則當曰苧布 織棉則當曰棉布(案苧布直當云紵 不必加布名) 何必織麻之家 專名爲布

衲衣

衲衣者 補紩之衣也 東人誤翻爲縷飛(衲衣華音作나이) 按譯書細縷飛(즌누비) 曰細衲 沓紩(박아짓다) 曰實衲 原初僧家縫補破衣 名之曰衲 後漸精細 新布·新帛 亦皆衲之耳 寶覺禪師以磨衲贈東坡 卽今之細衲也 緇衲·靑衲·斑衲·翠衲·緋衲·紫衲(魏書蠕蠕國人拜辭 詔賜緋衲袴褶紫衲袴褶各一具) 竝見詩史 而東詩唯用白衲 白衲之稱 不見古詩

逢掖

逢掖者 大袼之衣也 逢者大也 禮記曰 魯之逢掖者皆儒與(儒行文) 今人傳訛 皆作縫掖誤

搭連

搭連者 馬上衣衾之包也 對搭相連 故名曰搭連(兩包相對搭) 東人誤翻爲大練(華音搭連本다련) 從人假借者 書求搭連則人莫之應 斯其所以難變也 今象譯之家 多博雅以習華語也

推鉋(鎊)

推鉋者 削木使平之器也 東人誤翻爲大牌(華音推鉋 本作뒤괘 聲相近) 鎊子謂之芡貴(小斤也) 砑刀謂之引刀(熨縫之具) 隱囊謂之按席(席作囊以凭之) 名物蒙昧皆如此

鼎

鼎者飪器也 三足兩耳 上橫玉鉉 和五味之寶器也 考之儀禮諸篇 凡牲獸諸骨 皆烹之於鑊 升之以鼎 移之於俎 於是餘渟在鼎(肉汁也) 苃之爲羹 其爲器尊潔 非如錡釜之屬 東人錯認 乃以鍋銼之等 呼之爲鼎 炊飯蒸餠 以爲鼎 實有自燕京回者 得周漢古鼎 葵光粲然 傳相撫玩 猶未悟自己竈下本無此鼎 王勃詩序 鍾鳴鼎食 以爲豪富 傳相誦習 猶未悟自己平生原未鼎食 書

牘詩律 皆不免以鎞爲鼎 豈不謬哉 ○鉉者鼎之扃也 所以貫鼎而擧之也(扃者鼎也義仝) 俗訓爲鼎耳 亦誤

圭・笏

圭者 瑞玉也 笏者 手版也 二物絶殊 本非族類 東人錯認 訓圭爲笏可乎 王執鎭圭 公執桓圭 侯執信圭 伯執躬圭 皆玉器也(詩云白圭之玷 尙可磨也) 笏者備忘之版也 天子以球玉 諸侯以象 大夫以魚須文竹 士以竹 形制不同 其用各異 豈可混哉

轡(鞁靷 等)

轡者 車上控馬之索也 詩云 六轡如琴 言轡自馬頭 至于御者之手 均張如琴絃也(兩服重行在中 兩驂雁行在左右 故四馬而六轡 若四馬並列 則當爲八轡矣) 革轡曰儵革 東語直謂之革(方言云혁비) 其訓蒙穉 以轡爲靮(方言云곡비) 靮者 羈之餘也 下馬則執靮以牽之 上馬則執轡以控之 不可混也 左傳輀靷鞅靽之註曰(僖二十八年) 在背曰鞦(著袂之鞦也 橫經其腹中) 在胸曰鞅(方言云가슴거리) 在腹曰鞅(說文以鞅爲頸組) 在後曰靽(方言뒷밀치) 各有文也 馬之被具 謂之鞊 鞊者鞁也(方言云언치) 馬之緊靽謂之䩞(本作䩞) 䩞者緧也(方言뒷밀치 直當馬後)

引

引者 紼也 御柩之索也 在殯曰紼 在塗曰引 謂引柩以就壙也 蒙士唱人啓引 或以爲發靷 誤矣 靷者 馬胸之革也

銜

銜者 馬勒之在口也 又銜者 官階也 俗作衘 或作啣 或作噛 或作啣 竝是訛誤 無可用也 俗儒不覈 官銜則作啣(有所云具啣單啣) 馬箝則作銜 昔一館吏書之曰官銜 學士罵之 令改作啣 吏俛首改之

任

任者 擔也 人所負也 易曰 力小而任重(鼎九四) 論語曰 任重而道遠 孟子曰 治任將歸 皆擔負之謂也 東語任轉爲朕(終聲之相近) 以朕爲占(初聲又相近) 以占爲卜(東語卜曰占) 於是一負曰一卜 二負曰二卜(田籍例) 輜重之馱曰卜馬 裝辦之載曰卜物 任重曰卜重 官駄曰官卜 私裝曰私卜 用之書啓 載之法典

遺事

遺事者 逸事也 謂於史家記錄之外 其遺逸而不章顯者 我爲之表發也 柳宗元作段太尉逸事狀 末云今之稱太尉大節者 以爲武人一時奮不慮死 不知太尉之所立如是 宗元嘗出入岐周間 竊好問老校退卒 能言其事 會州刺史崔公來 備得太尉遺事 覆校無疑 或恐逸墜未集 太史氏 敢以狀 私於執事(文止此) 遺事之義 於此明矣 開元遺事者 開元之逸事也 天寶遺事者 天寶之逸事也 今人誤以遺事認之如舊事 備錄一生之跡 竝其世系官踐 無不詳載 而名之曰遺事 是於行狀墓誌之外 別一名也 誤

牌子

牌子者 軍令之書傳也 軍中本有防牌 外面刻畫人獸之面 大將以文帖 傳令於列校列郡 則紙搨牌面下書軍令 以示威信 昔在萬曆 天兵東出 李提督(名如松) 楊經理(鎬) 嘗用牌子傳令 當時軍校之家 尙有傳者 乃俗儒錯認 凡尊者下書于賤者 卽名之牌子 小紙片札 衰颯陋拙之語 名之曰牌子 以寄吏胥 以寄奴僕 豈不羞哉 ○然且牌子亦謂之牌旨 嘗見譯書 唯皇帝之命稱皇旨詔旨 非匹夫所得僭也 日本之俗 凡相敬處稱殿 何以異是

句

句者 文所止也 中國詩律 七言以七字爲一句 五言以五字爲一句 四韻則八句也 吾東每以一聯作鴛鴦隊雙行書(中國無此法) 於是以一聯爲一句 四韻曰四句 十韻曰十句 大誤

古風

古風者 李白古詩五十九首之一名也 東人蒙穉 習爲詩句 未能叶韻 名之曰古風 其五言短篇 謂之小古風 其七言長篇 謂之大古風 儼爲文體之一 亦陋習也 中國雖童穉學語 自古以來 無不韻之詩 故短謠鄙言 零言碎句 未嘗不韻(寧爵毋刁 二字叶韻也 潁水濁灌氏族 三字句叶韻也) 唯佛氏偈語 如五言詩而不叶韻 名之曰伽陀之詞

風月

詩詞之謂風月 亦未雅馴 金安國贈江原都事詩曰 永郞風月三千首 無竭煙雲一萬峰 蓋本歐陽永叔贈王介甫詩云 翰林風月三千首 吏部文章二百年 又金劉內翰著鷓鴣天詞云 翰林風月三千首 寄與吳姬忍淚看 非無據也 老學菴

筆記載呂居仁詩云 好詩正似佳風月 解賞能知己不凡 此詩在吾東 卽爲疊牀語 非二物 安得相似

儷律

儷文叶律者 俗謂之律表 亦疎矣 儷文自滕王閣詩序・乾元殿頌 下逮歐蘇汪藻劉克莊諸家 凡賀表・謝表 無不字字 叶律 朱子不以藻繪自命其謝表 猶謹守格律 明淸諸作及新羅(崔致遠) 高麗(崔滋・金坵等) 以至國初諸家之作 莫不皆然 忽自中世以來 儷律大壞 唯於上下句絶之處 平仄相間 而字字叶律之法 無地可問 於是文苑鉅工 別循古格 名之曰律表 任疎菴(名叔英)作游斜川詩序(斜川 卽李五峰好閔山莊) 李松谷(名瑞雨)作送荊軻入秦序(代人作) 皆云律表 而科場表箋及藩臣賀箋及燕京賀箋 皆不叶律 見侮於天下 貽笑於後世 將如何哉 嘗見流求國賀正表 猶字字叶律 合於調格 曾是不若 謂之何哉

詩傳・書傳

詩傳者 風雅頌之傳註也 毛氏傳朱子集傳 又各不同 書傳者 尙書之傳註也 孔氏傳蔡氏集傳 又各不同 今之蒙士 直指經文謂之詩傳・書傳 甚則曰詩傳大文 書傳大文 亦誤矣 昔有人作俳語云 詩書之稱詩傳・書傳 猶水獺之稱水獺皮(用其皮 故全身冒其名) 犲漆之稱五加皮(不名云五加) 其言雖佻 可以砭俗

史記・通鑑

史記雖無批評 呼之曰史記評林(吾東所刻非評林) 通鑑雖已節要 呼之曰通鑑(東兒所讀 皆江贄通鑑節要) 三國衍義 話爲實事 呼之曰三國志 而聞陳壽正史 目爲奇書 皆陋習也

反切

反切者 翻切也(反音翻) 訓民正音 字母一行 中聲十四行 錄于一紙 名之曰反切謂字音 反切直明於一字之音也 今人訛傳爲半截 謂紙半截 可錄此文 非矣

都目

都目者 百官考功之都錄也 今以六月十二月序陞之籍 謂之都目 非矣 按高麗之制 六月謂之權務 十二月謂之大政 吏兵部分掌 凡九品以上及府衛・

隊正・府史・胥徒 皆著其年月 錄其功過 每於歲杪陞黜 謂之都目 李齊賢
疏云 置考功司 標其功過 論其才否 每年六月十二月 受都目考政案 用以黜
陟 今以注擬之籍 名曰都目 誤

鄕所

鄕所者 京所之對稱也 今無京所 唯稱鄕所 無義也 國初之制 每一邑擇邑
人之仕于京者 名曰京所 凡其邑之事 句管調護 又擇邑人之有材望者 名曰
鄕所 使之在鄕輔政(京所之名 見眉菴日記) 荷潭日記云 世宗大王以忠寧大君
爲咸興京在所 又松窩雜錄云 東萊守將罪鄕所 移關京所 請遞其任 時鄭文
翼公(名光弼)爲京所堂上

歸鄕

歸鄕者 高麗之律名 今之所謂放歸田里也(今之歸田 任住鄕里 不定一處 歸鄕
者 歸其本貫 移動不得) 今徒流竄置 通稱歸鄕 非矣 高麗史刑法志云 官吏受
財枉法者 徒杖勿論 收職田歸鄕 僧人盜寺院米穀 歸鄕 貿易官物者除歸鄕
依律科罪 又云 判鎭人犯歸罪者 仍留配本處(官私奴婢 招誘良人子買賣者歸鄕
女人再犯歸鄕) 其律在笞杖之上 徒流之下

其人

其人者 鄕吏之應役於京邸者也 今人謂國初宗室貴人 防納貢物 不敢斥言
謂之其人 非矣 東史云 新羅高麗之時 送鄕吏子弟 爲質於京 備其鄕顧問諸
事 謂之其人 至我朝 役殊而名存 任之者利厚 所供者荊柴炬炭之類 今其人
之額三百二十六人 人給米百十石 歲輸米三萬五千石

兩班

兩班者 東西二班 高麗所謂文班・虎班是也(高麗避武宗諱 武班曰虎班 今尙
沿其名) 士大夫者 堂下官(周禮有上士・中士・下士) 堂上官之稱也 吾東貴族
白徒無成 猶稱兩班 一命未沾 猶稱士大夫 名實有未當矣 ○俗語貴族謂之
韓骨兩班 韓骨者 第一骨也 南史稱新羅之俗 貴其世類 王族曰第一骨 后族
曰第二骨 然則璿派之外 皆非第一骨矣

生員

生員者 學生之有額者也 東法詩賦上庠者爲進士 經義上庠者爲生員(公格

則然 而私言咸稱進士 白徒乃稱生員 名實不可準) 其白徒則生曰幼學(雖八十者稱幼同) 死曰學生(科場封彌例) 又子女未成曰書房 子女既婚曰生員 (私言之稱謂) 皆絕無義例 不知何故 今考譯書 鄉舉曰舉人(或云鄉試入格者) 應試曰童生 入格曰生員 增入曰增生 食廩曰廩生(秀才食廩者) 入於副榜曰貢生 會試入格曰進士 未經殿試曰貢生(顧炎武生員論 又凡舉人 通謂之生員)

推考
推考者 推覆以考驗也 謂之問備者 臺官有問難 被者有備列也 大明之制有揭帖問難 卽官師相規之意(揭帖見諸文集) 我朝問備之法 百官凡有差失 臺官必以書牘問難 謂之緘辭 被者亦以書牘備列(備陳其事情) 或示屈伏 或自暴明 謂之緘答(見僿說) 此之謂推考 今所謂推考 空言而已 其重者別有緘辭推考(如古例) 其實推考必緘辭 不緘辭 非推考

辱
辱者 恥也屈也 東俗以醜話叱罵 名之曰辱 至授藺相如傳 每云 廉頗必以醜話罵相如(我見相如必辱之者 言必使相如屈辱 令可恥也) 授平原君傳 每云 白起以醜話罵楚之先王 豈不謬哉

笞杖
笞杖者 二等之刑具也 笞以敎愚 杖以懲惡 故笞止五十 杖自六十 至于一百 吾東乃以笞杖爲一類 微有差異 別作訊杖 以爲上刑 與古殊也(高麗史刑法志 脊杖・臀杖・笞杖 皆同體圓 唯大小有差)

箕帚
箕帚者 婢妾之役也 箕有兩樣 一是簸糠之具 一是承塵之物 曲禮云 凡爲長者糞之禮 必加帚於箕上(少儀云 執箕膺擖) 旣與帚連文 則箕是承塵之箕 如巾櫛爲一類也 今人或作簸糠說 非矣

帶子
帶子者 束腰之帶 華語也 帶子例用組紃爲之(二絲交之爲線 乃織) 東語誤翻 乃以組紃爲帶子(方言曰대ᄌ) 其稱束腰之組曰帶子腰帶(대ᄌ허리띄) 不成話說

公然

公然者　公共無愧者然也　行惡於衆覩之中者　謂之公然　杜甫詩曰　公然抱茅入竹去　意可知也　公肆詆誣　公行劫掠　皆此意　乃東語以無功而望賞者　爲公然望之　無價而索贈者　爲公然索之　非本旨也

卷之三

太廟

太廟者　太祖之廟也　古者一主一廟　後世同堂異室　太廟之名　於今未允　但當云宗廟也　孔子入太廟每事問　是入周公廟耳(集解云)

尸童

尸者　神相也　禮曰　爲君尸弁冕而出　弁冕非童子之服也　禮云　凡祭墓　冢人爲尸　冢人非童子之官也　歷考三禮　無童子爲尸之說　而吾東言尸　每云尸童　抑何故也　孔子曰　尸必以孫　孫幼則使人抱之(曾子問)　必誤據此文　認尸爲童也　一字之稱不便　則謂之皇尸焉可也

太僕

太僕者　出入王命之職　掌馬之官　本是太馭　今掌御乘者名太僕　亦非古也　按周禮太僕掌正王之服位(正其衣　又正其立處)　出入王之大命(如虞之納言)　掌諸侯之復逆(鄭云奏事也)　建路鼓以待窮者(冤則擊)　尙有祭祀‧賓客‧喪紀‧軍旅‧燕飮‧朝會諸所掌　而王之車馬　非所掌矣　太馭掌玉路　犯軷受轡　祭軌執轡　鸞和爲節　司僕寺眞古太馭之職　然漢唐以來　沿誤已久　不可訟也

洗馬

洗馬者　古先馬之官也　洗當音銑　今讀之如字　誤矣　韓非子云　越王句踐爲吳王洗馬(淮南子云　爲吳兵先馬走　洗馬卽先馬)　荀子云　天子出門　諸侯先馬　漢書百官表　太子‧太傅‧少傅　屬官有先馬(張晏云　先馬員十六人　先或作洗)　顧亭林云　洗馬者　馬前引導之人(太史公牛馬走　或曰牛當作先)　旣非僕御之賤　掌馬洗浴　無是理也

祭酒

祭酒者　國學老師之稱　謂飮酒之禮　老師祭先也(古人不忘本　飮食有豆間之祭)　今人忽讀祭爲祭遵之祭(側賣切音債)　有讀如字者　羣嘲衆罵　以爲固陋　不

知何故　史記荀卿傳云　齊襄王時　荀卿最爲老師　齊尙修列大夫之缺　而荀卿三爲祭酒焉　注云　禮食必祭先　飮酒亦然　必以席中之尊者一人當祭耳　後因以爲官名　故吳王濞爲劉氏祭酒(一云荀卿年五十　始來爲祭酒)　後漢書置博士祭酒　胡廣云　祭酒者　一位之元長　古者賓得主人饌　則老者一人擧酒以祭地　故以祭酒爲名(朱浮傳云　選聰明威重者一人爲祭酒　總領紀綱)　韋昭云　祭酒者　謂祭六神以酒酹之也　凡會同饗醮　必尊長先用酒以祭地　故曰祭酒

契丹・冒頓

契丹　讀之如乞闌(音걸란)　冒頓　讀之如墨特(音묵특)　昔有學士讀之如字　至今傳笑然　乞旣誤讀(乞本音글　故入於物韻　今讀之爲걸誤)　丹本如字(契丹之丹亦音단)　則二字竟皆誤讀矣(當讀爲글단)　墨雖不誤(冒音묵)　頓當音突(頓音돌　見月韻)　則一字未免誤讀矣　何笑焉　大抵字音之訛　十居七八　不可勝言(牡丹之丹亦讀爲闌　無攸據)

范睢

范睢之睢　卽睢鳩之睢　東人讀之爲睢盱之睢(字從目)　然杜甫詩云　勢慊宗蕭相　材非一范睢　叶于魚韻　古今韻府　范睢皆在魚韻　嘉慶丙辰冬　余承命校史記　稟旨以正之

鼂錯

鼂錯之錯　或謂入聲　費袞梁谿漫志云　鼂錯之名　古今皆讀如措字　唯潘岳西征賦云　隕吳嗣於局下　蓋發怒於一博　成七國之稱亂　翻助逆以誅錯　據此則乃如字讀　不知岳何所據耶

龍骨大(馬富大)

龍骨大者　譯人之誤翻也　馬富大者　譯人之誤翻也　按開國方略云　天聰九年乙亥十月　遣戶部承政瑪福塔　往弔朝鮮王妃喪　竝令承政英固爾岱同往　又崇德元年丙子冬　親征朝鮮　令戶部承政瑪福塔　星夜圍朝鮮王都　夜遣戶部承政英固爾岱　偵朝鮮王蹤跡　卽此二人　吾東呼之曰馬富大・龍骨大　音之訛也(英固爾岱音잉구올때　馬福塔音마부타)

佛・補處

佛者　金身之主壁坐者也　補處者　金身之坐於左右者也　傳燈錄佛與補處

差級甚明 東人誤譯 旣以補處爲敷處(華音輔處作부쳐) 又以敷處爲佛 則與訓
兄爲弟 詰鹿爲馬 無以異矣 或云新羅之僧入唐求法者 不通華語 撫左右補
處之軀而問是甚麽 唐僧答之曰輔處(부쳐) 東僧遂認三箇竝是補處 歸傳如此
遂作方言 此說有理(佛法東來 在苻堅之時 必無自古流傳之方言) 昔僧惠藏頗聰
明 余問佛與補處是一是二 惠藏不能答 遂語此義 藏乃大悟

僧(足樓鍼 等)

僧者 衆也(佛書例) 東語男僧曰衆 女僧曰僧 故朴楚亭(齊家)嘗云 東語多
乖拗 僧訓曰衆 而男女有別 足訓曰發 而人牛不同(人曰發 牛曰足) 樓曰多落
而鬱祕異稱(樓供登覽 多落以藏物) 針曰巴辣 而醫紩殊用(決癰曰針 縫衣曰巴辣)
尹季軫續之云 灰訓曰災 而石薪有別(石灰曰灰 薪灰曰災) 金訓曰衰 而黃黑不
同(黃金曰金 鐵曰衰) 玉曰仇瑟 而蚌石異稱(東語玉璧珠璣之屬 竝云仇瑟 而譯之
爲文 唯石出者稱玉) 場曰麻當 而農賈殊用(野市曰場 打穀曰麻當) 又有續之者
云 蜜訓曰啒 而液滓有別(甘液曰屈 蠟曰蜜) 城訓曰栽 而邑山不同(邑城曰城
山嶺曰栽) 以言學文 其乖舛如此

趾・棟(羔薶 等)

李雅亭(德懋)對六書策云 妻之兄弟 稱之以娚 兄弟之子 稱之以侄(侄 癡
也) 趾本足指 而訓之爲踵 棟本屋脊 而訓之爲柱(方言云者棟) 羔是羊子 而
冒于羖𤠔(方言云髯昭) 薶是豆葉 而移于海菜 獤以代貂 檢以代筧(見金時習詩)
勺以爲夕 菽以爲太(吏文也) 薔薇以爲海棠 連翹以爲辛夷 揮周同義(方言云豆
婁) 因仍竝譌 圖啚通稱 曹曺異用 似此之類 指不勝僂 ○按雅亭似以玫瑰
花爲薔薇 以迎春花爲連翹 亦恐有誤(連翹草也 迎春黃花 猶是木也)

媤・査(租奈 等)

媤者女字也(古婦人笄而字) 以稱舅家(舅曰媤父 姑曰媤母類) 查者浮木也 以
稱姻家(女氏壻氏 相謂查頓 稱查兄查弟) 租者禾稽也 訓之爲稻 奈者蘋婆也 訓
之爲山櫻(方言奈曰沙果 山櫻曰唄 又訛爲叹) 鍮者煉石也 冒之黃銅(崔昉云 銅一
斤爐甘石一斤 煉之成鍮石 眞鍮生波斯國者 如黃金 燒之赤色不黑) 砲者機石也 移
之鳥銃(將軍礮威遠 礮卽機石也 古稱矢石以此) 魚箈無名 謂之魚箭(方言云魚살)
煙管不覈 謂之煙竹(譯書謂之煙袋 蓋於管外 又有小袋) 扉者戶扇也 金扉綺扉

華麗奪目　而東兒但知柴扉(方言沙立作)　埃者竈窗也(煙所出)　直埃・曲埃　吟誦順口　而東叟猶稱溫埃(方言埃曰窟禿　乃以烟炕爲溫埃)　黃疸疙疸　聲必互換(黃病之疸本音但　頭瘡之疸　本音怛　今相反讀)　會稽・滑稽　音乃誤分(稽字無論平仄　本無奚音　滑稽二字　本音骨雞　今讀如滑奚)　似此之類　指不勝僂　○按酉陽雜俎云　晉時錢唐　有人作篊　年取魚億計　號萬匠篊(陸龜蒙詩云　到頭江畔尋漁事織竹中流萬尺篊)　楊升菴云　篊字從洪　石梁絕水曰洪　射洪・呂梁洪是也　加竹爲篊　蓋以竹爲魚梁也　譯書云　魚箭謂之簰子　今考字典　無簰字　當是箄字之譌　然箄者籠屬　雖曰捕魚　非篊類也

籭・軸

籭者　書笈也　軸者　書卷也　東詩好用籭軸與匏樽竹杖爲對語　未詳所出　要之非古語也

糶糴

賣穀曰糶　買穀曰糴　耿壽昌常平之法方是　古所謂糶糴　今之還上　卽社倉之制　直以穀物出納　不用錢幣　冒名爲糶糴　非矣　嘗見譯書　名之曰放糧收糧

苫

苫者　編草以覆屋也　中國十斗曰斛　亦十斗曰石(漢書食貨志云　百畮歲收畮一石半　爲粟百五十石也)　吾東公穀十五斗爲一石　私穀二十斗爲一石　又以石爲苫　蓋以東俗編草爲簀而納粟米　斯之謂苫　於是粟米旣瀉　名之曰空石　豈不誣哉　苫本音蟾(셤)　誤讀如占(졈)　故不知苫卽苫也　崔致遠崇福寺碑云　益丘壟餘二百結　酬稻穀合二千苫(注云　東俗以一十五斗爲一苫)　○方言島亦曰苫(本音셤)　大明一統志　朝鮮山川　有江華島・紫燕島・菩薩苫・紫雲苫・春草苫・苫苫・跪苫(注云　圖經小於嶼　而有草木曰苫　俱在全州南海中)　宋徐兢使高麗錄曰　白衣島　亦曰白甲苫　跪苫在白衣之東北　其山特大於衆苫　春草苫又在跪苫之外　是日午後過菩薩苫　五日丙戌　過苫苫(麗俗謂刺蝟毛爲苫苫　此山林木茂盛而不大　正如蝟毛　故以名之)　羣山島之南　一山特大　謂之案苫　洪州山又在紫雲苫之東　鴉子苫亦名軋居苫　今按方言穀包曰苫　島嶼亦曰苫　然穀包之苫平聲　島嶼之苫去聲

松笋

松笋酒者 吾東之名醞也 詩律用之 然松之嫩梢 不可曰笋 笋者竹萌也 然非竹萌者 亦得名笋 蘇軾詩云 蘆笋初似竹 杜甫詩云 泥笋苞初荻 則蘆荻之萌 稱笋矣 楊萬里題寒綠軒詩云 菊芽伏土糝青粟 杞笋榜根埋紫玉 則枸杞之萌稱笋矣 陸龜蒙詩云 雖然野岸花房凍 還得山家藥笋肥 則勺藥之萌稱笋矣 (又本草澤蘭之根 名曰地笋) 然皆以萌於土者爲笋 嫩梢新生者 不可曰笋

松津(鹿皮)

松脂曰松津 鹿皮曰鹿比 猶之可也(津液猶膏液也 皮比聲通 故虎皮古稱皋比) 桃脂曰桃松津 杏脂曰杏松津 狗皮曰狗鹿皮 馬皮曰馬鹿皮(楓松津·虎鹿皮 其類尙多) 凡木脂之凝者 皆稱松津 獸皮之揉者 皆稱鹿皮可乎(漆葉紅曰漆丹楓 柹葉紅曰柹丹楓 亦此類也) 牛酪曰駝酪 牛囤曰馬廐 亦此類

犀通

犀者 山獸也 說文稱南徼外牛一角在鼻 一角在頂 其頭似豕(爾雅云 犀似豕) 別有水犀三角 似水牛 東人不見犀 訓曰水牛 誤矣 戰國策曰 陸斷犀象 孟子曰 驅虎豹犀象 ○李商隱詩云 心有靈犀一點通 謂人心有一段靈慧之識 如犀角之中有一點通明之光也 俗儒誤解謂兩心相照 如靈犀一點之光 瑩然相照 於是書牘詩詞 每用靈犀一點 作兩心相通之意 大誤矣 按姚寬叢話云 犀之理形似百物 其理有倒挿·正挿·腰鼓挿 倒挿者一半以下通 正挿者一半以上通 腰鼓挿者中斷不通(本草別錄云 通天犀角 上有一白縷 直上至端 所謂通也) 漢書西域傳贊通犀翠羽之註云 通犀謂色白通兩頭(異物志云 通天犀 惡影常飲濁水) 蘇軾詩云 袍鵁雙雙瑞 腰犀一一通(謂帶犀 箇箇用通明之片) 犀通者 犀之通明處也 豈兩心相通之謂乎

牛胃(胸)

牛胃味厚 食物之美者也 東俗牛胃曰胖(吾東之造字也 去聲) 牛胸曰陽頭(方言云 陽地廘哩) 牛脇曰曷非 郡縣簿曆 卒無本字 按譯書牛胸謂之坌骨

蜜炙

黃芪蜜炙 鼈甲醋炙 炙者燔也 東醫不覈 讀炙爲灸 習以爲常 書炙作灸 不知藥物 本無丹田 亦無三里 何以灸矣

阿堵

阿堵者 猶言這箇 王衍口不言錢 見錢在牀前曰阿堵物 後人遂以錢爲阿堵(高士奇云 阿堵 猶若箇這箇) 又顧長康傳神曰精神妙處 正在阿堵中 謂精神在眸子中 後人遂以眼爲阿堵 本皆無義 東人不覈 以堵爲睹 論人奸惡 輒云阿睹不良 說己眼病 每云阿睹苦痛 此又大誤(睹字從目者 誤認顧長康語)

拳踢

拳踢者 手毆而足觸也 古無訓踢爲足觸者 跳踢獸名也 夔踢神名也 後世假借 至蹴踘譜有對踢・單踢・角踢・大踢等諸法 劉氏有乾拳濕踢之語 小說有龘拳大踢之喩 今人以大踢改讀爲大踼(字從昜) 其音如蕩 疏箚盛用之 又大誤也 字書踢者 跌踢也 或作跌踼 行不正也 旣云拳踢 則不可音蕩

跰

跰者 足皮起也 通作繭 亦作蠒 又跰者足骨也 乃東人疏箚表箋 以官爵之再踐舊跡 謂之宿跰 徧考三倉 無此詁訓 唯杜甫八哀詩 哀蘇源明曰 晨趨閶闔内 足蹋夙昔跰 此亦足繭之意 而東人誤以爲足蹋舊跡 遂至沿襲如此耳

抪棄

抪棄當作拌棄 揚子方言 楚人凡揮棄物謂之拌也 俗誤作抪 又誤作抙 按拚音翻 抪音抔 抔手也 又音奮 掃除曰拚也(少儀云) 又音翻飛也(周頌箋) 今俗上疏 每云抪棄廉隅 卽拌棄之誤也 又書牘每云 抪別用之 如握手之意 誤矣 然此自中國已沿誤如此

齊宿

享官齊宿 謂之淸齊一宿 然祭統曰 宮宰宿夫人散齊致齊(宿戒也) 禮器曰 七日戒三日宿 鄭注云 戒散齊也 宿致齊(鄭祭統注云 宿讀爲肅 戒也) 按饋食禮有宿尸之節 宿者申戒也 孟子稱客不悅曰 弟子齊宿而後敢言 秦繆公虜晉君以歸 令國人齊宿 皆非止宿之意 淮南子云 將軍令祝史・太卜齊宿三日 之太廟鑽靈龜 亦謂致齊三日 非止宿三日之謂也 然則一宿之名 非古意

闔門

闔門之節 今爲祭禮之大義 然考之古經 實無憑據 此本士虞禮闔戶之文 然殤祭無尸不三獻不侑食 煩文竝刪 謂之厭祭 故闔戶而出 冀或享之 若夫成人之祭 安有闔戶 至朱子家禮 闔戶始改爲闔門 其文曰 主人立於門東 主

婦立於門西 其啓門之節曰乃啓門 主人以下 皆入就位 闔門者 閉廟之中門也 豈廟室之牖戶乎(牖戶之內 本無主人諸人之位不得云 皆入就位) 吾東之人 闔其牖戶曰 此朱子闔門之法 豈不差哉(楊信齋引士虞禮闔牖戶之文 以注闔門 亦誤) 將謂古禮乎 古唯殤祭有闔戶 將謂朱子禮乎 朱子闔中門 非闔室戶也 今公家之祭 無闔門・闔戶之節

孝子

祭稱孝子 亦可講也 禮曰喪稱哀子・哀孫 祭稱孝子・孝孫 以其義稱之也 今祭稱孝子據是也 然詳檢饋食禮・士虞禮諸文 凡稱孝子某孝顯相(諸子曰顯相) 皆祝人告神 非主人自告之也 故祔祭祝辭曰 夙興夜處 小心畏忌 不惰其身 張皇贊美 揚扢孝心 以悅神志 不僅曰孝子而已(其身二字 明祝人代主人告) 今禮主人自以其名 告于神位 自稱孝子 已似未安 矧敢以小心畏忌 不惰其身諸語 自贊以告之乎 古禮冒今 其疏舛多如此

哀子

喪稱哀子 古之義也 況士喪既夕 皆主父喪之禮 而筮宅筮日 皆稱哀子(見經文) 則哀子之稱 通於二喪 今人母喪曰哀子 父喪曰孤子 有若乾元曰大孝 坤元曰至孝 為不易之定名 父母俱沒者 又稱曰孤哀子 皆不必然 古唯國君自稱曰孤 春秋之禮 列國有災 自稱曰孤 非匹夫之所自名 孤子當室 孤不更名 皆佗人所稱 非自名也 孤哀子三字 不能成文 如大至孝竝稱 不能成文

綽楔

綽楔者 門閭旌表之名也 東人傳寫 有誤以為棹楔 竝皆從木(木旁字) 遂作連文 或與芯芬蘋蘩作對語 非矣 楔者櫼也(說文云) 爾雅釋宮根謂之楔 註云 門兩旁木栨 其云綽楔者 華門圭竇之家 以孝烈旌表 則稍廣其門 楔使之寬闊 綽者寬也 吳鼎芳為唐嘉會妻作詩云 煌煌樹綽楔 巍巍建靈祠 綽與靈對 非連文也 棹與權同 所以撥水進船者 於旌門何干

精舍

精舍者 佛宇也 佛之所居曰 竹林精舍 釋迦譜云 息心所棲 故曰精舍 昔漢明帝立精舍以處攝摩騰 卽白馬寺也 晉武帝奉佛法 立精舍於殿內 引諸沙門處之 又魏書馮熙傳云 熙信佛法 出家財建佛圖精舍七十二處 水經注云

晉沙門竺曇建精舍于敽原山南 此皆佛家之精舍也 道家因亦相倣 謝承後漢
書云 趙昱・周磐・張奐 皆立精舍爲道場 江表傳云 于吉立精舍 燒香讀道
書 此道家之精舍也 卽儒家亦冒此名 後漢書云 包咸・劉淑立精舍 講授五
經 魏武帝築譙東精舍 欲秋夏讀書 朱子有武夷精舍 此儒家之精舍也 三敎
皆有精舍 但不宜在俗地(王世貞之言) 今京輦闤闠塵焚嘈雜之室 皆扁曰精舍
非矣

軒・廳

軒者 檐宇也 廳者 聽事之屋也 東語凡棧版所鋪 謂之抹樓 仍以軒與廳當
之 非矣 軒本高車之名 檐宇之末 軒擧翬豁 借名之也 長廊之有窓而周廻者
亦謂之軒(左思魏都賦周軒中天 註說如此) 又殿堂前檐特起 曲椽無中梁者 亦謂
之軒(天子不御正堂 而御平臺曰臨軒 見漢書注) 譯書凡廣窓短檐之室 卽謂之軒
不必棧版者爲軒也 ○廳本官府治官之室 漢晉皆作聽 六朝以降 加广作廳
後世私室其外舍治事之處 亦得名廳(李文靖廳事前 僅容旋馬) 今俗內舍中堂
名曰大廳 誤

斜廊(托樑)

斜廊者 堂側之橫廡也 東人誤譯 今以外舍聽事之室 謂之斜廊(古俗內舍宏
大 外舍低小 無異廊廡 故冒中國斜廊之名 今俗外舍益宏大 斜廊之名 尤不合矣) 托
樑 誤翻爲徒里(托樑音토량) 斗拱 誤翻爲大共(斗拱音두궁) 推窓 誤翻爲刀伊
窓(推窓音뒤창) 薄縫 誤翻爲朴宮(薄縫音보봉) 炕洞 誤翻爲窟禿(炕洞音캉동 東
言謂之高來 而以堗爲窟禿) 圊廊 誤翻爲精朗(圊廊音칭랑)

衙

衙者 天子之居也 唐書地理志云 明堂之西 有武成殿 卽正衙聽政之所 五
代史李琪傳云 宣政前殿也 謂之衙(在前故爲正衙) 紫宸便殿也 謂之閤 宋史
禮志云 文武官日赴文德殿正衙日常參 其名之尊重如是也 唯其坐衙聽事 上
下皆同 故中外官署 其聽事受謁 亦稱坐衙 一日兩衙(古者大夫家臣 一日再見
朝見曰朝 夕見曰夕 卽兩衙也) 報衙・放衙・趁衙・退衙 都是參見之名 今俗
守令率其妻妾 置于內屋 名之內衙 非禮也 北史長孫晟傳云 煬帝引晟委以
內衙宿衛 五代史趙鳳傳云 明宗以周玄豹爲內衙指揮使 內衙猶內禁也 其嚴

重如此 豈妻妾所宜僭哉

牖

牖者 納陽之窓也 穿壁向明 以木爲交窓曰牖也(說文云) 易曰 納約自牖 論語曰自牖執其手 古者出入室中必由戶(子曰誰能出不由戶) 自牖云者 身不入室 坐乎牖外 以手納之 以手執之也 戶在室東 牖者皆南牖也(牖制狹小 但可納陽 不能出入 不如今俗南窓之闊) 禮記北牖 禮經作北墉 禮記誤也 論語注云禮病者居北牖下 金仁山云 牖誤 當作墉 據禮經也 古者南牖以納陽 北墉以禦寒 乃東俗訓蒙 以牖爲闥可乎

禊

禊者 潔也 鄭俗於上巳 采蘭芷 祓除不祥 謂之禊 漢禮儀志上巳官民皆潔於東流水上 洗去宿垢 潔祭名也 今俗醵錢殖利 名之曰禊 禊本無字 唯蘭亭帖 坊本禊訛作禊 因以襲之也 晉俗好禊 王謝諸人 共修禊事(修謂重修古事) 東人凡與衆會飮 皆謂之禊 同庚曰甲禊 同年曰榜禊 同官曰僚禊 玉堂修禊屛 槐院裝禊帖 此風相傳 鄕村醵錢者 亦皆名禊耳 此等之禊 當名曰契 契者約也合也 顧名思義 豈不允矣

上巳

上巳者 三月上旬之巳日也 世皆讀之爲地支之巳(巳音汜) 而近儒謂是天幹之己(己音起) 誠以上甲上丁及戊日爲社 庚日爲伏之類 皆是天幹 子丑寅卯非所用也 且上旬本只十日 若其朔日 適是午未之日 則上旬十日之內 容無巳日(巳音汜) 卽此歲季春 遂無上巳 其爲天幹之己無疑

破日

破日不用非古也 高士奇曰 初五十四二十三爲月忌 蓋此三日 乃河圖數之中宮五數耳 五爲君象 故民庶不敢用(高說止此) 中國唯民庶不敢用 吾東凡殿坐動駕 皆不用 是日烏在其中宮天極 爲君上之所用也

霞

霞者 赤雲也 東俗訓之爲霧(方言曰晏開) 宋徽宗詩云 日照晚霞金世界 謂黃霧漫日 成此金色 豈不謬哉 玉有赤病者謂之瑕 瑕者霞也 有黑病者謂之玷 玷者點也(點從黑)

彈棊

彈棊者 粧奩之雜戲也 其勢如蹴踘 今人詩句 圍棋亦稱彈棋 誤矣 按太平廣記云 漢成帝好蹴踘 羣臣以勞體非尊者所宜 帝曰 可擇似而不勞者奏之 劉向奏彈棊以獻 上悅 賜靑羔裘・紫絲履(其法似蹴踘可知) 後漢書云 梁冀能挽滿・彈棊・格五(亦戲名)・六博・蹴踘・意錢之戲 南史云 孔琳之解音律能彈棋(典論云 予于他戲少所喜 唯彈棊略盡其妙) 世說云 彈棋魏宮內用裝奩戲也 隋書云 徐廣撰彈棊譜一卷 其爲別格之戲明矣 杜甫詩云 彈棊夜半燈花落(岑參詩云 縱酒兼彈棊) 王維詩云 隱囊紗帽坐彈棋 皆是此戲 東人見二詩 誤以爲圍棊 沿襲如此

盞托

盞托者 酒盞之承器也 東語誤翻爲盞臺(盞托華音作잔되) 草花有金盞・銀臺 引之爲證 非矣 鏡臺・燭臺・香臺・硯臺有之矣 盞臺無可據

湯餅

湯餅者 麪煮之物也 今人以元朝所食白餅之湯熟者當之 非矣 束晳云 饅頭宜春 薄壯宜夏 起溲宜秋 湯餅宜冬(世說云 何晏侍上帝 以湯餅餤之) 唐人以湯餅謂之不托 亦曰飥飥 乃濕麪也 蘇軾詩云 湯餅一杯銀線亂 旣有銀線則條麪之類也 唐書明皇后傳云 阿忠脫衣易斗麪 爲生日湯餅 靑箱雜記云 凡以麪煮之 皆曰湯餅

藥果

藥果者 油蜜果之一名 謂之果者 形變而名存也 星翁云 藥果謂之造果 猶言假果也(東語凡非眞者謂之造) 古者以蜜麪造爲果子之形 或如棗栗 或如梨栭 名曰造果 其後嫌其圓轉 不能累高 改作方形 而果之名猶存也 今祭祀陳饌 猶在果籩之列 按東語蜜謂之藥 故蜜酒曰藥酒 蜜飯曰藥飯 蜜果曰藥果 ○ 楚辭云 粔籹・蜜餌 有餦餭些 王逸註云 以蜜和米麪熬煎 作粔籹 擣黍作餌 又有餦餭 卽美餳也(洪氏云 粔籹 蜜餌之乾者 十月間爐餅也 蜜餌乃蜜麪之少潤者 七夕蜜餅也 餦餭乃寒具也) 星翁云 蜜麪作餅 油煎而乾者 非今之朴桂乎 其少潤者 沃以飴蜜也 非今之藥果乎 昔高麗忠宣王爲世子入元 宴享用本國油蜜果 其來遠矣 ○國典祀享 有藥果中朴桂(今俗同牢用漢果 新婦饋饌用大藥果 所

云漢果 卽大朴桂) 按粔籹·蜜餌 雖自古有之 吾東賓祭之禮 必崇尙此物者 羅麗之世 佛法主世 殆亦麪犧之類與(陶穀淸異錄云 周靈前果 皆調香爲之 形色如生 蓋亦造果之類)

粉繭

元陽繭者 吾東之所謂羌飣也 東萊祭式 有元日薦繭之文 而楊萬里上元觀燈詩云 麝䭔宮樣陪公讌 粉繭鄕風憶故園(蜀人呼蒸餠爲䭔 李嵎詩云 拈䭔舐指不知休) 粉繭者 羌飣也 以烈酒和糯米粉 搦搏作餠 細切待乾 用油浴煎 卽浮起圓大(星翁云) 周禮醢人酏食疏云 以酒酏爲餠 若今起膠餠(星翁云 必是羌飣之類)

印團

印團者 俗謂之茶食 或用栗黃 或用芝麻 或用松花 作粉和蜜爲餠 納于木陷之中 印出花葉魚蝶之形(古用米麪爲之) 星翁云 龍團·鳳團 卽茶餠之印作物形者 印團之制 取於茶家 故謂之茶食

水團

水團者 粉團也 歲時記云 端午作水團 又名白團 其精者名曰滴粉團(張耒詩云 水團氷浸砂糖裏) 又有乾團不入水者(天寶遺事云 宮中每致端陽 造粉團·角黍 貯於金盤中 以小角弓架箭射粉團 中者得食 蓋粉團滑膩難射也) 吾東端午不設水團 至六月十五日設之(俗稱流頭日) 粉屑爲餠 小如槲子(本如筯條 切而短之) 蜜水置氷 浸而食之

糤子

糤子者 粻餭也 楊升菴以糤子爲寒具 非矣(寒具者 環餠也 環繞如蛇盤形) 許愼說文云 糤熬稻粻餭也 稬稻竝穀熬之 則其米烌散 故曰糤也(今俗油熬之亦烌) 糤有三種 一曰扁糤(別爲區餠 兩箇相合 油煎而沃以餳 乃以糤爲衣) 二曰蓼糤(作餠如釵股 旣煎旣餳 衣之以糤 形如蓼花) 三曰朴糤(不別作餠 純以糤子 沃餳相著 俟其凝固 剪作方形) 董越朝鮮賦云 間肴羞以糝食 自註云 亦能爲米糕蓼花之類(紅糤累累 酷似蓼花 故中國亦有此名)

棗糕

棗糕者 俗所謂蒸餠也(方言曰증편) 藝苑雌黃云 寒食以麪粉蒸糕團 棗附之

名曰棗糕(高啓九日詩云　故園莫憶黃花酒　內府初嘗赤棗糕　不必寒食爲之)　星翁云　東俗蒸餅　豆屑爲餡(與餤同)　外附棗肉者　謂之糕銘　意者其初以棗肉繡作文字　謂之糕銘　安順菴云　王隱晉書　何曾尊豪累世　蒸餅上不作十字不食　疑此是糕銘之類(案晉書何曾傳云　廚膳滋味　過于王者　蒸餅上不坼　作十字不食　十字是坼開成文　非銘文也)　周禮邊人粉餈之註曰　今之餈糕　則漢時已有糕矣(劉夢得九日作詩　欲用糕字　思六經中無此字　遂止不用　宋子京以爲不然　故有咏云　劉郎不敢題糕字　虛負詩中一世豪)　今按帝京景物略云　九日麪餅種棗栗　其面星星然曰花糕　此是東人所謂糕銘也　九日亦有菊糕　見歲時記　疑皆蒸餅　非如吾東米粉捘花油煎以食之也

角黍

角黍者　糉也　楚俗備見諸書　吾東乃以煎餅裏餡者謂之角黍　非矣　其法以麪作餅　爲大葉　餡之以肉屑菜餗　卷葉裹之爲兩角　名曰角黍(楚俗作角黍　或用菰葉　或用蘆葉　或用楝葉　或用粽心草　今純用米麪　豈角黍乎)　其小如松葉餙子者　名曰造角　謂有兩角　如角黍而猶是假作也(今又音轉爲造握　是本造角也)

煎果

煎果者　華人之所謂果泥也(譯書云)　或用消梨　或用木瓜　或用山查　或用生薑　擣之爲泥　煎之以蜜者也(今訛爲正果)　○肝南者　古之所謂羞薉也(士虞禮)　星翁謂其饌列在肝燔之南　名曰肝南

餬口(竊鈇　等)

餬口者　饘其口也　譌之爲糊口(春秋傳云　餬其口於四方)　竊鈇者　竊斫刀也　譌之爲竊鐵(列子云　人有亡鈇者　意其鄰之子　行步・顔色・言語・動作・態度　無爲而非竊鈇也)　模糊譌之爲糢糊(字典無糢字)　爛漫譌之爲爛熳(字典無熳字)　古文或有瀾漫　無爛熳也

鮸魚(踏水魚　等)

鮸魚謂之民魚(鮸民聲相近)　踏水魚謂之石魚(俗名曰曹基)　鯔魚謂之秀魚(三國志注云　鯔魚出海中　今江海相連之處　亦或有之)　鰣魚謂之俊治(譯書俊治謂之勒魚非也)　鰈魚謂之廣魚(其小者曰加佐味)　鮆魚謂之葦魚(爾雅所云　鱴刀也　一名魛魚　一名鮤魚　一名鱭魚　一名鱴魚)　鱁魚謂之洪魚(李時珍云　狀如荷葉　一名鯆魮魚　一名

蕃踏魚) 鰻鯉謂之長魚(形類蛇) 若此之類 不可勝數 ○東語鯉魚曰鯉占魚(占音烏陵切응-) 鮒魚曰鮒占魚(鯽魚也) 鱸魚曰鱸占魚(海鱸與江鱸不同) 鯊魚曰鯊占魚(海鯊加占字) 秀占魚拜占魚(卽魦條) 莫不然者 於是鱸曰農魚 鯊曰霜魚 訛誤轉甚矣(方言魚名必加治字 訥治・俊治・葛治・辣治・莽治・蔑治・甘乙治・杭塞治・於虞治之類)

海鯽

海鯽者 俗所謂道味也 福建人謂之鮫鱯 如此美魚 不知其名 不能用之於詩句者 不可悉數

鱸

鱸者 江魚之小者也 申(綽)承旨云 今之所謂啹億貞伊(껑정이) 巨口細鱗(赤壁賦) 色黑如鱖 其大如鮒 非海鱸之族也(本朴景儒之言) 按盧者黑也 色黑尤其驗也 ○李時珍云 黑色曰盧 此魚白質黑章故名 淞人名四鰓魚 又云鱸出吳中 淞江尤盛 四五月方出 長僅數寸 狀微似鱖 而色白有黑點 巨口細鱗 有四鰓 楊誠齋詩 頗盡其狀云(鱸出鱸鄕蘆葉前 垂虹亭下不論錢 買來玉尺如何短 鑄出銀梭直是圓 白質黑章三四點 細鱗巨口一雙鮮 春風已有眞風味 想得秋風更逈然) 南郡記云 吳人獻淞江鱸鱠於隋煬帝 帝曰 金韲玉鱠 東南之佳味也 ○按元人王惲詩 尤是鱸魚之畫像 其爲啹億貞伊無疑也(元王惲詩 鱸魚昔人貴 我行次吳江 秋風時已過 滿意蒪鱸香 初非爲口腹 物異可關嘗 口哆頰重出 鱗纖雪爭光 背華點玭斑 或圓或斜方 一脊無亂骨 食免刺鯁防 肉膩勝海蒯 味佳掩河魴 燈前不放箸 愈啖味愈長) 江魚海魚 名或相通 鯊者吹沙之魚也(俗稱모리무지) 海之鮫魚 亦稱鯊魚(皮上有沙 可飾刀鞘) 非族而同名者 亦固有之 但東人所謂農魚之爲鱸魚 絶無古據

蟶

蟶者 蚌屬 俗謂之嘉里蛤(가리맛) 萬曆壬辰 天將家丁見市有蟶 入告之 天將要喫 吾人不知蟶爲何物 告非土産 天將大怒 徐得伸理(見儸說) 按本草云 閩越人以田種之 謂之蟶田

蜒

蜒者 蟲名 有蚰蜒蝘蜒(又蜿蜒長貌) 蜑者蠻屬 有獷蜑・洞蜑(又有天門蜑諸

種) 蜒則音延 蜑則音但(蕩旱切) 二字不同 唯蠻蜑時作蠻蜒・蠻風 蜒雨時見古詩 俗儒謂蜒者蜑屬 凡南海上詩句 輒用蜒風・蜒雨(讀作延)認之 爲石燕之雨 江豚之風 誤矣

蒲鴿

蒲鴿者 美瓜之名 杜詩云 傾筐蒲鴿靑 卽是也 今人或認爲鵓鴿之色靑者 用之如白鴿紫鴿 誤

水豹

水豹者 海狗也 皮曰水豹 腎曰海狗 非二物也 本草云膃肭 一名骨貂 其臍曰海狗腎 其毛短密淡靑 白毛之上 有深靑黑點 其皮厚靭如牛皮 邊將取之以飾鞍韉 東人名之曰海豹 故唐書新羅傳云 開元中 獻魚牙紬・海豹皮(三國史亦載是事) 顧況送從兄使新羅詩云 水豹橫吹浪 皆此物也 乃俗言又名爲水牛(有水牛皮挂囊 水牛皮鞋子) 斯則非矣

貊・濊

貊者 東北夷之總名也 周禮職方氏 七閩九貊之注 東北曰貊 朝鮮在正東 非貊地也 濊者地名 或是水名(字從水) 故其君自稱濊王(夷貊之君 不得稱夷王貊王) 貊有九種 總在東北(今興京幅員) 濊貊其一也 後世亦有梁貊・小水貊・句麗貊之別(如畎夷・于夷・赤狄・白狄) 東人忽以濊貊分之爲二 又以江陵爲濊 春川爲貊 豈不謬哉 濊人東徙江陵(北夫餘王解夫婁 移居迦葉原) 貊人南據春川(漢末樂浪國據春川 本貊人) 豈必二邑遂成濊貊乎 貊五穀不生 春川豈然乎 貊木皮厚三寸 春川豈然乎 引不干之族 冒無當之名 莫之知脫惑矣

花郞

花郞者 新羅貴游之名也 今以巫夫倡優之賤 謂之花郞 非矣 唐令狐澄新羅國記云 擇貴人子弟之美者 傅粉糚飾 名曰花郞 國人皆尊師之 東史云 花郞旣飾 徒衆雲集 相磨以道義 相悅以歌樂 游娛山中 無遠不至(金大問花郞世記云 忠佐賢臣 從此而出 良將勇卒 由是而生) 意者花郞服裝袨麗 而今之倡夫亦服裝袨麗 故冒是名與

水尺

水尺者 官妓之別名也 今官婢汲水者 猶稱巫玆伊 以文譯之 卽爲水尺(巫

者水也 玆者尺也) 非因汲水而得名也(妓之古名 移于婢) 吾東本無妓 有楊水尺者 本柳器匠遺種 其種落素無貫籍 好逐水草 遷徙無常 唯事畋獵 販鬻柳器(卽栲栳之屬) 高麗李義旼之子至榮 以楊水尺編于妓籍 徵貢不已 自玆以降 男生爲奴 女生爲妓 此吾東有妓之始也(元耶律楚材 久客西番 有贈妓之詩 妓皆長髥 卽西番亦有妓) 水尺之名 蓋本於此 今庖奴名曰刀尺·庖丁 必治柳器 皆古俗之流傳者

臧獲

臧獲者 奴婢也 東語訛傳爲莊穫 以作農墅之別名 對人問田業有無 必云莊穫在何處 誤矣 揚子方言曰 荊淮海岱之間 罵奴曰臧 罵婢曰獲 燕之北郊 男而壻婢 謂之臧(卽婢夫) 女而婦奴 謂之獲(卽奴妻) 然漢書司馬遷傳 臧獲之註 晉灼云 敗敵所被虜獲爲奴隷者 師古非之(應劭引方言) 又通俗文曰 古本無奴婢 卽犯事者或原之 臧者被臧罪 沒入爲官奴婢 逃亡獲得爲奴婢(案晉灼及通俗文 皆據秋官俘隷·罪隷之文) 有異說也 顧況哀閩詞云 囝生南方 閩吏得之 乃絶其陽 爲臧爲獲(朱翌猗覺寮雜記云 旣云絶陽 又云爲獲 是陰陽不分 男女不辨也)

乞士

乞士者 不剃之僧也 東語謂之居士 誤矣 王世貞宛委餘編 錄佛書譯言 比丘者乞士也 上乞法 下乞食也(乞士之妻曰優婆尼 方言謂之舍堂) 禮記曰 居士錦帶(注云道藝處士也) 胡昭稱胡居士(見魏志) 到洽稱到居士(見南史) 虞寄稱東山居士(見南史) 白居易稱香山居士 歐陽修稱六一居士 居士豈賤流之稱 我音入聲 華音無終聲 居乞得相混也

三澣

三澣者 三旬之別名 東人但知上澣·下澣 以望前爲上澣 望後爲下澣 誤矣 丹鉛錄云 俗以上澣·中澣·下澣爲三澣 蓋本唐制十日一休沐 而今猶襲之也(陸游詩云 故衣已敝月三澣 短髮雖殘日一梳) 星翁云 趙孟頫蘭亭圖跋云 七月中澣 則一月三澣明矣 今人或以上下弦 爲上下澣 非矣

賒

賒者 賈也 周禮司市之註云 無貨則賒賈而予之(謂不用錢而先取其物) 東人

以賒爲買 嘗見一詩集云 自取囊錢賒白酒 華人見之 必難解矣(俗儒不知賒字 方言稱外上) 古詩云 可憐白鼻騧 相爭入酒家 無錢但共飲 畫地作交賒 斯可知矣 杜甫詩云 鄰人有美酒 穉子也能賒(不錢而取酒 非穉子所能 故特云也能) 黃庭堅詩云 深念煩鄉里 忍窮禁貸賒

貰

貰者 賒也(說文云貸也) 沛公嘗從王媼武負貰酒 謂不錢而賒取之也 東語凡給錢借物 謂之出貰 雇馬曰貰馬 雇舁曰貰舁 皆非矣 白居易詩云 家醞飮已盡 村中無酒貰 非無酒也 無貰法也(凡賒之爲言 在彼爲貸 故貸罪 亦云寬貰)

杯珓

杯珓者 巫所以占吉凶也 朱子家禮 卜日用杯珓·擲盤是也(家禮作环珓 非也 字典無环字) 古用玉 今用蚌殼 或用竹根(或作筊) 一俯一仰 以爲吉兆 東人筮者 用古錢三枚 辨其俯仰以作卦 名曰杯珓 誤矣(杯珓只兩枚) 乃有所謂朝鮮通寶 誇爲箕子時古錢 不知箕子之時隷書未生 今此錢文 皆是楷隷 何也 我國初嘗一鑄錢 旋罷之 是其殘流者耳

題雅言覺非後

渼陰之籤

長安·洛陽

京邑之通稱長安·洛陽 錢牧齋最犯此忌 農巖雜識 嘗論其誤 未可專咎東人也 錢詩追詠弘光時事云 奸佞不隨京雒盡 尙留餘毒螫丹青 是以南京爲雒陽也 記昇平舊事云 長安九九消寒夜 罽褥丹衣疊幾層 是以北京爲長安也 至於碑誌亦然 尤覺不典

桂

因桂事而欲質一疑 今之所謂桂枝·桂皮之等 來自燕中者 果是眞桂乎 放翁詩曰 小山桂枝今所無 一生到處問樵夫 細思不獨人間有 月裏何曾有兩株 又曰 丹葩綠葉鬱團團 消得姮娥種廣寒 行盡天涯年八十 至今未遇一枝看 題曰 楚辭所謂桂 數見於唐人詩句及圖畫間 今不復見矣 使今之所謂桂者

果是眞品 則以放翁之老於江南 豈有八十年未遇之理 然則眞桂似已絶種 而藥材之桂 乃近似而冒其名者歟

稷

以稗篡稷 常所憤歎 今此辨破 節節符合 極可喜也 譯語類解 訓稗爲피 而東人訓蒙曰피稷 誤有大於此者乎 容齋隨筆載松漠紀聞云 靖康以後 帝胄宦族之陷於金者 驅迫役使極其困苦 而每人月支稗子五斗 令自舂爲米得一斗八升 用爲餱糧 蓋奴隷之食 而狗彘之畜也 其爲物之賤如此 而今乃登之簠簋 儼爲百穀之長 闇茸尊顯 賢聖逆曳 豈惟人也 物亦有之 釐革變通 在所不已

一畝

一畝者 長百步廣一步之名(折計爲方十步) 今之不計田之長短 以一耜所起謂之畝 亦誤

都目

世俗章箚 又以六臘大政謂之京察 蓋謬援皇明之制也 亦當卞破

補處

佛家以彌勒爲補處佛 蓋言其當來下生以代佛也 彌陀經云 其中多有一生補處 注補處謂次當作佛 據此則補處之輔 恐當作補

石泉之籤

又楸

核桃之殼厚 而味澁者爲加來 而加來之稱 與農器之鍬相似 仍取鍫音之木 而作楸也

楡

刺楡方言스믜나무 黃楡李圓嶠以爲느틔

牛胃

內則狼臅膏 鄭以爲狼臆中膏則臅 是臆也

牖

說文向北出牖也 明堂位鄭註云 嚮牖北出爲之備 詩釋文 向北向窓也 蓋古者南北皆有牖

乞士
韓翃詩 空林欲訪龐居士 司空圖詩 維摩居士・陶居士 則居士之稱 已生於中華 佛經每言大比丘 衆智度論 比丘名乞士 此皆緇徒通稱 唯比丘尼爲女僧 而未必是僧所云舍堂也

淵泉籤示

長安・洛陽
劉氏之替久無而至今 語中國者 必曰漢家曰漢人 文字相沿 自古有之 詩律假借 尤無所害 但金石簡策之文 則不可用耳 慶州古亦號徐菀 自新羅建都以後 遂爲京都之稱 今人只知漢陽爲徐菀 而不復識有慶州矣 嘗欲以徐菀二字入於詩句 而無古人吐辭爲法之力量 終不敢焉

太守・使君
古之郡守 必統諸縣 古之州牧 必領諸郡 我東之州府郡縣 初未嘗大小爲分 綾州反小於海南 安岳倍大於豐川 若以官銜之虛號 遽分尊卑之 則其名實之不相副也 愚故竊謂從衆循 則雖縣監亦可稱太守 必欲綜名覈實 一斷以古人之制 則府尹・牧使 亦不過爲邑宰而已

倅
宋人稱倅 皆通判也 通判之於知州 差有等級 而實不相懸截 與今之營下判官不同 然借用亦無不可

方伯
中國亦按察督撫 未嘗不可謂方伯 韓詩云 英英桂林伯 指桂管觀察使也 桂管爲嶺南節度使 所統五管之一 視我邦之嶺南・關西 固無以甚相過也 杜子美元次山舂陵行云 得結輩十數人 參錯爲邦伯 邦伯至十數人 其視古二伯八伯 則亦不啻多矣

인명·서명 해설

ㄱ

가씨담록(賈氏談錄) : 중국 송(宋)나라 때 장계(張洎)가 편찬한 책으로 1권이며, 원본은 없어졌고 영락대전(永樂大典)에 기록된 것만 있다.

가의(賈誼) : 중국 한(漢)나라 때 문장가로 「진정사소(陳政事疏)」, 「조굴원부(弔屈原賦)」 등의 유명한 글이 있고, 『신서(新書)』 10권과 명대에 편집한 『가장사집(賈長沙集)』이 있다.

강지(江贄) : 중국 송(宋)나라 숭안(崇安) 사람. 자는 숙규(叔圭). 『주역』을 배워 이름 났다. 유일(遺逸)로 세 차례나 초빙하였으나 나아가지 않았다. 소미선생(少微先生)이라는 사호(賜號)를 내렸다. 『통감절요(通鑑節要)』를 저술했다.

강태공(姜太公) : 태공망(太公望)을 속칭으로 일컫는 말. 성은 강(姜) 이름은 상(尙)으로 여상(呂尙)이라고도 한다. 중국 주(周)나라 초기의 정치가로 무왕(武王)을 도와 은(殷)나라를 쳐서 천하를 평정했다. 병서 『육도(六韜)』는 그의 저작이라고 전한다.

강표(江表) : 미상.

강희맹(姜希孟) : 세종 6~성종 14(1424~1438). 자는 경순(景醇), 호는 사숙재(私淑齋)·국오(菊塢)·운송거사(雲松居士)·만송강(萬松岡), 시호는 문량(文良), 본관은 진주로 강석덕(姜碩德)의 아들이다. 세종 29년(1447) 문과에 급제, 벼슬은 좌찬성에 이르렀다. 문장과 서화에 뛰어났으며, 저서로 『사숙재집』, 『촌담해이(村談解頤)』, 『금양잡록(衿陽雜錄)』이 있다.

개국방략(開國方略) : 중국 청나라 건륭 38년(1773) 임금의 명령으로 편찬한 책으로 청(淸)나라 개국 사적을 기록했다. 모두 32권이다.

개상(介象) : 중국 삼국 시대 오(吳)나라 회계(會稽) 사람. 자는 원칙(元則)이다. 오경과 백가의 말에 통달했다. 몸을 숨기고 변화시키기를 잘 했으며 개군(介君)이라고 일컬었다.

경국대전(經國大典) : 조선 세조 때 편찬을 시작하여 성종 때 완성 반포한 조선왕조의 기본 법전. 기본 통치규범을 수록하고 있다.

경수창(耿壽昌) : 중국 후한(後漢) 때 사람. 대사농중승(大司農中丞)이란 벼슬을 지내고 상평창(常平倉)의 제도를 만들었다.

계림유사(鷄林類事) : 중국 송(宋)나라 사람 손목(孫穆)이 고려 숙종 때 개성에 사신으로 왔다가 당시의 우리 나라 말 353개를 추려 기록하고 설명한 책. 고려 시대의 우리말 연구 및 한자음의 변천을 연구하는 데 중요한 자료이다.

고개지(顧愷之) : 중국 진(晉)나라 사람. 자는 장강(長康)으로 재기가 있었다. 벼슬은 산기상시(散騎常侍)를 지냈으며 세상에서는 삼절(三絶:才絶·畫絶·癡絶)이 있다고 전한다. 일찍이 호두장군(虎頭將軍)이 되었으므로 고호두(顧虎頭)라고 부른다. 문집이 있다.

고계(高啓) : 중국 명(明)나라 때 장주(長洲) 사람. 자는 계적(季迪), 호는 청구자(靑丘子). 학문이 넓었으며 시를 잘 지었다. 명나라 초기에 편수(編修)가 되어 『원사(元史)』를 정리했다. 벼슬은 호부시랑에 이르렀으며, 저서로 『부조집(凫藻集)』 등이 있다.

고려도경(高麗圖經) : 원명은 『선화봉사고려도경(宣和奉使高麗圖經)』. 고려 인종 원년(1123) 송(宋)나라 사신 서긍(徐兢)이 고려에 와서 보고 들은 사실을 그림과 글로 적어 놓은 책이다. 그림은 없어지고 글만 남아 있다. 40권 4책. 1124년에 저술.

고려사(高麗史) : 조선 초기 김종서(金宗瑞)·정인지(鄭麟趾) 등이 편찬한 고려 시대의 정사(正史)로 문종 1년(1451) 완성되었다. 세가(世家) 46권, 지(志) 39권, 연표 2권, 열전(列傳) 50권, 목록 2권 등 도합 139권 100책이다. 편년체 사서인 『고려사절요(高麗史節要)』 35권 35책도 있다.

고사기(高士奇) : 중국 청(淸)나라 때 전당(錢塘) 사람. 자는 담인(澹人), 호는 강촌(江村), 시호는 문각(文恪)이다. 10일 동안 삼시(三試)에 제일등으로 합격하고, 벼슬은 예부시랑에 이르렀다. 저서로 『좌전기사본말(左傳紀事本末)』 『춘추지명고략(春秋地名考略)』 『호종일록(扈從日錄)』 『강촌소하록(江村銷夏錄)』 등이 있다.

고염무(顧炎武) : 중국 청(淸)나라 때 학자. 자는 영인(寧人), 호는 정림(亭林)이다. 육경(六經)과 고증학(考證學)을 정밀히 연구했으며, 『일지록(日知錄)』을 비롯하여 많은 저서가 있다.

고장강(顧長康) → 고개지(顧愷之)

고정림(顧亭林) → 고염무(顧炎武)

고황(顧況) : 중국 당(唐)나라 소주(蘇州) 사람. 자는 포옹(逋翁)으로 진사에 급제, 시가와 서화에 뛰어났다. 저작랑을 지냈으며 우스갯소리를 잘했다. 스스로 호를 화양진일(華陽眞逸)이라 하고 은거했으며, 저서로 『화평(畫評)』 『화양집』이 있다.

공도보(孔道輔) : 중국 송(宋)나라 때 사람으로 초명은 연로(延魯), 자는 원로(原魯), 벼슬은 좌정언(左正言)·운주지현(鄆州知縣) 등을 역임했다.

공부(孔鮒) : 중국 진(秦)나라 때 사람. 자는 자어(子魚)·자갑(字甲). 경사(經史)에 널리 통달했다. 진시황이 천하를 합병하고 불러서 노국문통군(魯國文通君)을 삼았다가 소부(少傅)로 옮겼다. 이사(李斯)가 처음으로 분서(焚書)를 논의하자 이를 듣고 그 집에 있던 『논어』 『상서』 『효경』 등의 서적을 옛집 벽 속에 갈무리하고 숭산(嵩山)에 은거했다. 『공총자(孔叢子)』를 저술했다 한다.

공손추(公孫丑) : 중국 전국(戰國) 시대 제(齊)나라 사람으로 공손은 성이고 이름이 추이다. 맹자(孟子)의 제자이다.

공안국(孔安國) : 중국 한(漢)나라 때 학자로 곡부(曲阜) 사람. 자는 자국(子國). 공자의 12세손. 한 무제 때 간의대부와 임회(臨淮) 태수를 지냈다. 공자의 옛집 벽에서 나온 고문(古文) 『상서(尙書)』 및 『논어』 『효경』 등을 금문(今文)으로 읽었다. 『서전(書傳)』 『고문효경전(古文孝經傳)』 『논어훈해(論語訓解)』 등을 지었다.

공임지(孔琳之) : 중국 남조 송(宋) 사람. 자는 언림(彦琳). 음률에 밝았고 거문고를 잘 탔으며 초서와 예서를 잘 썼다. 사부상서(祠部尙書)로 치사(致仕)했다.

공총자(孔叢子) : 공부(孔鮒)가 편찬한

책으로 3권이다. 공자 이하 자상(子上)·자고(子高)·자순(子順)의 언행을 모은 것이다.

곽박(郭璞) : 중국 진(晉)나라 문희(聞喜) 사람. 자는 경순(景純)이다. 박학고재(博學高才)로 사부(辭賦)에 능했다. 『이아(爾雅)』『산해경(山海經)』『초사(楚辭)』 등에 주석을 냈으며, 『동림(洞林)』『신림(新林)』『복운(卜韻)』 등의 저서가 있다.

곽상정(郭祥正) : 중국 송(宋)나라 당도(當塗) 사람. 자는 공보(功父). 어머니가 이백(李白)을 꿈꾸고 낳았다. 젊어서 시를 잘 짓는다는 명성이 있었고 매요신(梅堯臣)이 한번 보고 감탄하기를 "참으로 이태백의 후신(後身)이다" 했다. 진사에 급제하여 단주(端州)를 맡아 다스리다가 벼슬을 버리고 은거했다. 저서로 『청산집(靑山集)』이 있다.

관숙(管叔) : 중국 주(周)나라 때 문왕(文王)의 셋째아들로 반란을 일으켰다가 주공(周公)에게 평정되어 죽었다.

관용봉(關龍逢) : 중국 고대 하(夏)나라 걸왕(桀王) 때 사람. 걸왕이 밤새도록 술만 마시자 『황도(黃圖)』를 인용하여 충고하며 서서 물러나지 않았다. 걸은 또 요언(妖言)을 한다고 하며 『황도』를 불태우고 용봉을 죽였다.

관자(管子) : 중국 춘추(春秋) 시대 제(齊)나라의 재상 관중(管仲)이 지었다는 책으로 24권이다. 국가 정치 전반에 걸친 경륜의 큰 강령을 세워 놓았다.

관중(管仲) : 중국 춘추 시대 제(齊)나라의 정치가 겸 법가(法家)로, 이름은 이오(夷吾). 친구 포숙아(鮑叔牙)의 권고로 환공을 섬겨 그로 하여금 패자(霸者)가 되게 했다. 관포지교(管鮑之交)로 유명하다. 관자(管子)로 높여 부르기도 하는데 저술로 『관자(管子)』가 있다.

광아(廣雅) : 중국 삼국 시대 위(衛)나라 장읍(張揖)이 편찬한 한자 자전. 10권이다.

광지(廣志) : 미상.

구당서(舊唐書)→당서(唐書)

구람(仇覽) : 중국 후한(後漢) 때 고성(考城) 사람. 일명은 향(香), 자는 계지(季智)로 포(蒲)의 정장(亭長)이 되어 덕으로 교화하기에 힘썼다.

구순(寇恂) : 중국 후한(後漢) 창평(昌平) 사람. 자는 자익(子翼), 시호는 위(威)이다. 광무를 도와 하내태수(河內太守)가 되고, 다시 영천태수(潁川太守)가 되어 도적을 평정하고 옹노후(雍奴侯)에 봉해졌다. 여남태수(汝南太守)도 역임했다. 장자(長者)로 불렸다.

구양수(歐陽脩) : 중국 송(宋)나라 때 문인·관리. 호는 취옹(醉翁)·육일거사(六一居士)이며 시호는 문충(文忠). 당송팔대가의 한 사람인데 이릉현령(夷陵縣令)을 지낸 적이 있다. 왕안석(王安石)의 개혁에 반대하여 벼슬을 버렸다. 저서로 『구양문충공집(歐陽文忠公集)』『오대사기(五代史記)』가 있다.

구종석(寇宗奭) : 중국 송나라 인종 때 약물학자로 원래는 풍주현(澧州縣)의 관리였다. 1116년에 『본초연의(本草衍義)』를 간행했는데 모두 20권이다. 일상적으로 쓰는 약물 460종을 수록했다.

구책전(龜策傳) : 『사기(史記)』 열전(列傳)의 하나.

구천(句踐) : 중국 춘추(春秋) 시대 월(越)나라 왕. 아버지 윤상(允常)이 오왕(吳王) 합려(闔廬)에게 패배하자 구천이 마침내 그 치욕을 갚았다. 합려의 아들 부차(夫

差)가 회계에서 구천을 핍박하자 구천은 미녀와 보배를 범려(范蠡)를 시켜 오나라에 바치고 나서 국력을 길러 오나라를 멸망시켰다.

국사보(國史補)→당국사보(唐國史補)

국어(國語) : 『춘추좌씨전』에 누락된 춘추 시대의 역사를 적은 책. 좌구명(左丘明)이 지었다 함. 『춘추외전(春秋外傳)』이라고도 한다. 21권.

권중달(權仲達) : 본관은 안동, 목은(牧隱) 이색(李穡)의 장인으로 화원군(花原君)에 봉해졌다.

균역사목(均役事目) : 영조 28년(1752) 홍계희(洪啓禧) 등이 균역법의 시행 규정을 실어놓은 책. 영조 26년(1750) 6월에 균역청이 설치되어 양역절목(良役節目)이 작성되고 이것을 반포하기 위해 보충 편찬한 것이 『균역사목』이다. 이 사목에다 영조 30년(1754)에 그때까지 추가되거나 개정된 것을 보태고 잡령(雜令) 제11을 더해 『균역청사목』이란 이름으로 간행되었다.

급총주서(汲冢周書) : 중국 진(晋)나라 무제 5년(279) 급군(汲郡) 사람 부준(不準)이 위양왕(魏襄王:安釐王)의 고총(古冢)을 발굴, 그 속에서 죽간(竹簡)에 씌어진 소전(小篆) 고서(古書) 10여만언을 얻었다. 이를 『급총주서』라 한다.

기자(箕子) : 전설상의 기자조선(箕子朝鮮)의 시조. 이름은 서여(胥餘) · 수유(須臾)이다. 중국 은(殷)나라의 현인으로 주(周) 무왕(武王)이 은나라를 빼앗자 기원전 1122년 동쪽으로 도망, 조선에 들어와 기자조선을 건국하고 8조금법(八條禁法)을 가르쳤다고 하는 전설이 있다.

기준(奇遵) : 성종 23~중종 16(1492~1521). 자는 경중(敬仲), 호는 복재(服齋) · 덕양(德陽), 시호는 문민(文愍), 본관은 행주, 기찬(奇禶)의 아들, 조광조(趙光祖)의 문인이다. 중종 9년(1514) 문과에 급제, 예문관 응교를 지냈다. 기묘사화로 유배되었다가 교살되었다.

기효신서(紀效新書) : 중국 명(明)나라 때 척계광(戚繼光)이 지은 병서(兵書)로 왜구를 방어하는 데 유용한 책이다.

김구(金坵) : 희종 7~충렬왕 4(1211~1278). 초명은 백일(百鎰), 자는 차산(次山), 호는 지포(止浦), 시호는 문정(文貞), 본관은 부령이다. 고종 때 문과에 급제, 벼슬은 참문학사 · 판판도사사(參文學士判版圖司事)에 이르렀고 통문관(通文館)의 설치를 건의 설치되었다.

김대문(金大問) : 신라 때 학자. 성덕왕 3년(704)에 한산주(漢山州) 도독을 지냈다. 당대 제일가는 저술가 · 문장가로 그의 많은 저서는 후일 『삼국사기』편찬에 귀중한 사료가 되었다고 하나 지금 전하지 않는다. 저술로는 『화랑세기(花郎世紀)』 『고승전(高僧傳)』 『계림잡전(鷄林雜傳)』 『한산기(漢山記)』 등이 있다.

김매순(金邁淳) : 영조 52~헌종 6(1776~1840). 자는 덕수(德叟), 호는 대산(臺山), 본관은 안동(安東). 정조 19년(1795) 정시문과에 급제, 예조참판을 지냈다. 문장은 여한십대가(麗韓十大家)의 한 사람으로 호론(湖論)에 속했다. 시호는 문청(文淸)이며 저서로 『열양세시기(洌陽歲時記)』 『대산집』이 있다.

김시습(金時習) : 세종 17~성종 24(1435~1493). 자는 열경(悅卿), 호는 매월당(梅月堂) · 동봉(東峰) · 청한자(淸寒子) · 벽산(碧山) · 췌세옹(贅世翁), 시호는 청간(淸簡), 본관은 강릉이다. 3세에 이미 시를 지

었고 5세에 『중용』 『대학』에 통하여 신동으로 이름났다. 세조 1년(1455) 삼각산 중흥사에서 공부하다가 수양대군이 왕위에 올랐다는 소식을 듣고 중이 되어 이름을 설잠(雪岑)이라 했다. 1481년 47세에 환속하고, 생육신의 한 사람으로 저술로는 『금오신화(金鰲新話)』 『매월당집』 『십현담요해(十玄談要解)』가 있다.

김안국(金安國) : 성종 9~중종 38(1478~1543). 자는 국경(國卿), 호는 모재(慕齋), 시호는 문경(文敬), 본관은 의성, 김정국(金正國)의 형, 김굉필의 문인이다. 연산군 9년(1503) 문과에 급제, 벼슬은 대제학과 판중추부사를 지냈다. 농서와 양잠서를 언해하고 『벽온방(辟瘟方)』 『창진방(瘡疹方)』 등을 간행했다.

김이상(金履祥) : 중국 원(元)나라 때 난계(蘭谿) 사람. 자는 길보(吉甫), 시호는 문안(文安). 젊어서 경세의 뜻이 있었으나 장년에 이르러서 염락(濂洛)의 학문을 연구하고 한 시대의 이름난 학자가 되었다. 저서로 『대학소의(大學疏義)』 『상서표주(尙書表註)』 『논어집주고증』 『인산문집(仁山文集)』 등이 있다.

김인산(金仁山)→김이상(金履祥)

김창협(金昌協) : 효종 2~숙종 34(1651~1708). 자는 중화(仲和), 호는 농암(農巖) · 삼주(三洲), 시호는 문간(文簡), 본관은 안동으로 김수항(金壽恒)의 아들이다. 숙종 8년(1682) 문과에 장원, 벼슬은 청풍부사로 있다가 기사환국 때 아버지가 진도 배소에서 사사되자 영평(永平)에 은거하고, 대제학과 판서에 임명되었으나 사퇴했다. 유학의 대가로 문장에 능했고 글씨도 잘 썼다. 저서로 『농암집』과 『농암잡지』 등 여러 가지가 있다.

ㄴ

낙양화목기(洛陽花木記) : 미상.

남군기(南郡記) : 미상.

남사(南史) : 중국 남조(南朝) 송(宋) · 제(齊) · 양(梁) · 진(陳) 네 나라의 170년 동안의 사실을 적은 역사책으로 25사의 하나이다. 당(唐)나라 때 이연수(李延壽)가 지었다. 본기(本紀) 10권, 열전(列傳) 70권, 도합 80권이다.

남제서(南齊書) : 중국 25사(史)의 하나. 중국 양(梁)나라 학자 소자현(蕭子顯)이 남제의 역사를 편찬 저술했다. 모두 59권이다.

노온서(路溫舒) : 중국 한(漢)나라 거록(鉅鹿) 사람. 자는 장군(長君). 율령을 배워 옥사(獄史)가 되었다. 나중에 임회태수(臨淮太守)에 이르고 특이한 치적이 있었다.

노자(老子) : 중국 춘추 시대의 철학자. 도가(道家)의 시조로 성은 이(李), 이름은 이(耳), 자는 백양(伯陽), 초(楚)나라 사람. 『노자도덕경(老子道德經)』이 전해진다.

노학암필기(老學庵筆記) : 중국 송(宋)나라 사람 육유(陸游)가 특이한 견문을 만년에 편찬 기록하고 옛 전적을 가지고 고증한 책으로 모두 12권이다.

논어(論語) : 사서(四書)의 하나로 공자(孔子)의 언행이나 제자 · 제후 등과의 문답, 제자끼리의 문답 등을 기술한 것으로 공자 제자들에 의해 편찬된 것으로 추정된다. 7권 20편으로 되어 있다. 다산 정약용의 논어 주석서인 『논어고금주(論語古今注)』는 40권 13책이다.

논형(論衡) : 중국 동한(東漢) 때 왕충(王充)이 편찬한 책으로 30권이다. 원본(原本)은 85편인데 1편이 전하지 않는다. 왕충이 당시 세속을 분개하고 미워하여 이 책을 지었다.

농암잡지(農巖雜識) : 농암 김창협(金昌協)의 저술로 4권이다. 『농암집』에 편입되어 있다.

ㄷ

다경(茶經) : 중국 당(唐)나라 육우(陸羽)가 지은 책으로 차(茶)에 관해 10류(類)로 나누어 서술했고 3권이다.

단연록(丹鉛錄) : 모두 여록(餘錄)·속록(續錄)·적록(摘錄)·총록(總錄) 등 4종이 있으며 69권이다. 명나라 때 양신(楊愼)이 편찬했다. 총록은 그 문인 양좌(梁佐)가 편집했다.

담자(譚子) : 원 이름은 『담자화서(譚子化書)』로 중국 남당(南唐) 담초(譚峭)가 편찬 저술한 책. 모두 6편인데 ① 도화(道化), ② 술화(術化), ③ 덕화(德化), ④ 인화(仁化), ⑤ 식화(食化), ⑥ 검화(儉化)이다. 큰 뜻은 황로학에서 많이 나왔으며 유가의 말과 부합한다.

당가회(唐嘉會) : 미상.

당국사보(唐國史補) : 중국 당(唐)나라 때 사람 이조(李肇)가 개원(開元)과 장경(長慶) 때의 잡사(雜事)를 편찬 기록한 책으로 3권이다.

당서(唐書) : 중국 25사의 하나로 『신당서(新唐書)』·『구당서(舊唐書)』가 있다. 『구당서』는 오대 석진(石晉) 때 관찬으로 유구(劉昫) 등이 편찬했으며 모두 200권이다. 『신당서』는 송(宋)나라 구양수(歐陽脩)·송기(宋祁) 등이 편찬했으며 모두 225권이다.

당육전(唐六典) : 중국 당(唐)나라 현종(玄宗)이 편찬하고 이임보(李林甫)가 주석했다. 모두 30권이다. 3사(師)·3공(公)·3성(省)·9시(寺)·5감(監)·12위(衛)로 관아를 나누어 그 직책과 품계를 벌려 적어놓았다.

대개지(戴凱之) : 중국 진(晉)나라 무창(武昌) 사람. 자는 경예(慶預)로 『죽보(竹譜)』를 저술했다.

대동(臺佟) : 중국 후한(後漢) 업(鄴) 사람. 자는 효위(孝威)로 무안산(武安山)에 은거해서 굴을 뚫고 살았다. 약을 캐며 살았는데, 고을 벼슬로 불렀으나 나가지 않고 숨어버렸다.

대명률(大明律) : 중국 명(明)나라 태조 때 형부상서 유유겸(劉惟謙)이 왕명을 받들어 『당률(唐律)』을 참고하여 편찬한 법전으로 30권이다. 조선 태조 때 고사경(高士褧) 등이 이두(吏讀)로 번역한 『대명률직해(大明律直解)』가 있다.

대명일통지(大明一統志) : 보통 '일통지'라고 한다. 90권으로 명(明)나라 이현(李賢) 등이 왕명으로 편찬했으며, 지리(地理)·건치연혁(建置沿革)·풍토(風土)·인물(人物)을 자세히 기술했다.

대야장로(大冶長老) : 중국 송(宋)나라 사람으로 소식(蘇軾)이 「걸도화차재(乞桃花茶栽)」시를 지어 보냈다.

대학(大學) : 사서의 하나. 유교의 명명덕(明明德)·친민(親民)·지선(至善)의 3강령과 격물(格物)·치지(致知)·성의(誠意) 정심(正心)·수신(修身)·제가(齊家)·치국(治國)·평천하(平天下)의 8조목을 기록 설명했다. 증자(曾子) 또는 자사(子思)가 지었다 한다. 원래 『예기』의 한 편이었던 것을 주자가 따로 독립시켜 장구(章句)를 짓고 해설을 붙였다.

도계직(陶季直) : 중국 남제(南齊) 말릉

(秣陵) 사람. 학문을 좋아하고 영리에 담담하여 나라에서 벼슬로 불러도 나아가지 않아 그 때 사람들이 빙군(聘君)이라 불렀다. 뒤에 북해(北海)·건안(建安)의 태수를 지냈는데, 정치가 맑고 조용했다. 저서로『경도기(京都記)』가 있다.

도곡(陶穀) : 중국 송(宋)나라 때 신평(新平) 사람. 자는 수실(秀實)로 송나라에 들어와서 예부·형부·호부의 상서를 지냈다. 학문을 즐겨 경사(經史)에 널리 통했다.

도연명(陶淵明)→도잠(陶潛)

도잠(陶潛) : 중국 진(晉)나라 때 시인으로 자는 연명(淵明), 호는 오류선생(五柳先生)으로 팽택령(彭澤令)이 되었으나 80여일 뒤에 「귀거래사(歸去來辭)」를 남기고 고향으로 돌아갔다. 자연의 아름다움을 노래한 시가 많으며, 중국 서경시를 발달시켰다. 저서로『도팽택집』이 있다.

도척(盜跖) : 중국 춘추 시대의 큰 도둑의 이름. 현인 유하혜(柳下惠)의 아우였다. 무리 수천 명을 이끌고 천하를 횡행하며 포악한 짓을 해서 몹시 악한 사람을 비유하는 말로 쓰인다. '도척(盜蹠)'으로도 쓴다.

도흡(到洽) : 중국 양(梁)나라 사람. 자는 무송(茂松). 재주와 학문이 뛰어났다. 시대가 어지러워 깊숙한 곳에 집을 짓고 살아 사람들이 거사(居士)라 불렀다. 뒤에 어사중승(御史中丞)과 심양태수(尋陽太守)를 지냈다.

동방삭(東方朔) : 중국 한(漢)나라 때 염차(厭次) 사람. 자는 만천(曼倩)으로 해학과 골계를 잘했다. 무제(武帝) 때 태중대부급사중(太中大夫給事中)을 지냈고「논설객난(論說客難)」등의 글이 있다. 삼천 갑자를 살았다는 전설이 있다. 우리 나라 속담에는 육십갑자(六十甲子) 동방삭이란 말도 있다.

동월(董越) : 중국 명나라 영도(寧都) 사람으로 성종 19년(1488) 3월 우리나라에 사신으로 왔었다. 저서로는『규봉문집(圭峯文集)』『사동일록(使東日錄)』등이 있는데, 그의「조선부(朝鮮賦)」는 많이 읽혀졌다.

동의보감(東醫寶鑑) : 광해군 5년(1613) 허준(許浚) 등이 편찬 저술한 우리 나라 한의학 백과전서로 모두 25권 25책이다. 같이 편찬한 사람은 정작(鄭碏)·양예수(楊禮壽)·김응탁(金應鐸)·이명원(李命源)·정예남(鄭禮男) 등이다.

동중서(董仲舒) : 중국 전한(前漢) 때 광천(廣川) 사람. 저서로는『춘추번로(春秋繁露)』가 있고, 벼슬은 박사(博士)에 이르렀다. 동중서의 노력으로 유학(儒學)이 학문적인 기반을 잡았다.

두보(杜甫) : 중국 당(唐)나라 때 유명한 시인. 자는 자미(子美)로 두릉(杜陵)에 살면서 두릉포의(杜陵布衣)라 자칭했고 또 소릉야로(少陵野老)라고도 했다. 벼슬은 검교공부원외랑(檢校工部員外郞)을 지냈다. 시집으로『두공부집(杜工部集)』이 있다. 이백(李白)을 시선(詩仙)이라 일컫고 두보를 시성(詩聖)이라 일컫는다.

두우(杜佑) : 중국 당(唐)나라 만년(萬年) 사람. 자는 군경(君卿), 시호는 안간(安簡), 벼슬은 태보(太保)에 이르고 기국공(岐國公)이 되었다. 저서로는『통전(通典)』이 있다.

ㅁ

마부대(馬富大) : 중국 청(淸)나라 장수로 1636년 병자호란 때 용골대(龍骨大)와 함께 우리나라를 침략했다.

마융(馬融) : 중국 후한(後漢) 때의 학자. 자는 계장(季長). 삼경과 삼례를 비롯한 많은 책에 주석을 냈다.

매색(梅賾) : 중국 진(晉)나라 서평인(西平人)으로 한(漢)나라 공안국(孔安國)에 이어 『고문상서(古文尙書)』를 전했다.

매씨여오(梅氏旅獒) : 매색(梅賾)의 『고문상서(古文尙書)』를 말함.

매요신(梅堯臣) : 중국 송(宋)나라 때 사람. 자는 성유(聖兪)로 시를 잘 지었다. 진사에 오르고 도관원외랑(都官員外郎)을 지냈다. 저서로 『모시소전(毛詩小傳)』『완릉집(宛陵集)』등이 있다.

맹분(孟賁) : 중국 전국 시대 때 용사(勇士)로 산 소의 뿔을 뽑은 장사.

맹자(孟子) : 사서의 하나로 맹자의 제자가 맹자의 언행을 기록했다. 맹자가 각국을 유력(遊歷)하면서 왕도(王道)를 펴려 하였으나 뜻을 이루지 못하고 돌아와 제자들과 학문을 강론하면서 이전 유력할 때 제후 및 제자와의 문답을 기록했다. ① 양혜왕 ② 공손추 ③ 등문공 ④ 이루 ⑤ 만장 ⑥고자 ⑦ 진심의 7편 260장으로 구성되어 있다. 14권 7책이다.

모시(毛詩) : 중국 한(漢)나라 때 사람 모형(毛亨)·모장(毛萇)이 『시경(詩經)』의 시를 전하였다는 뜻으로 쓰는 말로 『시전(詩傳)』의 별칭이기도 하다.

모자(牟子) : 『모자이혹(牟子理惑)』의 약칭으로 2권이다. 중국 후한(後漢) 때 태위 모융(牟融)이 지었다.

모형(毛亨) : 중국 한(漢)나라 노(魯) 사람. 『시경(詩經)』을 주석하여 모장(毛萇)에게 전했는데, 당시 사람들은 '모형'을 대모(大毛)라 하고 '모장'을 소모(小毛)라 일렀다.

목은집(牧隱集) : 목은 이색(李穡)의 유고집으로 55권 25책. 시고(詩稿) 35권, 문고(文稿) 20권이다.

문선육신주(文選六臣注) : 『문선(文選)』에 대한 6사람의 주석서로 여연조(呂延祚)가 여연제(呂延濟)·유량(劉良)·장선(張銑)·여향(呂向)·이주한(李周翰) 등의 주를 모아 『오신주(五臣注)』라 했고, 여기에 남송 이후에 나온 이선주(李善注)를 합쳐 '육신주'라 한다.

문선주(文選注)→문선육신주(文選六臣注)

미암일기(眉巖日記) : 미암 유희춘(柳希春)의 일기로 1567년 10월 1일부터 1577년 5월 13일까지 기록되었다. 선조 초기의 사회·경제·풍속 등을 기록하고 있다. 11책이다.

ㅂ

박경유(朴景儒) : 다산의 고향 집인 '여유당' 이웃에 살았던 선비로 다산이 만년에 같이 시를 읊으며 지냈다.

박아(博雅)→광아(廣雅)

박제가(朴齊家) : 영조 26~순조 5(1750~1805). 실학자로 자는 차수(次修)·재선(在先)·수기(修其), 호는 초정(楚亭)·정유(貞蕤)·위항도인(葦杭道人), 본관은 밀양, 실학의 대가로 승지 평(玶)의 서자이며 19세 때 박지원의 문하에서 실학을 연구 이덕무·유득공·이서구 등 실학자들과 교유했다. 벼슬은 1795년 영평현감을 지냈다. 저서로 『북학의(北學議)』등이 있다.

박지원(朴趾源) : 영조 13~순조 5(1737~1805) 실학자. 자는 중미(仲美), 호는 연암(燕巖), 본관은 반남(潘南). 30세에 실학자 홍대용(洪大容)에게 지구의 자전설을 비롯한 서양의 신학문을 배웠다. 1780년 진하사 박명원(朴明源)을 따라 청나라에 가서 중국인들의 이용후생(利用厚生)하는 생활을 살펴본 기행문『열하일기(熱河日記)』는 명저이다. 벼슬은 양양부사(襄陽府使)에 이르렀다.

반악(潘岳) : 중국 진(晉)나라 영양(榮陽) 사람으로 자는 안인(安仁)이다. 문재(文才)가 뛰어나고 벼슬은 태부주부(太傅主簿)에 이르렀다. 풍채가 잘 생긴 것으로 유명하다.

백거이(白居易) : 중국 당(唐)나라 때 태원(太原) 사람으로 자는 낙천(樂天), 호는 취음선생(醉吟先生)·섭유옹(囁嚅翁), 시호는 문(文)이다. 벼슬은 형부상서(刑部尚書)를 지냈으며 만년에는 시주(詩酒)로 지내며 향산거사(香山居士)라 했다. 저서로 『백씨경집(白氏慶集)』『백씨육첩사유집(白氏六帖事類集)』등이 있다.

백기(白起) : 중국 전국(戰國) 시대 말기 진(秦)나라 미(郿) 사람. 용병(用兵)을 잘했다.

범성대(范成大) : 중국 송(宋)나라 오현(吳縣) 사람. 자는 치능(致能), 호는 석호거사(石湖居士), 시호는 문목(文穆), 숭국공(崇國公)이 됨. 벼슬은 참지정사(參知政事)에 이르렀으며, 저서로『석호집』『오선록(吳船錄)』등이 있다.

범저(范雎) : 중국 전국 시대 위(魏)나라 사람으로, 자는 숙(叔). 말을 잘해서 위(衛)나라에서 중대부(中大夫)를 지냈고, 진(秦)나라로 가서 재상을 지냈다. 범수(范睢)라고도 기록되어 있다.

범증(范增) : 중국 진(秦)나라 말기의 거소(居鄛) 사람. 기묘한 계책을 잘 냈다. 나이 70세에 항우를 도와 군사를 일으켜 패업을 이루었는데 항우가 아부(亞父)로 존대했다. 항우와 패공(沛公:劉邦)이 홍문(鴻門)에서 만날 때 범증이 항우에게 패공을 죽이라고 했으나 항우가 듣지 않고 오히려 한나라의 간첩으로 의심하여 권력을 박탈하자 분노하여 돌아가다가 팽성(彭城)에 이르러 등창이 나서 죽었다.

보각선사(寶覺禪師) : 중국 송나라 때의 중으로 소식(蘇軾)과 사귀었다.

본초(本草) :『본초경(本草經)』의 약칭으로 신농씨(神農氏)가 지었다고 전해오나 대체로 후한 때 저작된 것인 듯하다.『수서(隋書)』경적지(經籍志)에는 양(梁)나라에 8권이 있다고 했다.

본초강목(本草綱目) : 중국 명나라 때 이시진(李時珍)이 지은 본초학(本草學)에 대한 연구서로 총 52권. 1590년에 간행되었다. 흙·옥(玉)·돌·초목·금수·충어 등 1892종을 7항목에 걸쳐 해설하였다.

본초집해(本草集解) : 미상.

부견(苻堅) : 중국 5호 16국 때 전진(前秦)의 제3대 왕으로 재위는 357~385년. 자는 영고(永固)·문옥(文玉)이다. 5호 16국 가운데 가장 뛰어난 임금으로 고구려 소수림왕 2년(372) 중 순도(順道)를 보내 우리나라에 불경과 불상을 전해 처음으로 불교를 소개했다.

부융(苻融) : 중국 전진(前秦)의 왕 부견(苻堅)의 막내아우로 자는 박휴(博休). 양평공(陽平公)에 봉해졌다. 정남대장군이 되어 회남(淮南)에서 싸울 때 말이 거꾸러져 죽었다.

북사(北史) : 중국 당(唐)나라 때 이연수(李延壽)가 편찬 기록한 북조사(北朝史)로 위(魏)로부터 수(隋)나라까지 242년 동안의 역사. 모두 100권이다.

비간(比干) : 중국 고대 상(商)나라 때 사람. 주(紂)가 음란함을 그치지 않자 간쟁하고 3일 동안 가지 않으니 주가 성내면서 말하기를 "내가 듣건대 성인(聖人)은 심장이 칠규가 있다 하니 쪼개서 그 심장을 보겠다."고 했다.

비곤(費袞) : 중국 송(宋)나라 때 무석(無錫) 사람. 자는 보지(補之)이며, 저술로 『양계만지(梁溪漫志)』가 있다.

비아(埤雅) : 중국 송(宋)나라 사람 육전(陸佃)이 지은 책으로 20권이다. 『이아(爾雅)』를 증보한다는 뜻으로 사물을 물고기・새・짐승・벌레・말(馬)・나무・풀・천(天) 등의 8편으로 분류하여 해설했다.

ㅅ

사공도(司空圖) : 중국 당(唐)나라 우향(虞鄕) 사람. 자는 표성(表聖). 진사에 급제해 예부낭중(禮部郎中)을 지냈으나 난리를 피해 중조산(中條山) 왕관곡(王官谷)에 숨어 살며 휴휴정(休休亭)을 짓고 호를 내욕거사(耐辱居士)라 했다. 주전충(朱全忠)이 찬탈하고 나서 예부상서로 불렀으나 나가지 않았다. 애제(哀帝)가 시해되자 음식을 먹지 않고 자살했다. 저서로 『이십사시품(二十四詩品)』이 있다.

사공서(司空曙) : 중국 당(唐)나라 광평(廣平) 사람. 자는 문초(文初). 위고(韋皐)를 좇아 검남(劍南)에 갔으며 우부낭중(虞部郎中)으로 벼슬이 끝났다. 시에 능했으며 대력(大曆) 때의 재자(才子)이다.

사기(史記) : 중국 고대 황제(黃帝)로부터 한(漢)나라 무제(武帝)까지의 역대 왕조의 사적(史蹟)을 기전체(紀傳體)로 적은 역사책으로 한(漢)나라 사마천(司馬遷)이 지었다. 모두 130권으로 재래의 전설이나 기록 외에 널리 여행하여 사료(史料)를 수집하여 만들어 사서(史書)로서뿐만 아니라 문학적으로도 높이 평가되며, 중국 정사(正史) 기전체의 남상이라 일컫는다.

사마상여(司馬相如) : 중국 전한(前漢)의 문인. 자는 장경(長卿)으로 사천(四川) 출신. 『자허지부(子虛之賦)』를 지어 이름을 떨침. 그의 사부(辭賦)는 화려한 것으로 유명하며 후세에 많이 모방되었다.

사마의(司馬懿) : 중국 삼국 시대 위(魏)나라의 권신(權臣). 자는 중달(仲達). 처음 조조에게 있으면서 유비의 제갈양의 도전에 잘 대처하고, 그의 손자 염(炎)에 이르러 위를 이어 진(晉)나라를 세웠다.

사마천(司馬遷) : 중국 한(漢)나라 때 사람. 자는 자장(子長), 벼슬은 낭중(郎中)・태사령(太史令)을 지냈다. 『사기(史記)』를 저술했다.

사마표(司馬彪) : 중국 진(晉)나라 때 사람. 자는 소통(紹統)이다. 모든 책을 널리 보았으며 비서승(秘書丞)이 되어 『장자(莊子)』를 주석하고 『구주춘추(九州春秋)』『속한서(續漢書)』를 저작했다.

사물기원(事物紀原) : 중국 송(宋)나라 고승(高承)이 편찬했는데, 사물을 모두 고서(古書)에서 그 연기(緣起)를 찾아냈다. 55부로 나누었으며 모두 10권이다.

사소(史炤) : 중국 송(宋)나라 미산(眉山) 사람. 자는 자희(子熙). 소식(蘇軾) 형제가 스승으로 섬겼다. 옛일에 정통했고 문장에 뛰어났다. 일찍이 『통감석문(通鑑釋文)』 30권을 지었다.

사승(謝承) : 중국 삼국 시대 오(吳)나라 산음(山陰) 사람. 자는 위평(偉平). 널리 배우고 많이 들어 일찍이 견해를 세웠다. 누이가 손권(孫權)의 부인이 되었으나 일찍 죽어 오관중랑장을 이어받았고 무릉태수를 지냈다. 저술로 『후한서(後漢書)』 100여

인명・서명 해설   311

권이 있다.

사안(謝安) : 중국 동진(東晉) 때 정승. 자는 안석(安石), 시호는 문정(文靖)이다. 당시 북방에서 전진왕(前秦王) 부견(苻堅)이 남침하자 정토대도에 임명되었는데, 그의 조카 사현(謝玄)의 승전 보고를 받고도 태연히 바둑 두기를 끝내고 안으로 들어갈 때 기뻐하여 나막신의 굽이 떨어지는 것도 몰랐다고 한다.

사영운(謝靈運) : 중국 남송(南宋) 때 양하(陽夏) 사람으로, 어릴 때의 이름은 객아(客兒). 영가태수(永嘉太守)를 지냈고 강락공(康樂公)을 습봉했다. 서화에 능했으며 산수시(山水詩)의 길을 열어놓았다.

산가청공(山家淸供) : 미상.

산해경(山海經) : 산천・초목・조수(鳥獸) 등에 관한 이야기를 실은 책으로 중국 삼대 때 우(禹)임금이 지었다고 한다.

삼국사기(三國史記) : 김부식(金富軾)이 편찬 저술한 고구려・신라・백제 삼국의 정사로 총 50권이다.

삼국지(三國志) : 중국 진(晉)나라 때 진수(陳壽)가 편찬한 정사로 위(魏)・촉(蜀)・오(吳) 3국의 역사서이다. 위지(魏志) 30권, 촉지(蜀志) 15권, 오지(吳志) 20권으로 모두 65권이다. 위지에 실려 있는 동이전(東夷傳)은 우리 나라 고대사의 귀중한 사료이다.

삼국지연의(三國志演義) : 중국 명나라 초기의 역사소설로 120회본이다. 나관중(羅貫中)이 지었다고 한다.『수호지』『서유기』『금병매』와 더불어 중국 4대기서(四大奇書)의 하나이다.

삼창(三倉・三蒼) : 중국 한(漢)나라 초기의 자서(字書). 창힐편(蒼頡篇)・원력편(爰歷篇)・박학편(博學篇)을 한데 합쳐 '창

힐편'이라 일컬은 것의 통칭.

상군(商君)→상앙(商鞅)

상앙(商鞅) : 중국 전국 시대 위(衛)나라의 공자(公子)로 위앙(衛鞅) 또는 공손앙(公孫鞅)이라고도 하는데, 진 효공(秦孝公)을 도와 법령을 제정하였고, 정전(井田)을 폐지하고 부세(賦稅) 제도를 정비하였다. 법을 너무 가혹하게 적용하다가 미움을 받아 죽음을 당했으며,『상자(商子)』5권을 지었다. 법가(法家)의 대표적인 사람의 하나.

서개(徐鍇) : 중국 남당(南唐) 때 사람, 서현(徐鉉)의 아우. 자는 초금(楚金). 벼슬은 내사사인(內史舍人)을 지냈다. 저서로『설문계전(說文繫傳)』『설문해자운서(說文解字韻書)』가 있다.

서거정(徐居正) : 세종 2~성종 19(1420~1488). 자는 강중(剛中)・자원(子元), 호는 사가정(四佳亭)・정정정(亭亭亭), 본관은 달성. 1444년 식년문과에 급제, 1464년 조선 시대 최초로 양관 대제학(兩館大提學)이 되고『경국대전』과『동국통감』의 편찬에 참여했다. 시호는 문충(文忠)으로 대구의 귀암서원(龜巖書院)에 제향. 저서로는『사가정집』『역대연표(歷代年表)』등이 있다.

서검(徐儉) : 중국 진(陳)나라 사람. 부지런히 배우고 지조가 있었다. 심양내사(尋陽內史)를 지내면서 다스림이 엄격하고 밝았으며 어사중승이 되었다.

서경(書經) : 삼경의 하나로 중국 요순(堯舜) 시대로부터 주(周)나라 때까지의 정치(政治)에 관한 문서를 공자가 수집 편찬한 책이다. 송(宋)나라 때 채침(蔡沈)이 주해한 것을『서전(書傳)』이라고 하며 58편이다. 옛날 명칭은『상서(尙書)』이다.

서계총화(西溪叢話) : 중국 송(宋)나라

사람 요관(姚寬)의 저서로 3권이다. 전적(典籍)에서 다르고 같은 점을 많이 고증해 냈다.

서광(徐廣) : 중국 진(晉)나라 사람. 자는 야민(野民)으로 비서감(祕書監)을 지냈다. 저술로 『거복의주(車服儀注)』『진기(晉紀)』가 있다.

서긍(徐兢) : 중국 송(宋)나라 사람. 자는 명숙(明叔)으로 18세에 태학(太學)에 들어 갔다. 산수(山水)・신물(神物)을 잘 그렸고 전서(篆書)도 더욱 잘 썼으며 선화(宣和) 때 고려에 사신으로 왔다가 『고려도경(高麗圖經)』을 저술해 바쳤다. 벼슬은 대종승(大宗丞)에 이르렀다.

서전(書傳) : 『서경(書經)』에 주해를 달아 편찬한 책으로 중국 송(宋)나라 주자(朱子)가 그 제자 채침(蔡沈)을 시켜 편찬케 했다. 10책이다.

석가보(釋迦譜) : 중국 양(梁)나라 때 사람 승우(僧祐)가 편찬한 석가모니의 전기로, 이를 참고하여 조선 초기에 김수온(金守溫)이 『증수석가보(增修釋迦譜)』를 편찬했는데, 이 『증수석가보』를 우리말로 옮긴 것이 『석보상절(釋譜詳節)』이다. 이 『석보상절』은 세종 29년(1447) 간행했는데 모두 24권이다. 현존 동활자로 간행된 최고본(最古本)이다.

석명(釋名) : 모두 8권인데, 중국 한(漢)나라 때 사람 유희(劉熙)가 편찬했다. 『일아(逸雅)』로도 불린다. 사물과 제도의 명칭이 각기 달라 이를 천지(天地)・음양(陰陽)・사시(四時)・방국(邦國)・도비(都鄙)・거복(車服)・상기(喪紀) 등에 대해 해설했다.

선화봉사고려도경→고려도경(高麗圖經)

설문계전(說文繫傳) : 중국 남당(南唐) 때 서개(徐鍇)가 『설문해자』를 주석한 책으로 모두 40권이다.

설문해자(說文解字) : 중국 후한(後漢)의 허신(許愼)이 지은 자해서(字解書)로 모두 30권이다. 육서(六書)의 의의를 추구하여 놓았다.

설선(薛宣) : 중국 한(漢)나라 동해담(東海郯) 사람. 자는 공군(贛君)으로 진류태수(陳留太守)와 어사대부를 거쳐, 장우(張禹)를 대신하여 승상이 되고 고양후(高陽侯)에 봉해졌다. 아들의 죄로 서인이 되어 고향으로 돌아가 죽었다.

섭마등(攝摩騰) : 중국 후한 때 고승. 중천축(中天竺) 사람으로 또한 가섭마등(迦葉摩騰)이라고도 부른다.

성굉지(盛宏之) : 중국 남조 송(宋) 사람으로 임천왕시랑(臨川王侍郎)이 되어 『형주기(荊州記)』를 편찬했다.

성호사설(星湖僿說) : 조선 영조 때 실학자 성호(星湖) 이익(李瀷)이 평소에 학문과 사물의 이치를 파악한 것과 제자들의 질문에 답한 것을 모아 엮은 것으로, 천지문(天地門) 3권, 만물문(萬物門) 3권, 인사문(人事門) 11권, 경사문(經史門) 10권, 시문문(詩文門) 3권으로 모두 30권이다.

세설신어(世說新語) : 중국 송(宋)나라 때 사람 유의경(劉義慶)이 지었다. 후한부터 동진(東晉)에 이르기까지 귀족・학자・문인・승려 등의 덕행・언어・문학 등 일화(逸話)를 36부문으로 나누어 실었다. 시대 사조를 잘 나타냈으며 문장도 청신하다. 3권이다.

세시기(歲時記)→열양세시기(洌陽歲時記)

소공(召公) : 중국 주(周)나라 무왕 때 사

람. 성은 희(姬), 이름은 석(奭). 시호는 강(康). 성왕 때 삼공(三公)이 되어 섬서 서쪽을 주관해 서방을 다스렸다. 늘 고을을 순행했으며 감당나무 아래서 옥사(獄事)나 정사를 처리했다.『시경』의 감당시(甘棠詩)는 그를 칭송한 시이다.

소미도(蘇味道) : 중국 당(唐)나라 난성(欒城) 사람. 진사에 급제하여 이부시랑을 지내고 칙천무후 때 봉각사인 등을 지냈다. 세상에선 모릉수(摸稜手)라고도 불렸다. 뒤에 미주자사(眉州刺史)로 강등되어 나가서 죽었다.

소보(巢父) : 중국 고대의 은사. 나무 위에서 살았다고 하며, 요(堯) 임금이 그에게 나라를 맡기려 했으나 받지 않았다고 한다.

소송(蘇頌) : 중국 송(宋)나라 사람. 단양(丹陽)에 옮겨가 살았다. 자는 자용(子容). 진사에 급제하여 집현교리를 지냈는데 부필(富弼)이 '옛군자'라고 일컬었다. 벼슬은 태자소사(太子少師)로 치사(致仕)했으며, 저서로『신의상법요(新儀象法要)』가 있다.

소식(蘇軾) : 중국 북송(北宋)의 문인으로 아버지 순(洵), 아우 철(轍)과 함께 삼소(三蘇)라 불린다. 호는 동파(東坡)로 당송팔대가(唐宋八大家)의 한 사람으로 서화(書畫)에도 능했다. 고려에 서적을 금수(禁輸)해야 한다는 주장을 폈다. 저서로『적벽부(赤壁賦)』『동파전집(東坡全集)』이 있다.

소원명(蘇源明) : 중국 당(唐)나라 무공(武功) 사람. 초명은 예(預), 자는 약부(弱夫). 문장을 잘했으며 진사에 급제하고 벼슬은 국자사업(國子司業)에 올랐는데, 안녹산(安祿山)이 서울을 함락하자 병을 핑계대고 벼슬을 받지 않았다. 비서소감(秘書少監)에 이르렀다.

소진(蘇秦) : 중국 전국 시대 낙양(洛陽) 사람. 자는 계자(季子). 제(齊)나라 민왕(湣王) 때 재상인데 합종책(合縱策)으로 유명하다.

소철(蘇轍) : 중국 송(宋)나라 때 사람으로 소식(蘇軾)의 아우. 자는 자유(子由), 호는 영빈유로(潁濱遺老), 시호는 문정(文定)이다. 소식과 같이 진사과에 급제해 대중대부(大中大夫)로 치사(致仕)했다. 그 아버지 소순(蘇洵)과 형 소식과 함께 삼소(三蘇)로 불렸다. 저서로『시전(詩傳)』『춘추전』『논어습유(論語拾遺)』『맹자해(孟子解)』『고사(古史)』『노자해(老子解)』『용천지략(龍川志略)』『난성집(欒城集)』등이 있다.

소하(蕭何) : 중국 한(漢)나라 때 패(沛) 사람. 한 고조가 패의 정장(亭長)이 되자 소하는 항상 그를 돕다가 관중에 들어가자 여러 장수들이 모두 다투어 금백(金帛)을 취했으나 소하만은 홀로 진(秦)나라의 율령(律令)과 도서(圖書)를 거두었다. 이로써 한나라가 천하의 호구(戶口)와 관액(關阨)을 알 수 있었고, 또 한신(韓信)으로 대장을 삼게 했으며, 소하는 늘상 관중을 지키면서 군량을 조달하여 군사가 굶주림이 없었고, 천하가 평정되자 그 공적이 으뜸으로 찬후(鄼侯)에 봉해지고 개국명상(開國名相)이 되었다. 시호는 문종(文終)이다.

소호(少昊) : 중국 상고 시대 제왕으로 황제(黃帝)의 아들. 이름은 지(摯). 금천씨(金天氏)라고도 한다.

속대전(續大典) : 영조가『경국대전』이후에 반포된『대전속록(大典續錄)』『수교집록(受敎輯錄)』『전록통고(典錄通考)』등을 비롯하여 각종 수교 조례(受敎條例)를 수집하여 편찬한 법전이다.『경국대전』에 이은 제2의 기본 법전으로 영조 20년(1744)에 완성되고 동 22년(1746) 간행되었다. 내용은 이(吏)·호(戶)·예(禮)·병(兵)·형(刑)·공(工)의 육전(六典) 6권으로 되어 있다. 정조 때 편찬된『대전통편』에 앞선 법전이다.

속석(束晳) : 중국 진(晉)나라 원성(元城) 사람. 자는 광미(廣微)로 널리 배우고 많이 견문하였으며 젊어서 국학(國學)에 유학했다. 상서랑을 지냈다.『진서』제기(帝紀)와 10지(志)를 편찬하고, 저작으로 있으면서 급군(汲郡)에서 도굴된 죽서(竹書)의 뜻을 밝혀냈다. 저서로『오경통론(五經通論)』『발몽기(發蒙記)』등이 있다.

손권(孫權) : 중국 삼국 시대 오(吳)나라의 왕으로 자는 중모(仲謀), 손견(孫堅)의 아들이다. 유비(劉備)와 더불어 조조(曹操)를 적벽(赤壁)에서 대파하고 위(魏)와 제휴하여 제위(帝位)에 올랐다. 연호는 황룡(黃龍), 도읍을 건업(建業)으로 옮겨 중국 남방 일대를 차지했다.

손목(孫穆) : 중국 송(宋)나라 때 사람으로 고려에 사신으로 왔다 가서 고려의 말을 모은『계림유사(鷄林類事)』를 지었다.

손무(孫武) : 중국 춘추(春秋) 시대 제(齊)나라의 병법가(兵法家)로 존칭하여 손자(孫子)라고 한다. 그의 병서『손자』는 인의(仁義)를 전쟁의 이념으로 하여 전술의 비의(秘義)를 서술했다. 병법(兵法)의 조종으로 불린다.

손자(孫子)→손무(孫武)

손작(孫作) : 중국 명(明)나라 강음(江陰) 사람. 자는 대아(大雅)·차지(次知), 호는 동가자(東家子)이다. 문장에 뛰어나고 국자사업(國子司業)에 여러 차례 뽑혔다. 저서로『창라집(滄螺集)』이 있다.

송경문필기(宋景文筆記) : 원명은『송경문공필기』로 3권이다. 중국 송나라 송기(宋祁)가 지었다. 석속(釋俗)·고고(考古)·잡설 3문으로 나뉘었다.

송기(宋祁) : 중국 송(宋)나라 사람. 자는 자경(子京), 시호는 경문(景文). 형 송상(宋庠)과 같이 진사에 급제하여 용도각학사(龍圖閣學士)에 이르고, 구양수와 같이『당서(唐書)』를 편수하고 공부상서와 한림학사 승지에 임명되었다. 저서로『송경문집(宋景文集)』『익도방물략(益都方物略)』『필기(筆記)』등이 있다.

송렴(宋濂) : 중국 명(明)나라 포강(浦江) 사람. 자는 경렴(景濂), 시호는 문헌(文憲). 원(元)나라 말년 동명산(東明山)에 은거하여 10여 년 동안 저술에 힘썼다. 명나라 초기에 한림학사 승지를 지내고『원사(元史)』를 편수했다. 저서로『송학사전집(宋學士全集)』『용문자(龍門子)』『포양인물기(浦陽人物記)』『편해유편(篇海類編)』등이 있다.

송사(宋史) : 중국 정사의 하나인데 원(元)나라 때 탁극탁(托克托)이 편찬했다. 모두 496권으로 1345년에 완성되었으며 고려전(高麗傳)이 들어 있다.

송와잡설(松窩雜說) : 송와 이기(李墍)의 수필집으로 고려 말기부터 선조 때까지의 명사(名士)에 대한 사적(事蹟)·일화(逸話) 등과 저자가 듣고 본 기담(奇談)·설화 등을 모아 적은 것으로 1책이다.『대동야승(大東野乘)』에도 수록되어 있다.

송자경(宋子京)→송기(宋祁)

수경주(水經注) : 중국 북위(北魏)의 역도원(酈道元)이 중국 고대 지리서인『수경』에 대해 주석한 책이다. 모두 40권이다. 이후 여러 학자가 이를 정리했다.

수서(隋書) : 중국 정사의 하나로 당(唐)나라 위징(魏徵) 태종의 명령으로 편찬했다.

숙손통(叔孫通) : 중국 한(漢)나라 때 사람. 직사군(稷嗣君)이라 불렸으며, 박사(博士)가 되었다. 한 고조(漢高祖)가 황제가 되어 진(秦)의 법을 버리고 숙손통의 설(說)에 따랐다.

순경(荀卿) : 중국 전국(戰國) 시대 조(趙)나라 사람. 이름은 황(況)이다. 나이 50세에 처음으로 제(齊)나라에 유학하고 좨주(祭酒) 벼슬을 했으며 저서 수만언을 했다. 그 학문은 공자를 표준삼았고 성악설(性惡說)을 주창했는데『순자(荀子)』로 세상에 전한다.

순자(荀子) : 중국 전국 시대 유학자 순경(荀卿)이 지은 책으로 맹자(孟子)의 성선설(性善說)에 대하여 성악설(性惡說)을 제창했다.

승수연담(澠水燕談) : 원명은『승수연담록』이다. 중국 송(宋)나라 왕벽지(王闢之)가 편찬 기록한 책으로 모두 10권이다. 소흥(紹興) 이전의 잡사를 15류 360여 조목으로 분류 기록했다.

시경(詩經) : 오경(五經)의 하나로 공자(孔子)가 편찬했다고 한다. 중국 은대(殷代)부터 춘추(春秋) 시대까지의 시 311편으로 (그 가운데 6편은 詞가 없다) 기원전 10~6세기의 고시(古詩)로 추정되며 국풍(國風)·아(雅)·송(頌)의 세 부분으로 구분했고 국풍에는 주남(周南)·소남(召南)·패(邶)·용(鄘)·위(衛)·왕(王)·정(鄭)·제(齊)·위(魏)·당(唐)·진(秦)·진(陳)·회(檜)·조(曹)·빈풍(豳風) 등 열다섯 가지가 있고, 아에는 대아(大雅)·소아(小雅)가 있으며, 송(頌)에는 주송(周頌)·노송(魯頌)·상송(商頌)이 있다. 4언(言)이 중심이며, 한(漢)의 모형(毛亨)이 전한 것이 유일

한 완본(完本)이므로 모시(毛詩)라고도 한다.

시전(詩傳) : 주자가『시경』을 주해한 책을 일컫는다. 8책본과 7책본이 있다.→시경(詩經)

신경기(辛慶忌) : 중국 한(漢)나라 적도(狄道) 사람. 자는 자진(子眞), 좌장군에 이르렀는데, 주운(朱雲)이 장우(張禹)가 왕족에게 아부한다고 죽일 것을 요청하자 황제가 노하여 주운을 죽이려 하자 신경기가 모자를 벗고 인끈을 풀어 머리를 두드리며 구원하여 주운이 죽음을 모면했다. 나라를 위한 무관으로 흉노와 서역이 그의 위세를 믿고 존경했다.

신농씨(神農氏) : 중국 전설상의 제왕인 삼황(三皇)의 한 사람으로 형상은 사람 몸뚱이에 소머리이며 성은 강(姜)으로 염제(炎帝)라고도 부른다. 농업·의료·약사(藥師)의 신, 또한 8괘(卦)를 겹쳐서 64괘를 만들어 역(易)의 신 등으로 일컬어지고 재위 120년, 그의 자손 8대 520년 만에 황제(黃帝)의 세상으로 바뀌었다.

신도(愼到) : 중국 전국 시대 조(趙)나라 사람. 황로도덕(黃老道德)의 술법을 배워 십이론(十二論)을 지었다. 42편으로『신자(愼子)』라 이름했다.

신자(愼子)→신도(愼到)

신작(申綽) : 영조 36~순조 28(1760~1828) 자는 재중(在中), 호는 석천(石泉). 본관은 평산, 신대우(申大羽)의 아들. 승지·예조 참의 등을 제수받았으나 나가지 않았다. 경전을 고증학적으로 연구하여 많은 저서를 남겼다. 다산 노년기의 학문적 친구였다. 저서로『상서고주(尙書古注)』7권 2책과『시차고(詩次故)』가 있다.

신증동국여지승람(新增東國輿地勝覽) :

중종 27년(1532)에 완성된 관찬 인문지리서(人文地理書)로서 총 55권이다. 성종 때 노사신(盧思愼)·양성지(梁誠之)·강희맹(姜希孟) 등에게 편찬케 하여 『동국여지승람』 50권이 성종 12년(1481)에 완성되었고, 중종 25년(1530) 이행(李荇) 등의 증보로 『신증동국여지승람』 55권 25책이 간행되었다. 책 머리에 전국 지도를 붙였으며, 이행의 진전문(進箋文), 서거정(徐居正)의 서문, 책 뒤에 김종직(金宗直)의 발문이 있다.

신휘(申徽) : 중국 북주(北周) 때 위군(魏郡) 사람. 자는 세의(世儀), 사성(賜姓)은 우문씨(宇文氏)로 양주자사(襄州刺史)가 되었을 때 양진(楊震)의 초상을 그려 침실에 걸어놓고 스스로를 경계하여 청렴하고 조심스레 다스렸다. 소사도소종백(小司徒小宗伯)에 이르러 쉬기를 빌었다. 시호는 장(章).

ㅇ

아미타경(阿彌陀經) : 정토 3부경의 하나. '미타경'이라고도 한다. 1권. 세조 10년(1464)에 간행된 『아미타경언해』가 있다.

아충(阿忠) : 미상.

안녹산(安祿山) : 중국 당나라 때 무장. 당 현종의 총애를 받았는데, 하동(河東) 절도사로 있을 때 군대의 증강과 사유화를 도모하여 중앙의 양국충(楊國忠)과 반목함. 755년에 지금의 북경에서 군사를 일으켜 낙양을 공략한 후 대연황제(大燕皇帝)라 칭했으나 둘째아들 경서(慶緒)에게 살해되었다.

안사고(顔師古) : 중국 당(唐)나라 때 학자로 자는 주(籒), 시호는 대(戴). 훈고학(訓詁學)에 정통했으며 벼슬은 비서감(秘書監)에 이르렀고 저서로 『광류정속(匡謬正俗)』이 있다.

안정복(安鼎福) : 숙종 38~정조 15(1712~1791). 자는 백순(百順), 호는 순암(順菴)·한산병은(漢山病隱)·우이자(虞夷子)·상헌(橡軒), 시호는 문숙(文肅), 본관은 광주(廣州). 이익(李瀷)의 문인으로 목천현감을 지내고 광성군(廣成君)에 봉해졌다. 저서로 『동사강목(東史綱目)』『순암집(順菴集)』『상헌수필(橡軒隨筆)』 등이 있고, 편서로 『성호사설유선(星湖僿說類選)』『열조통기(列朝統記)』『임관정요(臨官政要)』 외 다수가 있다.

앙엽기(盎葉記) : 이덕무(李德懋)가 지은 책으로 8권이다. 『청장관전서(靑莊館全書)』에 포함되어 있다.

야율초재(耶律楚材) : 중국 원(元)나라의 창업 공신. 자는 진경(晉卿)으로 태종 때 중서령(中書令)이 되고, 몽고의 습속을 바꾸어 중국의 문물 제도를 절충하여 원나라 건국의 기초를 닦았다. 학문에 힘써 천문·지리·율력·의복(醫卜)에 밝았다. 시호는 문정(文正).

양계만지(梁溪漫志) : 중국 송(宋)나라 때 무석(無錫) 사람 비곤(費袞)이 저술했다.

양기(梁冀) : 중국 후한(後漢) 때 사람. 자는 백거(伯車). 순제(順帝) 때 대장군으로 충제(沖帝)가 죽자 질제(質帝)를 세우고, 다시 환제(桓帝)를 세워 세도를 부렸고, 나중에 환제와 중상시(中常侍) 선초(單超) 등이 양기를 죽이고 그 씨족과 친족을 몰아냈다.

양만리(楊萬里) : 중국 남송(南宋) 때 길수(吉水) 사람으로 자는 정수(廷秀), 호는 성재(誠齋), 시호는 문절(文節), 벼슬은 보문각대제(寶文閣待制)를 지냈다. 저서로 『성재집』『성재역전(誠齋易傳)』 등이 있다.

양복(楊復) : 중국 송(宋)나라 복안(福安)

사람. 자는 지인(志仁). 주자 문하에서 공부했으며, 학자들이 신재선생(信齋先生)이라고 일컬었다. 저서로『제례(祭禮)』『의례도(儀禮圖)』『가례잡설부주(家禮雜說附註)』가 있다.

양성재(楊誠齋)→양만리(楊萬里)

양신(楊愼) : 중국 명(明)나라 때 사람. 자는 용수(用修), 호는 승암(升菴), 시호는 문헌(文憲)이다. 저서로『단궁총훈(檀弓叢訓)』『고음총목(古音叢目)』등이 있다.

양신재(楊信齋)→양복(楊復)

양웅(揚雄) : 중국 전한(前漢) 때 학자. 자는 자운(子雲)이며, 저서로『양자법언(揚子法言)』『태현경(太玄經)』『양자방언(揚子方言)』이 있다.

양자(揚子)→양웅(揚雄)

양자방언(揚子方言) : 중국 한(漢)나라 양웅(揚雄)이 당시 각지에서 조정에 참근(參勤)하는 사자(使者)의 방언(方言)을 수집 기록한 책으로 12권.『별국방언(別國方言)』이라고도 한다.

양태진(楊太眞) : 중국 당(唐)나라 양원염(楊元琰)의 딸. 어릴 때의 이름은 옥환(玉環). 당 현종이 불러들여 사랑하고 천보 때 귀비에 책봉되었다. 안록산(安祿山)의 난리 때 현종이 피란해 마외파(馬嵬坡)에 이르렀을 때 육군(六軍)이 귀비와 그 오라비 양국충(楊國忠)이 어울려 나라를 어지럽혔다고 출발하려 하지 않자 양국충을 죽이고 양귀비를 목매 죽였다.

양호(楊鎬) : 중국 명(明)나라 때 상구(商丘) 사람. 진사에 급제하여, 임진왜란 때 경략조선군무(經略朝鮮軍務)를 지냈고, 뒤에 청나라 군사가 무순(撫順)을 파하자 양호는 병부우시랑이 되어 군사를 일으켰으나 마침내 대패하고 체포되어 옥에 갇혔다가 죽음을 당했다.

여거인(呂居仁)→여본중(呂本中)

여람(呂覽) :『여씨춘추(呂氏春秋)』. 중국 진(秦)나라 여불위(呂不韋)가 빈객을 모아 지었다고 전해지는 사론서(史論書)로 모두 126권이다. 내용은 유가(儒家)를 주로 하고 도가(道家)·묵가(墨家)의 설도 다루고 있으며, 12기(紀) 8람(覽) 6론(論)으로 분류되고 20만여 언(言)에 이른다.

여본중(呂本中) : 중국 송(宋)나라 때 사람. 자는 거인(居仁), 시호는 문청(文淸)이다. 동래선생(東萊先生)이라 불렀으며, 저서로『동몽훈(童蒙訓)』『춘추해(春秋解)』등이 있다.

여순(如淳) : 중국 삼국 시대 위(魏)나라 풍익(馮翊) 사람으로 진군승(陳郡丞)이 되었다.『한서(漢書)』를 주석했다.

여씨춘추(呂氏春秋)→여람(呂覽)

여조겸(呂祖謙) : 중국 송(宋)나라 때 사람. 자는 백공(伯恭)으로 동래선생(東萊先生)이라 불렀다. 저서로『동래좌씨박의(東萊左氏博議)』가 있다.

여지지(輿地志)→신증동국여지승람(新增東國輿地勝覽)

역어유해(譯語類解) : 숙종 16년(1690) 신이행(愼以行) 등이 편찬한 우리말로 풀이된 중국어 단어집. 천문(天文)·기후·지리 등 60여 부문으로 나누었다. 2권 2책.

연문석의(連文釋義) : 중국 청나라 때 왕언(王言)이 저술한 숙어 해설집. '연문'은 2자의 글자를 결합한 숙어이다. 1권.

연번로(演繁露) : 중국 송(宋)나라 때 정대창(程大昌)이 편찬한 책으로 모두 16권이다. 정대창이『춘추번로』의 본이 완전하지 않음을 보고 그 잘못을 분별한 것이다.

열녀전(列女傳) : 중국 한(漢)나라의 유

향(劉向)이 옛날부터 전해 오는 훌륭한 여자들에 관한 이야기를 모아 편찬했다. 7권.

열양세시기(洌陽歲時記) : 대산(臺山) 김매순(金邁淳)이 순조 19년(1819)에 저작한 세시 풍속에 관한 책이다. 열양(洌陽)은 서울을 일컫는 말로 주로 서울 지방에서 행해지는 궁중 및 관아, 민간의 풍속을 월별로 기록했다. 1911년 광문회(光文會)에서 경도잡지(京都雜志)·동국세시기(東國歲時記)와 함께 묶어『동국세시기』란 이름으로 간행되었다.

열자(列子) : 중국 전국(戰國) 시대 초기의 노(魯)나라 철인(哲人)으로 이름은 어구(禦寇). 도가(道家)에 속하며 그의 사상을 제자들이 기술한『열자』8권이 있다.

열하일기(熱河日記) : 박지원(朴趾源)이 정조 4년(1780) 청의 건륭제 칠순 축하 사절인 박명원(朴明源)의 수행원으로 북경에 갔다가 열하(熱河)까지 가서 그곳 문인·명사 들과 교유하면서 그 문물과 제도를 듣고 본 대로 기술한 연행록이다. 26권 16책으로 연행록 가운데 압권이며, 우리 나라 실학의 명저이다. 충남대 소장 필사본이 연암 수택본(手澤本)이라 한다.

염파(廉頗) : 중국 전국 시대 조(趙)나라의 양장(良將)으로 진(秦)·연(燕)·위(魏)·제(齊)나라를 쳐서 공을 세우고 신평군(信平君)에 봉해졌다. 인상여(藺相如)와 함께 친해서 진나라가 감히 조나라를 넘보지 못했다.

영호징(令狐澄) : 중국 당(唐)나라 사람. 『신라국기(新羅國記)』를 지었다.

예기(禮記) : 오경의 하나로 중국 주(周)나라 말기부터 진(秦)·한(漢) 시대의 유자(儒者)의 고례(古禮)에 관한 설을 수록했다. 한(漢)나라 무제(武帝) 때 하간(河間) 헌왕(獻王)이 고서 131편을 편술하여 나중에 214편으로 된『대대례(大戴禮)』와, 대덕(戴德)이 이를 85편으로 줄이고 대덕의 조카 대성(戴聖)이 다시 49편으로 줄인『소대례(小戴禮)』가 있다. 현재의『예기』는『소대례』를 말하는데『주례(周禮)』『의례(儀禮)』와 함께 삼례(三禮)라 한다.

예부운략(禮部韻略) : 중국 송(宋)나라 때 정도(丁度)가 지은 운서(韻書).『배자예부운략(排字禮部韻略)』이라고도 한다. 우리 나라에 큰 영향을 끼친 운서이다.

오기(吳起) : 중국 전국시대 위(衛)나라의 병법가(兵法家). 초(楚)나라 도왕(悼王)의 정승이 되어 남월(南越)·진(晉)·진(秦)을 정벌하여 초나라의 위력을 떨쳤다. 그의 병서(兵書)를『오자(吳子)』라 하며,『손자(孫子)』와 더불어 손오병법이라 한다.

오왕비(吳王濞)→유비(劉濞)

오원(伍員) : 중국 춘추(春秋) 시대 초(楚)나라 사람. 자는 자서(子胥). 아버지는 사(奢), 형은 상(尙)인데 평왕이 그들을 죽이자 오(吳)나라로 달아나 오왕 합려를 도와 초나라를 정벌했다. 그때 평왕은 이미 죽어서 오자서는 묘를 파내서 시체에 채찍질해서 아버지와 형의 원수를 갚았다. 이후 오왕 부차와 월왕 구천의 관계에 대한 이야기가 있다.

오융(吳融) : 중국 당(唐)나라 사람. 자는 자화(子華). 진사에 급제하여 한림학사와 중서사인에 임명되었다. 호부시랑과 한림승지를 지냈다.『당영가시(唐英歌詩)』가 있다.

오자서(伍子胥)→오원(伍員)

오정방(吳鼎芳) : 미상.

온정균(溫庭筠) : 중국 당(唐)나라 때 사람. 본명은 기(岐), 자는 비경(飛卿). 사장

(詞章)에 뛰어나 이상은(李商隱)과 같이 온리(溫李)라 불렸다. 저서로 『악란집(握蘭集)』 『김전집(金荃集)』 『한남진고(漢南眞稿)』가 있다.

완위여편(宛委餘編) : 왕세정(王世貞)의 저작이라 하나 자세한 것은 미상.

왕가(王嘉) 1 : 중국 한(漢)나라 평릉(平陵) 사람. 자는 공중(公仲). 승상을 지내고 신보후(新甫侯)에 봉해졌다.

왕가(王嘉) 2 : 중국 후한(後漢) 촉군(蜀郡) 사람. 왕망(王莽)이 황제 자리를 찬탈하자 벼슬을 버리고 서쪽으로 돌아갔다. 뒤에 공손술(公孫述)이 황제를 일컫고 사신을 보내어 부르자 사신을 대하여 칼에 엎드려 죽었다.

왕개보(王介甫) → 왕안석(王安石)

왕건(王建) : 중국 당(唐)나라 영천(潁川) 사람. 자는 중초(仲初). 진사에 급제하여 합주사마(陝州司馬)를 지냈다. 악부(樂府)에 뛰어났으며 궁사(宮詞) 100수는 더욱 전송(傳誦)되었다. 저서로 『왕사마집』이 있다.

왕동궤(王同軌) : 중국 명(明)나라 황강(黃岡) 사람. 자는 행보(行父). 공생(貢生)을 거쳐 강녕지현(江寧知縣)을 지냈다. 이문(異聞)을 모아 『이담(耳談)』한 책을 저술했다.

왕문록(王文祿) : 중국 명(明)나라 해염(海鹽) 사람. 자는 세렴(世廉)으로 『염구(廉矩)』 『문맥(文脈)』 등의 책을 저술했다.

왕발(王勃) : 중국 당(唐)나라 때 문인. 자는 자안(子安)으로 6세 때 글을 잘 지었다. 인덕 초에 대책으로 급제하여 괵주 참군(虢州參軍)이 되었다. 뒤에 교지령(交阯令)으로 좌천되어 남해(南海)를 건너다 29세로 물에 떨어져 죽었다. 「등왕각서(滕王閣序)」로 유명하다. 저서로 『왕자안집(王子安集)』이 있다.

왕세정(王世貞) : 중국 명(明)나라 때 사람. 자는 원미(元美), 호는 봉주(鳳洲)·엄주산인(弇州山人). 가정 때 진사에 급제, 형부상서를 지냈다. 이반룡(李攀龍)과 더불어 당시의 문맹(文盟)을 주도했다. 저서로 『엄산당별집(弇山堂別集)』 『고불고록(觚不觚錄)』 『엄주산인사부고(弇州山人四部稿)』 『독서후(讀書後)』 『왕씨서원(王氏書苑)』 『화원(畫苑)』 등이 있다.

왕신전(王愼旃) : 미상.

왕악(王鍔) : 중국 당(唐)나라 태원(太原) 사람. 자는 곤오(昆吾). 처음에 비장(裨將)으로 벼슬하여 여러 주의 자사(刺史)를 지내고 검교사공(檢校司空)과 동중서문하평장사에 이르렀다.

왕안석(王安石) : 중국 송(宋)나라 때 학자이며 정치가. 자는 개보(介甫), 호는 반산(牛山), 소자는 환랑(獾郞)이다. 젊어서부터 독서를 좋아했고 문장에 뛰어났다. 진사에 급제하여 신종(神宗) 때 참지정사(參知政事)·동중서문하평장사(同中書門下平章事)로서 균수법(均輸法)·청묘법(靑苗法)·보갑법(保甲法)·모역법(募役法)·시역법(市易法) 등 신법(新法)을 만들어 정치개혁을 단행했다. 시호는 문(文)이며, 저서로 『임천집(臨川集)』 『당백가시선(唐百家詩選)』 등이 있다.

왕연(王衍) : 중국 진(晉)나라 사람. 자는 이보(夷甫). 원성령(元城令)이 되어 종일 청담(淸談)을 잘했다. 사도(司徒)를 지내고, 뒤에 석륵(石勒)에게 해침을 당했다. 오직 노자·장자의 이야기를 일삼았다.

왕온무(王縕武) : 미상.

왕운(王惲) : 중국 원(元)나라 급현(汲縣) 사람. 자는 중모(仲謀), 시호는 문정(文定).

벼슬은 통의대부(通議大夫) 지제고(知制誥)에 이르렀다. 저서로『추간집(秋澗集)』100권이 있다.

왕유(王維) : 중국 당(唐)나라 기(祁) 사람. 자는 마힐(摩詰)로 진사에 급제하여 상서우승(尙書右丞)을 지냈다. 세상에서는 '왕우승'이라 부른다. 그가 그린 산수화는 남종지조(南宗之祖)가 되었다. 저서로『왕우승집(王右丞集)』『화학비결(畫學祕訣)』이 있다.

왕융(王融) : 고려 문신. 대상(大相)으로 후주(後周)에 파견되고 한림학사로 지공거(知貢擧)를 겸했다. 경종 2년(977) 과거 시험을 주관했고, 성종 때 평장사에 올랐다.

왕은(王隱) : 중국 진(晉)나라 사람. 자는 처숙(處叔)으로 널리 배우고 많이 견문했다. 저작랑으로 진사(晉史)를 편찬했다. 이때 저작랑 우예(虞預)가 사사로이 진서(晉書)를 편찬했으나 동남쪽에서 자라나서 중앙 조정의 옛일을 몰라 자주 왕은을 찾아보고 아울러 왕은의 저술을 빌려 몰래 필사한 바 있다.

왕일(王逸) : 중국 후한(後漢) 의양(宜陽) 사람. 자는 숙사(叔師)로 시중(侍中)에 이르렀다.『초사장구(楚辭章句)』를 지었다.

왕조(汪藻) : 중국 송(宋)나라 덕흥(德興) 사람. 자는 언장(彦章). 진사에 급제하여 현모각학사(顯謨閣學士)와 휘주(徽州) 등을 맡아 다스렸다. 여문(儷文)에 뛰어났으며 저서로『부계집(浮溪集)』이 있다.

왕창령(王昌齡) : 중국 당(唐)나라 강녕(江寧) 사람. 자는 소백(少伯), 진사에 급제하여 범수위(氾水尉)가 되었다. 세상이 어지러워지자 향리로 돌아갔다. 시를 잘 지었다.

왕충(王充) : 중국 동한(東漢) 때 상우(上虞) 사람. 자는 중임(仲任). 저서로『논형(論衡)』이 있다.

왕희지(王羲之) : 중국 진(晉)나라 때 사람. 자는 일소(逸少)로 벼슬은 우군장군(右軍將軍)을 지냈다. 세칭 '왕우군'이라 했으며 글씨를 잘 썼다.

요관(姚寬) : 중국 송(宋)나라 사람. 자는 영위(令威)로 추밀원 편수관을 지냈다. 널리 배워 막힘이 없었고 문장에 뛰어났다. 저서로『서계총화(西溪叢話)』가 있다.

용골대(龍骨大) : 중국 청(淸)나라 때 장수로 인조 14년(1636) 병자호란 때 우리 나라에 쳐들어와 남한산성을 포위하여 인조의 항복을 받아냈다.

용재수필(容齋隨筆) : 중국 송(宋)나라 홍매(洪邁)가 편찬한 책으로, 대개 경전(經典)을 고증 변석하여 전고를 정정하고 아울러 문장과 예술에 대해 고증하고 있는데 자못 정확하다. 본집 16권, 속필 16권, 3필 16권, 4필 16권, 5필 10권으로 되어 있다.

우기(虞奇) : 중국 진(陳)나라 사람. 자는 차안(次安). 대책으로 급제하여 건안왕자의(建安王諮議)를 지냈다.「서우송(瑞雨頌)」이 유명하다. 동산거사(東山居士)로도 불렸다.

우길(于吉) : 중국 삼국 시대 오(吳)나라 낭아(琅琊) 사람. 오회(吳會)에 왕래하며 정사(精舍)를 세우고 향을 피우고 도가서(道家書)를 읽었다. 손책(孫策)이 요망하다 하여 죽였다.

우초신지(虞初新志) : 중국 청대(淸代)의 장조(張潮)가 모은 문언소설집(文言小說集)으로 20권이다. 강희 22년(1683)에 편집을 시작하여 동 40년(1701)에 완성했다.

운부군옥(韻府群玉) : 중국 송(宋)나라 말기 사람 음시부(陰時夫)가 편찬하고 그의 형 음중부(陰中夫)가 주를 달았다. 고사(故事)·사조(詞藻) 등을 각 운(韻) 아래 모아 놓았다. 모두 20권이다. 우리 나라에서는 권문해(權文海)가 이를 본떠 『대동운부군옥』을 편찬했다.

운선잡지(雲仙雜志) : 중국 당(唐)나라 풍지(馮贄)가 편찬 저술했는데 10권이다. 고금 일사(逸事)와 연호를 뒤섞어 실었는데 더러 잘못된 것이 있다.

원결(元結) : 중국 당(唐)나라 사람. 자는 차산(次山)으로 진사에 급제하여 수부원외랑(水部員外郞)을 거쳐 만년에 도주자사(道州刺史)가 되어 요역을 면제하고 유망(流亡)을 거두었다. 『원자십편(元子十篇)』을 짓고 처음 호를 의간자(猗玕子)라 하고, 낭사(浪士)·만랑(漫郞)이라 일컫다가 췌수(贅叟)로 고쳤다. 저서로 『차산집(次山集)』이 있고, 또 심천운(沈千運)·왕계우(王季友) 등 7명의 시를 엮어 『협중집(篋中集)』을 만들었다.

원사(元史) : 중국 정사의 하나로 명(明)나라 때 송렴(宋濂) 등이 편찬했다.

원앙(袁盎) : 중국 한(漢)나라 초(楚) 사람. 자는 사(絲). 문제 때 중랑(中郞)을 지내고 농서도위(隴西都尉)와 오상(吳相)을 역임했다. 원앙은 본디 조조(晁錯)와 사이가 좋지 않았는데 경제 때 조조가 오왕의 재물을 받았다는 죄를 씌워 서인(庶人)이 되었으며 뒤에 양왕(梁王)에게 죽였다.

원호문(元好問) : 중국 금(金)나라 사람. 자는 유지(裕之), 호는 유산(遺山). 7세에 시를 잘 지었다. 진사에 급제하여 상서성좌사원외랑이 되었다. 금나라가 망하자 벼슬하지 않았다. 시문이 한 시대의 으뜸이었다. 저서로 『유산집』·『중주집(中州集)』·『속이견지(續夷堅志)』·『당시고취급전주(唐詩鼓吹及箋註)』가 있다.

위만(衛滿) : 위만조선의 시조로 재위는 기원전 194~?.

위서(魏書) : 중국 북제(北齊) 위수(魏收)가 편찬한 역사서로 기(紀) 13권, 열전(列傳) 92권이며 모두 114권이다. 뒤에 29편은 없어졌으며, 현존본은 송(宋)나라 유서(劉恕)·범조우(范祖禹) 등이 보충 교정한 것이다.

위소(韋昭) : 중국 삼국 시대 오(吳)나라 운양(雲陽) 사람. 자는 홍사(弘嗣). 젊어서부터 학문을 좋아하고 문장을 잘 지었다. 손호(孫皓)가 임금이 되자 시중(侍中)이 되어 국사(國史)를 기록할 때 올바름을 지키다가 손호에게 죽임을 당했다. 저서로 『동기(洞記)』『관직훈(官職訓)』『변석명(辯釋名)』『국어주(國語注)』 등이 있다.

위지(魏志)→삼국지(三國志)

위현(韋賢) : 중국 한(漢)나라 추(鄒) 사람. 자는 장유(長孺). 통례상서(通禮尙書)를 겸해서 '추로대유(鄒魯大儒)'라 불렸다. 부양후(扶陽侯)에 봉해졌다. 시호는 절(節)이다.

유극장(劉克莊) : 중국 송(宋)나라 때 사람. 자는 잠부(潛夫), 호는 후촌(後村)으로 용도각학사(龍圖閣學士)를 지냈다. 시호는 문정(文定)으로 저서는 후촌거사전집·후집·속집·신집 등 4집이 있다.

유마거사(維摩居士) : 부처님의 속제자(俗弟子)로 문수보살과 서로 문답하며 무주(無住)의 근본으로부터 일체법이 성립되는 법문을 말한 『유마경(維摩經)』이 있다. 『유마경』은 모두 14품으로 3권이다. 중국 후진 홍치 8년(405) 구마라습이 번역했다. 당나라 현장(玄奘)이 번역한 6권도 있다.

유몽득(劉夢得)→유우석(劉禹錫)

유방(劉邦) : 한(漢)나라 고조(高祖)의 성명. 자는 계(季), 패현(沛縣) 사람으로 항우와 5년 동안 다투어 마침내 국내를 통일하고 한(漢)나라를 세웠다.

유보(劉輔) : 중국 한(漢)나라 하간(河間) 사람. 종실로 효렴과로 천거되어 간대부(諫大夫)가 되었다. 성제(成帝)가 조첩여(趙婕妤)를 황후(皇后)로 삼으려 하자 상소하여 막았다.

유비(劉備) : 중국 삼국 시대 촉한(蜀漢)의 제1대 황제로 제갈량을 얻어 촉한을 세웠다.

유비(劉濞) : 중국 한(漢)나라 종실로 오왕(吳王)이 되었다. 나중에 반란을 일으켰으나 장군 주아부(周亞夫)에게 패배하여 동월(東越)로 달아났다가 창에 찔려 죽었다.

유성(劉晟) : 중국 남한(南漢) 사람. 초명은 굉희(宏熙). 진왕(晉王)에 봉해졌다. 형 유빈(劉玢)을 죽이고 자립하여 응건(應乾)·건화(乾和)로 연호를 고치고 계주(桂州)를 취했다. 재위 16년 만에 죽었다. 묘호는 중종(中宗).

유숙(劉淑) : 중국 후한(後漢) 때 낙성(樂成) 사람. 자는 중승(仲承)으로 오경(五經)에 통달했다. 은거하며 강학을 베풀어 생도가 수백 명이었다. 호분위중랑장으로 환관(宦官)을 없애기를 요청하는 상소를 했다. 영제 때 환관이 참소하여 옥에 갇히자 자살했다. 두무(竇武)·진번(陳蕃)과 아울러 삼군(三君)이라 일컬었다.

유안(劉安) : 중국 한(漢)나라 때 회남왕(淮南王)의 성명이다. 고금의 치란(治亂)·흥망·길흉화복과 괴이한 일들을 다루어 놓은 『회남자(淮南子)』를 저술했다.

유약(有若) : 중국 춘추(春秋) 시대 노(魯)나라 사람. 공자의 제자로 모습이 공자를 많이 닮았다.

유양잡조(酉陽雜俎) : 중국 당(唐)나라 단성식(段成式)이 편찬 저술한 기괴이담록(奇怪異談錄)이다. 본집 20권, 속집 10권이다.

유예(劉豫) : 중국 송(宋)나라 부성(阜城) 사람. 자는 언유(彦游). 대대로 농사를 지었는데, 유예가 처음으로 진사에 급제하여 하북제형(河北提刑)에 임명되었다. 뒤에 금나라가 남침할 때 동평부(東平府)를 맡아 다스리고 황제가 되어 나라 이름을 대제(大齊)라 하고 대명부(大名府)에 도읍했다가 변(汴)으로 옮겼다. 8년 동안 황제를 참칭했다.

유우석(劉禹錫) : 중국 당(唐)나라 사람. 자는 몽득(夢得)으로 벼슬은 집현 직학사(集賢直學士)를 지냈다. 문장으로 유종원(柳宗元)과 함께 일컬었으며 저서로『유빈객집(劉賓客集)』이 있다.

유유(劉裕) : 남조 송(宋)의 무제(武帝). 팽성(彭城) 사람. 자는 덕여(德輿), 소자(小字)는 기노(寄奴).

유종원(柳宗元) : 중국 당(唐)나라 때 사람으로 자는 자후(子厚). 벼슬은 감찰어사(監察御史)를 지냈다. 그 문장이 탁위정치(卓偉精緻)하여 한유(韓愈)와 짝하였다. 당송팔대가의 한 사람이며, 저서로는『유선생문집(柳先生文集)』『용성록(龍城錄)』등이 있다.

유합(類合) : 서거정(徐居正)이 지은 한자 초학서로 알려져 있으나 확실치 않다. 유희춘(柳希春)이 지은『신증유합(新增類合)』이 전해지고 있는데 한자 3천 자가 수록되어 있다.

유향(劉向) : 중국 전한(前漢) 때의 경학자. 자는 자정(子政), 본명은 경생(更生). 저서에는 『홍범오행전(洪範五行傳)』 『열녀전(列女傳)』 『열선전(列仙傳)』 『신서(新序)』 『설원(說苑)』 『유향별록(劉向別錄)』 등이 있다.

유현덕(劉玄德) → 유비(劉備)

유희(劉熙) : 중국 한(漢)나라 북해(北海) 사람. 자는 성국(成國)으로 『석명(釋名)』 20편을 저술했다.

육구몽(陸龜蒙) : 중국 당(唐)나라 장주(長洲) 사람으로 호는 강호산인(江湖山人)·천수자(天隨子)이다. 육경(六經)에 통하고 『춘추(春秋)』에 밝아 많은 저술을 남겼다.

육기(陸璣) : 중국 삼국 시대 오(吳)나라 오군(吳郡) 사람. 자는 원각(元恪), 벼슬은 오정령(烏程令)을 지냈다. 저서로 『모시초목조수충어소(毛詩草木鳥獸蟲魚疏)』와 『모시육소광요(毛詩陸疏廣要)』가 있다.

육우(陸羽) : 중국 당(唐)나라 때 경릉(竟陵) 사람. 은사(隱士)로 자는 홍점(鴻漸), 한 이름은 질(疾), 또 하나의 자는 계자(季疵), 호는 경릉자(竟陵子)이다. 평소에 차(茶)를 좋아해 『다경(茶經)』 3권을 지었고, 차를 파는 자들이 다신(茶神)이라고 하여 제사를 지냈다.

육유(陸游) : 중국 송(宋)나라 때 사람. 자는 무관(務觀), 자호는 방옹(放翁)으로 보장각대제(寶章閣待制)를 지냈다. 시에 뛰어나서 검남 일파(劍南一派)를 이루었다. 저서로 『입촉기(入蜀記)』 『남당서(南唐書)』 『위남문집(渭南文集)』 『방옹사(放翁詞)』 등이 있다.

윤계진(尹季軫) : 미상.

윤옹귀(尹翁歸) : 중국 한(漢)나라 때 평양(平陽) 사람. 자는 자황(子況)으로 선제 때 동해태수(東海太守)를 지냈고 청렴하다고 일컬어졌다.

은문규(殷文圭) : 중국 오대(五代) 때 오(吳)나라 추포(秋浦) 사람. 소자는 계랑(桂郞). 구화산(九華山)에 살면서 어렵사리 배웠는데 벼루가 닳아 뚫렸다. 당나라 건녕 때 진사에 급제하고, 뒤에 강남으로 돌아가 오나라에 벼슬하여 한림학사를 지냈다. 저서로 『등룡집(登龍集)』 『종군고(從軍稿)』 『필경(筆耕)』 『명수집(冥搜集)』 등이 있다.

응소(應劭) : 중국 동한(東漢) 여남(汝南) 사람. 자는 중원(仲遠). 효렴과로 천거받아 태산태수(泰山太守)를 지냈다. 박학다식하였으며, 『한관예의고사(漢官禮儀故事)』를 지어 조정제도에 많이 적용되고, 『풍속통(風俗通)』을 편찬했다.

의각료잡기(猗覺寮雜記) : 중국 송(宋)나라 주익(朱翌)이 저술한 잡기로 모두 2권이다. 상권은 시화(詩話)이고 하권은 문장론이다.

이건훈(李建勳) : 중국 남당(南唐) 때 농서(隴西) 사람. 자는 치요(致堯)로 학문을 좋아하고 시를 잘 지었다. 벼슬은 사도(司徒)로 치사(致仕)했으며 종산공(鍾山公)이라 사호(賜號)했다. 시문집이 있다.

이광사(李匡師) : 숙종 31~정조 1(1705~1777). 서예가·학자로 자는 도보(道甫), 호는 원교(圓嶠)·수북(壽北), 본관은 전주. 원교체(圓嶠體)라는 독특한 필체를 이룩했다.

이군옥(李羣玉) : 중국 당(唐)나라 때 예주(澧州) 사람. 자는 문산(文山). 배도(裴度)의 추천으로 홍문각교서랑(弘文閣校書郞)이 되었다. 저서로 『이군옥집(李羣玉集)』이 있다.

이기(李頎) : 중국 당(唐)나라 동천(東川) 사람. 진사에 급제하여 신양현위(新陽縣尉)

를 지냈다. 시집이 세상에 전하고 있는데, 논하는 자들이 고적(高適)과 더불어 나아갈 만하다고 했다.

이기(李琪) : 중국 후당(後唐) 사람. 자는 태수(台秀). 젊어서 진사에 급제했다. 당나라가 망하자 양태조(梁太祖)를 섬겨 한림학사가 되고, 당 장종(莊宗) 국계사(國計使)가 되고 뒤에 태자소부(太子少傅)로 치사했다.

이담(耳談) : 중국 명(明)나라 사람 왕동궤(王同軌)가 지었다는 속담집이라고 했으나 전해 오지 않는 듯하다.

이덕무(李德懋) : 영조 17~정조 17(1741~1793). 자는 무관(懋官), 호는 형암(炯菴)·아정(雅亭)·청장관(靑莊館)·영처(嬰處)·동방일사(東方一士), 본관은 전주, 이성호(李聖浩)의 아들이다. 서출이었기 때문에 크게 등용되지 못하고 정조 3년(1779) 규장각 검서관이 되어 박제가·유득공·이서구 등과 4검서관으로 유명하며, 적성현감(積城縣監)을 지냈다. 저서로『청장관전서(靑莊館全書)』가 있다.

이덕휘(李德輝) : 영조 35~순조 28(1759~1828). 자는 윤경(潤卿), 본관은 원주, 이현박(李顯樸)의 아들로 다산이 강진에 귀양 살 때 교유했으며, 아들 시헌(時憲)을 다산으로 보내 공부하도록 했다.

이동(李洞) : 중국 당(唐)나라 경조(京兆) 사람. 자는 재강(才江). 가도(賈島)의 시를 사모하여 그 상(像)을 주조하여 신(神)과 같이 섬겼다. 촉(蜀) 지방에 노닐다 죽었다.

이동(李侗) : 중국 송(宋)나라 남검(南劍) 사람. 자는 원중(愿中), 시호는 문정(文靖). 나종언(羅從彦)을 좇아 배웠다. 물러나서는 산전에 띠집을 짓고 세상 변고를 사절하고 공부했으며 주자가 일찍이 스승으로 섬겼다. 세상에서 연평선생(延平先生)이라 불렀다. 저서로『연평문답급어록(延平問答及語錄)』이 있다.

이문정(李文靖) → 이동(李侗)

이백(李白) : 중국 당(唐)나라 때 촉(蜀) 사천(四川) 출신의 시인으로 자는 태백(太白), 호는 청련거사(靑蓮居士). 두보(杜甫)와 아울러 시종(詩宗)이라 함. 한편으로 두보를 시성(詩聖)이라 하는 데 비해 이백을 시선(詩仙)이라 하기도 한다. 작품으로『이태백시집(李太白詩集)』30권이 있다.

이사(李斯) : 중국 진(秦)나라 때 상채(上蔡) 사람. 순경(荀卿)에게 배웠다. 진 시황이 천하를 통일하고 이사를 승상으로 삼아 군현 제도를 만들고 금서령을 내렸다.

이상은(李商隱) : 중국 당(唐)나라 때 하내(河內) 사람. 자는 의산(義山), 호는 옥계생(玉溪生). 진사에 급제, 벼슬은 공부원외랑(工部員外郞)을 지냈다. 문장이 뛰어나고 시는 온정균(溫庭筠)과 같이 이름을 날렸다. 그의 시체를 서곤체(西崑體)라 하며, 시집으로『이의산시집(李義山詩集)』이 있다.

이색(李穡) : 충숙왕 15~태조 5(1328~1396). 여말 삼은(三隱)의 한 사람으로 자는 영숙(穎叔), 호는 목은(牧隱), 시호는 문정(文靖), 본관은 한산으로 이곡(李穀)의 아들이다. 이제현(李齊賢)의 문인으로 충목왕 4년(1348) 원나라에 가서 국자감의 생원이 되어 성리학을 연구했다. 1353년 향시와 정동행성의 향시에 1등으로 합격, 서장관이 되어 원나라에 가서 1354년 회시에 1등, 전시에 2등으로 합격, 귀국하여 벼슬은 판문하부사에 이르렀다. 1367년 대사성이 되어 김구용(金九容)·정몽주·이숭인 등을 학관으로 채용, 성리학 발전에 기여했다. 1373년 한산군(韓山君), 조선 태조 4년(1395) 한산백(韓山伯)에 봉해지고 이듬해 여강

(驪江)으로 가다가 죽었다. 문하에 권근·김종직·변계량 등을 배출해 조선 성리학의 주류를 이루게 했다. 저서로『목은시고』『목은문고』가 있다.

이서우(李瑞雨) : 인조 11~숙종 35(1633~1709). 자는 윤보(潤甫), 호는 송곡(松谷), 본관은 우계(羽溪)로 이경항(李慶恒)의 아들이다. 현종 1년(1660) 문과에 급제, 벼슬은 공조참판을 지냈다. 시문에 뛰어나고 글씨를 잘 썼다.

이수광(李睟光) : 명종 18~인조 6(1563~1628). 자는 윤경(潤慶), 호는 지봉(芝峰), 시호는 문간(文簡), 본관은 전주, 이희검(李希儉)의 아들이다. 선조 18년(1585) 문과에 급제, 이조판서를 지냈다. 그의 저술『지봉유설(芝峰類說)』에서는 우리 나라 최초로 천주교와 서양 문물을 소개함으로써 실학(實學)의 선구자가 되었다. 문집으로『지봉집』이 있다.

이시진(李時珍) : 중국 명(明)나라 때 학자. 자는 동벽(東璧). 박물학과 의학에 조예가 깊어『본초강목(本草綱目)』이라는 유명한 의서를 남겼는데, 이는 식물을 중심으로 하는 1800여종 약재의 집해(集解)·변의(辨疑)·정오(正誤)를 강목(綱目)으로 나누어 서술한 책이다.

이아(爾雅) : 13경의 하나로 중국 고대의 경전에 나오는 물명(物名)을 주해한 책. 천문·지리·음악·기재(器材)·초목·조수(鳥獸) 등의 낱말을 해석했다. 작자는 주공(周公)이라 전해 왔으나 오늘날에는 이를 부정하고 있다. 주대(周代)에서 한대(漢代)까지의 여러 학자가 여러 경서의 전주(箋註)를 채록한 것이다. 작자 및 제작 연대 미상으로 3권이다.

이아소(爾雅疏) : 중국 송(宋)나라 형병(邢昺)이『이아(爾雅)』의 의소(義疏)를 교정(校定)한 책이다.

이아익(爾雅翼) : 중국 송(宋)나라 때 나원(羅願)이 편찬한 책으로 모두 32권이다. 풀·나무·새·짐승·곤충·물고기를 6가지 유로 나누어 서술했는데, 인용한 근거가 정확하다.

이악(李崿) : 중국 당(唐)나라 조(趙) 사람. 자는 백고(伯高). 원덕수(元德秀)를 섬겨 제자가 되었다. 안녹산의 난리에 청하(淸河)에서 평원태수 안진경(顏眞卿)에게 군사를 빌어 한 군이 보전되었다. 여주자사(廬州刺史)를 역임했다.

이악(李諤) : 중국 수(隋)나라 조군(趙郡) 사람. 자는 사회(士恢). 사무에 밝고 통달했다. 통주자사(通州刺史)로 죽었다.

이여송(李如松) : 중국 명(明)나라 때 장수로 성량(成梁)의 큰아들. 자는 자무(子茂)로 영원백(寧遠伯)을 물려받았다. 임진왜란 때 구원병의 장수로 평양 전투에 승리하고 요동총병(遼東總兵)을 제수받았다. 청나라가 명을 침략하자 이에 맞서 싸우다 죽었다. 시호는 충렬(忠烈)이다.

이의민(李義旼) : ?~명종 26(1196). 본관은 경주로 천민 출신인데 기골이 장대하며 수박(手搏)을 잘했다. 의종 24년(1170) 정중부의 난에 가담 장군이 되고, 명종 3년(1173) 김보당(金甫當)의 반란을 평정한 공으로 대장군이 되고, 조위총(趙位寵)의 난을 토벌 상장군에 올랐다. 1190년 중서문하평장사, 1191년 판병부사(判兵部事)에 이르렀다. 백성의 재산을 착취하여 거대한 저택을 마련하고 관기를 문란케 하다가 최충헌에게 살해되었다.

이익(李瀷) : 숙종 7~영조 39(1681~1763). 자는 자신(子新), 호는 성호(星湖), 본관

은 여주, 이하진(李夏鎭)의 아들이다. 숙종 31년(1705) 증광시에 합격했으나 성명을 기록한 양식이 맞지 않아 회시에 응시 못하고 이후 학문 연구에만 몰두 근기실학(近畿實學)의 발원(發源)을 이루었다. 저서로는 『성호선생문집』『성호선생속집』『질서(疾書)』『성호사설(星湖僿說)』『곽우록(藿憂錄)』『백언해(百諺解)』등이 있다.

이정비(李廷飛) : 미상.

이제현(李齊賢) : 충렬왕 13～공민왕 16 (1287～1367). 초명은 지공(之公), 자는 중사(仲思), 호는 익재(益齋)·실재(實齋)·역옹(櫟翁), 시호는 문충(文忠), 본관은 경주, 이진(李瑱)의 아들, 백이정(白頤正)의 문인이다. 충렬왕 27년(1301) 성균시에 장원, 이어 문과에 급제, 벼슬은 문하시중(門下侍中)에 올랐다. 당대의 명문장가로 외교문서에 뛰어났고, 정주학의 기초를 확립했다. 『익재난고(益齋亂藁)』에 17수의 고려가요를 한시 7언절구로 번역하여 이것이 오늘날 고려가요 연구의 귀중한 자료가 되고 있다. 저서로『익재집』『역옹패설(櫟翁稗說)』『서정록(西征錄)』등이 있다.

이지영(李至榮) : ?～명종 26(1196). 이의민(李義旼)의 아들로 삭주 분도장군(分道將軍)을 지냈다. 자운선(紫雲仙)을 기생첩으로 삼고 양수척을 입적시켰다. 그의 형제인 이지광(李至光)과 더불어 횡포가 더욱 심해 이 두 사람을 쌍도자(雙刀子)라 일컬었다.

이호민(李好閔) : 명종 8～인조 12(1553～1634). 자는 효언(孝彦), 호는 오봉(五峰)·남곽(南郭)·수와(睡窩), 시호는 문희(文僖), 본관은 연안. 선조 17년(1584) 문과에 급제, 대제학과 예조판서를 지냈다. 임진왜란 때의 호성공신으로 연릉군(延陵君)과 연릉부원군에 봉해졌다. 저서로『오봉집』이 있다.

인상여(藺相如) : 중국 전국(戰國) 시대 조(趙)나라 사람. 조나라가 초(楚) 화씨벽(和氏璧)을 얻자 진(秦)나라 소왕(昭王)이 이를 탐내 15성과 구슬을 바꾸자고 했다. 이와 관련된 설화로 유명하며 상경(上卿)이 되었다.

일아(逸雅) : 곧『석명(釋名)』의 별본(別本)을 말한다.

임숙영(任叔英) : 선조 9～인조 1(1576～1623). 초명은 상(湘), 자는 무숙(茂叔), 호는 소암(疎庵), 본관은 풍천, 임기(任奇)의 아들이다. 광해군 3년(1611) 문과에 급제, 부수찬과 지평(持平)을 지냈다. 저서로『소암집』이 있다.

ㅈ

자로(子路) : 중국 춘추(春秋) 시대 노(魯)나라 변(卞) 사람. 성은 중(仲), 이름은 유(由), 자로는 자이다. 공자의 제자로 10철(十哲)의 한 사람. 위(衛)나라에 벼슬하다가 괴외(蒯聵)의 난에 전사했다. 계로(季路)라고도 불린다.

자치통감(資治通鑑) : 중국 송(宋)나라 사마광(司馬光)이 지은 역사책으로 294권. 주(周) 위열왕(威烈王)부터 오대(五代)까지의 역사 사실을 기록했다.

잠삼(岑參) : 중국 당(唐)나라 사람. 천보 때 진사에 급제하여 가주자사(嘉州刺史)를 지내고 두릉(杜陵) 산속으로 물러나 살았다. 시풍이 조화롭고 더욱 고아해 세상에선 잠가주(岑嘉州)라 일컬었다.

장간(張束) : 미상.

장건(張騫) : 중국 한(漢)나라 때 성고(成固) 사람. 자는 자문(子文). 무제 때 동서 교통을 열고 문화 교류의 길을 텄다. 박망후(博望侯)라고 일컬었다.

장뢰(張耒) : 중국 송(宋)나라 회음(淮陰) 사람. 자는 문잠(文潛). 약관의 나이로 진사에 급제하여 영주(潁州)·여주(汝州)를 맡아 다스리고 벼슬이 떨어졌다. 시는 장경체(長慶體)를 본떴다. 저서로『양한결의(兩漢決疑)』『시설(詩說)』『완구집(宛丘集)』이 있다.

장손성(長孫晟) : 중국 수(隋)나라 낙양(洛陽) 사람. 자는 계성(季晟). 활을 잘 쏘았다. 개황 때 돌궐이 남침하자 장손성이 입으로 진지의 형세를 아뢰고 손으로 산천을 그려 그 형세의 허실을 정하니 모두 손바닥을 가리킴 같았다. 거기장군에 임명되고 또 수항사자(受降使者)가 되자 돌궐이 두려워했다. 우효위장군에 이르렀다.

장안(張晏) : 중국 삼국 시대 위(魏)나라 중산(中山) 사람. 자는 자전(子傳). 저서로『서한서음석(西漢書音釋)』 40권이 있다.

장의(張儀) : 중국 전국 시대 위(魏)나라 정치가. 소진(蘇秦)과 함께 귀곡자(鬼谷子)에게서 종횡(縱橫)의 술책을 배웠다. 뒤에 진(秦) 혜문왕(惠文王)의 신임을 받아 연횡책(連衡策)을 주장하고 열국에 유세(遊說)하여 진나라에 복종하도록 애썼다.

장자(莊子) : 중국 전국(戰國) 시대의 사상가 장자(莊子:이름은 周)가 지은 책으로『노자』와 더불어 도가(道家)의 대표적인 저술이다. 내편 7권, 외편 15권, 잡편 11권으로 되어 있다. 내편은 장자의 근본 사상을 기술했고, 외편·잡편은 내편의 뜻을 부연 설명했다. 일설에는 그의 문하생의 위작(僞作)이라고도 한다.

장저(張著) : 중국 원(元)나라 진녕(晉寧) 사람. 자는 중거(仲擧). 이존(李存)에게 배웠다. 하남평장(河南平章)을 지냈으며 학자들은 세암선생(蛻庵先生)이라 일컬었다. 시의 격조가 높았으며 문장이 화려했다. 저서로『세암집』『세암사(蛻巖詞)』가 있다.

장지화(張志和) : 중국 당(唐)나라 때 금화(金華) 사람이며, 자는 자동(子同), 처음 이름은 구령(龜齡). 뒤에 남해위(南海尉)로 좌천되었다가 사면되자, 강호(江湖)에 떠다니면서 연파조도(煙波釣徒)라 자호(自號)하고, 부가범택(浮家泛宅)으로 초계(苕溪)·삽계(霅溪) 사이를 왕래하였다.

장형(張衡) : 중국 후한(後漢) 서악(西鄂) 사람. 자는 평자(平子)로 오경에 통달하고 육예에 익숙했다.「이경부(二京賦)」를 지어 풍간(諷諫)하고, 혼천의(渾天儀)를 만들고『영헌산망론(靈憲算罔論)』을 저술했다. 벼슬은 상서(尙書)에 이르렀으며, 저술로는『주역훈고(周易訓詁)』가 있다.

장환(張奐) : 중국 후한(後漢) 때 주천(酒泉) 사람. 자는 연명(然明). 현량과에 대책(對策) 제1로 급제, 흉노중랑장(匈奴中郞將)을 지내고 대사농(大司農)이 되었다. 나중에 당고(黨錮)로 몰아 전리로 쫓아냈다.

전겸익(錢謙益) : 중국 청(淸)나라의 상숙(常熟) 사람으로 정치가·문인. 자는 수지(受之), 호는 수재(收齋). 벼슬은 예부시랑에 이르렀다. 시부(詩賦)에 뛰어나 강좌삼가(江左三家)로 불렸고, 저서로는『초학집(初學集)』『유학집(有學集)』등이 있다.

전국책(戰國策) : 중국 전국(戰國) 시대 종횡가(縱橫家)가 제후에게 유세한 책략을 나라별로 모은 책으로 한(漢)나라 때 유향(劉向)이 편찬했다. 시대는 주(周) 안왕(安王)부터 진(秦) 시황(始皇)까지 250년으로 저자는 알 수 없다. 모두 33권임.

전기(錢起) : 중국 당(唐)나라 오흥(吳興)

사람. 자는 중문(仲文)으로 시를 잘 지었으며 대력10재자(大曆十才子)의 한 사람으로 벼슬은 고공낭중(考功郞中)을 지냈다. 저서로 『전중문집(錢仲文集)』이 있다.

전녹생(田祿生) : 충숙왕 5~우왕 1(1318~1375). 자는 맹경(孟耕), 호는 야은(埜隱), 본관은 담양, 충혜왕 때 과거에 급제, 문하평리에 이르고 추충찬화보리공신(推忠贊化輔理功臣)의 호를 받았다. 저서로 『야은집』이 있다.

전등록(傳燈錄) : 『경덕전등록(景德傳燈錄)』으로 모두 30권이다. 중국 송(宋)나라 도원(道源)이 1006년에 완성했다. 과거 7불로부터 역대의 선종(禪宗) 조사(祖師)들과 5가(家)의 52세에 이르기까지 전등(傳燈)한 법계(法系)를 기록했다.

전연년(田延年) : 중국 한(漢)나라 양릉(陽陵) 사람. 자는 자빈(子賓). 하동태수와 대사농(大司農)을 지내고 양성후(陽成侯)에 봉해졌다.

정광필(鄭光弼) : 세조 8~중종 33(1462~1538). 자는 사훈(士勛), 호는 수천(守天), 시호는 문익(文翼), 본관은 동래, 정난종(鄭蘭宗)의 아들이다. 성종 23년(1492) 문과에 급제, 영의정을 지냈다. 저서로 『정문익공유고』가 있다.

정도(丁度) : 중국 송(宋)나라 사람. 자는 공아(公雅), 시호는 문간(文簡). 벼슬은 단명전학사(端明殿學士)와 참지정사를 지냈다. 저서로 『귀감정의(龜鑑精義)』 『편년총록(編年總錄)』 『무경총요(武經總要)』 『집운(集韻)』 『예부운략(禮部韻略)』 등이 있다.

정복(丁復) : 중국 원(元)나라 때 천태(天台) 사람. 자는 중용(仲容). 만년에 금릉(金陵)에 살았으며, 일생 동안 수천 편의 시문을 지었으나 많이 없어지고 『회정집(檜亭集)』만 아직 남아 있다.

정씨운서(丁氏韻書)→예부운략(禮部韻略)·정도(丁度)

정약전(丁若銓) : 영조 34~순조 16(1758~1816). 자는 천전(天全), 호는 손암(巽菴)·연경재(硏經齋)·현산(玆山), 본관은 압해, 정재원(丁載遠)의 아들이며 다산의 둘째형이다. 정조 14년(1790) 문과에 급제 병조좌랑을 지냈다. 순조 1년(1801) 신유사옥에 걸려 신지도에 유배되었다가 다시 흑산도(黑山島)로 옮겨졌다. 여기에서 복성재(復性齋)를 지어 섬의 청소년들을 가르치다가 귀양지에서 죽었다. 저서로 『현산어보(玆山魚譜)』가 전하고 『송정사의(松政私議)』가 있다. 『논어난(論語難)』 『동역(東易)』 등이 있다고 하나 없어졌다. 정조 22년(1798) 임금의 명령으로 한치응(韓致應) 등과 『영남인물고(嶺南人物考)』 편찬에 참여하기도 했다.

정유길(鄭惟吉) : 중종 10~선조 21(1515~1588). 자는 길원(吉元), 호는 임당(林塘)·상덕재(尙德齋), 본관은 동래이며 정광필(鄭光弼)의 손자이다. 중종 33년(1538) 문과에 급제, 벼슬은 좌의정을 지냈다. 문장·시·글씨에 능했다. 저서로 『임당유고』가 있다.

정현(鄭玄) : 중국 후한(後漢) 때 고밀(高密) 사람으로 경학가(經學家). 자는 강성(康成). 마융(馬融)을 섬겼으며, 『모시(毛詩)』와 삼례(三禮) 등에 주를 냈다.

제갈량(諸葛亮) : 중국 삼국 시대 촉한(蜀漢)의 승상으로 산동(山東) 낭아(琅琊) 사람. 자는 공명(孔明), 시호는 충무(忠武)·무후(武侯)이다. 촉한의 초대 황제가 된 유비(劉備)의 삼고초려(三顧草廬)를 받고 유비를 도와 촉한을 세우고, 오장원(五丈原)에서 사마의(司馬懿)와 대전 중 병사했다.

제경경물략(帝京景物略) : 중국 명(明)나라 사람 유동(劉侗)·우혁정(于奕正)이 함께 지은 책으로 북경(北京)의 경치와 사물을 기록했다.

제민요술(齊民要術) : 현전하는 중국 최고(最古)의 농서. 북위(北魏)의 가사협(賈思勰)의 저서로 10권. 조를 비롯한 중요한 곡식 및 야채·과수 등의 재배법, 가축의 사육법, 술·된장의 양조법 등을 체계적으로 기술하였다.

제서(齊書)→남제서(南齊書)

조맹부(趙孟頫) : 중국 원(元)나라 때 사람. 자는 자앙(子昂), 호는 송설도인(松雪道人)으로 벼슬은 한림학사승지(翰林學士承旨)에 이르렀으며, 죽은 뒤에 위국공(魏國公)에 봉해졌고 시호는 문민(文敏)이다. 저서로 『송설재집(松雪齋集)』 『상서주(尙書注)』『금원(琴原)』『악원(樂原)』이 있다. 시문에도 뛰어났고, 글씨도 고금에 뛰어났으며, 그림도 산수·목석·화죽(花竹)·인마(人馬)가 더욱 정치(精致)했다. 아내 관씨(管氏)도 서화로 유명하다.

조봉(趙鳳) : 중국 후당(後唐) 유주(幽州) 사람으로 직언하기를 좋아했다. 동중서문하평장사와 안국군절도사(安國軍節度使)를 지냈다.

조승(趙勝) : 중국 전국 시대 조(趙)나라 혜문왕의 아우. 진(秦)나라가 한단(邯鄲)을 침략하여 급박해지자 모수(毛遂)의 합초지맹(合楚之盟)을 써서 조나라가 남아 있게 했다. 동무성(東武城)에 봉해져 평원군(平原君)이라 불렀다.

조욱(趙昱) : 중국 후한(後漢) 낭야(琅邪) 사람. 자는 원달(元達). 광릉태수(廣陵太守)를 지냈다.

조조(曹操) : 중국 동한(東漢) 사람. 자는 맹덕(孟德). 권모(權謀)에 능하고, 시를 잘 지었다. 헌제 때 승상이 되고 위왕(魏王)으로 봉해졌다. 그의 아들 조비(曹丕)가 제위에 올라 무제(武帝)로 추존되었다.

조조(鼂錯) : 중국 한(漢)나라 영천(潁川) 사람. 형명학(刑名學)을 배웠으며, 벼슬은 어사대부(御史大夫)를 지냈다. 제후들의 세력을 억제하기 위해 그 봉지(封地)를 삭감하려다가 참형당했다. 다산은 분명히 조조라고 못박았으나 더러 조착(晁錯)으로도 쓴다.

조충국(趙充國) : 중국 한(漢)나라 때 상규(上邽) 사람. 자는 옹손(翁孫). 수형도위(水衡都尉)로 후장군(後將軍)에 발탁되고 영평후(營平侯)에 봉해졌다. 둔전(屯田)을 시행한 인물로서 시호는 장(壯)이다.

좌사(左思) : 중국 서진(西晉) 사람. 자는 태충(太沖), 벼슬은 비서랑(祕書郞)을 지냈다. 모습은 보잘것없고 어눌했지만 박학하고 글에 능했다. 장화(張華)는 그를 좨주(祭酒)로, 가밀(賈謐)은 비서로 추천했는데, 가밀이 죽자, 고향으로 돌아와 저술에 힘썼다. 저서에 「삼도부(三都賦)」『좌태충집』이 있다.

좌전(左傳)→춘추좌씨전(春秋左氏傳)

주공(周公) : 중국 주(周)나라 문왕(文王)의 아들이며 무왕(武王)의 동생으로 이름은 단(旦). 무왕을 도와 은(殷)나라를 멸망시켰다. 무왕이 죽자 성왕(成王)을 도와 주나라의 예악 제도(禮樂制度)의 대부분을 그가 완성했다. 『주례(周禮)』를 저술했다고 전해 온다.

주례(周禮) : 삼례(三禮)의 하나로, 중국

주(周)나라 때 주공 단(周公旦)이 지었다 하나 후대 사람이 증보한 것이다. 주나라의 관제인 천관(天官)·지관(地官)·춘관(春官)·하관(夏官)·추관(秋官)·동관(冬官)의 육관(六官)을 분류 설명한 것으로서 중국 국가 제도를 기록한 최고(最古)의 책이며 십삼경(十三經)의 하나로 친다. 6편으로 되었으며, 옛날에는 『주관(周官)』으로 일컫다가 당(唐)나라 이후 『주례』라 일컬었다.

주반(周磐) : 중국 후한(後漢) 안성(安成) 사람. 자는 견백(堅伯)으로 양하중합령(陽夏重合令)을 지내고 뒤에 어머니를 생각하고 벼슬을 버리고 고향으로 돌아갔다.

주보언(主父偃) : 중국 한(漢)나라 때 임치(臨淄) 사람. 처음에는 종횡술(縱橫術)을 배우고 늦게는 주역(周易)과 백가(百家)의 말을 배웠다. 낭중(郎中)에 임명되고 1년에 4번 옮겨져 중대부(中大夫)가 되자 대신들이 그의 입을 두려워했다. 크게 전횡을 하여 뒤에 일족이 죽었다.

주부(朱浮) : 중국 후한(後漢) 사람. 자는 숙원(叔元). 광무제(光武帝)를 좇아 공을 세우고 대사공(大司空)에 이르고 신식후(新息侯)에 봉해졌다. 나중에 사사(賜死)당했다.

주역(周易) : 삼역(三易)의 하나로 중국 상고 시대 복희씨(伏羲氏)가 그린 괘(卦)에 대해 주(周)나라 문왕(文王)이 총설(總說)하여 괘사(卦辭)라 하고, 주공(周公)이 육효(六爻)에 대해 세설(細說)하여 효사(爻辭)라 했는데, 공자(孔子)가 여기에 심오한 원리를 붙여 십익(十翼)을 만들었다. 음양(陰陽)과 이원(二元)으로써 천지간의 만상(萬相)을 설명하고, 이 이원은 태극(太極)에서 생긴다고 했고, 음양은 노양(老陽:여름)·소양(少陽:봄)·소음(少陰:가을)·노음(老陰:겨울)의 4상(象)이 되고, 다시 건(乾)·태(兌)·이(離)·진(震)·손(巽)·감(坎)·간(艮)·곤(坤)의 8괘(卦)로 되고 8괘를 거듭하여 64괘를 만든다고 하며, 이것을 자연 현상·방위·덕목 등에 맞추어서 윤리나 정치상의 설명과 해석을 가했다. 주나라 때 대성하였기 때문에 『주역』이라 하며, 모두 12편이다. 『역(易)』『역경(易經)』이라고도 한다.

주익(朱翌) : 중국 송(宋)나라 사람. 자는 신중(新仲). 진사에 급제하여 중서사인(中書舍人)이 되었다. 진회가 그를 싫어하여 소주(韶州)에서 19년 동안 귀양살이를 했다. 저서로『상강집(湘江集)』이 있다.

주자(朱子) : 중국 남송(南宋) 때 대유학자로 무원(婺源) 사람. 이름은 희(熹), 자는 원회(元晦)·중회(仲晦), 호는 회암(晦庵)·회옹(晦翁)·고정(考亭)이다. 저서로는 『사서집주(史書集註)』『자치통감강목(資治通鑑綱目)』『근사록(近思錄)』『소학(小學)』 등이 있다.

주자가례(朱子家禮) : 중국 송(宋)나라 주희(朱熹)가 편찬한 책으로 본책 5권, 부록 1권으로 되어 있다.

주현표(周玄豹) : 중국 후당(後唐) 사람으로 내아지휘사(內衙指揮使)가 되었다. 자세한 것은 미상.

주흥사(周興嗣) : 중국 양(梁)나라 때 항(項) 사람. 자는 사찬(思纂)으로 글을 잘 지었다. 벼슬은 급사중(給事中)에 이르렀다. 왕희지가 쓴 천자문(千字文)을 차운(次韻)하였고, 저서로는『황제실록(皇帝實錄)』『황덕기(皇德記)』 등이 있다.

죽보(竹譜) : 중국 진(晉)나라 때 사람. 대개지(戴凱之)가 편찬한 책으로 1권이다. 대나무 70여 종을 모두 4언시로 서술하고 주를 달아놓았다.

중산군(中山君) : 중국 후한(後漢) 광무제의 둘째아들 유보(劉輔)로 중산왕(中山王)에 봉해졌다가 뒤에 패왕(沛王)으로 옮겼다. 『오경론(五經論)』을 지어 당시에 현왕(賢王)이라 일컬었다.

증자(曾子) : 중국 춘추(春秋) 시대 노(魯)나라 유학자로 자는 자여(子輿)이며 공자의 제자이다. 저서로 『증자』『효경(孝經)』이 있다. 증삼(曾參)이라고도 부른다.

지봉유설(芝峰類說) : 지봉(芝峰) 이수광(李睟光)이 저술한 책으로 고서(古書)·고문(古聞)·고실(故實)·기사(奇事)·일문(逸聞) 등 3,408항목을 뽑아 25부문에 따라 나누어 설명하고 있다. 20권 10책이다.

지임(遲任) : 중국 고대 상(商)나라 때 사관(史官)이었다고 하며 자세한 것은 미상.

진도옥(秦韜玉) : 미상.

진려(陳旅) : 중국 원(元)나라 보전(莆田) 사람. 자는 중중(衆仲)으로 국자감승(國子監丞)을 지냈다. 문장이 전아하고 힘차고 깨끗해서 세상에서 좋아하며 따르지 않았다. 저서로 『안아당집(安雅堂集)』이 있다.

진서(晉書) : 중국 진(晉)나라 정사(正史)로 25사 가운데 하나. 당(唐)나라 태종이 방현령(房玄齡)·이연수(李延壽) 등에게 명령해 편찬케 했다. 모두 130권이다.

진수(陳壽) : 중국 진(晉)나라 때 역사가. 사천(四川) 안한(安漢) 사람. 자는 승조(承祚). 삼국 시대 촉(蜀)에 봉사했으나 촉이 망한 뒤 진나라에 벼슬하여 25사의 하나인 『삼국지(三國志)』를 편찬했다.

진씨화경(陳氏花鏡) : 미상.

진용정(陳龍正) : 중국 명(明)나라 가선(嘉善) 사람. 자는 척룡(惕龍), 호는 기정(幾亭)이다. 고반룡을 사사했다. 진사에 급제하여 남경국자감승을 지냈다. 사사로운 시호는 문결(文潔)이다. 저서로 『구황책회(救荒策會)』『정자상본(程子祥本)』이 있다.

진작(晉灼) : 중국 진(晉)나라 때 하남(河南) 사람. 벼슬은 상서랑(尙書郞)을 지내고, 저서로 『한서음의(漢書音義)』가 있다.

집운(集韻) : 중국 송(宋)나라 학자 정도(丁度) 등이 왕명을 받아 편찬한 음운서(音韻書)로 수록된 글자 수는 53,525자로 『광운(廣韻)』보다 27,331자가 많다. 10권이다.

집해(集解) : 중국 청(淸)나라 때 손희단(孫希旦)이 편찬한 『예기집해』로 50권이다. 정현의 주석과 공영달의 해석 이외에 송(宋)·원(元) 이래 여러 학자들의 학설을 자못 잘 갖추어 실었다.

ㅊ

채숙도(蔡叔度) : 중국 주(周)나라 문왕(文王)의 아들. 채(蔡)에 봉해졌다가 무경(武庚)을 끼고 반란을 일으켰으나 쫓겨나 곽린(郭鄰)에 유배되었다. 유배지에서 죽었다. 흔히 '채숙'이라 일컫는다.

채준(祭遵) : 중국 후한(後漢) 영양(潁陽) 사람. 자는 제손(弟孫)으로 청렴하고 검소했다. 광무제를 좇아 하북(河北)을 평정하고 정로장군에 임명되고 '영양후'에 봉해졌다. 뒤에 영대(靈臺)에 초상을 그려 모셨다.

채침(蔡沈) : 중국 송(宋)나라 때 사람. 자는 중묵(仲黙), 채원정(蔡元定)의 아들이다. 젊어서 주자를 스승으로 섬겼다. 아버지의 학문을 이어받아 서경집전(書經集傳)과 홍범황극(洪範皇極)에 대한 선유들의 미치지 못한 점을 밝혀냈다. 효자로도 유명했으며, 구봉(九峯)에 은거하여 '구봉선생'이라 일컬었다. 명나라 때 문정(文正)이란 시호를 내렸다.

채택(蔡澤) : 중국 전국 시대 변사(辯士)로 연(燕)나라 사람. 진(秦)나라에 들어가 객경(客卿)이 되었다. 강성군(綱成君)으로도 불렸다.

천자문(千字文) : 중국 양(梁)나라 때 주흥사(周興嗣)가 편찬한 1권으로 된 책으로 "天地玄黃, 宇宙洪荒"부터 "謂語助者, 焉哉乎也"까지 4언고시 250구 1천자로 되어 있는데, 조선 선조(宣祖) 때 간행된 『석봉천자문(石峯千字文)』이 글씨로도 유명하고 그 주석은 우리말 연구에 좋은 자료가 된다. 이 『천자문』의 순서를 토지 문서나 기타 문건의 순서를 매길 때 사용하기도 했다.

청상잡기(靑箱雜記) : 중국 송(宋)나라 때 사람 오처후(吳處厚)가 대부분 당대에 견문한 바를 기록했고, 또한 시화(詩話)가 많은데 그 시론은 취할 바가 있다. 모두 10권이다.

청이록(淸異錄) : 중국 송(宋)나라 때 사람 도곡(陶穀)이 당(唐)나라 및 오대(五代) 때 신영지어(新穎之語)를 거두어 모아 만든 책이다. 2권이다.

초사(楚辭) : 중국 초(楚)나라 굴원(屈原)의 사부(辭賦)와 그의 문하생 및 후세 사람의 작품을 모은 책. 16권으로 한(漢)나라 유향(劉向)이 편집했다고 하는데, 후한의 왕일(王逸)의 자작을 합하면 모두 17권이 된다.

최방(崔昉) : 미상.

최보(崔溥) : 단종 2~연산군 10(1454~1504). 자는 연연(淵淵), 호는 금남(錦南), 본관은 나주, 최택(崔澤)의 아들, 김종직(金宗直)의 문인이다. 성종 13년(1482) 문과에 급제, 지평(持平)・사간(司諫)을 지냈다. 『동국통감』『동국여지승람』편찬에 참여하고, 저서로 『표해록(漂海錄)』『금남집』이 있다.

최자(崔滋) : 명종 18~원종 1(1188~1260). 초명은 종유(宗裕)・안(安), 자는 수덕(樹德), 호는 동산수(東山叟), 시호는 문청(文淸), 본관은 해주, 최충(崔冲)의 후손이다. 강종 때 문과에 급제, 수태사 문하시랑 동중서문하평장사 판이부사에 올랐다. 시문에 뛰어나 문명을 크게 떨쳤다. 저서로 『최문충공가집(崔文忠公家集)』『보한집(補閑集)』『삼도부(三都賦)』등이 있다.

최치원(崔致遠) : 헌안왕 1(857)~?. 신라 때 학자로 경주 최씨(慶州崔氏)의 시조. 자는 고운(孤雲)・해운(海雲). 869년 중국 당나라에 유학, 874년 과거에 급제 선주표수현위(宣州漂水縣尉)가 되었다. 879년 황소(黃巢)의 난에 고변(高駢)의 종사관으로 서기가 되어 지은 「토황소격문(討黃巢檄文)」은 명문으로 알려졌다. 885년에 귀국, 대산(大山)・천령(天嶺)・부성(富城) 등의 태수를 지내고, 894년 시무 10여조를 상소하여 시행케 하고, 아찬(阿湌)이 되었다. 그후 난세를 비관하여 각지를 유랑하다가 가야산 해인사에서 여생을 지냈다고 한다. 글씨를 잘 썼고, 고려 때 문창후(文昌侯)에 추봉되었다. 저서로 『계원필경(桂苑筆耕)』등이 있고 작품으로 「사산비명(四山碑銘)」이 있다.

추양(鄒陽) : 중국 한(漢)나라 임치(臨淄) 사람. 효왕(孝王)을 따라 놀았는데, 양승(羊勝) 등이 헐뜯어 감옥에 갇혔으나 글을 올려 스스로 아뢰자 왕이 풀어 내보내고 상객(上客)으로 대접했다.

축담(竺曇) : 월지국 스님으로 대대로 돈황에 살았는데 8세에 출가하였다. 진(晉)나라 무제 때 스승을 따라 서역에 가서 여러 나라로 다니며 36국의 말을 배웠다. 『현겁

경(賢劫經)』·『정법화경(正法華經)』등을 번역했다. '돈황보살'이라고도 한다.

춘신군(春申君) : 중국 전국 시대 초(楚)나라 사람 황헐(黃歇)로 구변(口辨)이 있었다. 초나라의 상(相)을 20여 년이나 지냈다. 뒤에 척살당했다.

춘추(春秋) : 오경(五經)의 하나로 중국 고대 노(魯)나라 은공(隱公) 1년(BC 722)에서 애공(哀公) 14년(BC 481)까지 12대 242년 동안의 역사를 노나라 사관(史官)이 편년체로 기록한 것을 공자가 비판 수정을 가하고 정사(正邪)·선악(善惡)의 가치 판단을 내린 책이다. 주(周)나라 경왕(敬王) 39년(BC 481)에 시작하여 동왕 41년(BC 479)에 완성되었다. 『춘추』에는 좌씨전(左氏傳)·곡량전(穀梁傳)·공양전(公羊傳)의 3전이 있는데, 특히 좌씨전이 유명하다.

춘추좌씨전(春秋左氏傳) : 『춘추』의 해석서로서 노(魯)나라의 좌구명(左丘明)의 저술이라고 전한다. 춘추 삼전의 하나다.

치우(蚩尤) : 중국 고대 황제(黃帝) 때 제후로 포악하고 반란을 일삼았다. 도극(刀戟)·대노(大弩)를 만들어 사납게 굴며 세상을 시끄럽게 했다. 황제가 탁록(涿鹿)에서 치우와 싸워 물리쳐 죽였다.

ㅌ

태청기(太淸記) : 미상.

태평광기(太平廣記) : 중국 송(宋)나라 태평흥국 2년(977) 이방(李昉) 등이 왕명을 받고 편찬한 책으로 55부에 345종의 책을 채록(採錄)했다. 모두 500권이다.

통감(通鑑)→자치통감(資治通鑑)

통감강목(通鑑綱目) : 중국 송(宋)나라 주자(朱子)가 편찬 저술한 책으로 59권이다. 『자치통감(資治通鑑)』에 따라 큰 글자로 강(綱)을 삼고 작은 글자로 목(目)을 만들었다.

통감절요(通鑑節要) : 『소미가숙통감절요(少微家塾通鑑節要)』를 줄여 부르는 말로 송나라 소미선생(少微先生) 강지(江贄)가 사마광의『자치통감(資治通鑑)』을 바탕으로 하여 지은 편년체의 역사서이다.

통전(通典) : 중국 당(唐)나라 때 사람인 두우(杜佑)의 저술로 200권이며 8문(食貨·選擧·職官·禮·樂·兵·刑·邊方)으로 나누어 상고로부터 당나라 천보(天寶)에 이르기까지 정전(政典)을 기록한 것이다.

ㅍ

평원군(平原君)→조승(趙勝)

포박자(抱朴子) : 중국 진(晉)나라 갈홍(葛洪)이 편찬 저술한 책으로 모두 8권인데 내편에는 신선·도가지술, 외편에는 시정(時政)의 잘잘못을 논했다.

포함(包咸) : 중국 후한(後漢) 회계(會稽) 사람. 자는 자량(子良). 효렴과(孝廉科)로 낭중(郎中)에 임명되어 태자에게『논어』를 교수하고 대홍로(大鴻臚)가 되었다.

풍당(馮唐) : 중국 한(漢)나라 안릉(安陵) 사람. 문제 때 중랑서장(中郎署長)을 지내고 무제 때 현량(賢良)에 천거되었으나 나이가 90여 세라 다시 벼슬에 나가지 못해 그 아들이 낭(郞)이 되었다.

풍속통(風俗通) : 중국 후한(後漢) 때 응소(應劭)가 찬한 책명으로 원명은『풍속통의(風俗通義)』. 10권이며, 부록 1권이 더 있다.

풍창소독(楓窓小牘) : 변경(汴京)의 고사(故事)를 많이 기록했는데 사전(史傳)과 더불어 서로 참고할 만하다. 2권으로 되어 있는데 작자는 알 수 없다.

풍희(馮熙) : 중국 후위(後魏) 때 신도(信都) 사람. 자는 진창(晉昌). 문명태후(文明太后)의 오빠. 낙주자사(洛州刺史)로 나가 불사(佛寺)와 불탑(佛塔)을 높은 산 빼어난 언덕에 많이 세웠다. 창려왕(昌黎王)에 봉해졌다.

피일휴(皮日休) : 중국 당(唐)나라 양양(襄陽) 사람. 문학가로 자는 일소(逸少), 뒷날 습미(襲美)로 고쳤다. 일찍 녹문산(鹿門山)에 살면서 호를 녹문자(鹿門子)・간기포의(間氣布衣)라 했다. 벼슬은 태상박사(太常博士)를 지냈다. 시문이 육구몽과 더불어 이름나 세상에서 피륙(皮陸)이라 했다. 저서로『피자문수(皮子文藪)』가 있다.

ㅎ

하담일록(荷潭日錄) : 조선 인조 때 사람 김시양(金時讓)의 『하담파적록(荷潭破寂錄)』을 일컫는다. 2책으로 선조 때부터 인조 때까지의 사건과 고사・일화 등을 심심파적으로 기술했다.

하안(何晏) : 중국 삼국 시대 위(魏)나라 남양(南陽) 사람. 자는 평숙(平叔)으로 위나라 공주에게 장가들어 벼슬은 시중상서(侍中尙書)에 이르렀다. 뒤에 사마의(司馬懿)에게 살해되었다. 저서로『도덕론(道德論)』『무명론(無名論)』『무위론(無爲論)』등이 있다.

하증(何曾) : 중국 진(晉)나라 때 사람. 자는 영효(穎孝). 위(魏)나라에 벼슬하여 사도(司徒)를 지내고 낭릉후(朗陵侯)에 봉해지고 진 무제(武帝)가 즉위하자 태위(太尉)가 되었다. 시호는 원(元)이다.

한굉(韓翃) : 중국 당(唐)나라 남양(南陽) 사람. 자는 군평(君平). 시로 이름났다. 대력 10재자(大曆十才子)의 한 사람이다. 중서사인(中書舍人)을 지냈다. 한굉의 일화는 허요좌(許堯佐)의 장대류전(章臺柳傳)에 있다.

한비자(韓非子) : 중국 춘추 시대 말기의 법가(法家)인 한비(韓非)가 편찬 저술한 책으로 20권 55편으로 되어 있다. 법가의 학설이 집성되어 있다.

한서(漢書) : 중국 전한(前漢)의 고조(高祖)에서 왕망(王莽)까지 229년 동안의 역사를 기록한 역사서로 반표(班彪)가 저술하기 시작한 것을 후한(後漢)의 반고(班固)가 대성하고 누이동생 반소(班昭)가 보수했다. 기전체(紀傳體)로 12제기(帝紀), 8표(表), 10지(志), 70열전(列傳)으로 구성되고 모두 120권이다.

한안국(韓安國) : 중국 한(漢)나라 사람. 자는 장유(長孺). 무제 때 어사대부를 지냈다. 큰 지략이 많았으며 충후(忠厚)했으나 재리(財利)를 좋아했다. 그러나 청렴한 선비를 추천하여 선비들이 이로써 존경했다. 뒤에 흉노들이 크게 쳐들어올 때 재관장군(材官將軍)으로 어양(漁陽)에 주둔하여 군둔(軍屯)을 없애자고 요청했다가 흉노에게 패했고, 우북평(右北平)으로 옮겨 주둔토록 명령하자 뜻을 잃고 좋아하지 않다가 피를 토하고 죽었다.

한유(韓愈) : 중국 당(唐)나라 때 창려(昌黎) 사람. 자는 퇴지(退之)로 당송팔대가(唐宋八大家)의 한 사람. 고문(古文)의 대가이며 중국 근세 문장의 조(祖)로 유명하다. 벼슬은 이부시랑(吏部侍郞)에 이르렀으며, 시문집으로『창려선생집(昌黎先生集)』이 있다. 한자(韓子)로도 불린다.

한장유(韓長孺) → 한안국(韓安國)

한청문감(漢淸文鑑) : 조선 정조 때 이담

(李滉)・김진하(金振夏) 등이 만주어를 집대성해서 편찬 간행한 책이다. 15권 15책인데, 36부 87류로 분류하여 먼저 각 단어를 한자(漢字)로 적고 그 아래에 한글로 한음(漢音)을 표시했다. 또 한글로 국어를 제시하고 그 아래·만주 글자로 만주어를 적고 그 옆에 한글로 그 발음을 보였다.

항아(姮娥) : 달 속에 있다는 선녀(仙女).

해부루(解夫婁) : 동부여의 시조. 해모수(解慕漱)의 아들이란 설과 단군과 하백녀(河伯女) 사이에 태어난 아들이란 설이 있다.

허승(許丞) : 미상.

허신(許愼) : 중국 후한(後漢) 소릉(召陵) 사람. 자는 숙중(叔重). 벼슬은 태위(太尉)와 남각좨주(南閣祭酒)에 이르렀다. 『설문해자(說文解字)』14편을 저작했다.

허준(許浚) : 명종 1~광해군 7(1546~1615). 자는 청원(淸源), 본관은 양천이다. 선조 때 내의(內醫)가 되고 선조 25년(1592) 임진왜란이 일어나자 어의로 왕을 호종, 호성공신 3등이 되고, 1606년 양평군(陽平君)에 봉해졌다. 광해군 2년(1610) 세계적 명저인『동의보감(東醫寶鑑)』25권을 완성했다.

형가(荊軻) : 중국 전국 시대 제(齊)나라 사람. 형경(荊卿)이라고도 한다. 연(燕)나라 태자 단(丹)을 위하여 진왕(秦王)을 죽이려다 실패하고 죽음을 당했다. 위(衛)나라에서는 경경(慶卿)이라고 했다.

형주기(荊州記) : 중국 남조 송(宋) 사람 성굉지(盛宏之)가 편찬했다.

혜강(嵇康) : 중국 삼국 시대 위(魏)나라 사람. 자는 숙야(叔夜)로 노장(老莊)을 매우 좋아했으며, 벼슬은 중산대부(中散大夫)를 지냈다. 산도(山濤)・완적(阮籍)・완함(阮咸)・왕융(王戎)・향수(向秀)・유령(劉伶) 등과 죽림에서 노닐어 세상에서 죽림칠현(竹林七賢)이라 불렀다. 저서로『혜중산집(嵇中散集)』이 있다.

혜장(惠藏) : 영조 48~순조 11(1772~1811). 중으로 호는 연파(蓮波)・아암(兒菴), 속성은 김(金), 초명은 팔득(八得), 자는 무진(無盡, 부질없음). 두륜산 대둔사(大芚寺 : 大興寺)에서 중이 되고 30세에 대둔사의 강석(講席)을 맡았다.『주역(周易)』에 밝았으며, 1805년에 다산과 만나 교유를 시작했다. 다산이 그의「아암장공탑명(兒菴藏公塔銘)」을 지었다.

혜홍(惠弘) : 중국 송(宋)나라 때의 중으로 시를 잘 지었다. 자세한 것은 미상.

호광(胡廣) : 중국 명(明)나라 때 길수(吉水) 사람. 자는 광대(光大), 호는 조암(晁菴)으로 진사에 급제, 벼슬은 문연각대학사(文淵閣大學士)에 이르렀다. 시호는 문목(文穆)이다.

호소(胡昭) : 중국 삼국 시대 위(魏)나라 영천(潁川) 사람. 자는 공명(孔明). 육혼산(陸渾山) 속에 숨어 살며 몸소 밭갈고 힘써 배웠다. 공거(公車)로 특별히 불렀다.

홍석주(洪奭周) : 영조 50~헌종 8(1774~1842). 자는 성백(成伯), 호는 연천(淵泉), 본관은 풍산. 1795년 식년문과에 갑과로 급제, 1815년 충청도・전라도 관찰사를 지냈으며, 1834년 이조 판서를 거쳐 좌의정에 올랐다. 시호는 문간(文簡), 저서로는『연천집(淵泉集)』이 있다. 문장가로 여한십가(麗韓十家) 가운데 한 사람이다.

화랑세기(花郞世紀) : 신라 시대 화랑의 전기로 김대문(金大問)이 지었다 하며 전해 오지 않고『삼국사기(三國史記)』에 인용된 바 있다. 근래『화랑세기』필사본이 발견되었다 하나 그 진본 여부는 확실히 알 수 없다. 이 책에는 역대 화랑이 200명이나 된다고 했다.

화보(花譜) : 미상.

화원군(花原君) →권중달(權仲達)

황정견(黃庭堅) : 중국 송(宋)나라 때 서자. 자는 노직(魯直), 호는 부옹(涪翁)·산곡도인(山谷道人). 진사에 급제, 저작랑(著作郞)·기거사인(起居舍人)·지악주(知鄂州)·지태평주(知太平州) 등을 역임했다. 사시(私諡)는 문절선생(文節先生)이다. 시에 뛰어나서 세상에서 소황(蘇黃)이라 불렸고 행서·초서를 잘 썼으며 해서는 일가를 이루었다. 저서로 『산곡내외집(山谷內外集)』 등이 있다.

황제(黃帝) : 중국 고대 전설적인 제왕의 이름. 성은 공손씨(公孫氏)로 헌원(軒轅)의 언덕에서 태어났으므로 헌원씨라고도 한다. 유웅씨(有熊氏)로도 부른다. 탁록(涿鹿)의 들에서 포악한 치우(蚩尤)를 잡아 죽였다. 재위 100년.

황패(黃霸) : 중국 한(漢)나라 때 양하(陽夏) 사람. 자는 차공(次公), 시호는 정(定). 벼슬은 승상(丞相)에 이르렀는데 한나라 때 치민(治民)의 관리 중 첫째로 꼽힌다.

회남자(淮南子) : 중국 한(漢)나라 때 회남왕 유안(劉安)이 저술한 책으로, 그 주지(主旨)는 노자(老子) 사상에 바탕을 두고 치란(治亂)·흥망(興亡)·길흉화복과 세상의 기괴(奇怪)한 일들을 다루었다. 모두 21권.

후한서(後漢書) : 중국 정사의 하나로 남조 송의 순양(順陽) 사람인 범엽(范曄)이 편찬했다. 본기 10권, 열전(列傳) 80권이며, 8지(律曆·禮儀·祭祀·天文·五行·郡國·百官·輿服)는 후세 사람들이 사마표(司馬彪)의 『속한서(續漢書)』중에서 보충해 넣은 것이다.

휴정(休靜) : 중종 15~선조 37(1520~1604). 자는 현응(玄應), 호는 청허(淸虛)·서산(西山), 아명은 여신(汝信), 성은 최(崔), 본관은 완산으로 최세창(崔世昌)의 아들이다. 안주(安州) 출신으로 9세에 부모를 여의고 안주목사 이사증(李思曾)의 양자로 입적, 성균관에서 공부, 중종 29년(1534) 진사에 낙방, 지리산에 들어가 중이 되었다. 명종 4년(1549) 승과에 급제, 1592년 임진왜란이 일어나자 팔도16종도총섭이 되어 승병을 규합, 이듬해 서울 수복에 공을 세우고, 이후 유·불·도 삼교 통합론을 세웠으며, 안심사·유점사에 부도가 세워지고 해남·밀양의 표충사와 묘향산 수충사에 제향되었다. 저서로 『청허당집』이 있다.

찾아보기

ㄱ

가(檟) 58
가(斝) 88
가나무(假木) 45
가난 구제 225
가는 똥 217
가늘고 작은 살 217
가라(加羅) 93, 94
가래(加來) 168
가래(鍬) 93
가래나무(梓) 44
가리맛 156
가마솥 226
가물치 153
가부(駕部) 29
가섭원(加葉原) 158
가슴걸이(鞗) 103, 104
가시나무(楚) 42
가실(檟實) 44
가씨담록(賈氏談錄) 34
가야(伽倻) 93
가야국(伽倻國) 93
가오리 153
가위 195
가의(賈誼) 182, 191
가의전 182, 191
가장(家長) 203
가자미 152, 153
가좌미(加佐味) 152
가츤(檟櫬) 44
각(角) 88, 92
각서(角黍) 149, 151

각척(角踢) 133
간남(肝南) 151
간문제(簡文帝) 18
간번(肝燔) 151
간주(簳珠) 59
간책문(簡策文) 169
갈기 225
갈분의이(葛粉薏苡) 59
갈비(曷非) 132
갈치 153
감 놓아라 배 놓아라 224
감람차(橄欖茶) 59
감무(監務) 21, 22
감미(蘸米·糕米) 59
감사(監司) 19
감시(監試) 28
감옥 200
감탕나무(檍) 42
감토(甘土) 98
감투(巓頭) 98
갑계(甲稧) 143
강(江) 83
강남(江南) 84
강녕자사(江寧刺史) 18
강농어 153
강돈(江豚)의 바람 157
강동(岡桐) 32
강동현(江東縣) 83
강릉(江陵) 158
강북(江北) 84
강서현(江西縣) 83
강아지 229

강어(江魚) 154
강정(羌飣) 147, 148
강지(江贄) 110
강진(康津) 31, 48, 51
강태공(姜太公) 183
강표(江表) 139
강표전 139
강한 활 204
강화(江華) 84
강화도(江華島) 128
강후(姜后) 82
강희맹(姜希孟) 30
갖옷 198, 205
같은 글자가 음이 다른 경우(同字異音) 66
같은 뜻으로 쓰는 다른 글자(同義異字) 65, 66
같은 뜻으로 쓰면서 음이 다른 글자(同義異音) 66, 67
같은 말이면서 뜻이 다른 글자 63, 64
갚기 177
개 189, 216
개구리 220
개국방략(開國方略) 122
개꼬리 206
개 발에 주석 편자 239
개상(介象) 63
개송(解送) 28
개·쇠 발괄 239
개 싸움 220
개액(解額) 28
개오동나무(檟) 44, 45
개원(開元) 158
개원유사(開元遺事) 106
개장(芥醬) 60
개천 210, 234
개황(開皇) 23
거구(倨句) 91, 92

거란(契丹) 121
거마(車馬) 119
거문고(琴) 90
거미줄 226
거북이 186
거사(居士) 161, 169
거억정이(居億貞伊) 154
거여(粔粧) 147
거울 176, 184, 198
거인(擧人) 114
걱정 187
건단(乾團) 149
건어(乾魚) 69
건원(乾元) 137
건원전송(乾元殿頌) 109
건흥(乾興) 29
걸사(乞士) 161, 169
걸왕(桀王) 187
검둥이 220
검소함 185
검은깨(苣藤) 54
겉치레의 말 201
게 238
게도 구럭도 237
게새끼 207
게어(偈語) 107
게첩(揭帖) 115
게첩문난(揭帖問難) 114
겨드랑이털 205
겨를 다 핥고 189
격률(格律) 109
격오(格五) 145
견(趼) 134
결단 180
경강(京江)의 어귀 18
경구(京口) 18, 19
경구마을(京口里) 18

경구자성(京口子城) 19
경국대전(經國大典) 71, 97
경대(鏡臺) 145
경도(京都) 169
경목(橄木) 38
경박(鏡泊) 83
경서(經書) 185, 196
경성(京城) 79
경성 5부 80
경성판관(鏡城判官) 20
경소(京所) 111, 112
경소당상(京所堂上) 112
경쇠(磬) 91, 92
경수창(耿壽昌) 127
경시(京試) 28
경양지(景陽池) 83
경읍(京邑) 165
경의(經義) 114
경저(京邸) 112
경주(慶州) 169
경찰(京察) 167
경호(鏡湖) 82
계(契) 143
계(禊) 142, 143
계림유사(鷄林類事) 85
계병(禊屛) 143
계산동(桂山洞) 80
계설(鷄舌) 41
계수나무(桂) 41, 165, 166
계시설(鷄尸說) 180
계인(啓引) 104
계임(桂荏) 54
계지(桂枝) 165
계집 211
계집 자랑 230
계첩(禊帖) 143
계피(桂皮) 165

곗술 236
고(觚) 88
고개지(顧愷之) 133
고계(高啓) 150
고공사(考功司) 111
고공(雇工)살이 230
고구려(高句麗) 17
고구려전 94
고귀한 선비 190
고귀한 신하 195
고깔(曲葛) 93
고니(枯柅) 99
고달산(高達山) 43
고래 싸움 238
고량(高粱) 55
고려 113
고려도경(高麗圖經) 34, 128
고려립(高麗笠) 96
고려사(高麗史) 24, 25, 71, 76, 112, 116
고례(古禮) 136
고로(栲栳) 99
고마(雇馬) 163
고면(高棉) 55
고명(糕銘) 150, 151
고모(姑) 74, 75
고비(皐比) 130
고삐(轡) 103, 215
고사기(高士奇) 143, 144
고섬(苦苫) 128, 129
고섬섬(苦苫苫) 129
고시(古詩) 107
고액(膏液) 130
고양이 233
고여(雇舁) 163
고염무(顧炎武) 29, 30, 114, 120
고유(姑楡) 49
고자(孤子) 137

고장강(顧長康)→고개지(顧愷之)
고전(古錢)　164
고정림(顧亭林)→고염무(顧炎武)
고풍(古風)　107
고향(故鄕)　78
고황(顧況)　80, 158, 161
고훈(詁訓)　134
곡돌(曲堗)　126
곡두(槲斗)　44, 45
곡례(曲禮)　53, 116
곡산부사(谷山府使)　51
곡식　194
곡식 싹　197
곡포(穀包)　129
곤륜(昆崙)　83
곤원(坤元)　137
곤장　238
골계(滑稽)　126
골날(骨貀)　157
골목　82
공골지(空骨池)　83
공대(筕)　46
공도보(孔道輔)　29
공든 탑　215
공물(貢物)　113
공부(貢賦)　160
공부(孔鮒)　77, 203
공생(貢生)　114
공석(空石)　128
공손추(公孫丑)　66, 201
공씨전(孔氏傳)→공안국(孔安國)
공안국(孔安國)　110
공연(公然)　116, 117
공임지(孔琳之)　145
공자(孔子)　79, 118, 142, 203
공자의 사당　30
공죽(邛竹)　46

공죽장(筇竹杖)　46
공총자(孔叢子)　77, 203
공혈(空穴)　79
과니(果泥)　151
과송(果松)　32
과송판(果松板)　32
과일　198
과장(科場)　109, 114
과좌(鍋銼)　102
과탄(夸誕)　58
곽박(郭璞)　38, 49
곽상정(郭祥正)　35
곽씨(郭氏)→곽박(郭璞)
곽씨(郭氏)의 주(註)　56
곽씨해(郭氏解)　44
곽향(藿香)　41
관(棺)　39
관기(官妓)　159
관기(盥器)　89
관끈(緋)　104
관노비(官奴婢)　161
관례(冠禮)　73
관복(官卜)　105
관리의 일　182
관숙(管叔)　77
관용봉(關龍逢)　195
관(棺)을 파는 자　192
관의소(冠儀疏)　74
관자(管子)　76, 95
관중(關中)　53
관중(管仲)　180
관직　179
관함(官銜)　104
광대싸리(荊)　42～44
광랑면(桄榔麵)　60
광무제(光武帝)　84
광아(廣雅)　91

광어(廣魚) 152
광의(廣義) 60
광주(廣州) 80
광지(廣志) 46, 49
괘(卦) 91
괘면(掛麪) 60
괘자(袿子) 98
괴엽면(槐葉麪) 60
굉(觥) 88
교관(敎官) 25, 79
교력(鮫䱱) 153
교룡 190, 198
교맥(蕎麥·荍麥) 56
교맥의이(蕎麥薏苡) 59
교면(䴛麪) 60
교묘하게 속이는 것보다 191
교병(膠餠) 148
교어(鮫魚) 156
교주고슬(膠柱鼓瑟) 91
구(句) 107
구당서(舊唐書)→당서(唐書)
구람(仇覽) 184
구람전 184
구려맥(句麗貊) 158
구록피(狗鹿皮) 130
구맥(瞿麥) 52, 53
구순(寇恂) 19
구순전 19
구슬(玉) 124, 177
구양수(歐陽脩) 109, 161
구옥(球玉) 103
구운 게 236
구일시(九日詩) 150
구장(蒟醬) 60
구종석(寇宗奭) 38
구지동(仇池洞) 80
구책전(龜策傳) 185

구천(九泉) 37
구천(句踐) 119
구피(狗皮) 130
9휘(九徽) 90
국 211
국고(菊糕) 151
국사보(國史補)→당국사보(唐國史補)
국수 60
국어(國語) 43, 183, 199
국자(國子) 26, 27
국자선생(國子先生) 27
국자학(國子學) 27
국풍(國風) 40
국학(國學) 120
군려(軍旅) 119
군령(軍令) 106
군사에 노련한 장수 192
군산도(群山島) 129
군서(軍書) 92
군수(郡守) 19, 20, 22, 79, 170
군쉬(郡倅) 20
군시변면(君尸弁冕) 118
굳은 땅 223
굴건(屈巾) 96
굴독(窟禿) 140
굴뚝 214
굴뚝(竈窗) 126
굴복(屈伏) 115
굴항(屈亢) 81
궁규(躬圭) 103
권모술수 190
권무(權務) 111
권세와 이익 197
권신 193
권중달(權仲達) 71
권척(拳踢) 133
궤섬(跪苫) 128

궤식례(饋食禮)　135, 136
귀리　53
귀머거리　202
귀목(龜木)　49
귀보리　53
귀신　186, 195
귀신의 말　197
귀엣말　174, 204
귀전(歸田)　112
귀족(貴族)　113
귀척(貴戚)　78
귀향(歸鄕)　112
규(圭)　102, 103
규장각(奎章閣)　26
균계(菌桂)　41
균역사목(均役事目)　70
귤피차(橘皮茶)　58
그릇된 말　194
그리마　156
그물　196, 213
그물눈　197
근심 걱정이 같은 자　194
글단(契丹)　121
금각(金角)　93
금강산(金剛山)　47
금경(金磬)　92
금대(錦帶)　161
금릉(金陵)　19
금보(琴譜)　90
금부(琴賦)　90
금석문(金石文)　169
금오(金吾)　24, 25
금오위(金吾衛)　25
금휘(琴徽)　90, 91
급창(及唱)　93
급총주서(汲冢周書)　77
기둥　200

기린 뿔　195
기부(錡釜)　102
기생(妓生)　159, 160
기서(奇書)　110
기석기(旣夕記)　96
기수(起溲)　146
기실(苢實)　59
기예가 같으면　186
기와 석 장　185
기와 한 장　208
기인(其人)　112, 113
기자(箕子)　164
기장쌀　176
기적(妓籍)　160
기주(岐周)　105
기준(奇遵)　41
기추(箕帚)　116
기효신서(紀效新書)　92
긴반(緊鞶)　104
길흉(吉凶)　164
김구(金坵)　109
김대문(金大問)　159
김매순(金邁淳)　168, 174
김시습(金時習)　125
김안국(金安國)　108
김유내한(金劉內翰)　108
김이상(金履祥)　142
김인산(金仁山)→김이상(金履祥)
김창협(金昌協)　81
김해(金海)　93
깃털　172, 202
까마귀　206, 207
깨달음　15
깨진 수레　184
꺽정이　154, 155
껑거리끈(鞦)　104
꼭뒤　209

꽃모란(花牧丹)　51, 52
꽃봉오리(葩)　87
꽃부리(花尖)　87
꿩　207, 238
꿩 대신 닭　230
끓는 국　226

ㄴ

나각(螺角)　92
나무　194, 209, 226
낙랑국(樂浪國)　158
낙양(洛陽)　17, 165, 169
낙양화목기(洛陽花木記)　34
난만(爛漫)　152
난장(卵醬)　60
난정도발(蘭亭圖跋)　162
난정첩(蘭亭帖)　142
날개　205
날다람쥐　199
날치　153
남경(南京)　165
남광공도현(南廣邛都縣)　46
남군기(南郡記)　155
남당(南唐)　19
남대지(南大池)　83
남매(娚妹)　76
남방초목장(南方草木狀)　48
남사(南史)　18, 75, 113, 145, 161
남생이　216
남수(灆水)　84
남에게 보탬이　193
남유(南牖)　142
남의 떡에 설 쇤다　232
남의 잔치　224
남이 알지 못하게　203
남제서(南齊書)　94
납길(納吉)　73

납의(衲衣)　100
납조면(摺條麪)　60
납징(納徵)　73
납채(納采)　73
낭억중고(狼臆中膏)　168
낭유(榔楡)　49
낭중(郎中)　24
낭촉고(狼髑膏)　168
낮 말　209
내금(內禁)　141
내 딸이 고와야　234
내 물건이 좋아야　234
내백(萊伯)　21
내복면(萊菔麪)　60
내성(內姓)　77
내아(內衙)　141
내척(內戚)　77
내칙(內則)　57
내 코가 석자　229
노(奴)　160
노(櫓)　88
노고(路鼓)　119
노구솥　226
노나무(櫨)　45
노랫가락　212
노루　237
노루 꼬리　239
노비(奴婢)　160, 161
노사(老師)　120
노속(蘆粟)　55
노송나무(檜)　35, 38
노송(老松)나무　33
노어(鱸魚)　153, 154
노어(魯語)　43
노예(奴隷)　160, 167
노온서(路溫舒)　200
노온서전　200

노을 144
노옹어(鱸㶊魚) 153
노자(老子) 197
노제(蘆稊) 55
노죽(蘆竹) 42
노학암필기(老學庵筆記) 19, 33, 108
녹두면(菉豆麪) 60
녹말의이(菉末薏苡) 59
녹미장(鹿尾醬) 60
녹비(鹿比) 130
녹사의(綠簑衣) 95
녹수(渌水) 84
녹축(簏軸) 127
녹피(鹿皮) 130
논어(論語) 105, 141, 179, 196
논어주(論語註) 142
논형(論衡) 61
놋쇠(鍮) 126
농부 202, 216
농사 198
농사철 201
농서(農墅) 160
농암잡지(農巖雜識) 165
농어 153, 154, 156
농어(農魚) 153
농어의 화상(畫像) 155
농어회 155
뇌(罍) 88
뇌씨(雷氏) 59
뇌준(雷尊) 88
누(樓) 124
누구를 위하여 182
누비(衲) 100
누비(衲衣) 100
누비(縷飛·縷緋) 100
누항(陋巷) 82
눈(眼) 133

눈 끔적이면 218
눈먼 탓 210
눈썹 186
눈으로 본 바는 적으나 191
눈초(嫩梢) 129, 130
눌치 153
느릅나무(㮚) 49
느릅나무(楡) 49, 50, 168
느티나무 49
늑어(勒魚) 152
늙은 말 235
늙은 소 192
늠생(廩生) 114
능면(菱麪) 60
능수(㴻水) 84
능원식목지(陵園植木志) 45
능주(綾州) 170

ㄷ

다가(茶家) 148
다경(茶經) 58
다락(多落) 124
다른 글자로 잘못 쓰는 것(異字) 67
다병(茶餠) 148
다산(茶山) 31
다산초당(茶山草堂) 174
다식(茶食) 148
다홍치마 209
단(蝅) 156, 157
단도현(丹徒縣) 18
단묘제물단자(壇廟祭物單子) 45
단연록(丹鉛錄) 162
단월(丹月) 29
단전(丹田) 132
단 참외 189
단척(單踢) 133
단태위일사장(段太尉逸事狀) 105, 106

단풍나무(楓) 45, 48
달면 삼키고 228
달밤 241
달이 둥글게 차면 180
닭의 입 180
닭 쫓던 개 234
담무갈보살(曇無竭菩薩) 108
담배 씨로 239
담뱃대(烟竹) 126
담비가죽 206
담자(譚子) 61
담장 210
답질(沓秩) 100
당(黨) 79
당가회(唐嘉會) 138
당건(唐巾) 98
당국사보(唐國史補) 28
당(唐)나라 119
당미(唐米) 55
당상(堂上) 240
당상관(堂上官) 96, 97, 113
당서(唐書) 20, 29, 60, 92, 140, 146, 157
당승하(唐僧荷) 53
당외사(唐外史) 60
당육전(唐六典) 29
당정(黨正) 79
당풍(唐風) 43, 49
당하관(堂下官) 96, 97, 113
대(籆) 62
대개지(戴凱之) 46
대고풍(大古風) 107
대공(大共) 140
대구판관(大丘判官) 20
대동(臺仝) 19
대동목(大同木) 100
대동전 19
대둔사(大芚寺) 31

대들보 208
대련(大練) 101
대롱 182
대립(臺笠) 96
대명률(大明律) 29, 69
대명일통지(大明一統志) 80, 128
대박계(大朴桂) 147
대부(大夫) 79, 103
대비구(大比丘) 169
대상자(簹) 127
대수(帶水) 84
대야(大也) 89
대야장로(大冶長老) 59
대유(大楡) 49
대자(帶子) 116
대장(大醬) 61
대장간 240
대장간 집 195
대정(大政) 111, 167
대정(隊正) 111
대제(大堤) 82
대제(待制) 26
대척(大踢) 133
대척(對踢) 133
대청(大廳) 140
대탕(大踼) 133
대택(大澤) 82
대패(大牌) 101
대패(鐋子) 101
대포(大布) 100
대피(大陂) 82
대하(大夏) 46
대학(大學) 197
대효(大孝) 137
더덕(多德) 50
덕행 199, 206
덧방나무 177

도(櫂) 88, 89
도가(道家) 139
도거사(陶居士) 169
도거사(到居士) 161
도계직(陶季直) 75
도곡(稻穀) 128
도곡(陶穀) 147
도끼 192, 208
도끼자루 183, 201
도둑 211, 222
도래떡 228
도량(道場) 139
도록(都錄) 111
도리(徒里) 140
도리가 같으면 186
도리 100가지를 깨닫고 193
도목(都目) 111, 167
도목고정안(都目考政案) 111
도미(道味) 153
도미협(度迷峽) 80
도배 112
도빙군(陶聘君) 75
도삽(倒揷) 131
도서(圖書) 99
도서(島嶼) 129
도설(棹楔) 137
도송진(桃松津) 130
도어(魛魚) 153
도연명(陶淵明)→도잠(陶潛)
도예처사(道藝處士) 161
도이창(刀伊窓) 140
도잠(陶潛) 23
도적 182
도지(桃脂) 130
도척(刀尺) 160
도척(盜跖) 187
도토리나무(橡) 45

도해체(倒薤體) 63
도흡(到洽) 161
독무(督撫) 21, 170
독우(督郵·督尤) 22, 23
돈(錢) 69, 133, 180
돌부처 224
돌쇠뇌(砲) 126
돌을 던지면 215
돌피(稊稗) 54
돌피(稗) 54, 167
동각(銅角) 93
동견(侈絹) 98
동래부사(東萊府使) 21
동리(同里) 77
동무 218
동방삭(東方朔) 32, 182, 198
동방삭전 32, 182, 198
동백(冬柏) 31
동산거사(東山居士) 161
동생(童生) 114
동성(同姓) 78
동월(董越) 50, 85, 149
동의(東醫) 132
동의보감(東醫寶鑑) 51
동이전(東夷傳) 94
동자(童子) 118
동정호(洞庭湖) 82
동중서(董仲舒) 196
동중서전 196
동피면(桐皮麪) 60
동혈(洞穴) 79, 80
동호(東湖) 82
동호(銅湖) 82
동황성(東黃城) 17
되 213
된밀치 104
됫박 곡식 215

두공(斗拱) 140
두 길마 236
두꺼비 씨름 240
두려워서 흠칫흠칫하면 178
두면(豆麵) 60
두미천(斗尾遷) 85
두보(杜甫) 24, 87, 92, 93, 116, 129, 134, 145, 157, 163, 170
두부(豆腐) 61, 62
두시(杜詩) 92
두우(杜佑) 22
두 잎새 183
두장(豆醬) 61
두전(頭錢) 98
두중(杜仲) 46
두체(杜棣) 47
두충(杜沖) 46, 47
두회(頭盔) 98
둔견(屯絹) 98
둔장(臀杖) 116
뒤웅박 239
뒷간 228, 233
뒷밀치 104
뒷수레 191
듣기 좋은 말 201
들기름(法油·白蘇油) 54, 55
들깨 54, 55
들보(棟) 125
들으면 병 217
들쭉 46
등(登) 94
등달협 80
등사(螣蛇) 199
등왕각시서(滕王閣詩序) 109
딸 231
땅 199, 200
때찔레(玫瑰) 47

땔나무 196
떡갈나무(槲·槲斗) 45
떡국 146
떡도 떡이려니와 225
떡소(餡) 151
떡잎 209
똥 234
뚝섬 82
뜸(灸) 132
뜻이 다르면서 같은 말의 글자 64, 65

ㅁ

마굿간(馬廐) 130
마납(磨衲) 100
마당(場) 124
마록피(馬鹿皮) 130
마복탑(馬福塔) 122, 123
마부대(馬富大) 122, 123
마융(馬融) 26
마을(洞) 79, 208
마음 193, 200
마음속 177, 185
마포(麻布) 100
마피(馬皮) 130
마호(麻湖) 83
막야(鏌邪) 186
만금(萬金) 69
만다화(曼陀花) 32
만단(蠻蜑) 157
만두(饅頭) 146
만리(鰻鯉) 153
만리성 227
만만(挽滿) 145
만삼(萬杉) 시 40
만세루(萬歲樓) 19
만세산(萬歲山) 81
만송(蔓松) 33, 35, 37, 41

만수(滿水) 84
만연(蟃蜒) 156
만연(蠻蜒) 157
만장홍(萬匠篊) 127
만초(蔓草) 51
만풍(蠻風) 157
말 213
말(馬) 204
말갈(靺鞨) 44
말구종 212
말국수(斗麪) 146
말다래(鞊) 104
말똥 217
말뚝 치기 229
말로 해침 203
말을 탄들 보이랴 223
말의 생김새 194
말 잃고 224
말재갈(馬銜) 104
망건 94
망치 153
매 227
매괴장(玫瑰醬) 48
매괴화(玫瑰花) 47, 125
매부(妹夫) 74
매색(梅賾) 176
매씨 여오(梅氏旅獒) 176
매요신(梅堯臣) 36
맥(貊) 158
맥면(麥麪) 61
맥목(貊木) 158
맹분(孟賁) 204
맹자(孟子) 70, 77, 79, 105, 131, 135
먹(墨) 55
먹는 것만이 189
메기장(稷) 53, 54, 166, 167
메밀(木麥) 56

메밀떡 215
메주 멍석 229
멧돌 237
며느리 213, 231
면(麪) 59
면부(麪賦) 59
면어(鮸魚) 152
면포(棉布) 99, 100
멸치 153
명(茗) 58
명당(明堂) 141
명성 201
명아주(藜) 46
명예 199, 203
명자(明榟) 53
모계(牡桂) 41
모과(木瓜) 151
모과차(木瓜茶) 58
모과해당(木瓜海棠) 47
모난 돌 229
모란(牧丹) 51
모래무지 156
모마(牡麻) 56
모밀 56
모시(毛詩) 34
모시(紵) 56, 57
모시(毛施) 57
모씨전(毛氏傳)→모형(毛亨)
모자(牟子) 191
모형(牡荊) 43
모형(毛亨) 110
모호(模糊) 152
목공(繆公) 135
목공(木工) 200
목구멍 217, 226
목면(木棉) 46, 55, 98
목사(牧使) 20, 170

목숨 187
목은집(牧隱集) 71
목지(木脂) 130
목지(木芝) 57, 58
목직(木稷) 55
못난 색시 241
묘당(廟堂) 136
묘실(廟室) 136
묘지(墓誌) 106
묘지문(墓誌文) 165
무(霧) 144
무당(巫) 164, 196, 197, 220
무명(武名) 98
무반(武班) 113
무부(巫夫) 159
무성전(武成殿) 141
무소(水犀) 131
무쇠 두멍 237
무영전(武英殿) 26
무우채(無憂菜) 99
무이(蕪荑) 49
무이암(武夷巖) 81
무이정사(武夷精舍) 139
무자리 159
무자이(巫玆伊) 159
무제(武帝) 84
무후채(武侯菜) 99
묵돌(冒頓) 121
묵특(墨特) 121
문난(問難) 114, 115
문명(問名) 73
문목(文木) 39
문반(文班) 113
문비(問備) 115
문비자(問備者) 114
문선육신주(文選六臣注) 184
문선주(文選注)→문선육신주(文選六臣注)

문연각(文淵閣) 26
문왕(文王) 21
문자 204
문지방 195
문짝(戶扇) 126
문첩(文帖) 106
문체(文體) 107
문추(紋楸) 45
문평(紋枰) 45
문학(文學) 25
문항(門巷) 82
물가(濱) 85
물개 158
물건 211
물고기 193, 196, 198
물류상감지(物類相感志) 60
물린 음식 211
물소(水牛) 131, 158
물이 지나치게 맑으면 198
뭇사람의 입 202
미(麋) 53
미꾸라지 241
미당(美餳) 147
미두(米豆) 61
미륵(彌勒) 168
미암일기(眉巖日記) 112
미약한 여자 204
미역 125
미운 아이 232
미친개 216
민산(岷山) 83
민어(民魚) 152
믿는 나무 225
밀가루(麥屑) 60
밀가루(麥末) 59
밀과(蜜果) 146
밀면(蜜麪) 146, 147

밀반(蜜飯) 146
밀이(蜜餌) 147
밀자(蜜炙) 132
밀주(蜜酒) 146
밀치(鞯) 104

ㅂ

바늘 219
바늘 도둑 214
바다농어 153
바다상어 153
바다표범 157, 158
바둑판(博局) 45
바둑판(棊局) 45, 46
바둑판나무(枰) 45
바라(哱囉) 92
바위를 차면 226
바퀴(輪) 87
박경유(朴景儒) 154
박계(朴桂) 147
박궁(朴宮) 140
박달나무(檀) 40, 41
박봉(薄縫) 140
박사제주(博士祭酒) 120
박산(朴橵) 149
박아(博雅)→광아(廣雅)
박장(薄壯) 146
박제가(朴齊家) 124
박주(亳州) 33, 34
박지원(朴趾源) 100
박탁(飥飥) 146
박하(薄荷) 52, 53
반기(拌棄) 134
반납(斑衲) 100
반룡강(盤龍江) 83
반악(潘岳) 122
반자(半刺) 20

반절(反切) 110, 111
반절(半截) 111
반쪽 콩도 221
발 70
발(足) 124
발(趾) 125
발개(拔解) 28
발뒤꿈치 125, 209, 213
발 뒤축 231
발등 214
발수(撥水) 88
발인(發靷) 104
발장(撥長) 240
발합(鵓鴿) 157
발해(發解) 27, 28
밝은 덕 176
밤 말 209
밤새도록 218
밤새도록 울다가 231
밤 잔 원수 221
밥풀 234
방거사(龐居士) 169
방계(榜禊) 143
방광암(方廣巖) 81
방량(放糧) 128
방립(方笠) 96
방백(方伯) 21, 170
방백(邦伯) 171
방아(放衙) 141
방앗간 230
방패(防牌) 106
밭도랑 224
밭두둑길 184
배(杯) 88
배(船) 29, 87, 88
배교(杯珓) 164
배 먹고 218

배움 15, 195, 196
배응어(拜占魚) 153
배초(拜草) 99
배타기 220
배회화(裵回花) 47
백(柏) 32
백갑섬(白甲苫) 128
백거이(白居易) 39, 40, 56, 161, 163
백관지(百官志) 24, 92
백관표(百官表) 119
백교향(白膠香) 48
백기(白起) 115, 180
백기전 180
백납(白衲) 101
백단(白檀) 41
백단(白團) 148
백도(白徒) 113, 114
백록동(白鹿洞) 80
백록암(白鹿巖) 81
100리 194
백마사(白馬寺) 138
백목(白木) 100
백목전(白木廛) 100
백번 듣는 것이 191
백부(伯父) 71
백부지(白荴芝) 57
백분(白粉) 49
백비와(白鼻騧) 162
백성 178
백성의 여론 197
백소(白蘇) 54, 55
백언시(百諺詩) 174
백언해(百諺解) 175
백엽송신(柏葉松身) 33
백운동(白雲洞) 48, 80
백유(白楡) 49
백의도(白衣島) 34, 128

백자인(柏子仁) 32
백자판(柏子板) 32
백정 189, 195
백지(白芝) 57
백짓장 236
백차(柏茶) 58
백채(白菜) 99
백합(白鴿) 157
백합면(百合麪) 60
뱁새 215
뱃대끈(䩞·鞅) 103
뱃병 235
뱅어 153
버들고리(柳器) 159, 160
버릇 221
버릇없이 키운 자식 189
번개 232
번답어(蕃蹹魚) 153
번절(飜切) 111
벌레 187
범 204, 206, 213, 219
범벅에 꽂은 수저 241
범성대(范成大) 34
범저(范雎) 82, 121, 122
범저전 82
범증(范增) 76
법랑(琺瑯) 99
법상사(法相寺) 34
법전(法典) 105
벚(山櫻) 126
베(布) 100
벼(租) 126
벼(稻) 126
벼랑(遷) 85
벼로(別吾) 85
벼룩 등에 223
벼슬살이 197, 198

벽거(僻居) 82
벽골제(碧骨堤) 83
벽어(碧魚) 99
벽항(僻巷) 82
변(弁) 93, 94
변기(抃棄) 134
변면(弁冕) 118
변별(抃別) 134
변인 분자(邊人粉餈) 150
변진(弁辰) 94
변진가라국(弁辰加羅國) 93
별갑초자(鼈甲醋炙) 132
별격(別格) 145
병신 자식 226
보각선사(寶覺禪師) 100
보궤(簠簋) 54
보기 좋은 떡 231
보리(菩里) 99
보문각 제학(寶文閣提學) 25
보배 224
보살섬(菩薩苫) 128
보아(報衙) 141
보처(補處) 123, 168
보처(輔處) 123
복(卜) 105
복건(福建) 사람 153
복날(伏日) 143
복됨 184
복마(卜馬) 105
복물(卜物) 105
복상 201
복선(覆船) 89
복숭아와 오얏 181
복역(復逆) 119
복중(卜重) 105
복파암(伏波巖) 81
본초(本草) 31~33, 38, 39, 41, 44, 48, 50,
53, 54, 56, 57, 130, 156, 157
본초강목(本草綱目) 38, 43
본초별록(本草別錄) 131
본초집해(本草集解) 49
봄 꿩은 236
봄비 211
봉단(鳳團) 148
봉상(捧上) 65
봉액(逢掖) 101
봉자면(蓬子麪) 60
봉황산(鳳凰山) 34
부견(苻堅) 123
부관(副官) 20
부꾸미 151
부남(扶南) 41
부드러운 것 176
부뚜막 208
부부 싸움 230
부사(府使) 20
부사(府史) 111
부씨기(苻氏紀) 78
부어(鮒魚) 153
부여(不與·扶餘) 55, 56
부원(賦元) 27
부위(府衛) 111
부윤(府尹) 170
부융(苻融) 78
부응어(鮒占魚) 153
부잣집 아들 202
부잣집 자식 181
부장(賦壯) 27
부제(祔祭) 136
부채 장사 195
부처(敷處) 123
부포(賦布) 100
북경(北京) 165
북부여왕(北扶餘王) 158

북사(北史)   19, 78, 95, 141
북옥저(北沃沮)   86
북용(北墉)   142
북한산성(北漢山城)   48
분견(粉繭)   147, 148
분골(坌骨)   132
분남독우(汾南督郵)   22
분단(粉團)   148, 149
분설(粉屑)   149
분어(鱝魚)   153
불(佛)   123
불가(佛家)   139, 168
불도정사(佛圖精舍)   138
불서역언(佛書譯言)   161
불우(佛宇)   138
불탁(不托)   146
붉은흙   191
붕어   153
비(婢)   160
비(比)   79
비(轡)   103
비간(比干)   195
비갈문(碑碣文)   27
비곤(費袞)   122
비구(比丘)   161, 169
비구니(比丘尼)   169
비납(緋衲)   100
비단   218
비단치마   213
비둘기   188
비문(碑文)   165
비순위(備巡衛)   25
비아(埤雅)   32
비열(備列)   114, 115
비유(蜚腴)   99
비자(篦子)   127
비자나무(榧)   39

비족(妃族)   78
비지   241
비파(琵琶)   90
빈객(賓客)   119
빈공(賓貢)   28
빈공(擯攻)   28
빈랑(檳榔)   31
빈례(賓禮)   147
빈풍(豳風)   82
빌어는 먹어도   235
빙고(氷庫)   82, 211
빙군(聘君)   75
빙모(聘母)   75
빙부(聘父)   75, 76
빙호(氷湖)   82
빨래   231
뺨   70
뽕나무   186, 205
뽕벌레   156

ㅅ

사(賒)   162, 163
사계화(四桂花)   42
사공(沙工)   99
사공도(司空圖)   169
사공서(司空曙)   93
사과(奈)   126
사군(使君)   19, 20, 170
사군(四郡)   84, 85
사기(史記)   60, 78, 110, 120, 122, 179, 180, 181, 186, 188, 192, 194, 197, 201, 202, 204, 205
사기평림(史記平林)   110
사나운 개   207
사나운 종   195
사냥개   204

찾아보기   353

사다새 193
사당(舍堂) 161, 169
사대부(士大夫) 113
사도(司徒) 26
사독(四瀆) 84
사돈집(姻家) 126, 212
사람 197, 202
사람 속 238
사랑(斜廊) 140
사례(射禮) 79
사립(蓑笠) 96
사립문(扉) 126
사립문(柴扉) 126
사마(司馬) 26
사마방(司馬榜) 26
사마상여(司馬相如) 45
사마시(司馬試) 26
사마의(司馬懿) 233
사마천(司馬遷) 120, 182
사마천전 160, 182
사마표(司馬彪) 29
사면(莎麪) 60
사목(沙木) 38
사문(沙門) 138
사물기원(事物紀原) 62
사복(私卜) 105
사복시(司僕寺) 119
사비수(泗沘水) 84
사삼(沙參) 50
사새어(四鰓魚) 154
사소(史炤) 184
사슴 190
사승(謝承) 139, 184
사시(司市) 162
48방(坊) 79
사안(謝安) 142
사어(鯊魚) 153, 156

사업 201
사영운(謝靈運) 95
사우례(士虞禮) 135, 136, 151
사응어(鯊占魚) 153
사인(使人) 94
사일(社日) 143
사중(思仲) 46
사직(社稷) 79
사창(社倉) 127
사척(四戚) 77
사촌(四寸) 71, 72
사촌회(四寸會) 71
사치스러움 185
사판(沙板) 39
사표(謝表) 109
사피(斜皮) 98
사향(祀享) 147
사헌부(司憲府) 93
사홍(射洪) 127
사흘 굶으면 207
산(散) 88
산가청공(山家淸供) 60
산과 들 188
산무우(山蘿葍) 50
산봉우리(峰) 85
산뽕나무(柘) 49
산사(山査) 151
산삼(山蔘·山參) 50
산원산(散原山) 139
산자(橵子) 149
산재(散齊) 135
산증더덕(山蒸多德) 50
산차(山茶) 31
산차(山茶)나무 51
산채(山菜) 50
산해경(山海經) 55
산핵도(山核桃) 44, 45

살강 241
살수(薩水) 84
살찐 놈 따라 붓는다 241
삼국사기(三國史記) 158
삼국지(三國志) 63, 110, 152, 161, 198
삼국지연의(三國志演義) 110
삼(杉)나무 38~40
삼대(三代) 27, 88
삼례(三禮) 118
삼리(三里) 132
삼순(三旬) 162
삼정승 218
삼창(三倉·三蒼) 134
삼청동(三淸洞) 80
삼촌(三寸) 71, 72
삼한(三澣) 161, 162
삼한(三韓) 84
삼협(三峽) 80
삿갓(笠) 94~96, 241
삿대(篙) 87, 89
상(觴) 88
상건하(桑乾河) 83
상공(上貢) 28
상관(喪冠) 96
상군(商君)→상앙(商鞅)
상군전(商君傳) 201, 205
상기(喪紀) 119
상례(喪禮) 137
상림부(上林賦) 45
상립(喪笠) 96
상복(喪服) 96
상사(上士) 113
상사(上巳) 142, 143
상서(尙書) 110
상서성(尙書省) 23
상아(象牙) 103
상앙(商鞅) 78, 205

상어(霜魚) 153
상여끈(引) 104
상오(商於)의 땅 600리 70
상원관등시(上元觀燈詩) 148
상제(殤祭) 135, 136
상지차(桑枝茶) 58
상참(常參) 141
상치밭 209
상평법(常平法) 127
상한(上澣) 162
상현(上弦) 162
새끼 213, 219
새매 188
새벽달 214
새앙쥐 238
색시 209
생강(生薑) 151
생강차(薑茶) 58
생마(生馬) 225
생원(生員) 113, 114
생원론(生員論) 114
서각(犀角) 131
서개(徐鍇) 70, 81
서거정(徐居正) 64
서검(徐儉) 47
서경(書經) 43, 83, 110, 176
서계(書啓) 105
서계총화(西溪叢話) 131
서광(徐廣) 145
서권(書卷) 127
서급(書笈) 127
서긍(徐兢) 34, 85, 128
서까래 205
서당(婿黨) 76
서도(胥徒) 111
서독(書牘) 115
서로 마음을 알지 못하면 181

서리하(西蠡河) 83
서발막대 243
서방(書房) 114
서백(西伯) 21
서부해당(西府海棠) 47
서상(犀象) 131
서식(黍食) 55, 56
서역전(西域傳) 131, 132
서옥(瑞玉) 102
서울(徐菀) 169
서융(西戎) 92
서자(庶子) 26
서전(徐箋) 53
서전(書傳) 110
서전대문(書傳大文) 110
서정부(西征賦) 122
서통(犀通) 130, 132
서피(黍皮) 98
서호(西湖) 82, 83
석(石) 128, 203
석가보(釋迦譜) 138
석굴(石窟) 81
석궁(釋宮) 138
석량(石梁) 127
석명(釋名) 45
석새 짚신 213
석어(石魚) 152
석연(石燕)의 비(雨) 157
석종유(石鐘乳) 79
석현(夕見) 141
선(鐥) 89
선거지(選擧志) 76
선마(洗馬・先馬) 119, 120
선무당 242
선비 103, 187, 198, 204
선비의 관상 194
선사(選士) 26

선왕재(善往齋) 222
선정전전(宣政前殿) 141
선화봉사고려도경→고려도경(高麗圖經)
설(鼓) 58
설문계전(說文繫傳) 70, 81
설문해자(說文解字) 53, 57, 61, 70, 74, 81, 88, 104, 130, 138, 141, 149, 163, 168
설선(薛宣) 183
설선전 183
섬(苫) 128, 129
섬(島) 128
섬동(陝東)의 백(伯) 21
섬서(陝西)의 백 21
섬(島)에서 그친 바이니 216
섭마등(攝摩騰) 138
성(城) 201
성굉지(盛宏之) 80
성문(城門) 188
성인(聖人) 200
성제(成帝) 144
성호사설(星湖僿說) 115, 156
세(貰) 163
세납(細衲) 100
세누비(細縷緋) 100
세마(貰馬) 163
세목(細木) 100
세 살 적 버릇 206
세상 풍속 203
세설신어(世說新語) 95, 145, 146
세시기(歲時記) 148, 151
세여(貰轝) 163
세종대왕(世宗大王) 112
세포(稅布) 100
소(牛) 209
소(梢) 88
소가(小加) 94
소경 210, 219, 220, 224

소고풍(小古風) 107
소공(召公) 21
소공(艄工) 99
소금 208, 210
소댕 242
소 도둑 214
소를 빼앗는다 178
소리(消梨) 151
소리개 207, 227
소매 180
소미도(蘇味道) 24
소발(小鈸) 92
소밥통(牛胃) 132, 168
소보(巢父) 76
소부(少傅) 119
소설(小說) 133
소송(蘇頌) 38
소수맥(小水貊) 158
소식(蘇軾) 31, 34, 36, 37, 45, 59, 61, 62, 91, 109, 129, 131, 146
소원명(蘇源明) 134
소유동(小有洞) 80
소의(少儀) 116, 134
소의 엉덩이 180
소인 187
소 잡는 터전 222
소종(小鐘) 92
소진(蘇秦) 180, 202
소진전 180, 202
소차(疏箚) 133, 134
소철(蘇轍) 39, 40
소하(蕭何) 122
소호(少昊) 77
속담(俗談) 175
속대전(續大典) 96
속석(束晳) 59, 76
손가락 212

손가락질 183
손권(孫權) 63
손님 195, 200
손목(孫穆) 85
손무(孫武) 201
손발톱 205
손오전(孫吳傳) 201
손자(孫子)→손무(孫武)
손작(孫作) 62
손톱 210
솔 심어 208
송강(淞江) 154, 155
송경문필기(宋景文筆記) 92
송궁문(送窮文) 63
송기(宋祁) 92, 150
송렴(宋濂) 81
송막기문(松漠紀聞) 167
송사(宋史) 20, 28, 141
송순(松筍) 129
송순주(松筍酒) 129
송아지 184
송엽발자(松葉餑子) 151
송와잡설(松窩雜說) 112
송자경(宋子京)→송기(宋祁)
송절차(松節茶) 58
송지(松脂) 58, 130
송진(松津) 130
송편(㸑) 151
송형가입진(送荊軻入秦) 109
송화(松花) 148
솥(鼎) 102, 243
쇄납(瑣吶) 92
쇠(金) 124
쇠 귀에 경 읽기 223
쇠뇌 183
쇠뿔 210
수(銖) 203

수경주(水經注) 81, 139
수단(水團) 148, 149
수달(水獺) 110
수달피 110
수량(收糧) 128
수레 191, 204
수레 굴대 202
수레 난간 202
수레를 빌린 자 194
수령(守令) 25
수로(首露) 93
수명 187
수박 219
수사동(垂絲桐) 44
수사해당(垂絲海棠) 47
수삼(枲) 56, 57
수서(隋書) 145
수소 걸음 213
수수(垂穗) 55, 99
수양 198
수어(秀魚) 152
수어(鱃魚) 153
수역(水驛) 29
수우(水牛) 158
수응어(秀占魚) 153
수자(羞蔵) 151
수재(秀才) 26
수제비 146
수척(水尺) 159, 160
수표(水豹) 157
수표피(水豹皮) 157
숙견(宿跰) 134
숙부(叔父) 71
숙손통(叔孫通) 204, 205
숙시(宿尸) 135
숙신(肅愼) 56, 83
숙신씨(肅愼氏) 43

숙유(菽乳) 61, 62
숙장(菽醬) 61
순경(荀卿) 120
순군옥(巡軍獄) 25
순라(巡邏) 24
순(舜)임금 26, 91, 119, 187, 203
순자(荀子) 119, 193, 199
순채국 155
순채나물 155
숟가락 241
술(酒) 87
술잔(盞) 87
숭덕(崇德) 122
숭복사비(崇福寺碑) 128
숭어 153
쉬(倅) 20, 21, 170
쉬자(倅子) 26
스승 185, 188
슬(瑟) 90
슬인(瑟人) 215
습면(濕麵) 146
승(僧) 124
승수(升數) 100
승수연담(澠水燕談) 34
승진(承塵) 116
승하(僧荷) 52, 53
시경(詩經) 40, 43, 49, 55, 82, 83, 87, 94, 95, 103, 110, 134, 176
시골 구석 200
시국(豉麴) 61
시노(侍奴) 93
시동(尸童) 118
시루에 물붓기 237
시마(枲麻) 56
시부(詩賦) 114
시사(詩詞) 108
시새움 181

시소(詩疏)　82, 95
시아버지(媤父)　125
시아비　235
시앗 죽은 눈물　242
시어(鱃魚)　152
시어머니(媤母)　126
시어미　213
시원(詩元)　27
시장(豉醬)　60, 61
시장(詩牀)　27
시전(詩傳)　33, 110
시전대문(詩傳大文)　110
시집(媤)　126
시집 간다　195
시칠(豺漆)　110
식칼　240
식화지(食貨志)　128, 202
신경기(辛慶忌)　78
신규(信圭)　103
신농씨(神農氏)　52
신도(愼到)　203
신라(新羅)　113, 123, 158, 159, 169
신라국기(新羅國記)　159
신라전(新羅傳)　157
신상(神相)　118
신이(辛夷)　125
신자(愼子)→신도(愼到)
신작(申綽)　154, 169, 174, 175
신장(訊杖)　116
신증동국여지승람(新增東國輿地勝覽)　22, 32, 41, 86
신코　213
신휘(申徽)　19
신휘전　19
실납(實衲)　100
실 엉킨 것　227
실행　201

심양(瀋陽)　55
심의(深衣)　97
싸리(杻)　42~44
싸리나무(楛)　43
싸움을 돕는 자　183
쌍왜회(雙矮檜)　35
쏘가리(鱖)　154
쓴 배　212
씨앗　216

ㅇ

아(啊)　140
아(阿)　68
아가위　151
아내　232
아내와 자식의 손　211
아는 도끼　242
아도(砑刀)　101
아도(阿堵)　132, 133
아도물(阿堵物)　133
아도 불량(阿睹不良)　133
아들　196, 197, 199
아름다운 여자　179
아름다운 의복　178
아름다움에 순응하면　180
아리따운 여자　195
아미타경(阿彌陀經)　168
아보(亞父)　76
아비　196, 199
아얌(額掩)　97
아언각비(雅言覺非)　14, 17, 174
아우　211
아자섬(鵝子苫)　129
아주버니(叔氏)　74
아첨　193
아충(阿忠)　146
아함초(鴉含草)　57

악부(樂府) 63
안개 144
안국동(安國洞) 80
안녹산(安祿山) 60
안사고(顔師古) 24, 160
안석(按席) 101
안섬(案苫) 129
안수(凘水) 84
안시회(鴈翅檜) 34
안식향(安息香) 41
안악(安岳) 170
안정복(安鼎福) 150
안찰(按察) 21, 170
안치 112
안희위(安喜尉) 22
알거섬(軋居苫) 129
암(巖) 81
암탉 176
압각수(鴨脚樹) 30
앙엽기(盎葉記) 71
애민사(哀閩詞) 161
애소원명(哀蘇源明) 134
애손(哀孫) 136
애자(哀子) 136, 137
액엄(額掩) 97
야계반(野雞斑) 39
야삼(野杉) 39
야소(野蘇) 55
야시(野市) 124
야율초재(耶律楚材) 160
야해(野薤) 63
약값 239
약과(藥果) 146, 147
약모란(藥牧丹) 51, 52
약밥(藥飯) 146
약주(藥酒) 146
양(胖) 132

양계만지(梁溪漫志) 122
양기(梁冀) 145
양념 63
양두(陽頭) 132
양만리(楊萬里) 129, 147, 154
양맥(梁貊) 158
양반(兩班) 113
양복(楊復) 136, 149
양성재(楊誠齋)→양만리(楊萬里)
양수척(楊水尺) 159, 160
양신(楊愼) 127
양신재(楊信齋)→양복(楊復)
양웅(揚雄) 90
양웅전 90
양의 우리 204
양자(揚子)→양웅(揚雄)
양자방언(揚子方言) 45, 54, 84, 89, 134, 160
양재건(梁在謇) 174
양적(陽翟)현 201
양제(煬帝) 155
양지마리 132
양태진(楊太眞) 146
양평(楊平) 43
양호(楊鎬) 106
어느 구름에서 227
어량(魚梁) 127
어름치 153
어린 부인의 말 192
어린 아이 225
어린 아이 가진 떡도 234
어린 아이 말 210
어린 종 235
어보(漁父) 29, 76
어살(魚箭) 126
어아주(魚牙紬) 157, 158
어장(魚醬) 61

어전(魚箭) 127
어지러운 대문 188
어진이 179
언덕(原) 86
엄저(淹菹) 63
여(閭) 79
여거인(呂居仁)→여본중(呂本中)
여람(呂覽) 77
여량홍(呂梁洪) 127
여름 된장 237
여문(儷文) 109
여본중(呂本中) 108
여산기(廬山記) 39
여순(如淳) 91
여승(女僧) 169
여씨춘추(呂氏春秋)→여람(呂覽)
여우 184, 199, 205
여유당(與猶堂) 14
여자 198, 202
여장(藜杖) 46
여조겸(呂祖謙) 147
여지지(輿地志)→신증동국여지승람(新增東國輿地勝覽)
여축(藜筇) 45
여편네 237
역(驛) 29
역(閾) 142
역경 208
역마(驛馬) 29
역선(驛船) 29
역어유해(譯語類解) 167
역정(驛亭) 29
역질 192
연(蜒) 156
연교(連翹) 125
연기 214
연대(硯臺) 145

연맥(燕麥) 52, 53
연못 190
연못의 물고기 188
연문(連文) 138
연문석의(連文釋義) 76
연번로(演繁露) 34
연약과(軟藥菓) 241
연우(蚿雨) 157
연음(燕飮) 119
연장(蚿醬) 61
연지채(燕脂菜) 46
연포회(軟泡會) 61
연풍(蚿風) 157
열구(列口) 84
열 그릇 밥 230
열 길 물속 238
열녀전(列女傳) 82
열대부(列大夫) 120
열 번 찍어 209
열 손가락 212
열수(洌水) 14, 84, 85
열양세시기(洌陽歲時記) 148, 151
열어(鱻魚) 153
열자(列子) 152, 202
열주(烈酒) 148
열하일기(熱河日記) 100
염세(鹽稅) 21
염제(厭祭) 135
염통 210
염파(廉頗) 115
영고이대(英固爾岱) 122, 123
영당맥(鈴鐺麥) 53
영롱암(玲瓏巖) 81
영수(濚水) 84
영우관(靈祐觀) 34
영웅(英雄) 190
영장(令長) 19, 22

영춘화(迎春花) 125
영항(永巷) 82
영호징(令狐澄) 159
예(濊) 158
예(栵) 88
예경(禮經) 74, 76, 142
예기(禮記) 21, 22, 26, 44, 53, 57, 60, 75, 93, 101, 116, 118, 134, 135, 142, 161, 194
예기(禮器) 135
예맥(濊貊) 158
예문관 제학(藝文館提學) 26
예부운략(禮部韻略) 56, 317
예서(隷書) 164
예소(禮疏) 60
예식(禮食) 120
예왕(濊王) 158
예의 200
예원자황(藝苑雌黃) 150
예의지(禮儀志) 142
예주(豫州) 19
예주암(蘂珠巖) 81
예지(禮志) 141
옛것을 고치고 181
옛사람 176, 185
옛 우물 234
옛친구 181
오가피(五加皮) 110
오강(吳江) 155
오곡(五穀) 54, 158
오과차(五果茶) 58
오관(五管) 170
오기(吳起) 201
오뉴월 불 220
오도부(吳都賦) 30
오라영고탑(烏剌寧古塔) 56
오렵송(五鬣松) 32

오르지 못할 나무 221
오립송(五粒松) 32
오매(烏梅) 47
오맥(烏麥) 56
오미자(五味子) 47
5부(部) 79
오부독우(五部督郵) 22
5성(五聲) 90
오소리 184
오왕비(吳王濞)→유비(劉濞)
오원(伍員) 197
오융(吳融) 80
오자서(伍子胥)→오원(伍員)
오자서전 197
오정방(吳鼎芳) 138
오호(五湖) 82
오희(吳姬) 108
옥기(玉器) 103
옥리(獄吏) 200
옥백(玉帛) 75
옥지(玉芝) 58
옥현(玉鉉) 102
온돌(溫堗) 126
온정균(溫庭筠) 45
올눌(膃肭) 157
올빼미 191
옷상자 213
옷을 빌린 자 194
옹기 217
옹천(甕遷) 85
와룡산(臥龍山) 40
완위여편(宛委餘編) 161
왕가(王嘉) ① 183
왕가(王嘉) ② 183
왕가전 183
왕개보(王介甫)→왕안석(王安石)
왕건(王建) 60

왕경(王京) 79
왕궁(王宮) 78
왕동궤(王同軌) 174, 175
왕문록(王文祿) 39
왕발(王勃) 102
왕세정(王世貞) 139, 161
왕신전(王愼腑) 76
왕악(王鍔) 20
왕안석(王安石) 108
왕연(王衍) 133
왕옥(王獄) 25
왕온무(王媼武) 163
왕운(王惲) 155
왕유(王維) 145
왕융(王融) 94
왕은(王隱) 150
왕일(王逸) 147
왕제(王制) 21, 22, 26
왕조(汪藻) 109
왕족(王族) 113
왕창령(王昌齡) 18
왕추(王芻) 46
왕충(王充) 61
왕희지(王羲之) 142
왜목(倭木) 38
왜황련(倭黃連) 50
외고(外姑) 76
외구(外舅) 76
외나무다리 207
외사촌(外四寸) 71
외손뼥 237
외양간(牛囤) 130, 224
외척(外戚) 77, 78
외친(外親) 78
외혼(外昏) 77
요(橈) 88
요계(僚禊) 143

요고(腰鼓) 89
요고삽(腰鼓挿) 131
요관(姚寬) 131
요동(遼東) 83
요를 살펴보고 217
요산(蓼橵) 149
요양(遼陽) 55
요(堯)임금 187, 203
욕(辱) 115
용골대(龍骨大) 122, 123
용단(龍團) 148
용봉지(龍鳳芝) 58
용서 231
용수에 담은 찰밥 236
용재수필(容齋隨筆) 167
용트림 241
용풍(鄘風) 55
우공(禹貢) 43
우기(虞寄) 161
우길(于吉) 139
우락(牛酪) 130
우리 나라 속담 206
우마(牛馬) 120
우복(憂服) 96
우부(右部) 78
우붕(友朋) 77
우(禹)임금 183, 195
우초신지(虞初新志) 62
우파니(優婆尼) 161
우협(牛脇) 132
우흉(牛胸) 132
운당(篔簹) 42
운부군옥(韻府群玉) 87
운선잡지(雲仙雜志) 92
울려는 아이 뺨치기 236
울지 않는 애 232
웅어 153

원결(元結) 170
원님도 보고 231
원님살이 230
원사(元史) 57
원 세조(元世祖) 57
원수 199, 207
원앙(袁盎) 202
원앙전 202
원양견(元陽繭) 147
원외랑(員外郎) 23, 24
원자(元子) 26
원차산(元次山)→원결(元結)
원차산 용릉행(舂陵行) 170
원한 178
원호문(元好問) 47
월계천(月谿遷) 85
월계화(月桂花) 42
월기(月忌) 143
월령(月令) 60
월출산(月出山) 48
위기(圍棊) 144, 145
위도부(魏都賦) 139
위만(衛滿) 84
위서(魏書) 138
위소(韋昭) 121
위어(葦魚) 153
위위(衛尉) 24
위지(魏志)→삼국지(三國志)
위태로운 나라 188
위항(委巷) 82
위현(韋賢) 196
위현전 196
위희지(威喜芝) 58
유(牖) 141, 142, 168, 169
유가(儒家) 139
유구국 하정표(流求國賀正表) 109
유극장(劉克莊) 109

유기장(柳器匠) 159
유동(乳洞) 80
유둣날 149
유마(油麻) 55
유마거사(維摩居士) 169
유면(楡麪) 60
유몽득(劉夢得)→유우석(劉禹錫)
유밀과(油蜜果) 146, 147
유방(劉邦) 163
유배 112
유보(劉輔) 200
유보전 200
유비(劉備) 19, 22
유비(劉濞) 120, 189
유빙군(劉聘君) 75
유사(遺事) 105, 106
유삼(油杉) 38, 39
유상(遺像) 94
유성(劉晟) 321
유송(油松) 32
유송전(劉松田) 174
유숙(劉淑) 139
유식(侑食) 135
유안(劉安) 62
유약(有若) 137
유양잡조(酉陽雜俎) 31, 41, 61, 126
유연(蚰蜒) 156
유예(劉豫) 20
유우석(劉禹錫) 150
유유(劉裕) 18
유종원(柳宗元) 105
유학(幼學) 114
유합(類合) 64
유행(儒行) 101
유향(劉向) 144
유향소(留鄕所) 112
유현덕(劉玄德)→유비(劉備)

유협장(楡莢醬) 61
유협전(游俠傳) 199
유호(牖戶) 136
유희(劉熙) 22, 88
육경(六經) 150
육구몽(陸龜蒙) 35, 127, 129
육기(陸璣) 44
육례(六禮) 73
육박(六博) 145
육신(六神) 121
육역(陸驛) 29
육우(陸羽) 58
육유(陸游) 37, 59, 162, 166
육음(六飮) 58
육일거사(六一居士) 161
육조(六曹) 23, 24
육지(肉芝) 58
육척(六戚) 77
육청(六淸) 58
육향(六鄕) 79
윤계진(尹季軫) 124
윤옹귀(尹翁歸) 22
율령(律令) 79
율무 59
율표(律表) 109
율황(栗黃) 148
은(殷)나라 88
은낭(隱囊) 101
은문규(殷文圭) 36
은행나무 30, 31 45
은혜 178
음관(蔭官) 76
음란한 비방 211
음식 221
음악지(音樂志) 92
음운(音韻)이 달리 쓰임 68
음주(飮酒) 120

음지(陰地) 227
음탕하고 난잡함 185
읍성(邑城) 124
읍재(邑宰) 170
응소(應劭) 160, 185
응시(應試) 114
의각료잡기(猗覺寮雜記) 161
의금부(義禁府) 25, 93
의려(倚廬) 96
의례(儀禮) 102
의림지(義林池) 83
의붓아비 232
의사 196
의원 184
의이(薏苢) 59
의자장(䗯子醬) 61
의전(意錢) 145
의주(薏珠) 59
의질(醫袟) 124
의척(懿戚) 78
의추(椅楸) 44
의희(義熙) 18
이(彝) 88
이건훈(李建勳) 37
이광사(李匡師) 168
이군옥(李羣玉) 30
이균(枏菌) 57
이기(李頎) 92
이기(李琪) 141
이기전 141
이깔(弋㰒)나무 38
이담(耳談) 174
이담속찬(耳談續纂) 14, 174, 175
이담속찬 습유(拾遺) 239
이덕무(李德懋) 71, 125
이덕휘(李德輝) 48
이도(里涂) 82

이동(李洞) 58
이동(李侗) 140
이두문 53
이름 217
이름이 남는다 195
이리 204
이리의 새끼 188
이문정(李文靖)→이동(李侗)
이물지(異物志) 131
이백(二伯) 21, 171
이백(李白) 29, 107
이사(李斯) 186
이사전 186
이상은(李商隱) 131
이색(李穡) 71
이서우(李瑞雨) 52, 109
이성(異姓) 78
이수광(李睟光) 43, 68
이승 217
이시진(李時珍) 38, 43, 153, 154
이씨 산장(李氏山莊) 48
이아(爾雅) 34, 38, 39, 49, 53, 54, 56, 76, 87, 130, 138, 153
이아소(爾雅疏) 53, 55
이아익(爾雅翼) 44, 46, 56
이악(李崿) 148
이어(鯉魚) 153
이어(耳語) 174
이엄(耳掩) 97
이여송(李如松) 105
이용후생(利用厚生) 50
이웃 187
이웃집 재난 221
이응어(鯉占魚) 153
이의민(李義旼) 160
이익 202
이익(李瀷) 50, 146, 148, 150, 151, 162, 175

이익에 대한 욕심 189
이익으로 향한 자 199
이익을 쫓아야 193
이장군전(李將軍傳) 181
이정비(李廷飛) 62
이제현(李齊賢) 20, 111
이준(彛尊) 88
이지영(李至榮) 160
이판(吏判) 25
이호민(李好閔) 109
익구롱(益丘壟) 128
인(引) 104
인단(印團) 148
인도(引刀) 101
인류 208
인삼(人參) 50
인상여(藺相如) 90
인상여전 90, 115
인정(仁情) 203, 227
인형제(姻兄弟) 76
일가(戚) 77
일관(一貫) 69, 70
1근(斤) 69
1금(金) 69
일급(一級) 68, 69
일등(一等) 68
1맥(陌) 70
일묘(一畝) 167
1민(緡) 69, 70
일본(日本) 107
일사(逸事) 105, 106
일선(一鐥) 89
일아(逸雅) 45
1아름(抱) 70
1악(握) 70
1일(鎰) 69
일자전보(日者傳補) 200

1장(丈) 71
1찰(扎) 70
1책(笮) 70
1탁(庹) 70
1파(一把) 70
1호구(虎口) 70
일휘(一麾) 69
1휴목(一休沐) 162
임(任) 105
임금 200~202
임금과 신하의 도리 202
임숙영(任叔英) 109
임진왜란 106, 156
입곡(笠轂) 94
입술 177
잉어 153

ㅈ

자(尺) 180
자(炙) 132
자고(餈糕) 150
자고천사(鷓鴣天詞) 108
자귀(茨藋) 101
자기 마음 188
자납(紫衲) 100
자단(紫檀) 41
자단(紫丹) 57
자단향(紫檀香) 41
자라 242
자려(茈䓞) 57
자로(子路) 203
자모(字母) 111
자모암(慈姥巖) 81
자사(刺史) 19, 20, 22
자사리(紫絲履) 144
자서(字書) 88
자석암(紫石巖) 81

자소(紫蘇) 54
자식 자랑 230
자신편전(紫宸便殿) 141
자아순(自雅馴) 61
자애로운 어머니 195
자어(鮆魚) 153
자연도(紫燕島) 128
자오(紫芺) 57
자운섬(紫雲苫) 128, 129
자유(自牖) 142
자유(刺楡) 49, 168
자적(紫的) 57
자지(紫芝) 57
자직(粢稷) 53
자초(紫草) 57
자초(芷草) 57, 58
자치통감(資治通鑑) 110
자합(紫鴿) 157
작(爵) 88
작(杓) 88
작도(斫刀) 152
작맥(雀麥) 53
작변(爵弁) 93
작설(綽楔) 137, 138
작약(芍藥) 51, 130
작약장(芍藥醬) 61
잔(棧) 88
잔누비 100
잔대(盞臺) 145
잔수(潺水) 84
잔탁(盞托) 145
잔판(棧板) 139, 140
잘못 쓰는 단어 67
잠결 242
잠삼(岑參) 18, 145
잡수(雜樹) 51
잡초(雜草) 50

장(臧)　161
장(獎)　88
장(醬)　60, 211, 214
장가강(牂牁江)　83
장간(張柬)　20
장건(張騫)　46
장고(杖鼓)　89, 90
장군(缶)　89, 90
장군(將軍)　135
장대 끝　208
장랑(長廊)　139
장렴(粧奩)　144
장뢰(張耒)　149
장모(丈母)　76
장미(薔薇)　47, 125
장뼘　70
장사　238
장손성(長孫晟)　141
장손성전　141
장안(長安)　17, 165, 169
장안(張晏)　119
장안성(長安城)　17
장어(長魚)　153
장원(狀元)　27
장원(壯元)　27
장의(張儀)　202
장의전　202
장인(匠人)　78
장인(丈人)　76
장자(莊子)　29
장저(張翥)　30
장지화(張志和)　95
장차(章箚)　167
장춘동(長春洞)　31
장춘동시권(長春洞詩卷)　31
장형(張衡)　87
장확(莊穫)　160

장환(張奐)　139
장황(粻粻)　149
장황(餦餭)　147
장획(臧獲)　160
장흥동(長興洞)　80
재(宰)　20
재(灰)　124
재(城)　124, 206
재갈(銜)　104
재관(梓棺)　44
재는 넘을수록　233
재능　195
재능이나 지혜　179
재삼(栽杉) 시　40
재숙(齊宿)　134, 135
재최복(齊衰服)　56
재회(栽檜)　36
저(菹)　62
저개(這箇)　133
저마(苴麻)　56
저수(瀦水)　84
저울추　198
저자　190
저포(苧布)　100
적(靮)　103
적량(荻梁)　55
적벽부(赤壁賦)　91, 154
적분단(滴粉團)　149
적자(適子)　26
적지(赤芝)　57
전(殿)　107
전겸익(錢謙益)　165
전과(煎果)　151
전국책(戰國策)　94, 131, 179, 203, 204
전기(錢起)　30
전나무(檜)　33
전녹생(田祿生)　20

전단(栴檀) 41
전당(錢塘) 126
전당(殿堂) 139
전등록(傳燈錄) 123
전라도 83
전량(錢糧) 98
전령(傳令) 106
전론(典論) 145
전루(傳漏) 북에 춤춘다 242
전병(煎餅) 151
전보(田父) 76
전세목(田稅木) 100
전시(典柴) 56, 57
전시(殿試) 114
전신(傳神) 133
전악(典樂) 26
전연년(田延年) 22
전우(殿郵) 22
전쟁 201
전주(傳註) 110
전통(箭筒) 222
전폐(錢弊) 127
절(節) 19
절교(絕交) 228
절구 224
절굿공이 216
절름발이 238
절면(切麪) 60
절부(竊鈇) 152
절철(竊鐵) 152
절풍(折風) 94
점(占) 105
점괘 196
점치는 일 196
접시 밥도 242
접어(鰈魚) 152
젓갈(醢) 60

젓갈 가게 229
젓국(젓갈) 62
정(鯖) 156
정강(靖康) 167
정과(正果) 151
정광필(鄭光弼) 112
정도(丁度) 56
정랑(正郎) 23, 24
정랑(精朗) 140
정문(旌門) 138
정복(丁復) 37
정사(精舍) 138, 139
정사(正史) 110
정삽(正挿) 131
정선(正船) 89
정씨운서(丁氏韻書)→예부운략(禮部韻略)·정도(丁度)
정약용(丁若鏞) 14, 15, 31, 48, 51, 174, 175
정약전(丁若銓) 175, 229, 238
정유길(鄭惟吉) 41
정자(頂子) 98
정전(鯖田) 156
정전법(井田法) 78
정표(旌表) 137, 138
정풍(鄭風) 82
정현(鄭玄) 135, 168
젖먹이 195
제(齍·齎·粢·齎) 62, 63
제갈량(諸葛亮) 233
제거(提擧) 25, 26
제경경물략(帝京景物略) 150
제관(祭冠) 93
제구(齋臼) 63
제령(齊寧) 54
제례(祭禮) 135, 147
제물 176
제민요술(齊民要術) 49, 61, 183

제 발 222
제복(祭服) 96
제분(齍粉) 63
제사(祭祀) 119, 136
제사를 돕는 자 183
제사를 지내듯이 177
제서(齊書) 92
제수(弟嫂) 74
제식(祭式) 147
제어(鱭魚) 153
제염(齍鹽) 63
제왕의 공적 204
제이골(第二骨) 113
제일골(第一骨) 113
제조(提調) 25
제주(濟州) 51
제주(祭酒) 120, 121
제청(祭廳) 96
제통(祭統) 135
제통 주(祭統注) 135
제학(提學) 25, 26
제후(諸侯) 26, 103
조(粟) 53
조각(造角) 151
조고(棗糕) 150
조과(造果) 146, 147
조관(朝冠) 93
조기(曹基) 152
조래(釣來) 99
조례(皂隷) 93
조리(笊籬) 99
조망(罿網) 99
조맹부(趙孟頫) 162
조봉(趙鳳) 141
조봉전 141
조사(造士) 26
조선(朝鮮) 88, 122, 158

조선부(朝鮮賦) 50, 149
조선통보(朝鮮通寶) 164
조순(組紃) 116
조승(趙勝) 115
조양암(朝陽巖) 81
조양자(趙襄子) 198
조왕(曹旺) 99
조욱(趙昱) 139
조자(造子) 98
조적(糶糴) 128
조조(曹操) 19
조조(鼂錯) 122, 181
조조전 181
조지(詔旨) 107
조총(鳥銃) 126
조충국(趙充國) 191
조충국전 191
조카 75
조포사(造泡寺) 61
조혁(絛革) 103
조현(朝見) 141
조회(朝會) 119
조회(藻繪) 109
족(族) 79
족촉(足觸) 133
좀먹으랴 240
좁쌀(粟米) 53
종다래끼(篅) 127
종로 211
종로에서 뺨 맞고 190
종루(鐘樓) 43
종립(椶笠) 95
종묘(宗廟) 79, 118
종실(宗室) 78
종아리 214
종유동(鐘乳洞) 80
종의 배고픔 212

종학(宗學) 27
좌랑(佐郞) 23, 24
좌부(左部) 78
좌사(左思) 30, 139
좌아(坐衙) 141
좌전(左傳)→춘추좌씨전(春秋左氏傳)
좨주(祭酒) 120
주(州) 79
주공(周公) 21, 77
주공묘(周公廟) 118
주(周)나라 88, 93
주례(周禮) 56~58, 62, 113, 119, 150, 158, 162
주반(周磐) 139
주보(主父) 76
주보언(主父偃) 76
주부(朱浮) 121
주부전 121
주사(走紕) 98
주송(周頌) 134
주역(周易) 105, 141
주의(注擬) 111
주이(酒酏) 148
주익(朱翌) 161
주인 184, 195, 200
주인을 원망한다 185
주자(朱子) 33, 39, 40, 58, 75, 109, 136, 139
주자(冑子) 26
주자가례(朱子家禮) 135, 164
주자집전(朱子集傳) 110
주장(奏狀) 27
주장(州長) 79
주차문(奏箚文) 27
주현표(周玄豹) 141
주흥사(周興嗣) 64
죽 243
죽근(竹根) 164

죽림사(竹林寺) 18
죽림정사(竹林精舍) 138
죽맹(竹萌) 129
죽보(竹譜) 46
죽은 자가 다시 살아나도 179
죽은 자식 235
죽장(竹杖) 127
준(尊) 88
준치(俊治) 152, 153
줄국수(條麪) 146
중(衆) 124
중(僧) 161
중국 속담 176
중박계(中朴桂) 147
중보(仲父) 76
중사(中士) 113
중산군(中山君) 194
중위(中尉) 24
중의 데치기 240
중지도론(衆智度論) 169
중한(中澣) 162
쥐 191, 209, 233
쥐똥 243
즉어(鯽魚) 153
즙백(汁柏) 32
증병(蒸餠) 148, 150, 151
증생(增生) 114
증자(曾子) 118
증편 150
지균(地菌) 58
지극한 도리 203
지나는 불에 233
지렁이 216
지리지(地理志) 140
지마(脂麻·芝麻) 55, 148
지벌 222
지봉유설(芝峰類說) 43

지숙(止宿)　135
지순(地笋)　130
지월록(指月錄)　95
지위가 높을수록　229
지이(芝栭)　57
지임(遲任)　176
지주(知州)　20, 170
지초(芝)　57
지탑패면(紙搨牌面)　106
지혈(地血)　57
지혜　179, 183, 184, 189, 201
지혜와 재능　202
지효(至孝)　137
직돌(直堗)　126
직방씨(職方氏)　158
직언(直言)　205
직전(職田)　112
직절당기(直節堂記)　39
진가루(眞末)　60
진군(晉君)　135
진규(鎭圭)　103
진도옥(秦韜玉)　35
진려(陳旅)　95
진릉(晉陵)　18
진목(眞木)　45
진사(進士)　26~28, 114
진삼(眞杉)나무　38
진상(進上)　227
진서(晉書)　18, 78, 95, 150
진수(陳壽)　110
진씨화경(陳氏花鏡)　32, 47~49
진아(趁衙)　141
진액(津液)　130
진용정(陳龍正)　39
진작(晉灼)　160, 161
진풍(陳風)　49
진현관 제학(進賢館提學)　25

질탕(跌踢)　133
짐(擔)　105
짐(朕)　105
집(屋)　86, 87, 187
집(槪)　88
집(楫)　89
집게발　207
집금오(執金吾)　24
집돌　237
집운(集韻)　56
집은 위에서 새나　187
집해(集解)　118
징군(徵君)　75
징사(徵士)　75
징자(徵子)　98
짚신　213, 233

ㅊ

차(茶)　31, 58
차꼬　215
차냄비(茶鐺)　59
차세(茶稅)　21
차조기　54
착한 말로 도우면　203
찬배　112
찬영구(鑽靈龜)　135
찬황산(贊皇山)　84
찰방(察訪)　23
참기름　54
참깨(胡麻)　55
참깨(眞荏)　54, 55
참새　191, 209, 230
참최복(斬衰服)　56
참현(參見)　141
창보(倉父)　77
창부(倡夫)　159
창비(鶬鴓)　124

창우(倡優)　159
창포차(菖蒲茶)　58
찾아내려 하지도　189
채당(采唐)　55
채숙(蔡叔)→채숙도(蔡叔度)
채숙도(蔡叔度)　77
채씨집전(蔡氏集傳)→채침(蔡沈)
채준(祭遵)　120
채지(菜芝)　63
채찍　178
채침(蔡沈)　110
채택(蔡澤)　180, 181
채택전　180
처갓집 말뚝　232
처남(妻娚)　76
처당(妻黨)　76
척리(戚里)　78
척반(擲盤)　164
척원(戚畹)　78
척장(脊杖)　116
천(舛)　58
천금(千金)　69, 181
천둥　232
천량(賤糧)　98
천문지(天文志)　95
천보유사(天寶遺事)　106, 149
천익(天翼)　96
천자(天子)　26, 103, 119
천자문(千字文)　64
천장각(天章閣)　26
천총(天聰)　122
천축(天竺)　41
천해(天薤)　63
철가라(鐵加羅)　93
철경(鐵磬)　92
철 나자 망령 난다　243
철릭(帖裏)　96, 97

철마산(鐵馬山)　14
철마산초(鐵馬山樵)　15, 175
철야세(鐵冶稅)　21
철익(綴翼)　96
첨교(甜蕎)　56
첩경해당(貼梗海棠)　47
첩상어(疊牀語)　109
청(廳)　139, 140
청고구(靑羔裘)　144
청국장　243
청기(請期)　73
청납(靑衲)　100
청동경(靑銅磬)　92
청랑(圊廊)　140
청상잡기(靑箱雜記)　146
청소(靑蘇)　54, 55
청수정시(淸水亭詩)　19
청약립(靑蒻笠)　95
청이록(淸異錄)　147
청재 일숙(淸齊一宿)　135
청지(靑芝)　57
청초호(靑草湖)　82
청포(靑泡)　62
청하현(淸河縣)　83
초(楚)나라　151
초(楚)나라 사람　241
초동정사(譙東精舍)　139
초례(醮禮)　73, 74
초록은 동색이라　226
초립(草笠)　95
초보(樵父)　77
초사(楚辭)　63, 147, 166
초서(貂鼠)　97
초시(初試)　28
초장(酢漿)　62
초저녁　214
초주(草珠)　59

초지(草芝)　57
촉도부(蜀都賦)　46
촉서(蜀黍)　55, 56, 99
촉서의이(蜀黍薏苡)　59
촉출(蜀秫)　55
촉포(蜀布)　46
촌 닭　225
촌항(村巷)　82
촛대(燭臺)　145
총백(叢柏)　31
총인(冢人)　118
최공(崔公)　106
최방(崔昉)　126
최보(崔溥)　95
최자(崔滋)　109
최치원(崔致遠)　109, 128
추고(推考)　114
추롱(杻籠)　43
추목(樞木)　100
추사(縐紗)　98
추수어(踏水魚)　152
추승(杻繩)　43
추양(鄒陽)　181
추양전·181
추자(楸子)　44, 45
추해당(秋海棠)　47
축(軸)　127
축국(蹴鞠)　133, 144, 145
축국보(蹴鞠譜)　133
축담(竺曇)　139
축리(妯娌)　74
축사(祝辭)　136
축사(祝史)　135
축인(祝人)　136
춘백(春柏)　31
춘신군(春申君)　180
춘신군전　180

춘천(春川)　80, 158
춘초섬(春草苫)　128
춘추(春秋)　137
춘추좌씨전(春秋左氏傳)　44, 77, 94, 103, 152, 177～179, 190, 192, 200, 201
출척(跳踢)　133
춤을 잘 추고　180
춤추기　233
충녕대군(忠寧大君)→세종대왕
충렬왕(忠烈王)　24
충선왕(忠宣王)　147
충청도　83
취개(翠蓋)　33
취금(吹金)　92, 93
취납(翠衲)　100
취백(翠柏)　31
취병(翠屛)　33
취소(臭蔬)　55
취제(吹齏)　63
취해(吹薤)　63
측백(側柏)나무　32
측엽자(側葉子)　32
치(觶)　88
치(卮)　88
치(寸)　180, 203
치납(緇衲)　100
치어(鯔魚)　152
치우(蚩尤)　92
치재(致齊)　135
친구　192
친영(親迎)　73
친족(親族)　77
친척(親)　77, 78
칠국(七國)의 난리　122
칠민 구맥(七閩九貊)　158
칡　241
침단(沈檀)　41

침을 뱉으면 187
침채(沈菜) 63
침향(沈香) 41

ㅋ

칼집 219
코 201
코가 깨진다 207
코끼리 131
코 다칠 세상 222
코 벨 자는 며느린데 235
코뿔소 130~132
코 아니 흘리고 유복하랴 243
코침 주기 223
콧등 207
콧물(鼻液) 65
콩 235
콩잎(藿) 125
콩장 61
쾌자(快子) 98
큰 공적 203
큰 손님 177
큰일 206
키(箕) 116

ㅌ

타(柁·舵) 89
타락(駝酪) 130
타향(他鄕) 78
탁량(托樑) 140
탁자(卓子) 98
탄기(彈棊) 144, 145
탄기보(彈棊譜) 145
탄열(呑列) 84
탐라(耽羅) 57
탑련(搭連) 101
탕건(宕巾) 98

탕병(湯餠) 145, 146
탕(湯)임금 183
태(笞) 115
태공(太公)→강태공(姜太公)
태마(駄馬) 105
태 먹은 독 230
태묘(太廟) 118, 135
태복(太卜) 135
태복(太僕) 118, 119
태부(太傅) 119
태사씨(太史氏) 106
태산(泰山) 86
태수(太守) 19, 20, 170
태어(太馭) 119
태자(太子) 119
태자하(太子河) 83
태장(笞杖) 112, 115, 116
태조(太祖) 118
태청궁(太淸宮) 33
태청기(太淸記) 33
태초(太初) 24
태평광기(太平廣記) 144
태평소(太平簫) 92
태학(太學) 26, 27, 63
태호(太湖) 82, 83
토끼 204, 237
토사지(土司志) 61
토삼(土杉) 39
토수(吐手) 98
토시(套袖) 98
토천(兎遷) 85
토회(土檜) 33
통감(通鑑)→자치통감(資治通鑑)
통감강목(通鑑綱目) 110
통감절요(通鑑節要) 110
통련하(通漣河) 83
통발(筌) 127

통비단　222
통서(通犀)　131
통서취우(通犀翠羽)　131
통속문(通俗文)　160, 161
통전(通典)　22
통천서(通天犀)　131
통천서각(通天犀角)　131
통판(通判)　170
퇴아(退衙)　141
퇴창(推窓)　140
퇴포(推鉋)　101
투구(鬪具)　98
투박(投博)　45
투서(套署)　99
투수(套袖)　98
투전(投牋)　98
퉁소(洞簫)　91

ㅍ

파강(籤糠)　116
파랄(巴辣)　124
파랑(巴琅)　99
파려(玻瓈)　99
파리소병박하유　53
파일(破日)　143
판관(判官)　20, 170
팔백(八伯)　171
팔애시(八哀詩)　134
8촌(八寸)　71
패(稗)　54, 167
패수(浿水)　84
패옥(貝玉)　90
패자(牌子)　106
패지(牌旨)　106
팽택령(彭澤令)　23
페르시아(波斯國)　126
편병(匾餠)　149

편산(扁㦃)　149
평구(平丘)　29
평범한 의원　182
평양(平陽)　17
평양서윤(平壤庶尹)　20
평원군(平原君)→조승(趙勝)
평원군전　115, 189
평중(枰仲)　45
평중목(平仲木)　30
평천장(平泉莊)　34
포(泡)　61, 62
포노(庖奴)　160
포박자(抱朴子)　57
포비어(鮑鮋魚)　153
포점(舖墊)　98
포정(庖丁)　160
포준(匏樽)　127
포진(鋪陳)　98
포학한 정치　183
포함(包咸)　139
포합(蒲鴿)　157
포해(脯醢)　62
표전(表箋)　134
표주박　182
풀쐐기　216
풍경(風磬)　92
풍년　198, 205
풍당(馮唐)　192
풍당전　192
풍덕(豐德)　84
풍동(風洞)　80
풍속통(風俗通)　91, 185
풍송진(楓松津)　130
풍·아·송(風雅頌)　110
풍월(風月)　108
풍창소독(楓窓小牘)　33
풍천(豐川)　170

풍혈(風穴)　80
풍희(馮熙)　138
풍희전　138
피리(皮里)　99
피변(皮弁)　93
피일휴(皮日休)　35
필률(觱栗)　99

ㅎ

하(河)　83
하(霞)　144
하(夏)나라　88
하늘　197
하늘이 무너져도　227
하담일록(荷潭日錄)　112
하룻강아지　206
하사(下士)　113
하안(何晏)　146
하양현(河陽縣)　83
하장(鰕醬)　61
하증(何曾)　150
하증전　150
하표(賀表)　109
하한(下澣)　162
하현(下弦)　162
학사(學士)　26, 99, 105, 121
학생(學生)　114
학정초(鶴頂草)　46
한가(漢家)　169
한골(韓骨)　113
한광(韓翃)　169
한구(寒具)　147, 149
한국(韓國)　84
한(漢)나라　84, 119
한데 방아　219
한 도둑　228
한 두름(一級)　69

한록헌 시(寒綠軒詩)　129
한마음　200
한 머리(一首)　69
한비자(韓非子)　119
한사(漢史)　60
한 삼태기의 흙　176
한서(漢書)　22, 24, 46, 78, 84, 90, 91, 119,
　　128, 131, 160, 182, 183, 191, 196, 198,
　　202
한수(漢水)　84
한술 밥에　232
한안국(韓安國)　204
한양(漢陽)　169
한유(韓愈)　27, 63, 170
한인(漢人)　169
한잔 술　210
한장유(韓長孺)→한안국(韓安國)
한청문감(漢淸文鑑)　32, 47
함(銜)　104
함(啣)　105
함답(緘答)　115
함사(緘辭)　115
합덕지(合德池)　83
합문(閤門)　135, 136
합호(閤戶)　135, 136
항(巷)　81, 82
항동(炕洞)　140
항아(姮娥)　166
항참(坑塹)　81
항학(巷壑)　81
해(醢)　62
해(解)　28
해(鼹)　63
해구(海狗)　157
해구신(海狗腎)　158
해남(海南)　51, 170
해당(海棠)　47, 125

해려(解蠡) 59
해로가(薤露歌) 63
해부루(解夫婁) 158
해분(薤粉) 63
해서(楷書) 164
해송(海松) 32
해송자(海松子) 32
해애(海艾) 69
해염(薤鹽) 63
해원(解元) 27
해인(醢人) 62, 148
해주(海州) 55
해즉(海鯽) 153
해채(海菜) 125
해표(海豹) 157
해표피(海豹皮) 158
해회(海檜) 33
핵도(核桃) 168
햇비둘기 206
행단(杏壇) 29, 30
행송진(杏松津) 130
행장(行狀) 106
행지(杏脂) 130
향(鄕) 78, 79
향거(鄕擧) 114
향공(鄕貢) 28
향관 재숙(享官齊宿) 135
향나무(香木) 46
향당(鄕黨) 79
향대(香臺) 145
향대부(鄕大夫) 79
향리(鄕吏) 112, 113
향맹(鄕氓) 78
향사례(鄕射禮) 79
향산(鄕山) 78
향산거사(香山居士) 161
향소(鄕所) 111, 112
향승하(鄕僧荷) 53
향시(鄕試) 27, 28
향원(鄕園) 78
향유(鄕儒) 78
향음주(鄕飮酒) 79
향정(鄕亭) 78
향촌(鄕村) 78
향팔형(鄕八刑) 79
향화인(向化人) 28
향황련(鄕黃連) 50
허승(許丞) 22
허신(許愼) 61, 149
허준(許浚) 51
헌(軒) 139, 140
헌우박(軒芓濼) 83
헤엄 226
헤엄치기 240
혀 아래 208
혁비(革轡) 103
현(鉉) 102
현감(縣監) 22, 170
현금(玄琴) 90, 91
현등협(懸燈峽) 80
현령(縣令) 20, 79
현인앙반(韅靷鞅靽) 103
현척(賢戚) 78
현훈치서(玄纁致書) 73
협(峽) 80, 81
협률(叶律) 109
협맹(峽氓) 81
협속(峽俗) 81
협운(叶韻) 107
협유(梜楡) 49
협읍(峽邑) 81
협촌(峽村) 81
형가(荊軻) 109
형법지(刑法志) 112, 116, 200

형사(荊笥) 43
형수(兄嫂) 74
형승(荊繩) 43
형주기(荊州記) 80
혜(醯) 62
혜강(嵇康) 90
혜장(醯醬) 62
혜장(惠藏) 123
혜홍(惠弘) 40
호(湖) 82
호거사(胡居士) 161
호광(胡廣) 24, 120
호구(餬口) 152
호남(湖南) 83
호랑이 219, 223
호록피(虎鹿皮) 130
호마(胡麻) 54
호반(虎班) 113
호상승개(湖上勝槪) 34
호서(湖西) 83
호소(胡昭) 161
호적(號笛) 92
호피(虎皮) 130
호항(護項) 97
혹 201
혼례(昏禮) 73
혼형제(婚兄弟) 76
홀(笏) 102, 103
홀어미 190
홍광시사(弘光時事) 165
홍라장(紅螺醬) 61
홍문관 제학(弘文館提學) 26
홍산(紅糤) 150
홍석주(洪奭周) 147, 171, 174
홍어(洪魚) 153
홍주산(洪州山) 129
홍회(鴻薈) 63

화고(花糕) 150
화공(化工) 77
화교(花蕎) 56
화냥 211
화랑(花郞) 159
화랑세기(花郞世紀) 159
화보(花譜) 47, 49
화산(華山) 85
화식전(貨殖傳) 202
화약(火藥) 39
화양동(華陽洞) 80
화옹(化翁) 77
화원군(花原君)→권중달(權仲達)
환병(環餠) 149
환자(還上) 127, 231
활수(滑手) 237
황관(黃冠) 95
황금 196
황기밀자(黃芪蜜炙) 132
황달(黃疸) 126
황련(黃連) 50
황미(黃米) 53
황새 걸음 215
황새치 153
황수(潢水) 84
황시(皇尸) 118
황유(黃楡) 168
황정견(黃庭堅) 163
황제(黃帝) 92
황지(黃芝) 57
황지(皇旨) 107
황토 191
황패(黃霸) 22
황포(黃泡) 62
황해당(黃海棠) 47
황해도(黃海道) 80
회계(會稽) 126

회(檜)나무 33
회남자(淮南子) 119, 135, 186
회시(會試) 114
회조(膾胙) 62
회현동(會賢洞) 80
획(獲) 160, 161
획장(畫壯) 27
효손(孝孫) 136
효자(孝子) 136, 137
효현상(孝顯相) 136
후박(厚朴) 51
후자장(鱟子醬) 61
후족(后族) 78, 113
후추 228
후추알 238

후한서(後漢書) 19, 24, 94, 120, 139, 145, 184
훈민정음(訓民正音) 111
훈육(薰陸) 41
훈채(葷菜) 63
휜초면(萱草麵) 60
휘양(護項) 97
휘종(徽宗) 144
휘항(揮項) 97
휴정(休靜) 93
흑룡강(黑龍江) 83
흑지(黑芝) 58
흘단(疙疸) 126
흥경(興京) 158
흥고반강현(興古盤江縣) 46

현실총서 33

아언각비・이담속찬　　　　검인 생략

2005년 8월 10일 인쇄
2005년 8월 25일 발행

　　　　　저 자　丁　　若　　鏞
　　　　　역주자　丁　　海　　廉
　　　　　발행자　丁　　海　　廉
　　　　　발행처　現　代　實　學　社

서울시 마포구 공덕동 404번지 풍림빌딩 515호
　　　　　　　　　　　전화　703-9815
　　　등록번호　1990. 4. 16　제12-386호

ⓒ 丁海廉　　　　　　　　값 15,000원
　　ISBN 89-86926-36-9

현실총서 목록

현실총서 1　　　　　　　　　　　　　　　　　　　　　　정가 5,500원
韓龍雲散文選集　한용운 저／정해렴 편역　　*초판 1991년／420면
제1부 조선불교유신론／제2부 불교정신과 그 개혁운동 : 내가 믿는 불교, 석가의 정신 외 9편／제3부 민족정기와 독립정신 : 조선독립에 대한 感想의 개요 외 13편／제4부 사회와 인생 : 고통과 쾌락, 自我를 해탈하라 외 11편／제5부 人生 歷程 : 나는 왜 중이 되었나, 북대륙의 하룻밤 외 8편／제6부 사회교화와 方便 : 정선강의 채근담(抄), 『黑風』에서, 『薄命』에서／연보.
　*원전을 대조하여 『한용운전집』에서 누락된 문장을 보충했다. '정본'으로 인용할 수 있다.

현실총서 2　　　　　　　　　　　　　　　　　　　　　　정가 13,000원
譯註 茶山 孟子要義　정약용 저／이지형 역주　　*초판 1994년／611면
『孟子』 7편(①양혜왕 ②공손추 ③등문공 ④이루 ⑤만장 ⑥고자 ⑦진심) 260장 가운데 난해하고 주석에 문제가 많은 150장을 다산이 선정하여 이에 대해 '근대적'인 새로운 해석을 해놓은 게 『맹자요의』다. 이것을 번역 주석했으며, 매장마다 해설했다.
　*原文을 校註하여 읽기 편하게 하고 『여유당전서』에 누락된 부분을 보충했다.

현실총서 3　　　　　　　　　　　　　　　　　　　　　　정가 10,000원
申采浩 歷史論說集　신채호 저／정해렴 편역　　*초판 1995년／466면
제1부 단재사학의 출발 : 讀史新論, 조선상고사 총론／제2부 고대사 연구 : 전후 三韓考, 조선 역사상 1천년래 대사건 외 6편／제3부 역사논설 : 조선민족의 전성시대, 舊書刊行論 외 4편／제4부 사회와 혁명 : 일본의 큰 충노 세 사람, 조선혁명선언 외 14편／제5부 문학과 소설 : 天喜堂詩話, 용과 용의 대격전 외 2편／연보.
　*원전을 대조하여 잘못을 바로잡고 현대 표기로 고쳤다. '정본'으로 인용할 수 있다.

현실총서 4　　　　　　　　　　　　　　　　　　　　　　정가 15,000원
茶山論說選集　정약용 저／박석무·정해렴 편역　　*초판 1996년／556면
제1부 論·說 : 토지제도 개혁의 방향(田論), 신기술 도입에 대하여(技藝論), 풍수 신앙의 허구성, 종두법에 대하여(種痘說), 화성의 성곽제도(城說) 외 24편／제2부 議·箚子·啓 : 호적제도에 대하여(戶籍議), 군포제도의 개혁(身布議), 화폐제도의 개혁, 경기암행어사 보고서 외 9편／제3부 대책·책문 : 문체개혁책, 인재 등용책 외 5편／제4부 疏 : 과거제도 개혁에 대하여 1·2, 사직 상소를 하려 하니 눈물이 앞을 가려 외 2편／제5부 原·辨 : 목민관이란 무엇인가 외 10편／다산논설선집 原文(校註本), 연보, 인명·지명·서명 해설 등.
　*原文을 校註하여 싣고, 자세한 색인이 붙어 있다.

현실총서 5   *1998년 우수학술도서 선정   정가 15,000원
茶山文學選集   정약용 저／박석무·정해렴 편역   *초판 1996년／582면
제1부 序·紋 : 목민심서 서, 흠흠신서 서, 방례초본 서 외 18편／제2부 記 : 서석산에 노닐다, 여유당기, 곡산 북쪽의 산수 외 25편／제3부 題·跋 : 정경달의 난중일기, 조선지도를 보고 나서, 택리지를 읽고 나서 외 19편／제4부 遺事·行狀·묘지명·傳 : 번암 채제공의 모습, 나의 삶 나의 길 외 7편／제5부 贈言·家誡 : 문장이란 어떤 물건인가 외 7편／제6부 書 : 두 아들에게 부치노라 1·2·3, 公厚 金履載에게 보낸다 1·2 외 9편／제7부 파리를 조문한다, 강진의 환경과 풍속 외 4편／다산문학선집 原文(校註本), 인명·지명·서명 해설 등
  *원문을 校註하여 싣고, 자세한 색인이 붙어 있다.

현실총서 6   정가 12,000원
安自山 國學論選集   안확 저／최원식·정해렴 편역   *초판 1996년／486면
제1부 문학사론 : 朝鮮文學史／제2부 文學論 : 조선 문학의 기원, 조선 문학의 변천, 고구려의 문학 외 2편／제3부 詩歌論 : 處容考, 時調詩學 외 2편／제4부 역사·음악·미술사론 기타 : 조선사의 개관, 조선 武藝考, 조선음악사, 조선미술사요, 조선문명사(抄), 언문의 기원과 그 가치／자산 안확 선생 연보와 색인이 붙어 있다.
  *자산 '국학'의 정수를 현대 독자들이 쉽게 읽을 수 있도록 했다.

현실총서 7   정가 12,000원
湖岩史論史話選集   문일평 저／정해렴 편역   *초판 1996년／450면
제1부 호암의 사론과 역사 탐구 : 史眼으로 본 조선, 담배고, 茶故事 외 5편／제2부 외교사와 역사산책 : 한미관계 50년사(抄), 史外異聞(抄) 외／제3부 예술가와 혁명가 : 역사상에 나타난 예술의 성직(抄), 역사상의 奇人(抄)／제4부 조선의 山水 : 조선의 名山 巨刹, 조선의 名瀑, 동해유기(抄) 외／제5부 역사만필 : 銷夏隨筆, 나의 半生 외 1편／부록 哭湖岩(洪命熹), 연보, 색인 등.
  *발표 원전과 일일이 대조하여 기왕의 오류를 교정했다.

현실총서 8   정가 13,000원
洪起文朝鮮文化論選集   홍기문 저／김영복·정해렴 편역   *초판 1997／431면
제1부 조선문화론 : 朝鮮文化叢話／제2부 조선 역사론 : 역사학의 연구, 3·1운동의 민족사적 의의 외 4편／제3부 국어학과 국문학 : 정음발달사(抄), 박연암의 예술과 사상 외 5편／제4부 서문·서평·기행 기타 : 국어연구의 苦行記, 아들로서 본 아버지(洪命熹), 故園紀行 외 6편／부록 정음발달사 서(金瑢俊), 연보, 색인 등.
  *홍기문이 1947년 北行할 때까지의 저술과 논문, 논설문 등을 정리했다.

현실총서 9　　　*문화공보부 우수 도서　　　　　　정가 15,000원
金台俊 文學史論選集　김태준 저／정해렴 편역　　*초판 1997년／553면
제1부 增補 朝鮮小說史／제2부 조선문학사론 : 조선문학의 특질, 조선문학의 역사성 외 4편／제3부 조선역사론 : 기자조선변, 진정한 정다산 연구의 길 외 4편／제4부 가요론 : 시조론, 별곡의 연구, 조선 민요의 개념 외 1편／부록 연보, 색인 등.
*발표 원전과 대조하여 바로잡고, 인용 원문을 번역하여 현대 독자들이 읽을 수 있게 했다.

현실총서 10　　　　　　　　　　　　　　　　　　정가 13,000원
성호사설精選(상)　성호 이익 저／정해렴 편역　　*초판 1998년／455면
역사인물지(文) 제1부 한국의 역사인물지 : 단군과 기자, 안시성주 양만춘, 임꺽정과 張吉山, 역관 홍순원 외 73편／제2부 중국과 일본의 역사인물지 : 관중과 포숙, 제갈량의 남방 정벌, 곽박과 이순풍 외 46편／제3부 시가와 문학 : 언어와 문장, 우리 나라 시의 도습, 박연폭포 시 외 55편／부록:인명・서명 해설, 색인.
*『성호사설』 3007항목에서 538항목을 추려낸 첫째권이다.

현실총서 11　　　　　　　　　　　　　　　　　　정가 13,000원
성호사설精選(중)　성호 이익 저／정해렴 편역　　*초판 1998년／463면
역사평론과 역사교훈(史) 제1부 역사 평론과 史實 : 사료에 나타난 성공과 실패, 지나간 역사의 성공과 실패, 역사는 기술하기 어렵다 외 34편／제2부 역사 용어의 고증과 평가 : 건주위 정벌, 과거법과 천거법의 합치, 균전제, 상평법 외 55편／제3부 역사・인문 지리지 : 단군과 기자의 영토, 백두정간, 울릉도 외 32편／제4부 역사의 교훈 : 간관의 직책, 쓸데없는 관직의 혁파 외 32편／부록:인명・서명 해설, 색인.

현실총서 12　　　　　　　　　　　　　　　　　　정가 13,000원
성호사설精選(하)　성호 이익 저／정해렴 편역　　*초판 1998년／415면
역사산책과 교양(哲) 제1부 성현의 교훈과 학문 : 시를 배워야 하는 뜻은, 백성 없는 임금은 없다 외 35편／제2부 인격 수양과 산업 : 독서하는 마음, 선비의 역할 외 34편／제3부 사물의 어원 탐구 : 18반 무예, 언문, 조선의 방언 외 62편／제4부 풍속과 역법 : 경상도 풍속, 사치하는 풍속 외 27편／제5부 문장과 서평 : 서적을 공경하고 아끼자, 정상기의 농포문답, 삼국지연의 외 22편／부록 인명・서명 해설, 색인.

현실총서 13　　　*2000년 우수학술도서 선정　　　　정가 15,000원
역주 欽欽新書 1　정약용 저／박석무・정해렴 역주　　*초판 1999년／422면
제1편 經史要義 : 경서와 사서의 중요한 뜻 1~3 ; 의살(義殺)은 복수하지 못한다, 아들이 아버지의 원수를 갚다, 형제가 죽기를 다투다 외 127항목／제2편 批詳雋抄 : 뛰어난 題詞와 牒報 1~5 ; 장일괴의 자살에 대한 판사, 양청의 뱃사공에 대한 비어(批語) 외 66항목／제3편 擬律差例 : 법률 적용이 틀린 사례 1・2 ; 주범・종범의 구분, 고의 과실의 판단, 웃어른에 대한 범죄 외 92항목／부록 인명・서명 해설, 색인.

현실총서 14 　　　　*2000년 우수학술도서 선정　　　　　　정가 15,000원
역주 欽欽新書 2 정약용 저／박석무·정해렴 역주　*초판 1999년／375면
제3편 擬律差例(속) : 법률 적용이 틀린 사례 3·4 ; 부모나 남편을 죽인 가장 큰 재앙과 사고, 억세고 포악하고 잔인한 범죄 외 91항목／제4편 祥刑追議 : 형벌을 신중하게 적용하기 위해 덧붙인 논의 1~8 ; 주범과 종범의 구별, 자살과 타살의 구분, 고의냐 실수냐의 분별 등 80항목／부록 인명·서명 해설, 색인.

현실총서 15 　　　　*2000년 우수학술도서 선정　　　　　　정가 15,000원
역주 欽欽新書 3 정약용 저／박석무·정해렴 역주　　*초판 1999년／397면
제4편 祥刑追議(속) : 형벌을 신중하게 적용하기 위해 덧붙인 논의 9~15 ; 다른 사물로 핑계대다, 원수 갚음에 대한 용서, 인정과 도리에 대한 용서, 부부 사이의 죽임, 종과 주인의 관계, 오래된 시체의 검험 등 70항목／제5편 剪跋蕪詞 : 촛불을 밝히고 형사 사건을 심리하다 1~3 ; 수안군 김일택 형사 사건, 서울 함봉련 형사 사건을 철저히 심리한 회계(回啓) 등 17항목／부록 인명·서명 해설, 색인.

현실총서 16　　　　*2000년 우수학술도서 선정　　　　　　정가 15,000원
欽欽新書·原文 정약용 저／박석무·정해렴 교주　*초판 1999년／418면
經史要義 1~3, 批詳雋抄 1~5, 擬律差例 1~4, 祥刑追議 1~15, 剪跋蕪詞 1~3 등 총 5편 549항목의 원문을 현대 독자들이 조금이나마 쉽게 읽을 수 있도록 띄어쓰기를 하고 현대적인 체제로 편집 교주했다. 필사본과 대조하여 교주하는 과정에서 광무본과 신조선사본(활자본)에 빠져 있던 2개 항목을 새로 발굴 보충한 '정본'이다.
　*부록으로『흠흠신서』에 나오는 이두(吏讀)를 해석해 놓았다.

현실총서 17 　　　　　　　　　　　　　　　　　　　　정가 15,000원
지봉유설精選　이수광 저／ 정해렴 역주　　　*초판 2000년／563면
제1부 天文／제2부 時令／제3부 災異／제4부 地理／제5부 諸國／제6부 君道／제7부 兵政／제8부 官職／제9부 儒道／제10부 經書／제11부 文字／제12부 文章／제13부 人物／제14부 性行／제15부 身形／제16부 語言／제17부 人事／제19부 技藝~제25부 禽蟲 등 25부 154장 799항목으로 '정선'되어 쉽게 번역되었다.
　*본문에 나온 인명·서명을 해설하고 자세한 색인을 붙였다.

현실총서 18 　　　　　　　　　　　　　　　　　　　　정가 15,000원
松都人物志　김택영 저／김승룡 편역주　　　*초판 2000년／483면
제1부 고려 인물지 : 정몽주 외 64명의 전기(傳記)／제2부 조선 인물지 : 서경덕·한석봉 등 100명의 전기／제3부 역사 인물지 : 박지원·황현·안중근 등 36명의 전기
　*창강 김택영이『숭양기구전』『창강고』『소호당집』등에서 송도 인물과 역사 인물을 입전(立傳)한 266명의 전기를 편집 번역한 우리 나라 초유의 전기 문학이다.
　*송도인물지에 등장하는 역사 인물(한국·중국 등) 650여 명을 해설 부록으로 실었다.

현실총서 19 정가 15,000원
茶山詩精選 상 정약용 저／박석무·정해렴 편역주 *초판 2001년／416면
제1부 진주 기생의 칼춤 등 32편 50수／제2부 굶주린 백성 등 29편 79수／제3부 농가의 여름 노래 등 29편 82수／제4부 장기의 귀양살이 등 34편 107수(125편 318수)
  *다산 정약용 시 연보와 인명·서명 해설을 수록했다.

현실총서 20 정가 15,000원
茶山詩精選 하 정약용 저／박석무·정해렴 편역주 *초판 2001년／430면
제5부 율정의 이별 등 33편 133수／제6부 전간기사(田間紀事) 등 23편 85수／제7부 귀전시집(歸田詩集) 충주기행 등 8편 91수／제8부 가을 달밤에 배띄우다 등 28편 114수(총 92편 423수)

현실총서 21 정가 15,000원
我邦疆域考   정약용 저／정해렴 역주   *초판 2001년／516면
권1 조선고·사군총고·낙랑고·현도고／2 임둔고·진번고·낙랑별고·대방고／3 삼한총고·마한고·진한고·변진고／4 변진별고·옥저고／5 예맥고·예맥별고·말갈고／6 발해고／7 졸본고·국내고·환도고·위례고／8 한성고·팔도연혁총서 상／9 팔도연혁총서 하·패수변·백산보／10 발해속고／11 북로연혁／12 서북로연혁·구련성고／아방강역고 발문
  *인명·서명 해설을 수록하고 색인을 자세히 뽑았다.

현실총서 22 정가 15,000원
아름다운 우리말을 찾아서   이응백 저   *초판 2001년／398면
제1부 말과 글의 명심보감, 우리말의 현주소, 가정에서 쓰이는 말, 편지·공문에 쓰이는 말／제2부 속담 에세이／제3부 숨어 있는 고운 우리말, 두시언해에 깃든 되살릴 말들, 사전에서 잠자는 쓸 만한 말 1·2
  *시인·소설가·수필가 등 문필가들이 이용하기 편리하도록 어휘 찾아보기를 실었다.

현실총서 23 정가 15,000원
임진왜란과 병자호란   정약용 저／정해렴 역주   *초판 2001년／343면
제1부 임진왜란 제1장 임진왜란~제6장 이순신의 한산도 승리~제8장 정문부의 함경도 수복／제2부 정묘호란과 병자호란 제1장 정묘호란~제3장 병자호란~제8장 강도가 무너진 사실／제3부 민보의(民堡議) 1. 전체의 뜻~17. 대둔산 축성의(大芚山築城議)／민보의 원문   *인명·서명 해설, 찾아보기

현실총서 24 정가 15,000원
의병운동사적 이정규·이조승 외저／이구영 편역주 *초판 2002년／440면
제1부 의병전쟁 종군기(從義錄)／제2부 서행일기(西行日記)／제3부 고시문·제문 장기렴에게 답한다, 한 나라에 알린다, 이강년 공을 통곡한다 전해산 공을 통곡한다 외／제4부 편지 의리를 같이한 여러 사우들에게 주노라, 동문 사우에게 드린다, 의암 선생님께 올립니다 외／제5부 기타 관련 사료 의병의 조선가, 1894년(甲午) 일기(抄) 외
  *호서의병운동 관련 기록을 간명하게 편역해 주석을 달았으며, 등장 인명과 서명을 해설했다.

현실총서 25　　　　　　　　　　　　　　　　　　　　　정가 15,000원
다산서간정선　　정약용·정약전 저／정해렴 편역주　　＊초판 2002년／426면
제1부 유배지에서 아들에게 보낸 편지 : 두 아들에게 부치노라 등 15편／제2부 유배지에서 형제간에 주고받은 편지 : 다산의 편지 8편, 손암 정약전의 편지 13편／제3부 선후배와 친지에게 보낸 편지 : 벼슬살이 시절 편지 25편, 유배지 강진 다산에서 6편, 고향에 돌아와서 6편／제4부 경서의 토론 : 덕수 김매순에게 답합니다 등 8편
　　＊다산의 편지는 우리 인생살이의 교훈이요 등불이라 이 편지를 읽으면 그냥 감동을 받을 수 있다. 원문을 교주해 실었으며 인명·서명 해설도 해놓았다.

현실총서 26　　　　　　　　　　　　　　　　　　　　　정가 15,000원
押海丁氏家乘　　정약용 편찬／정갑진·정해렴 역주　　＊초판 2003년／560면
압해 정씨 연혁／제1부 고려 시대 : 제1세 丁允宗～제10세 丁衍／제2부 조선 시대 : 제11세 丁子伋, 제12세 丁壽崗, 제13세 丁玉亨, 제14세 丁應斗, 제15세 丁胤福, 제16세 丁好善, 제17세 丁彦璧, 제18세 丁時潤[이상이 茶山家 8대 玉堂], 제19세 丁道泰, 제20세 丁恒愼, 제21세 丁志諧, 제22세 丁載遠, 제23세 丁若鏞／가승 외편
　　＊다산에 이르기까지 한 가문과 직계 선조 22대 700년 동안의 한 가문과 압해 정씨의 역사가 다산에 의해 정리되어 있다.

현실총서 27　　　　　　　　　　　　　　　　　　　　　정가 20,000원
역주 경세유표 1　　　　정약용 저／정해렴 역주　　＊초판 2004년／440면
제1편 六官 제1부 天官 吏曹 제2부 地官 戶曹 제3부 春官 禮曹 제4부 夏官 兵曹 제5부 秋官 刑曹 제6부 冬官 工曹
제2편 天官 修制 제1장 東班 官階 제2장 西班 官階 제3장～제9장
제3편 地官 修制 1 제1장 田制 1～제4장 田制 4

현실총서 28　　　　　　　　　　　　　　　　　　　　　정가 20,000원
역주 경세유표 2　　　　정약용 저／정해렴 역주　　＊초판 2004년／454면
제3편 地官 修制 2 제5장 田制 5～제12장 田制 12(井田議 1～4)
제3편 地官 修制 3 제1장 田制別考 1～제3장 田制別考 3
제3편 地官 修制 4 제1장 賦貢制 1～제5장 賦貢制 5

현실총서 29　　　　　　　　　　　　　　　　　　　　　정가 20,000원
역주 경세유표 3　　　　정약용 저／정해렴 역주　　＊초판 2004년／518면
제3편 地官 修制 5 제6장 賦貢制 6～제7장 賦貢制 7
제3편 地官 修制 6 제1장 倉廩之儲 1～제3장 倉廩之儲 3
제3편 地官 修制 7 제1장 戶籍法
제3편 地官 修制 8 제1장 敎民之法／均役事目追議 1·2
제4편 春官 修制 제1장 科擧之規 1～제2장 科擧之規 2
제5편 夏官 修制 제1장 武科 제2장 鎭堡之制
　　＊인명·서명 해설／찾아보기

현실총서 30   정가 20,000원
經世遺表 原文   정약용 저／정해렴 교주   *초판 2004년／525면
天官 吏曹・地官 戶曹・春官 禮曹・夏官 兵曹・秋官 刑曹・冬官 工曹
天官 修制・地官 修制・春官 修制・夏官 修制
秋官 修制・冬官 修制(2편 未完)
　* 3卷 1冊의 冊末에 原文 校註가 되어 있음.

현실총서 31   정가 20,000원
목민심서精選 상   정약용 저／정해렴 편역주   *초판 2004년／574면
목민심서 서문／제1부 赴任 6장(제1장~제6장)／제2부 律己 6장(제1장~제6장)／
제3부 奉公 6장(제1장~제6장)／제4부 愛民 6장(제1장~제6장)／제5부 吏典 6장
(제1장~제6장)／제6부 戶典 6장(제1장~제6장)／제7부 禮典 6장(제1장~제6장)
　*다산 목민심서의 결정판

현실총서 32   정가 20,000원
목민심서精選 하   정약용 저／정해렴 편역주   *초판 2004년／587면
제8부 兵典 6장(제1장~제6장)／제9부 刑典 6장(제1장~제6장)／제10부 工典 6장
(제1장~제6장)／제11부 賑荒 6장(제1장~제6장)／제12부 解官 6장(제1장~제6장)
／인명・서명 해설 74면／찾아보기 89면
　*다산 목민심서의 결정판

현실총서 33   정가 15,000원
雅言覺非・耳談續纂   정약용 저／정해렴 역주   *초판 2005년／380면
제1편 아언각비 (1) 長安・洛陽 (2) 京口 등 199항목 및 보충 15개 항목
제2편 이담속찬 1. 중국 속담 177편／2. 우리 나라 속담 214편／3. 이담속찬 습유
30편 등 421편의 속담이 수록되어 있다.
아언각비 원문은 권말에, 이담속찬 원문은 각 속담 번역문 뒤에 붙여 놓았다.
　*인명・서명 해설과 찾아보기를 상세하게 달아 놓았다.

역사의 수레를 밀며(송하산문집) 정규철 저
　　　　　　　　　　　　　　　　　　 *초판 2002년／432면／정가 15,000원
제1부 송하 수필 : 나무도 아닌 것이 풀도 아닌 것이 등 37편／제2부 한국사
위인 열전 : 5・18과 전두환 그리고, 단재 신채호 등 13편／제3부 선조의 모습
을 찾아서 : 1.『창랑집』에서, 2.『아산집』에서, 3.『용암집』에서, 4.『적송집』에
서, 5. 동사열전・봉산문집 등에서 40편(번역)／제4부 광주 민주항쟁 속에서
　*반민족・반역사적 행위 앞에서 단호히 저항했던 저자의 역사적 삶의 모습이다.

나의 어머니, 조선의 어머니 이건창・김만중・이이・이황 등 33인 지음／
박석무 편역・해설   *초판 1998년／265면／정가 8,000원
큰손가락이 가장 소중하다(숙인 파평 윤씨)・이건창／글짓는 것이 부인의 일은
아니다(정경부인 달성 서씨)・홍석주／과부의 자식이란 말을 뼈에 새겨라(정경
부인 해평 윤씨)・김만중／밤마다 달을 향해 기도하오니(사임당 신씨)・이이 등
조선의 어머니 33인의 전기로 모두 아들이 썼다.